互联网商务模式

（第二版）

胡广伟 编著

Internet Business Models

扫码申请更多资源

南京大学出版社

图书在版编目（CIP）数据

互联网商务模式/胡广伟编著. —2 版.—南京：
南京大学出版社，2022.7
ISBN 978-7-305-25555-7

Ⅰ. ①互… Ⅱ. ①胡… Ⅲ. ①网络营销-商业模式
Ⅳ. ①F713.36

中国版本图书馆 CIP 数据核字(2022)第 051279 号

出版发行　南京大学出版社
社　　址　南京市汉口路 22 号　　　　　邮　编 210093
出 版 人　金鑫荣
书　　名　**互联网商务模式**
编　　著　胡广伟
责任编辑　武　坦　　　　　　　　　编辑热线　025-83592315
照　　排　南京紫藤制版印务中心
印　　刷　南京百花彩色印刷广告制作有限责任公司
开　　本　787×1092　1/16　印张 19.75　字数 480 千
版　　次　2022 年 7 月第 2 版　2022 年 7 月第 1 次印刷
ISBN　978-7-305-25555-7
定　　价　58.00 元

网　　址　http://www.njupco.com
官方微博　http://weibo.com/njupco
微信服务号　njuyuexue
销售咨询　(025)83594756

自　序

关于本书,我先讲个故事。

2006年,中国的电子商务发展如火如荼,似火的暑假是我在南京大学担任教职的开始。当时,信息管理系(信息管理学院的前身)安排了一个暑假小学期的项目,是给本科生讲一些信息技术的最新进展。于是,我就把硕士、博士读书期间研究方向上的收获做了梳理和总结,给同学们讲了电子政务上的最新发展。同时,也开始筹备即将到来的新学期课程。我的感受是淘宝网发展很快,大街上的公交车身都是淘宝网的广告,eBay、易趣的市场份额受到很大挤压;当当网上购买图书可以货到付款,服装、食品、化妆品等由于质地、运输、保鲜等原因是否适合网上销售的争议还很多,支付保障也可能是制约电子商务发展的瓶颈,等等。

直觉告诉我,电子商务的发展已是难以抵挡的大势,而且在公共领域的应用,如政府网上采购、电子招标等也日益被看好,这有利于提升政府商务活动的公开透明度。从博士研究生期间对电子政务发展与应用模式的思考来看,政府业务的电子化与商务活动的电子化应该有异曲同工之处。那么,这个"同"是什么?是否具有规律性?有相对稳定的逻辑吗?是否具有学理上的体系,并可以作为知识体系来讲授?

由于系里正推进课程体系改革,希望新入职的教师能开设新的课程。恰逢有位教授出国访学,电子商务概论、网络营销两门课程暂由我代上,开新课的事情就暂时搁置下来。一学年下来,通过讲授电子商务的课程,加上在电子政务研究工作方面的深入,对基于互联网(Internet)的业务活动有了更多的认识与思考。毕竟一个学年结束还需要开设新课,能否与信息管理专业的学生共同思考、讨论互联网平台上各类业务发展应用的问题呢?这与电子商务等课程一脉相承,又有独特的意义与价值。

在Google(当时还不叫谷歌)搜索"互联网业务","Internet Business Models

and Strategies"出现在屏幕上。由于之前的课题组对 B2B、B2C、C2C 等电子商务模式有研究,我对商务模式也了解一二。又看到关于 2000—2001 年互联网泡沫的破裂主要是由于商务模式的同质化过于严重所致,加上当时自己的感受,不禁自问:难道商务模式(Business Model)具有如此大的威力(破坏力)? 今天淘宝网的成功也是商务模式的成功吗? 当时没有找到中文版,的确也没有中文版,就想买原著看。于是跑了当时位于南京湖南路的外文书店、图书发行大厦、新街口新华书店(南京最大的书店),都没有销售! 当当网也没有,Amazon(最早的网上书店)还没有收购卓越网,所以没有国内业务。联系国外的朋友,原版图书非常昂贵! 试试淘宝网吧,Great! 还真找到一家店,销售原版二手书,且仅有 1 本! 欣喜之余赶紧下单买下。图书在贝索斯创立 Amazon 时被认为是最适合网上销售的商品,果真淘宝领会到了,收到后感觉不错,淘宝网不错,电子商务不错! 到底商务模式是何方神物? 一口气读完。

Internet Business Models and Strategies 的结构并不复杂,内容也不难懂,介绍了互联网商务模式的分析框架、IT 和价值网、互联网的特性、互联网商务模式的组成部分、动力机制、分类方法、价值结构、评价方法、环境和案例等,体系脉络比较清晰,完全可以支撑一门课程。它突破了电子商务的范畴,拓展到整个互联网平台的视角,对培养电子商务管理人才、实操人才,尤其是创新创业人才应该具有很大价值。2007 年,清华大学出版社出版了它的译本——《电子商务教程与案例》。可见,教育界也认可了!

于是 2007 年我决定开设"互联网商务模式"的专业课,向信息管理专业大学二年级的学生讲授,随后面向全校开放,还在南京大学"三三制"改革中开设了创业指导课。备课的过程中体会到商务模式对电子商务、电子政务、互联网公益等的重要性,综合了头脑风暴、情景教学、案例教学、商业计划实践等方法,逐渐发现要讨论清楚"互联网商务模式"的知识体系,需要补充大量的内容。特别是,互联网商务模式是不断变化的,受宏微观环境的影响,受技术发展的影响,受用户习惯的影响,受国情民风的影响,不单一般意义上的淘宝网、当当网、亚马逊网等电子商务的标杆在不断地发展变化,门户网站、社交平台、游戏平台、点评平台、众筹平台直播平台等也相继出现,丰富了互联网商务的内涵与知识体系。

经历了近五年"讲授—更新—讲授"的往复循环,2010 年萌生了编写一部涵有更多新内容和更丰富场景教材的想法。时至今日,从开始讲授到编写完成,已历经 10 余年,互联网平台上的商务类型已经大大扩展,由单纯的电子商务拓展而来的社交媒体、共享经济、共创经济等,每种经济模式的背后都是商务模式的创新或者互联网特性的增殖。特别是,随着我国物联网、大数据、"互联网+"等国家战略的实施,乃至"新一代人工智能发展规划"(国发〔2017〕35 号)的发布,意味着更新、更多的商务模式的孕育,也意味着对商务模式进行研究、思考、变革、构建的重要性。在这种波澜壮阔的发展大潮中,尤其希望能尽快推出一部专业的著作,以达到共同探讨、思考、推进互联网商务创新发展的目的。

简单而言,商务模式是一组营利逻辑的组合,互联网商务模式就是在互联网这个平台上开展商务活动而达到营利目的的一组逻辑的组合。当然,表现在企业、政府、社会组织(比如 NGO)以及个人不同主体之间业务活动收益的衡量指标可能有所区别。经济价值与社会价值均需考虑,政府、社会组织的业务模式,企业参与的商务模式,以及政府、企业等之间的混合模式都会为社会的价值创造做出贡献,这些也都在本书讨论的范畴。

本书共有 11 章。第 1 章主要阐释互联网商务(业务)的概念,涵盖营利组织、政府组织、非营利组织三类主体有关的互联网商务类型,也讲述了互联网商务的发展脉络;第 2 章从战略管理的角度构建了互联网商务模式的分析框架,用系统、全局长远的思想阐述了互联网商务模式在战略管理中的位置;第 3 章为互联网商务模式的主体,系统讨论了互联网商务模式的组成部分以及不同视角的分类方法;第 4 章为"互联网+"环境下的商务模式,主要有 16 种,并择重点给出了案例;第 5 章阐述了互联网商务模式的动态性以及有哪些类型的技术模型在推动它的变革,被热炒的"颠覆性创新"模型位列其中;第 6 章为价值结构,从更为底层的视角看待互联网商务的价值创造逻辑;第 7 章为评价方法,告诉我们如何比较和评价一种商务模式;第 8 章有关互联网创业,涉及投融资的相关知识;第 9 章提供了几种环境分析方法,特别是产业环境分析中常用的"五力模型"、宏观环境分析的"PEST"模型等;第 10 章有关管理,重点是从战略管理的视角讨论管理者的角色定位;第 11 章是案例,精挑细选了 10 个互联网商务模式的经典案例,以供思考、讨论。

本书历经多年,材料亦是精挑细选,凝结了编写团队的汗水与付出。感谢刘建霞、王西子、郭高晶、温倩宇、杨金龙、罗雨宁、白玥、杨安琪、阮振秋、孔嫒嫒、张佚凡、陈雨儿、司文峰、刘柳、李妍、徐蕾、沈晶、徐铭等多位博士、硕士研究生在编撰期间的辛勤付出和在五年多的材料整理、选材、编写、校改、再版过程中的认真工作！感谢南京大学出版社施敏、卢文婷、武坦三位老师的辛勤编校！感谢我的家人，在编写期间给予的支持与理解！感谢国家自然科学基金面上项目"电子政务服务价值共创机制及实现模式实证研究"（编号：71573117）、江苏省"六大人才高峰"项目"政务大数据资源开发技术与实证方法研究"（编号：2015 - XXRJ - 001）、南京大学国家双创示范基地项目、国家社科基金重大项目（编号：20&ZD154）以及2021年度南京大学"十四五"规划教材的立项支持。也感谢10余年的教学工作中给出建设性意见的专家、学者、学生等，让我得以不断思索、不断完善！

互联网商务模式是一个不断发展变化的事物，本书的编写，是对近些年来本领域知识的一个系统梳理及思考，可能被未来所证实或证伪，不足之处敬请批评指正。

谨志于南京大学仙林校区

2022 年 5 月

目 录

第 1 章　互联网商务

1.1　社会中的组织

1.1.1　社会组织

在社会的演进过程中,功能性的群体逐渐演化成正规的组织(Organization),一些社会群体的正式化,也促进了组织的形成。20 世纪初叶,马克斯·韦伯(Max Weber)最早把组织作为基本研究对象加以界定,并做出系统研究,被后人称为"组织理论之父"。

从广义上说,组织是指由诸多要素按照一定方式相互联系起来的系统。从狭义上说,组织就是指人们为实现一定的目标,互相协作结合而成的集体或团体,如企业、政府、学校、医院、社会团体等。在现代社会生活中,组织是人们按照一定的目的、任务和形式编制起来的社会集团,组织不仅是社会的细胞、社会的基本单元,也可以说是社会的基础。

1.1.2　营利组织

营利组织(Profit Organization),顾名思义,是指以营利为目的的组织。就我国而言,指经工商行政管理机构核准登记注册的以营利为目的,自主经营、独立核算、自负盈亏的具有独立法人资格的单位,如企业、公司及其他各种经营性事业单位。

具体阐述"营利性组织"的含义,首先有必要区分几个概念,即"营利"与"赢利""盈利"的区别。从现代汉语的基本含义上,我们知道"赢"意为"赚",相对于"赔",从而"赢利"指赚得利润(用作动词),或者指利润(用作名词)。"盈",意为充满、多余,"盈利"即指利润,或者较多的利润。而"营"的意思是谋求,"营利"相应地是指以利润为目的。因而,"营利性"的含义,并不是经济学意义上的一定有利润,而是一个用以界定组织性质的词汇,它指这种组织的经营、运作目的是获取利润。

1.1.3　政府组织

政府(Government)的概念有广义和狭义之分。广义的政府指行使国家权力的所有机关,包括国家的立法、司法与行政机关,其中立法机关负责制定法律,行政机关负责执行法律,司法机关负责运用法律审判案件。狭义的政府仅仅指国家的行政机关,即根据宪法和法律组建的、执掌行政权力、执行行政职能、推行政务、管理国家公共事务的机关体系,是国家权力机关的执行机关。

政府作为国家机构的重要组成部分,具有阶段性、系统性、服务性、法制性的特点。本书所涉及的政府均为广义上的政府概念。

1.1.4 非营利组织

非营利组织(Non-Profit Organization,NPO)是指那些基于为公众服务的宗旨,不以营利为目的,组织所得不为任何个人牟取私利,组织自身具有合法的免税资格并可为捐赠人减免税的组织。

非营利组织一词源于美国的国家税收法,因其涉及的范围广泛,包含的组织团体种类繁多,关于非营利组织的称谓也五花八门。除了非营利组织之外,非政府组织(Non-Government Organization,NGO)、第三部门(The Third Sector)、独立部门(Independent Sector)、慈善组织(Chariable Sector)、志愿组织(Voluntary Sector)、免税组织(Tax-exempt Sector)、公民社会(Civil Society)、邻里组织(Neighborhood Organization)、社区组织(Community Organization)等称谓同时并用。

作为一种组织形态,非营利组织在人类历史的早期就已经存在,但作为一种在 20 世纪后半期发挥重要作用的社会政治现象,这类组织的界定并不完全确定,不同国家的用法也有所不同。目前,国际上广为接受的是美国研究非营利组织的专家、约翰·霍普金斯大学的莱斯特·萨拉蒙(Lester M. Salamon)教授在他的非营利组织国际比较研究项目中的界定。萨拉蒙指出,非营利组织有六个最关键的特征:① 组织性(正规性),即有一定的组织机构,是根据国家法律注册的独立法人;② 民间性,即非营利组织在组织机构上独立于政府,既不是政府机构的一部分,也不是由政府官员来主导;③ 非营利性,即不是为其拥有者积累利润,非营利组织可以盈利,但所得利润必须用于组织使命所规定的工作,而不能在组织的所有者和经营者中进行分配;④ 自治性,非营利组织有不受外部控制的内部管理程序,自己管理自己的活动;⑤ 志愿性,在组织的活动和管理中都有相当程度的志愿参与,特别是形成有志愿者组成的董事会和广泛使用志愿人员;⑥ 公益性,即服务于某些公共目的和为公众奉献。

简而言之,非营利组织是指在政府部门和以营利为目的的企业之外的一切志愿团体、社会组织或民间协会,是介于政府与营利性企业之间的"第三部门"。

1.2 组织的商务类型

1.2.1 营利组织的商务类型

1.2.1.1 营利组织之间的商务

营利组织之间的商务即企业之间的商务,是指以企业为主体,企业与企业之间进行的商务活动。可以是企业及其供应链成员之间进行的,也可以是企业和任何其他企业之间进行的。企业之间的商务活动包括上下游厂商之间的磋商、订货、单证交换、付款等行为,交易过程中一般还包括信息中介、金融中介、物流中介等中介活动。当然企业间的交易对象不仅仅是产品,还有服务,如银行、保险、管理咨询和证券交易等服务类行业。

由于企业与企业之间的商务类型繁多,关系复杂,所以本书从供应链的角度来理顺企业之间的商务关系,即从供应商处购买服务和原材料,包装和运送到分销商和零售商处,终点是消费者的最终购买,而连接供应链每一环节的商务行为就是购买和销售。

首先,从买方企业的角度来详细说明企业之间最常见的一个商务类型:采购。

采购(Purchasing)是指企业在一定条件下,从供应市场获取产品或服务作为企业资源,以保证企业生产及经营活动正常开展的一项企业经营活动。基本采购流程包括采购申请,接受采购计划,收集信息,询价、比价、议价,评估,索样,决定,请购,订购,协调与沟通(催交),进货验收,整理付款等,如图 1.1 所示。

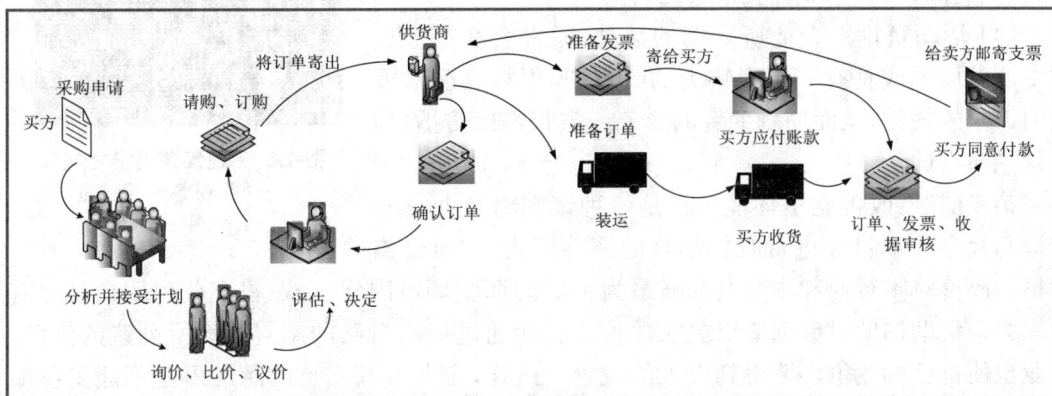

图 1.1　传统企业产品采购流程

再从卖方的角度来讲企业的另一个重要商务类型:销售。

企业需要将产品或服务销售到下游公司,此过程中他们要进行销售探查、接触前准备、接触顾客、需求识别、磋商、定价、签销售合同、完成销售、售后服务等环节。还要从自身特点与市场竞争的实际出发,选择恰当的销售方式。从销售渠道、环节和销售的组织形式来看,销售方式有直销、代销、经销、经纪销售与联营销售等方式。

1.2.1.2　营利组织和政府组织之间的商务

营利组织与政府组织之间进行的最主要商务活动是政府采购。政府将采购的细节向大众公布,通过竞价方式进行招标,企业则要进行投标,评标委员会进行评标选出供应商。采购对象包括货物、服务和工程。类型包括购买、租赁、委托、雇佣。其中,购买特指货物所有权发生转移的政府采购行为;租赁是在一定期限内货物的使用权和收益权由出租人向承租人(即政府采购方)转移的行为;委托和雇佣是政府采购方请受托方或受雇人处理事务的行为,工程的招标就属于委托。采购主要方式是公开招标,但也有邀请招标、竞争谈判、单一来源采购、询价等其他方式。

1.2.1.3　营利组织和非营利组织之间的商务

营利组织与非营利组织之间的商务按合作程度从下到上分为两个层级。

第一层级:慈善营销。根据菲利普·科特勒(Philip Kotler,见图 1.2)等人的定义,它是"企业为了增加它们的销售收入而向一个或多个非营利组织进行捐赠的努力"。获得回报是这种捐赠行为的根本目标,因此也就需要更多的宣传活动加以辅助。其中包括企业慈善、企业基金会、善因营销和活动赞助等。

（1）企业慈善。组织直接将拥有处分权或所有权的财物交给他人使用或拥有的行为,分为金钱捐助,实物捐助,技术、服务捐助等。

（2）企业基金会。企业或企业主捐赠成立的基金会,是具有公益使命的非营利性组织。

（3）善因营销。将产品销售与社会问题或公益事业结合,作为相关事业进行捐赠、赞助同时,达到提高产品销售额、企业利润,改善企业社会形象的目的。

（4）活动赞助。企业所赞助的活动,通常会在社会或某专业领域形成具有一定影响力的事件,吸引社会公众或业内人士的关注,从而使赞助者的形象或主张得以传播,增进认同与沟通。

图1.2 "现代营销学之父"
菲利普·科特勒

第二层级:改善竞争环境。这是一种试图将企业营利目标与社会改革目标进行有机结合的慈善行为。"通过集中精力改善对本行业和本企业战略最为重要的那些环境因素,企业将充分利用自己独有的能力来帮助捐助对象创造出更大的价值。而通过提高自己的慈善活动所创造的价值,企业也使自己的竞争环境得到更大的改善。这样,企业及其支持的慈善事业都能受益匪浅。"第二层级有以下几种商务类型:

（1）许可证协议。一方准许另一方使用其所有的或拥有的公司资源,被许可方按照约定得到该项使用权并获得一定利益的形式。

（2）共同主题推广。企业与非营利机构共同策划推广一个活动,通过执行计划既保障企业利益需求,也改善当地环境,为居民增加就业机会等。

（3）联合经营。这是合作的最高形式,不仅可以弥补双方在人力、财力以及知识局限等方面的不足,而且可以通过联合经营达到优化资源配置,优势互补,从而形成大规模的合作效应,实现"互利双赢"的目标。

1.2.2　政府组织的商务类型

政府组织的商务职能主要是指政府作为社会主体之一,履行与营利组织(如企业、公司)开展商品采购,与社会组织进行社会化服务采购等相关商务行为的职能。

1.2.2.1　政府组织商务类型

政府组织涉及的商务活动主要是政府采购,而政府采购是指国家各级政府为从事日常的政务活动或为了满足公共服务的目的,使用国家财政性资金和政府借款购买货物、工程和服务的行为。这些采购包括从小笔的办公用品采购到大笔的基础设施采购,不仅是指具体的采购过程,还指采购政策、采购程序、采购过程及采购管理的总称。

按采购用途的不同可划分为内部采购与外部采购两种类型:

（1）内部采购。用于购买维系政府运转的货物(如办公用品等)、清洁或技术服务以及办公大楼等工程设施的政府采购。

（2）外部采购。用于购买加强社会基础设施工程建设、维持社会正常运转的服务以及相应消耗资源的政府采购。

1.2.2.2　政府与营利组织间的业务关系

政府与营利组织间的业务关系主要涉及三个方面：① 政府对营利组织的管理；② 营利组织对政府的支持与监督；③ 政府与营利组织合作共建市场机制，共同治理社会，增进社会总体效益。具体表现为以下几个方面：

（1）政府以招标的形式将各种营利组织引入政府的经济活动中；

（2）政府通过调控政策吸引有实力、有资金、有技术的营利组织加入当地的经济生产活动中；

（3）政府和营利组织分别利用自身的资源以合作的方式共同创立经济实体进行合作生产活动；

（4）营利组织在政府的监督、引导下根据相应的政策目标开展经济生产活动；

（5）营利组织享受政府在合法范围内提供的有关土地、税收等方面的优惠政策。

1.2.3　非营利组织的商务类型

非营利组织与政府的合作互动表现为政府从非营利组织处购买公共服务。政府作为购买者，通过合同外包的形式，广泛采用招投标机制，非营利组织作为服务提供者与企业平等参与竞标，政府根据竞标结果委托任务，中标方按照合同规定的产品或服务的质量和数量标准，提供一定的公共产品与公共服务。

非营利组织与企业之间的合作，根据其持续时间的长短、合作紧密程度和双方互动程度的不同，可以分为以下四种合作模式。

1.2.3.1　非营利组织与企业的慈善捐赠型合作模式

非营利组织与企业之间的慈善捐赠型合作模式是四种模式中合作紧密程度最低的，在实践中主要包括两种形式：一是企业直接对非营利组织进行慈善捐赠；二是企业通过非营利组织向某个对象进行捐助，在这个过程中，非营利组织充当中介和桥梁的作用。

企业对非营利组织的慈善捐赠，既有直接的善款，也有实物捐赠，包括设备及企业所生产的产品等。例如，在汶川特大地震的救援中，企业界的响应之快和捐赠数额之巨大均为近年之最。除了公众所熟知的慈善捐款，企业还会进行"人力资源捐赠"，鼓励员工义务参与非营利组织的公益活动，典型例子包括德士古（Texaco）公司提供管理人员来培训其在发展中国家环境保护方面的合作伙伴。

企业的捐赠，可以使非营利组织获得新的资金来源，接触到更多的潜在合作伙伴，建立公众对组织的认识，提升所开展的公益项目的知名度。其次，企业也能通过慈善型合作改善与当地社区的关系，营造良好的企业文化和正确的价值体系，并为以后与非营利组织建立更深入的合作伙伴关系打下基础。

1.2.3.2　非营利组织与企业的交易型合作模式

相对于慈善型合作的单向性和偶然性，企业和非营利组织之间的交易型合作则更具交互性和长期性。非营利组织将自身品牌和形象与合作企业联系在一起，而企业会根据合作情况相应地进行捐赠。这种交易型合作的方式主要有公益事业关联营销、非营利组织允许企业使用其品牌标志、公益活动的赞助和企业购买非营利组织的社会服务等。

美国运通公司(American Express)赞助自由女神像修复的案例通常被认为是公益事业关联营销的开端。1982 年美国运通公司开展了一项营销活动,消费者在旧金山每使用一次运通卡,美国运通公司就向当地的非营利团体捐赠 5 美分;或者每新增一单运通卡的申请和开户,美国运通公司捐赠 2 美元。在短短的 3 个月内,美国运通公司就向当地非营利团体捐赠了 108 000 美元,并且其银行卡的交易量也有了显著增加。

通过这种交易型合作,非营利组织能够获得新的资金来源,并提高其公益品牌的知名度和影响力;而企业可以为其产品注入一定的社会价值,并获得非营利部门甚至公众对其产品的认可。

1.2.3.3 非营利组织与企业的互动型合作模式

非营利组织与企业存在互补性,这些互补性促使非营利组织和企业之间的合作不仅仅停留在"交易"上,而是迈向了更深层次的互动型合作。非营利组织与企业互动型合作的主要方式有非营利组织与企业共同成立相关专业性组织、非营利组织从专业角度对企业的商业实践和经营活动做出认证、企业对特定非营利项目的深入支持、企业参与到致力于提升公益观念和开展公益教育的活动中来等。

环保类非营利组织对企业的生产活动进行环保认证就是一种很典型的互动型合作方式。例如,世界自然基金会(World Wide Found for Nature,WWF)与联合利华(Unilever)成立了国际海洋理事会(Marine Stewardship Council,MSC),这是一个独立的认证机构,来认证渔业企业生产经营中的环保可持续的捕鱼活动(见图 1.3)。

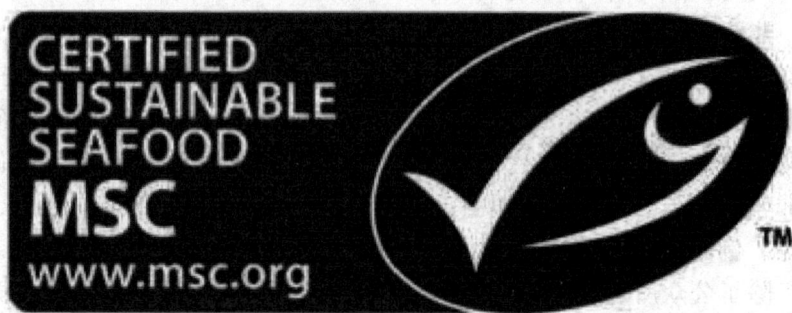

图 1.3 MSC 标准认证

1.2.3.4 非营利组织与企业的一体化管理联盟合作模式

虽然非营利组织与企业之间有慈善捐赠型、交易型和互动型的合作模式,但非营利组织始终在追寻与企业之间更为紧密和正式的合作方式,希望这种公益与商业的联盟能从根本上影响企业的产品生产和内部管理。同时,企业也希望通过与非营利组织更为直接的接触与合作,来帮助其解决内部涉及企业社会责任的管理问题。这样,非营利组织与企业的一体化管理联盟便应运而生。

美国第一个比较具有代表性的一体化管理联盟是 1990 年环境保护基金会(Environmental Defense Fund)与麦当劳所建立的环保创新联盟(Alliance Environmental Innovation)。新成立的环保创新联盟旨在减少麦当劳产品生产过程中的浪费,随后其他一些企业(如星巴克咖啡)也加入了一体化管理联盟,寻找可在其多家门店、员工和合资方中使用的具有环保效益的生产工艺。

1.3 互联网商务

1.3.1 概念

互联网商务是指各类组织基于互联网平台开展的商务活动。它依托互联网作为媒介技术的低成本、透明性、时空无限性、网络外部性等特征,为营利组织、政府组织与非营利组织提供新型的运营环境,同时组织的商务活动也丰富和推动了互联网的建设与发展。

互联网商务中大部分是电子商务和电子政务的应用,但相互之间也存在区别,具体关系如图 1.4 所示。

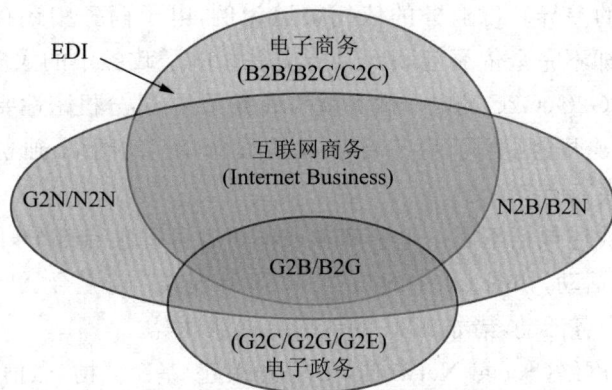

图 1.4 互联网商务与电子商务、电子政务之间的关系

交叠处表示电子商务与电子政务中属于互联网商务的部分,主要有两种模式——G2B 模式与 B2G 模式。

G2B 模式即政府与企业间的电子商务,指政府通过互联网渠道(电子商务平台等)与企业开展的商品、服务采购活动,主要表现为政府的电子采购,即政府机构在网上进行产品、服务的招标和采购。其中,政府是商务活动的发起方。B2G 模式即企业与政府间的电子商务,指企业通过互联网渠道面向政府组织开展的广告、产品与服务销售、售后服务等活动。其中,企业是商务活动的发起方。

更为常见的电子商务的模式主要有 B2B、B2C 和 C2C 模式。B2B 模式指企业间的电子商务,即依靠互联网平台实现企业间的商务交易,包括发布供求信息,订货及确认,票据签发等。阿里巴巴平台是典型的 B2B 电子商务平台。B2C 模式是企业(商家)对消费者的电子商务,主要借助互联网开展在线销售活动,如当当网等。C2C 模式指的是消费者对消费者的电子商务,主要是个人通过互联网向消费者提供产品或服务的销售。亚马逊、淘宝网、eBay 等是典型的 C2C 电子商务平台。

顺便提一下,常见的电子政务模式主要有 G2C、G2G 和 G2E(Government to Employee)模式。G2C 模式即政府与公众之间的电子政务,主要是政府通过电子网络渠道为公众公开信息、办理业务、辅助参政等,包括政务信息发布,电子身份认证、电子税务、社会保障、医疗服务、就业服务、教育培训、交通管理、环境保护等业务办理,以及市长信箱、建言献策、投票评选等。G2C 电子政务的目的除了政府给公众提供方便、快捷、高质量的服务外,更重要的是可以开辟公众参政、议政的渠道,完善公众的利益表达机制,建立政府与公众的良性互动平台。G2G 模式指政府组织间的电子政务,即纵向与横向政府间(包括上下级政府、同级不同部门和不同级不同部门之间)的电子政务活动,涉及公文传输、业务流转、数据共享等活动。G2E 模式指政府组织与公务人员之间的电子政务,主要指公务人员应用电子政务系统进行公务活动。例如,下载政府机关经常使用的各种表格,报销出差费用等,以节省时间和费用,提高工作效率。

互联网商务并不能与电子商务或电子政务一概而论,三者间不论参与主体还是依托渠道都存在着一定的差异。以业务的依托渠道为例,电子商务中还存在电子资金转账(EDI)形式的应用,即不完全依靠互联网进行交易。电子政务中的大多数电子化业务也不属于互联网商务,G2G、G2C 的电子政务就与商务无关;部分机密性要求高的部门、垂直管理部门,如国家保密局、机要局、税务局等,都建设有专门的网络,独立于互联网络,这部分业务也不属于互联网商务。

互联网商务模式还包括不属于电子商务或电子政务的独有部分,即非营利性组织与政府、企业间的商务活动,如图 1.4 中的 G2N、B2N 等模式。壹基金、红十字会等电子公益模式中广泛存在着商务活动,诸如 N2C 的认购募捐活动等。

自 2006 年社交网络(Social Network,SN)的兴起,基于微博、微信、App、短视频等社交平台(Social Platform, SP)的社会化商务(Social Commerce)得到了关注并蓬勃发展起来。社会化商务是互联网商务的一种衍生模式,是 Web 2.0 的产物。它借助社交网站、SNS、微博、社交媒介、网络媒介的传播途径,通过社交互动、口碑影响力、用户生成内容(UGC)等手段对商品进行展示、分享和互动,达到有效推广商品的目的(如直播带货),是互联网商务的一种新型模式。

社交商务具有被动消费、示范消费、社交场景带入等特征。被动消费体现为社区成员本身并不主动产生消费需求,而是在受到其他成员购物分享的影响而产生了被动消费的需求。示范消费行为体现为会员对某些商品的购买欲望常常因为其他会员的分享、点评以及图片展示而被激发,这种消费行为并不是由商家引导,而是由具有社交属性的用户之间的口碑(Mouth to Mouth)分享而触发。社交场景带入体现为用户通过分享商品信息、点评、展示和分享使用体验与其他社区内成员进行互动,从而建立起具有社交属性的商务关系。

总体来说,互联网商务是不同组织依托互联网平台开展的商务活动,主要判断依据为活动内容的性质,而不以参与主体或依托渠道为转移。

1.3.2　互联网商务的主要类型

1.3.2.1　电子商务

电子商务(Electronic Business,EB)通常是指应用个人电脑(PC)、移动设备等,通过互联网实现买卖双方互不谋面地进行各种商贸活动,完成消费者的网上购物、商户之间的网上交易和在线电子支付,以及各种商务活动、交易活动、金融活动和相关的综合服务活动的一种新型商业运营模式。

电子商务的形成和交易平台、平台经营者、站内经营者以及支付系统紧密相连,并由这四方相互协调开展商务活动。交易双方通过网上购物和在线支付的方式完成交易,节省了双方的交易成本,并大大提高了交易效率。

电子商务涵盖的范围十分广泛,可按不同标准划分为多种类型(见表 1.1),其中最为常见的是企业对企业(B2B)、企业对消费者(B2C)、消费者对企业(C2B)以及团购(Group Purchase,GP)四种模式。严格意义上,GP 模式是 C2B 模式的一个变种,是消费者有组织地向企业发起的购买活动。随着互联网用户人数的不断增加,4G、5G(或更新)和无线网络技术的不断发展,利用互联网进行网络购物并完成支付的消费方式被普遍接受,已经逐渐成为商务活动中的主体。

表 1.1　电子商务的类型

按照商业活动的运行方式划分	完全电子商务,部分电子商务
按照商务活动的内容划分	间接电子商务,直接电子商务
按照开展电子交易的范围划分	区域化电子商务,跨区电子商务,跨境电子商务
按照使用网络的类型划分	基于专门增值网络(EDI)的电子商务,基于互联网的电子商务
按照交易对象划分	企业对企业的电子商务(B2B),企业对消费者的电子商务(B2C),企业对政府的电子商务(B2G),消费者对政府的电子商务(C2G),消费者对消费者的电子商务(C2C),企业、消费者、代理商三者相互转化的电子商务(ABC),以消费者为中心的全新商业模式(C2B2S),以供需方为目标的新型电子商务(P2D),以及团体采购 GP 模式等

概括而言,电子商务的基本特征如下:

(1) 普遍性。电子商务作为一种新型的交易方式,将交易双方带入了一个智能化、数字化、信息化、网络化的新环境,市场份额日益增大。

(2) 方便性。电子商务突破了时间和空间的局限,节省了交易双方的时间成本、交通成本、询价成本等,使人们的购物方式简单便捷化,并能全天候不断地查询和下单,为客户提供更加优质、清晰服务的同时,降低了自身人、财、物上的投入。

(3) 整体性。电子商务能够规范业务处理的工作流程,将人工操作和信息处理集成为一个不可分割的整体,在提高人力和物力利用率的同时,也提高了商务系统运行的流程性、系统性等整体性能。

(4) 安全性。在电子商务中,安全性是一个至关重要的问题,它要求网络能提供一种端到端的安全解决方案,如加密机制、签名机制、安全管理、存取控制、防火墙、防病毒保护等等,这与传统的商务活动有着很大的不同。其中,最常见的安全机制有安全套接层协议(Secure Sockets Layer,SSL)及安全电子交易协议(Secure Electronic Transaction,SET)两种。

(5) 协调性。在电子商务环境中,它要求银行、配送中心、通信部门、技术服务等多个部门的通力协作,电子商务的全过程往往是整体协作的结果。

1.3.2.2　电子政务中的商务活动

电子政务(E-government)是指政府部门运用信息通信技术(ICT)等现代化技术手段,实现政府组织结构和工作流程的优化重组,提高办公与管理效率,提升政府决策品质,向社会提供高效率和高质量服务的政务方式。电子政务主要包括以下 4 种应用模式:

(1) 政府内部(G2E)的电子化办公;

(2) 政府之间(G2G)通过网络进行数据交换、信息共享与业务协同;

(3) 政府与企业(G2B)之间的数据开放、信息公开、公共服务与商务活动;

(4) 政府与公众(G2C)之间的数据开放、信息公开、公共服务与参政议政。

相对电子政务而言,我国电子商务起步较早,它的建设与发展极大地推动了电子政务的发展,为电子政务的发展提供宝贵的经验。

在上述四类电子政务应用模式中,政府与企业(G2B)之间的电子政务模式、政府与公众(G2C)之间的电子政务模式都存在互联网商务的内容。例如,G2B 中的政府网上公开招标采购,G2C 中的政府网上公开招募临时用工等。

1.3.2.3　电子公益

电子公益是以志愿精神为核心,通过网络社会和现实社会的互动,推动面向全社会提供公益服务与公益价值的新生公益业态。它通过触达面广(不受时空限制)、传播效率高(瞬间可达)、互动便捷(网络社区)、交易成本低(消除信息不对称)等,可以影响更多的人投入、参与社会服务工作,为健康社会的建设注入新鲜元素。通过公益虚拟社区,公民可以锻炼、培养参与的热情,以及理性、宽容和合作技能;通过公益性组织纽带,还能积累以信任为基础的社会资本。公益价值与商业价值的和谐共生,也是电子公益发展的一种途径,通过搭建一个双赢的平台实现公益的持续、健康发展。

就我国而言,最早发布网络公益广告的是创建于 1997 年的比特网(www.chinabyte.com),广告内容为"珍爱生命,注意交通安全"。随后网络公益广告逐渐兴起。到 2000 年9 月,国际 Webmaster 协会(中国)在其站点首推网络公益广告专题频道,使得我国网络公益广告进入新时代。此后,一系列专职公益网站和各大门户网站建立,如中国公益广告网、搜狐公益网、腾讯公益网等,它们的网络页面上兴起了一种新形式的互动型网络公益广告。

网络募集是非营利组织应用互联网的一种募集方式,是指以网络为媒介,对募捐活动进行运营、管理的过程。其中包括慈善信息的收集、发布,善款募捐,募捐监督,互动等。据统计,2008 年"5.12"地震期间,壹基金通过网络捐赠平台筹集善款 4 500 多万元,其中超过 50% 的善款是通过腾讯公益平台筹集的,创下了全球互联网公益慈善事业的最高捐赠纪录。除了募捐外,受捐者信息了解、善款使用情况、不同群体之间的互动等都可以在网络上快速传播。

2016年12月紫金传媒智库、南京大学—腾讯"互联网＋"研究中心联合发布的首期《互联网公益大数据研究报告》揭示了互联网公益的发展情况,经历了公益项目互联网传播、公益机构互联网募款、公益项目与传统商业项目联合投放以及公益筹款、网络互助、公益P2P等不同业态的层第演进,互联网公益不仅正在悄然撬动传统公益的既有格局,而且正在渗透和影响着"互联网原居民"的青年人群,孕育着大众公益的巨大机遇。

1.3.2.4 互联网思维与组织运营

对于营利组织,它的经营、运作目的是获取利润。在营利组织的信息化基础相对薄弱时,发展战略大多是"经营战略"驱动,以"效益"作为性能评价指标。在未来发展中,随着企业信息化的完善,企业将更多地以"先进性"和"顾客满意度"来作为评价指标。数字化时代,互联网商务将是保证企业先进性和顾客满意程度的基础。随着中国移动用户的飞速增长和互联网的大量普及,移动性和互联网已经成为两个最热闹的话题。无线应用协议(Wireless Application Protocol,WAP)业务的推广又将这两个领域紧密地结合在一起。各种数据业务和国际发展趋势都向我们展现了一个不争的事实:移动互联网将给我们带来无限的商机。

互联网商务在非营利组织的发展前景一片光明。职业、慈善事业或其他事业的非营利组织,其核心功能都是倡议、沟通和培训。信息时代飞速发展的技术甚至可以为最小的组织提供战略性的工具,可以极大地延伸组织的能量和活动范围。根据 Roseubaum(1984)的研究指出,非营利组织的发展大体上分为四个阶段:民众互助阶段、慈善赞助阶段、民众权利阶段、竞争阶段。欧美国家的非营利组织大多处于第四阶段。我国随着经济的发展、社会的多元化及非营利组织不断的成长,发展即将趋近成熟阶段,在不远的将来就会进入竞争阶段。非营利组织要从战略角度出发,充分认识到信息技术对组织未来运营的影响,加速信息技术在组织中的应用。所以,非营利组织的发展与互联网商务有着密不可分的联系。

"互联网思维"不仅仅渗透到了营利组织和非营利组织,同样也对政府组织产生了不可忽视的影响。互联网思维以用户至上的原则为核心,处处体现着以人为本,这一原则既是科学发展观的要求,又与中国共产党全心全意为人民服务的宗旨一脉相承,也是人民当家做主这一社会主义民主政治本质与核心的体现。同时,互联网思维是市场经济发展的必然结果,是社会进步的表现,就像雷军所说:"互联网思维像我党的群众路线,用互联网方式低成本地聚集大量的人,让他们来参与,相信群众,依靠群众,从群众中来,到群众中去。"政府只有掌握互联网思维,才能完善公民权利保护制度,充分而合理地保障人民的知情权、参与权、表达权和监督权,推动民主法治的进步;才能更好地促进市场经济的主体平等竞争、公平交易,让社会各阶层分享改革开放的红利,促进社会和谐稳定。因此,政府积极建构互联网思维是与时俱进的要求,也是将以人为本由口号转化为行动的体现。在未来,互联网商务在政府组织中的发展主要体现在政府"互联网思维"的构建中。例如,以迭代思维打造"数字化城管",以跨界思维创建共赢生态圈,以大数据思维和平台思维勾画"产业地图",等等。

1.4 中国互联网商务的美国 IPO 历程

1.4.1 在美国上市的中国互联网公司

纳斯达克(NASDAQ)是当下世界最大的股票市场之一,通过"纳斯达克上市变现"造就了大批亿万、千万富翁,如今我国的互联网公司在纳斯达克乃至整个股票市场中已经占有一席之地。大量互联网公司的上市推动着国内互联网商务的繁荣,也诱使更多的公司奔向巅峰,上演一幕幕的国际募资盛宴。

因 2018 年美国发起的"贸易战",自 2019 年起在美国的证券交易所上市的中国公司骤减。此部分以倒叙的方式展现了自 1999—2018 年近 20 年在纽约证券交易所和纳斯达克(NASDAQ)上市中国公司的简要情况。

1.4.1.1 金山云

北京时间 2020 年 5 月 8 日,金山云(Kingsoft Cloud Holdings Limited,以下简称金山云)在美国纳斯达克全球精选市场成功挂牌上市,发行价为每份 ADS 17.00 美元,募集资金总额约为 5.1 亿美元(行使超额配股权前)。金山云创立于 2012 年,业务范围遍及全球多个国家和地区。招股书显示,公司是目前国内最大的独立云服务提供商,同时也是中国第三大互联网云服务提供商。其已建立了一套全面可靠的云平台,提供适用于视频、游戏、金融等垂直行业的解决方案。从基础设施即服务(IaaS)和平台即服务(PaaS)的营收来看,金山云在 2019 年中国的市场份额为 5.4%。金山云是雷军继金山软件(03888.HK)、小米集团(01810.HK)和金山办公(688111.SH)后第 4 家控股的上市公司。

1.4.1.2 玖富数科

美国东部时间 2019 年 8 月 15 日,玖富数科正式在纳斯达克证券交易所挂牌上市,股票代码为"JFU",发行价为 9.5 美元每股 ADS,募集资金 8 455 万美元,如果行使全部超配授权,募集金额将达到 9 723 万美元。股权结构方面,玖富数科创始人兼 CEO 孙雷、集团法定代表人任一帆、唯猎资本创始合伙人肖常兴、分众传媒董事长江南春、赫基集团董事长徐宇之兄弟徐乘分别为公司的前五大股东。IPO 后,孙雷的直接持股比例为 36.8%,并拥有 70.2% 的投票权,任一帆和肖常兴则各自拥有 9.4% 和 3.0% 的投票权;江南春则持有 5.5% 的股份,拥有 2.3% 的投票权。

1.4.1.3 趣头条

北京时间 2018 年 9 月 14 日晚,趣头条正式在美国纳斯达克挂牌上市,股票代码为"QTT",成为移动内容聚合第一股。趣头条的成功上市,再次刷新了中国互联网企业最快上市纪录,从 2016 年 6 月 8 日趣头条 App 上线,到今日成功登陆纳斯达克,趣头条仅仅用时 2 年零 3 个月的时间。趣头条 App 于 2016 年 6 月正式上线,瞄准的正是炙手可热的"下沉市场",该平台以娱乐、生活资讯为主体内容,通过整合海量兼具乐趣和价值的信息内容,依托于强大的智能化数据分析系统,为下沉市场受众提供精准的内容分发服务,并通过对平台内容持续优化和创新,不断满足下沉市场人群日益增长的在线娱乐内容需求。

1.4.1.4　爱点击

爱点击成立于 2009 年,是业内最早一批将数字营销概念引入国内市场的企业之一,经过 11 年的高速发展,爱点击以前沿技术和海量数据积累为核心,形成了囊括移动广告营销、视频营销、内容营销在内的一体化整合营销解决方案能力;为全球超过 3 000 家大中型企业客户提供服务,获得业界的广泛好评,2017 年在美国纳斯达克上市(NASDAQ:ICLK),被外媒称为中国数字化运营第一股。

1.4.1.5　国双

2016 年 9 月,中国领先的企业级大数据分析软件提供商 Gridsum Holding Inc.(国双)成功在美国纳斯达克全球市场挂牌上市,意味着国双成为中国首家赴美上市的大数据企业,也是 2016 年以来第五家在美国上市的中国企业。

1.4.1.6　阿里巴巴

阿里巴巴,中国最大的网络公司和世界第二大网络公司,成立于 1999 年,是一家企业对企业(B2B)的网上贸易市场平台。2014 年 9 月 19 日,阿里巴巴登陆纽交所,以每股美国存托股 68 美元的发行价,成为美国融资额最大的公开募股(IPO)。

1.4.1.7　京东

京东是中国最大的自营式电商企业,作为中国 B2C 市场的 3C[3C 是计算机(Computer)、通信(Communication)和消费电子产品(Consumer Electronic)三类电子产品的简称]网购专业平台,京东商城无论在访问量、点击率、销售量、业内知名度和影响力上,都在国内 3C 网购平台中具有很大影响力。2014 年 5 月 22 日,京东商城在纳斯达克证交所挂牌上市,甫一上市,收盘市值近 300 亿美元。

1.4.1.8　当当网

当当网,知名综合性网购商城。北京时间 2010 年 12 月 8 日,当当网于纽交所上市,成为中国第一家完全基于线上业务、在美国上市的 B2C 网上商城。

1.4.1.9　优酷

优酷是中国领先的视频分享网站,由古永锵在 2006 年 6 月 21 日创立,自正式运营以来,优酷网在诸多方面保持优势,领跑中国视频行业,业绩发展迅猛。古永锵曾经是搜狐的总裁兼首席运营官,后来离职创办视频网站优酷,2010 年 12 月 8 日,古永锵在纽交所敲响了上市钟声,标志着优酷正式登陆美国资本市场。到 2014 年 9 月 19 日,优酷市值 31.99 亿美元。

1.4.1.10　百度

百度是全球最大的中文搜索引擎。2005 年 8 月 5 日,百度在美国纳斯达克上市,其上市当日,即成为该年度全球资本市场上最为耀眼的新星,通过数年来的市场表现,其优异的业绩与回报,使之成为有价值的企业代表。

1.4.1.11　中华网

1999 年,中华网作为第一只打着中国概念的互联网股票登陆纳斯达克。2000 年 2 月,赶上了互联网史上最大泡沫"末班车"的中华网,股价一度高达 220.31 美元,市值更一度超过 50 亿美元。

2000 年的互联网泡沫破裂成为第一代与第二代互联网(Web 1.0 与 Web 2.0)浪潮的分水岭,新浪、搜狐、网易均在 2000 年 NASDAQ 成功上市,赶上了第一代互联发展的"末班车"。

1.4.2 国际国内互联网商务发展历程

互联网商务是近十几年来才发展起来的,是一个较新的领域,国际国内的发展差距并不大,我们可以从图 1.5～图 1.7 和表 1.2,初步观察国内国际互联网商务的发展趋势。

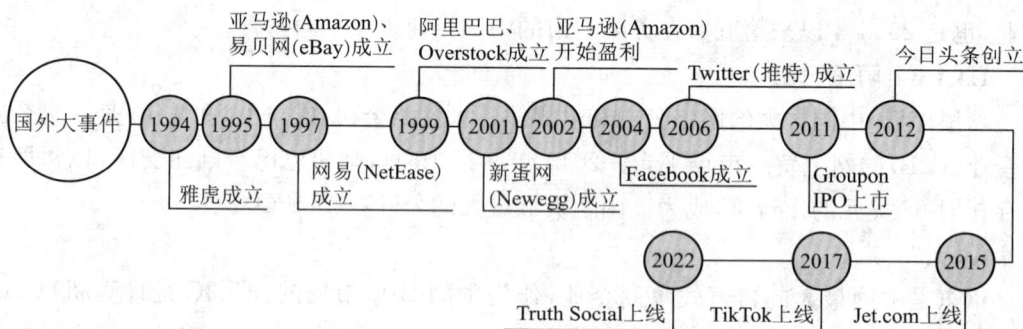

图 1.5　国际互联网商务大事记

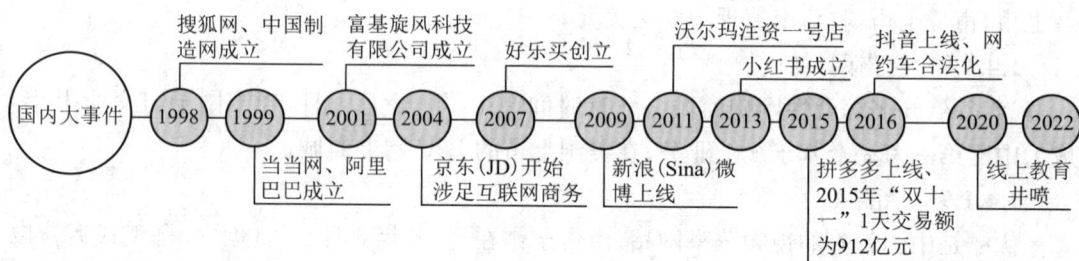

图 1.6　国内互联网商务大事记

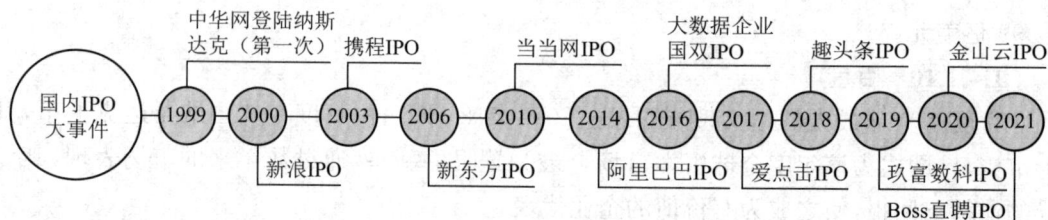

图 1.7　国内互联网商务公司美国 IPO 大事记(1999—2021)

表 1.2　国内互联网商务公司美国 IPO 盘点

时间(年)	代表企业	类　　型
1999	中华网	门户网站
2000	新浪、网易、搜狐	门户网站
2003—2007	携程、艺龙、51job	垂直门户、生活服务
	盛大、九城、完美世界、巨人	游戏(PC)
	新东方	教育
	百度、分众传媒	超级入口
2010—2012	高德地图、奇虎	入口
	优酷、土豆、YY、世纪佳缘、搜房网	垂直门户、生活服务
	人人	社交
	当当、唯品会	电商
2013—2015	去哪儿、途牛、汽车之家、爱康国宾、招聘	垂直门户、生活服务
	58 同城、迅雷、猎豹	超级入口
	新浪、微博、陌陌	社交
	京东、聚美优品、阿里巴巴、宝尊	电商
2016—2021	蛋壳公寓、房多多、青客公寓	O2O 出租
	荔枝、斗鱼、bilibili(B 站)、虎牙直播	视频社交
	玖富数科、圣盈信集团、拍拍贷	互联网金融
	民生教育、四季教育、精锐教育、安博教育、朴新教育	教育
	爱点击、金山云	概念、服务
	腾讯音乐娱乐、爱奇艺	数字娱乐
	拼多多、趣店	电商
	BOSS 直聘	人才、就业

　　如图 1.5 和 1.6 所示,虽然国内互联网商务的发展历史较短,但是,就近年来的发展情况来看,国内的互联网商务发展态势良好,并有超越国际互联网发展的趋势。就拿阿里巴巴来说,虽然它创立于 1999 年,较亚马逊和 eBay 都要晚,但是自从 2014 年在纽交所上市以来,它正逐步发展成为全球最大的互联网商务平台。可以预期,我国互联网商务发展前景非常光明,在国际互联网商务中扮演的角色也越来越重要。

1.5 典型案例

1.5.1 亚马逊——电子商务的传奇

亚马逊(Amazon),是美国最大的一家电子商务公司之一,总部位于美国华盛顿州的西雅图,也是最早的电子商务公司之一,创始人是杰夫·贝索斯(Jeffery Bezos)。

1994 年,Web 网页吸引了全球网民的目光。时任 Banker Trust 公司最年轻副总裁的贝索斯看到了在线商场的广阔发展前景,建立了 Cadabra 公司,其性质是网络书店。1995 年 7 月,贝索斯将 Cadabra 以地球上孕育最多种生物的亚马孙河重新命名,并重新开张。在随后的 16 个月里,亚马逊以 34% 的月平均速度快速增长。1997 年 5 月,亚马逊在美国纳斯达克市场挂牌上市,首次公开募集资金达 5 000 万美元,1999 年 2 月再次融资 10 亿美元,注册客户在 1997 年年底有 100 多万,到 2000 年年底突破 2 000 万。目前已成为全球商品品种最多的网上零售商和全球第三大互联网公司。

2004 年,亚马逊负责战略投资的高级副总裁达克访问了当时已经是中国第一大的网上书店当当网,提出 1.5 亿美元收购 70%~90% 股份的具体方案。面对诱惑,当当网的股东们做了讨论,提出了出让亚马逊少数股份的方案。对于当当网的立场,亚马逊方面当即回应:如果对价格不满意,那么 1 亿到 10 亿美元之间都可以谈,但 70% 以上的绝对控股权要求不变。由于亚马逊坚持绝对控股,而当当网只接受战略性投资,双方多次协商不成。8 月 6 日,当当网对外宣布终止与亚马逊并购谈判的消息。

2004 年 8 月 19 日,亚马逊宣布以 7 500 万美元收购雷军和陈年创办的卓越网,将卓越网收归为"亚马逊中国"的全资子公司,使亚马逊全球领先的网上零售专长与卓越网深厚的中国市场经验相结合,进一步提升了客户体验,并促进了中国电子商务的成长(亚马逊在中国的网址为 http://www.amazon.cn/)。2007 年将其中国子公司改名为卓越亚马逊。2011 年 10 月 27 日,亚马逊正式宣布将在中国的子公司"卓越亚马逊"改名为"亚马逊中国",并宣布启动短域名(见图 1.8)。亚马逊中国为消费者提供图书、音乐、影视、数码、家电、家居、玩具、健康、美容化妆、钟表首饰、服饰箱包、鞋靴、运动、食品、母婴、户外和休闲、IT 软件等 32 大类上千万种的产品,通过"送货上门"以及"货到付款"等多种方式,为中国消费者提供便利、快捷的网购体验。

亚马逊电子商务成功的因素有以下几点:

(1)网站功能丰富。

顾客通过亚马逊的在线平台,可以方便地实现以下功能:利用分类查询系统快速查询商品信息,对图书类产品可以阅读概要,浏览其他顾客的评价,预订商品,得到新品送达时间承诺,等等。此外,除了基本功能外,亚马逊公司网站设计美观,精确搜索和模糊搜索功能全面地满足了消费者搜索需要,读者书评、商品概要等内容加强了消费者对产品的了解,减少消费的盲目性。总体来讲,网站通过不断的优化和完善现有功能使消费者获得了较好的购物体验。

图 1.8　原亚马逊中国官方主页

（2）商品品类齐全且低价。

亚马逊初期主营图书类商品，经过十几年的不断发展，经营范围已涵盖 20 个以上的品类，并在众多领域不断翻新商品，交易收集品。此外，亚马逊公司利用自身的成本优势，将网络营运节省的成本大量回馈给顾客，提供大大低于传统商店的价格折扣，从而使成本优势转化为价格优势，吸引更多的消费者。

（3）合作模式独特。

亚马逊采用销售提成方式来鼓励其他网站链接本公司产品信息，任何一个拥有自己网站的商业或机构，都可以注册成为 amazon.com 的合作伙伴，并选择亚马逊商品广告添加到自身的网站中，即当顾客通过此链接指向 amazon.com 并完成整个购买流程时合作机构可以得到相应的手续费。这种独特的合作模式下，虽然亚马逊的收入被合作机构分享，但其本质为亚马逊节省了大量的营销费用，同时扩展了亚马逊宣传范围，取得了良好的效果。

（4）配送体系完善。

以美国市场为例，一方面，亚马逊充分利用美国高效率的邮政体系；另一方面，公司自建容量巨大的仓库，只要订货单到位，就可以将书打包并发送到顾客手中。此外，亚马逊还要求发行人按最快的交易方式送书，从而有利于控制存书和仓库租赁成本。按照公司创始人贝索斯的说法，亚马逊充当的是"信息经纪商"的角色，即在发行商和消费者之间建立顺畅的联系。

（5）科学管理顾客。

亚马逊公司利用网络互动了解顾客意见，从而提供基于消费者需求的服务。同时，公司通过顾客关系管理系统（Customer Relationship Management，CRM）来管理顾客，详细分析顾客的基本资料和历史交易记录，从中推断出不同顾客的消费习惯和消费心理，以及顾客忠诚度和潜在价值，对重点顾客进行差异化的重点营销，最终向顾客提供一对一的服务。这样有利于增加重点顾客的购买频率和购买数量。

出人意料的是，2019 年 7 月亚马逊宣布退出中国电子商务市场，仅保留了 Kindle 和跨境贸易业务。

1.5.2　政府网上采购——网络时代政府采购新途径

政府网上采购也称为政府电子化采购，是通过互联网来完成政府采购的全部过程。具体包括网上提交采购需求、网上确认采购资金和采购方式、网上发布采购信息、接受供应商网上投标报价、网上开标定标、网上公布采购结果以及网上办理结算手续等。

与传统的采购模式相比，电子化采购从采购需求的提出、供应商的选择和评价、采购合同的签订以及货款的支付等各个方面都发生了重大的变化，对降低政府的采购成本、提高采购效率、增加政府采购的透明度等都起到了直接的推动作用，更好地体现了政府采购所要求的"公开、公平、公正、诚信、高效"原则。

"中国政府采购网"（http://www.ccgp.gov.cn）创办于2000年12月31日，是由财政部开发、设计和主办的用于全国政府采购信息统一管理的专业网站（见图1.9）。"中国政府采购网"与财政部开发、建设的基于政府采购业务的内部信息管理系统和包括在线招投标在内的电子商务系统共同组成中国政府采购信息网络系统。

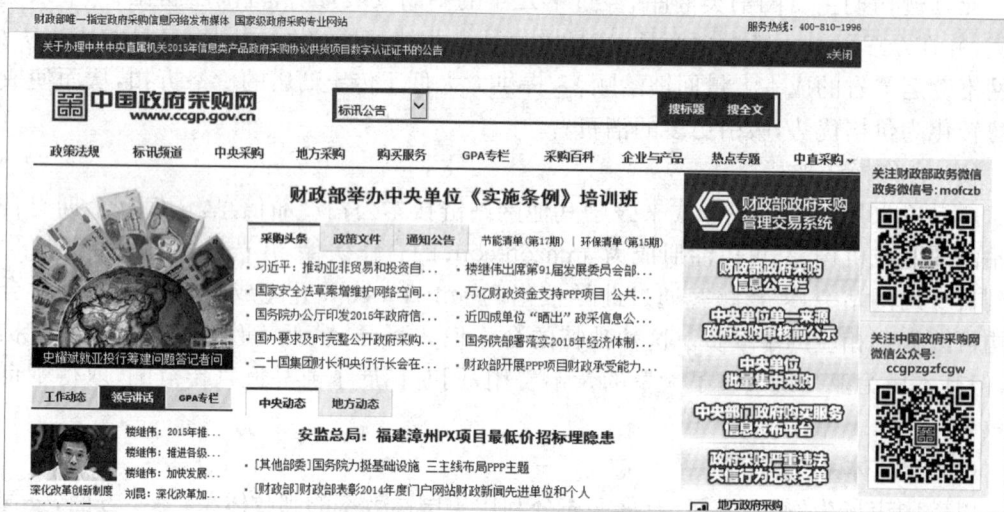

图1.9　中国政府采购网主页

"中国政府采购网"栏目设置主要有政策法规、理论实务、各地动态、经验交流、采购预告、招标公告、中标信息、专家库信息、供应商及商品信息等，在开通初期其主要功能是发布政府采购信息公告。随着基础条件的改善和互联网技术的发展，将开发设计标书下载、网上询价、电子投标、网上评标、网上支付等政府采购电子商务（G2B）系统。

为了做到网络互联互通、减少重复建设、降低网络建设和维护的费用支出、体现信息的规模优势，中国政府采购网实行"统一开发、统一管理、集中发布、分级维护"的管理体制。即由财政部统一负责网站的开发设计、域名注册、系统建设、宣传推广及日常运行等管理工作，各级政府采购管理部门和执行部门加载信息，按统一的域名使用并维护中国政府采购网。同时，为了加强网络统一管理，减少网络设备的重复购置，财政部将通过"中国政府采购网"，为各地方政府采购部门分别设计风格统一的网页并注册域名，各分网为"中国政府采购网"的有机组成部分。

1.5.3 壹基金官方公益店——开启互联网公益新模式

壹基金（见图 1.10）是由李连杰于 2007 年发起成立的公益组织，是国内第一家民间公募基金会。2010 年 12 月 3 日，深圳壹基金公益基金会（http://www.onefoundation.cn/）在深圳市民政局的大力支持下正式注册成立，拥有独立从事公募活动的法律资格。"中国红十字会李连杰壹基金计划"及"上海李连杰壹基金公益基金会"已清算注销，其项目、资金及工作人员已由深圳壹基金公益基金会承接。壹基金的公益愿景为"尽我所能，人人公益"；其战略模式为"一个平台＋三个领域"，即搭建专业透明的壹基金公益平台，专注于灾害救助、儿童关怀及公益人才培养。

图 1.10　壹基金官网主页

2011 年 3 月 7 日，"壹基金官方公益店"（见图 1.11）在 TMALL.COM（阿里巴巴旗下天猫）正式开始运营，创造了一种全新的公益网络募捐模式。"壹基金官方公益店"面向淘宝买家，以虚拟交易和实物交易两种形式进行——虚拟交易即买家购买店铺内的虚拟货物，直接确认收货，便完成捐赠行为。自从开始设立以来，"壹基金官方公益店"已成功卖出数万余件虚拟"爱心产品"，为其开展的多个公益资助项目募集资金。

壹基金天猫公益店的产品规划为 4 个层面，除了实物单品外，还包括战略单品、项目单品、项目延伸单品三个虚拟单品。截至目前，"壹基金官方公益店"上线的虚拟单品包括"壹基金公益捐助个人爱心直达月捐单品"战略单品、壹基金公益捐助旱灾"旱地甘霖"爱心单品、壹基金公益捐助海洋天堂爱心单品、壹基金公益捐助壹乐园爱心单品、壹基金公益捐助洪灾温暖包爱心单品、壹基金公益捐助备灾紧急响应爱心单品等。每种产品的定价从 1 元到 50 元不等，淘宝用户只要拍下一件爱心宝贝，经客服点击"发货"后，用户点击确认收货便可完成捐赠。

图1.11　壹基金官方公益店主页

【关键词】

营利组织（Profit Organization）　非营利组织（Non-Profit Organization）　社区组织（Community Organization）　互联网商务（Internet Business）　电子商务（E-Business）

思考与练习

1. 互联网商务的概念。
2. 营利组织和非营利组织、政府组织有哪些区别？
3. 近年来出现了哪些新的互联网商务类型？
4. 电子公益的概念。
5. 我国互联网商务未来的发展趋势。
6. 我国互联网发展历程及标志性事件。

讨论与辩论主题

1. 国际国内互联网商务发展的相互影响关系。
2. 电子公益的社会价值。
3. 数字时代互联网商务的发展趋势。

第2章 互联网商务模式的战略框架

2.1 商务组织的业绩

商务组织的业绩是指一个商务组织经营或管理行为的结果与表现。通常通过以下指标来衡量:利润、现金流、经济附加值(EVA)、市场价值、每股收益、销售量、销售回报率、资产回报率、经济租金、股权回报、会计利润等。

2.1.1 利润

利润也称净利润或净收益。从狭义上的收入、费用来讲,利润包括收入和费用的差额,以及其他直接计入损益的利得、损失。从广义上的收入、费用来讲,利润是收入和费用的差额。利润按其形成过程,分为税前利润和税后利润。税前利润也称利润总额;税前利润减去所得税费用,即税后利润,也称净利润。

2.1.2 现金流

现金流量(简称现金流)是指企业在一定会计期间按照现金收付实现制,通过一定经济活动(包括经营活动、投资活动、筹资活动和非经常性项目)而产生的现金流入、现金流出及其总量情况的总称,即企业一定时期的现金和现金等价物的流入和流出的数量。例如,销售商品、提供劳务、出售固定资产、收回投资、借入资金等,形成企业的现金流入;购买商品、接受劳务、购建固定资产、现金投资、偿还债务等,形成企业的现金流出。衡量企业经营状况是否良好,是否有足够的现金偿还债务,资产的变现能力等,现金流量是非常重要的指标。现金流量一般以计息周期(年、季、月等)为时间量的单位,用现金流量图或现金流量表来表示(见表2.1)。

表 2.1 一个典型的现金流量表

编制单位:A公司	2021年6月	单位:元
项目	行次	金额
一、经营活动产生的现金流量	—	—
销售商品、提供劳务收到的现金	1	124 999 006.99
收到的税费返还	3	—
收到的其他与经营活动有关的现金	8	3 621 880.99

续　表

编制单位：A 公司	2021 年 6 月	单位：元
项目	行次	金额
现金流入小计	9	128 620 887.96
购买商品接受劳务支付的现金	10	118 378 581.62
支付给职工以及为职工支付的现金	12	5 000.00
支付的各种税费	13	1 379 597.39
支付的其他与经营活动有关的现金	18	12 716 599.00
现金流出小计	20	132 497 778.01
经营活动产生的现金流量净额	21	3 585 890.05
二、投资活动产生的现金流量	—	—
收回资产收到的现金	22	
取得投资收益所收到的现金	23	—

2.1.3　经济附加值（EVA）

经济附加值（Economic Value Added，EVA），是指从税后净营业利润中扣除包括股权和债务的全部投入资本成本后的所得。其核心是资本投入是有成本的，企业的盈利只有高于其资本成本（包括股权成本和债务成本）时才会为股东创造价值。公司每年创造的 EVA 等于税后经营利润减去债务和股本成本，是所有成本被扣除后的剩余收入（Residual Income）。EVA 是一种评价企业经营者有效使用资本和为股东创造价值的能力，是企业最终经营业绩的考核工具。

2.1.4　市场价值

市场价值，指生产部门所耗费的社会必要劳动时间形成的商品的社会价值。市场价值是指一项资产在交易市场上的价格，它是自愿买方和自愿卖方在各自理性行为且未受任何强迫情况下竞价后产生的双方都能接受的价格。

2.1.5　每股收益

每股收益即每股盈利（Earnings Per Share，EPS），又称每股税后利润、每股盈余，指税后利润与股本总数的比率。该比率反映了每股创造的税后利润。比率越高，表明所创造的利润越多。若公司只有普通股时，净收益是税后净利；如果公司还有优先股，应从税后净利中扣除分派给优先股东的股利。

每股收益通常被用来衡量上市公司盈利能力最重要的财务指标，反映普通股的获利水平。在分析时，可以进行公司间的比较，以评价该公司相对的盈利能力；可以进行不同时期的比较，了解该公司盈利能力的变化趋势；可以进行经营实绩和盈利预测的比较，掌握该公司的管理能力。它还能反映企业的经营成果，衡量普通股的获利水平及投资风险，是投资者等信息使用者据以评价企业盈利能力,预测企业成长潜力,进而做出相关经济决策的重要的财务指标之一。

基本每股收益的计算公式如下:

$$基本每股收益=\frac{归属于普通股股东的当期净利润}{当期发行在外普通股的加权平均数}$$

每股收益增加率指标的使用场景:

(1) 该公司的每股收益增长率和整个市场的比较;

(2) 和同一行业其他公司的比较;

(3) 和公司本身历史每股收益增长率的比较;

(4) 以每股收益增长率和销售收入增长率的比较,衡量公司未来的成长潜力。

2.1.6　销售量

销售量是指企业在一定时期内实际促销出去的产品数量。它包括按合同供货方式或其他供货方式售出的产品数量,以及尚未到合同交货期提前交货的预交合同数量,但不包括外购产品(指由外单位购入、不需要本企业任何加工包装,又不与本企业产品一起作价配套出售的产品)的销售量。

销售量的统计方法主要有以下 3 种:

(1) 采用送货制(包括到港交货与出港交货)的产品,在与运输部门办好托运手续后即算销售量,统计时以承运单位的日戳为准。

(2) 采用提货制的产品,在与需方办妥货款结算手续并开出提货单后,即算销售量,统计时以提货单上的日期为准。

(3) 采用买主分类法的产品,按其不同的分类统计已售出的产品数量。例如,按顾客年龄统计儿童、青年、中年、老年购买某一产品的数量,或者按顾客所在区域统计销售量等。

无论采取上述哪种统计销售量的方法,若出现下面几种情况,必须冲减销售量:

(1) 交货后退回的本年度合格产品,并再次入库的,应冲减销售量。如顾客发现对产品的品种、规格或性能购买有误时,要求退货的产品。

(2) 交货后退回修理的产品,如果修复后不变原用户而另待销售的,应冲减销售量。

通过销售量核算,可以分析企业产品促销计划完成、超额完成或未完成的原因;销售量的升降趋势;市场占有率变化趋势以及从销售量的构成上分析销售品种的变化、新用户的变化、销售地区的变化、销售对象所属部门或主管系统的变化等,从而为制定促销策略提供依据。

2.1.7　销售回报率

销售回报率是测算公司从销售额中获取利润的效率指标,以税后净利润和总销售额为基础计算。销售回报率的计算公式为:

$$ROS=\frac{P}{S}\times100\%$$

式中,ROS 表示销售回报率;P 表示税后净利润;S 表示销售额。

一个计算销售回报率的小例子：一家公司的功能性产品卖出了 3 亿元的销售额，其中税后所剩的净利润是 950 万元。从销售额的角度看，这种产品的确很成功，意味着很多人都在寻求这种功能。下面我们就计算一下此种产品的销售回报率：

$$ROS＝950÷30\ 000×100\%＝3.1\%$$

从销售回报率的角度看，该公司还要提高其利润率。从另一个方面来看，该公司的市场特点也说明，3.1% 是合理的销售回报率。

销售回报率有助于公司确定它们从销售额中获利的有效度，同样，这也是管理有效度的一个重要指标。销售回报率是公司营销活动盈利能力的现实晴雨表。然而，随着业务的发展成长，许多公司可能更关注利润率的增长，以让用于生产当前产品线的财力和人力、物力资源得到更好的利用。

2.1.8　资产回报率

资产回报率（Return On Assets，ROA），也叫资产收益率，是用来衡量每单位资产创造多少净利润的指标。资产回报率是评估公司相对其总资产值的盈利能力的有用指标。计算的方法为公司的年度盈利除以总资产值，资产回报率一般以百分比表示，有时也称为投资回报率。

具体计算方法为：

$$资产回报率＝税后净利润÷总资产×100\%$$

有些人在计算回报率时在净收入上加回利息开支，以得出扣除借贷成本前的营运回报率。这点可以从另外一个角度来理解，因为总资产的资金来源于股东和债权人（资产等于股东权益加负债），所以资产回报率衡量的是企业，不论资金来源，为股东和债权人共同创造价值的能力。

2.1.9　经济租金

租金可以看成这样一种要素收入，其数量的减少不会引起要素供给量的减少。即如果从该要素的全部收入中减去这一部分并不会影响要素的供给。我们将这一部分要素收入叫作"经济租金"，又叫经济剩余。经济租金的几何解释类似于所谓的生产者剩余。

经济租金是要素收入（或价格）的一个部分，该部分并非为获得该要素于当前使用中所必须，它代表着要素收入中超过其在其他场所所可能得到的收入部分。简言之，经济租金等于要素收入与其机会成本之差。

无论在发展中国家，还是在发达国家，经济租金和寻租行为都是普遍存在的，因为只要政府对市场进行干预从而影响资源配置，都会产生经济租金，有经济租金存在，就会有寻租行为（Rent-seeking Activities）发生。寻租经济学就是研究非生产性竞争活动为主的经济学，研究那种维护既得利益或对既有利益进行再分配的非生产性活动。感兴趣的话可参考信息经济学中对寻租的解释，非常有意思，也很有价值。

2.1.10　股权回报

股权回报，又称股权收益率，ROE 即净资产收益率（Rate of Return on Common Stockholders' Equity），又称股东权益报酬率。作为判断上市公司盈利能力的一项重要指标，一直受到证券市场参与各方的极大关注。分析师将 ROE 解释为将公司盈余再投资以产生更多收益的能力。它也是衡量公司内部财务、行销及经营绩效的指标。

ROE 的计算方法是：

$$净资产收益率 = \frac{报告期净利润}{报告期末净资产}$$

$$ROE = 销售利润率 \times 资产周转率 \times 权益倍数$$

$$= 净利润 \div 总销售收入 \times \frac{总销售收入}{平均的总资产} \times \frac{平均的总资产}{平均的股东权益}$$

2.1.11　会计利润

会计利润（Accounting Profit）是指企业在一定会计期间的经营成果，包括收入减去费用后的净额、直接计入当期利润的利得和损失等。其计算的基本方法是，按照实现原则确认企业在一定会计期内的收入，按照配比原则确定在同一期间内的费用成本，将收入与相关的费用成本相减，即企业在这一会计期间的利润。

会计利润是账面利润，是公司在损益表中披露的利润，是由财务会计核算的，其确认、计量和报告的依据是企业会计准则、企业会计制度。对收益的确认是严格遵循会计制度确定的权责发生制原则，对成本和费用的确认是严格遵循与收入配比的原则。

会计利润是根据企业平时实际发生的对外交易计算而得的。企业每发生一笔对外交易，就加以记录。每笔经济业务在记录时都涉及定时和计价的问题，主要问题是如何将某一特定期间的费用成本与有关收入进行恰当配比，以便及时计算利润。

2.2　商务组织业绩的影响因素

商务组织业绩的影响因素如图 2.1 所示。

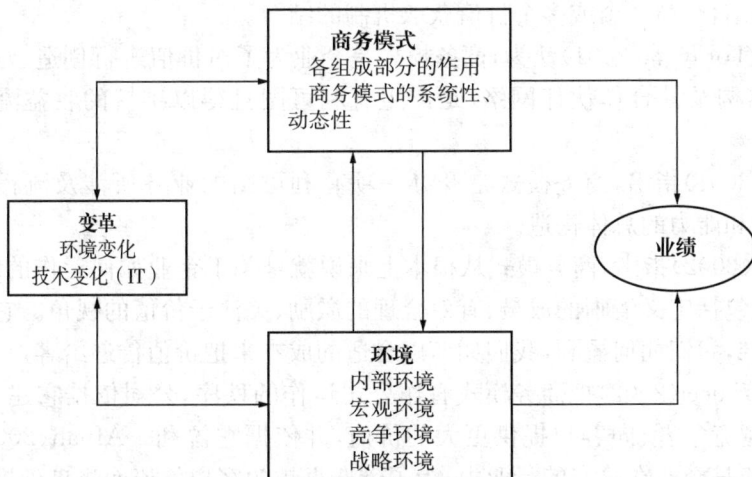

图 2.1　商务组织业绩的影响因素

2.2.1 商务模式

商务模式(Business Models)又称为商业模式、经营模式或业务模式,是企业界非常流行的术语,其最基本的含义是经营企业的方式或方法。

从源头上看,商务模式作为一个专用术语出现在管理领域的文献中大约是在20世纪70年代中期。Konczal(1975)和Dottore(1977)在讨论数据和流程的建模时,首先使用了Business Models这个术语。此后,在信息管理领域,商务模式被应用在信息系统的总体规划中,用以描述支持企业日常事务的信息系统的结构,即描述信息系统的各个组成部分及其相互联系,对企业的流程、任务、数据和通信进行建模。

20世纪80年代,商务模式的概念开始出现在反映IT行业动态的文献中,而直到互联网在20世纪90年代中期形成并成为企业的电子商务平台之后,商务模式才作为企业界的时髦术语开始流行并逐步引起理论界的关注,但是此时的商务模式的内涵已经悄然发生了变化,即从信息管理领域扩展到了企业管理领域的更广阔的空间。

在商务模式的概念研究方面,上述关于商务模式的特征和组成要素的定义是目前商务模式研究的一条主线,另一条主线是对现有的商务模式尤其是电子商务的商务模式进行分类研究。由于互联网技术以及由此产生的电子商务是引发商务模式创新的直接原因,互联网商务模式或电子商务模式成为重要的议题:

Senge(1992)指出,商务模式是管理者认识企业和规划其发展的方式,是一个综合、一致、明确而又含混的系统。

Afuah和Tucci(2000)认为,商务模式就是企业如何通过因特网长期盈利的方式。

Amith和Zott(2000)提出,商务模式是企业创新的焦点和企业为自己、供应商、合作伙伴及客户创造价值的决定性来源。

Mahadevan(2000)认为,商务模式是对企业至关重要的三种流——价值流、收益流和物流的唯一混合体。

Weathersby(2000)认为,商务模式包括三个方面:清晰的价值主张,与一个或多个价值创造模型的结合,与一个或多个价值获取机制的结合。

Dubsson-Toray等(2001)认为,商务模式是企业为了对价值进行创造、营销和提供所形成的企业结构及其合作伙伴网络,是产生有利可图且得以维持的收益流的客户关系资本。

Thomas(2001)指出,商务模式是开办一项有利可图的业务所涉及流程、客户、供应商、渠道、资源和能力的总体构造。

Magretta(2002)指出,商务模式从根本上来说就是关于企业如何运作的解释,一个强健的商务模式包括定义清晰的成员、有效合理的激励、关注于价值的视角。它回答了这些问题:客户是谁,我们如何盈利,我们如何以合适的成本来把价值传递给客户。

Afuah和Tucci(2002)把商务模式看作公司运作的秩序,公司依据它建立,依据它使用其资源、超越竞争者、向客户提供更大的价值,并依据它盈利。Afuah(2003)又进一步提出,商务模式是企业在给定的行业中,为了创造卓越的客户价值而将自己推到获取价值的位置上,运用其资源执行什么样的活动、如何执行这些活动以及什么时候执行这些活动的集合。

Rappa(2004)认为,商务模式明确了一个公司开展什么活动来创造价值,在价值链中如何选取上游和下游伙伴中的位置,以及与客户达成产生收益的安排类型。

Mitchell 和 Coles(2004)认为,商务模式是企业组织资源向客户提供产品或服务的方式。迄今为止,对商务模式的研究大多处于概念和分析框架的提出与归纳并辅以案例分析的描述性研究阶段。专家学者往往从战略管理、对象创新、技术商业化、市场定位、商业发展趋势等角度出发讨论商务模式的概念及重要性,因而,关于商务模式的特征及要素尚无公认定义。

商务模式是指为盈利而建立的业务流程的集合,是组织运行的程序、体制和竞争战略。商务模式是一个系统(见图 2.2),受变革因素的驱动,是动态变化的。

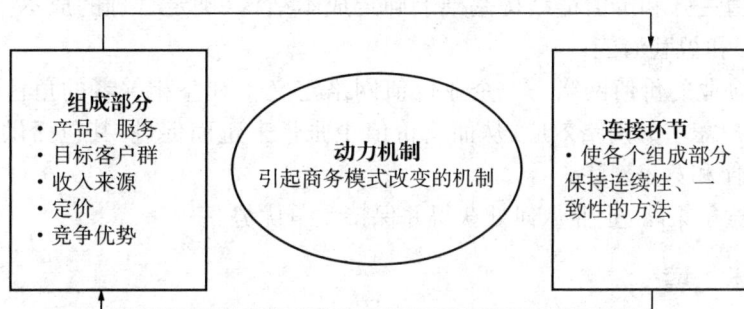

组成部分
· 产品、服务
· 目标客户群
· 收入来源
· 定价
· 竞争优势

动力机制
引起商务模式改变的机制

连接环节
· 使各个组成部分保持连续性、一致性的方法

图 2.2　商务模式系统

商务模式的作用主要体现在以下几个方面:

(1) 公司依据自己的商业模式来使用资源;

(2) 超越竞争者;

(3) 向客户提供价值;

(4) 获取利润;

(5) 如何获利和规划长远发展。

商务模式是影响公司业绩的首要因素。

理解目前正在发生的全球化的关键不在于贸易和资本流动政策的放宽或技术变化的速度,而在于推动经济竞争的商务模式的性质。可见,在宏观上商务模式的演变推动着经济的发展。从企业层面上来说,一个好的商务模式对于每个成功的组织来说都是至关重要的,无论"新手"还是"老手"。合适的商务模式将提升企业在向用户传递价值过程中的表现,具体涉及四个方面:更新的客户体验、更高效直接的价值传递方式、更低的成本和更优化的环境。

一些学者更是认为,商务模式是现代商业企业竞争中必不可少的重要工具。Slywotzky等(2002)把商务模式看成一种将来能用来制定商务战略和投资战略的重要工具,他们认为,企业竞争的核心是商务模式认知之争,对商务模式的投资能够协助企业的经营者在竞争中获胜。Amlt 和 Zott(2000)认为,在 IT 技术所造就的虚拟市场上,由于企业边界和产业边界变得模糊而容易跨越,包含企业、供应商、合作伙伴及客户等利益相关者在内的商务模式的作用在于:它可以作为一种新的战略分析单元而取代传统的战略分析单元——企业或产业。Hoque等在谈到商务模式与技术之间的关系时认为,商务模式是企业决定谁是客户及如何为客户带来价值的基础,它识别成功的机会,预测和确定与战略相关的未来行动。

由此看来,商务模式的作用在于:识别并挖掘外部市场机会,建立高效的价值传递方式进而稳固客户资源,以获取企业竞争优势。

具体来说,其包含有六个方面的功能:

(1) 明确价值主张,即为客户带来怎样的价值;

(2) 定义目标市场,即谁是客户;

(3) 明确企业在价值链上所处的位置,及维持该位置所需要的价值支撑;

(4) 在价值主张和价值链结构基础上确定成本结构(确定合理的成本结构需要了解市场支付能力)和盈利潜能;

(5) 确定企业的价值网络——企业价值网络定义了利益相关者的角色,积极的价值网络将增加客户需求的网络效应,从而给价值主张带来正面促进,其包括供应商、客户以及潜在合作伙伴和竞争对手;

(6) 确定竞争策略,企业从何处获得并保持竞争优势。

2.2.2 环 境

2.2.2.1 内部环境

组织内部环境是指管理的具体工作环境,即存在于组织内部的各种工作条件的总和。组织内部环境的特点主要包括独特性、实践性、激励性。组织的内部环境主要包括组织战略、组织文化、领导和技术架构。

1) 组织战略

组织战略是企业确定其使命,根据组织外部环境和内部条件设定的企业战略目标,为保证目标的正确落实和实现进行谋划,还要依靠企业内部能力将这种谋划和决策付诸实施。企业战略管理的主要特点包括以下方面:

(1) 以绩效为导向;

(2) 持续进行的过程;

(3) 动态而不是静态的;

(4) 以现在和未来为导向;

(5) 同时关注公司内外条件。

组织战略主要分为公司层战略、事业层战略以及职能层战略(见图2.3)。

公司层战略主要寻求公司应该从事什么事业,决定组织的方向,以及每一个事业部将在公司战略中扮演的角色。公司层战略主要分为稳定战略、增长战略和紧缩战略。稳定战略的特点是基本不进行重大的变革,适用时间是组织的绩效较为满意,环境是稳定和安全的;增长战略是寻求扩大组织的经营规模,其方法主要包括直接扩张方式、纵向一体化(后向一体化和前向一体化)、横向一体化以及多元化(相关多元化和非相关多元化);紧缩战略是为了处理绩效下降的劣势,有助于使组织经营稳定、激活组织的资源和重新恢复竞争力。

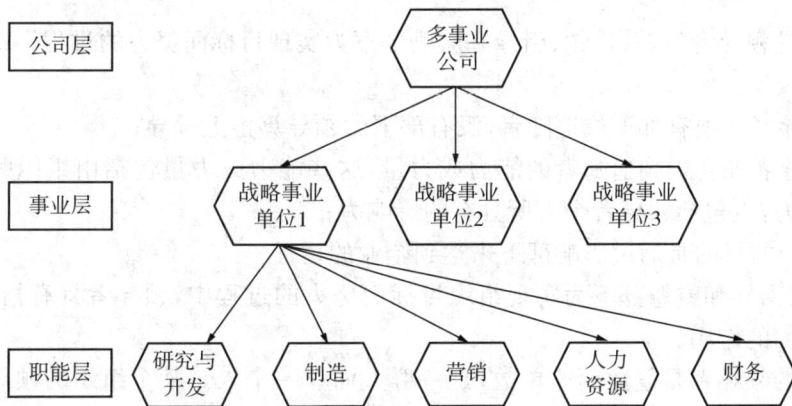

图 2.3　公司战略层次图

事业层战略是寻求决定组织应该怎么在每项事业上展开竞争。事业层战略主要采取的就是竞争战略，以竞争战略来获取竞争优势，企业通常用的是成本领先战略、差异化战略以及聚焦战略。

职能层战略用于支持事业层战略，制造、营销、人力资源、研究与开发、财务部门等的战略都需要支持事业层的战略。

2）组织文化

组织文化也称企业文化，是指一个企业在长期生产经营过程中，把企业内部全体员工结合在一起的理想信念、价值观念、管理制度、行为准则和道德规范的总和，是企业进行战略管理的重要前提。《中国企业管理百科全书》对组织文化的解释是："从广义上说，是指企业在社会实践过程中所创造的物质财富和精神财富的总和。从狭义上说，是指企业在经营管理过程中所形成的独具特色的思想意识、价值观念和行为方式。企业文化通常指的是以价值观为核心的企业的内在素质及其外在表现，即狭义的企业文化。"组织文化有着独特性、稳定性、继承性、吸纳性以及可塑性等特点，起着导向、约束、凝聚、激励以及公关等作用。

组织文化主要分为物质文化、制度文化和精神文化。物质文化是指可见之于形、闻之于声的文化形象，即所谓外显部分的物质文明结晶；制度文化是指介于物质文明和精神文明之间的文化层次，包括组织的规章制度、组织机构等；精神文化是指积淀于组织及其员工心灵中的意识形态，如理想信念、道德规范、价值取向、行为准则等，即内隐部分，它决定和制约着组织文化的其他两个层次。

企业在发展过程中应分析现有的文化是否适应现行战略和新战略的需要，如果有差距，应抓紧建设新的企业文化。组织文化主要由历史感、整体感、归属感和成员间的交流四个因素组成。历史感有助于加强企业的内聚力；整体感表现在确立领导和角色模式及对规范和价值标准进行交流两个方面；归属感有助于组织的稳定；成员间的交流作为一种组织活动，能加强成员间的接触，为成员参与决策并协调一致提供环境。组织文化通过"文化优势"形成一种无形的压力和推动力，它反映和代表该企业员工的整体精神，对企业员工有感召力和凝聚力。

3) 领导

领导就是领导者指挥、带领、引导和激励部下为实现目标而努力的过程。这个定义包括下列三个要素：

(1) 领导者必须有部下或追随者,没有部下的领导算不上领导;

(2) 领导者拥有影响追随者的能力或力量,这些能力或力量包括由组织赋予领导者的职位或权力,也包括领导者个人所具有的影响力;

(3) 领导的目的是通过影响部下来达到企业的目标。

在带领、引导和鼓舞部下为实现组织目标而努力的过程中,领导者具有指挥、协调和激励三个方面的作用。

组织中的领导者是复数而非单数,是一群人而非一个人。某个组织的领导者是就这个组织的领导者集体或"领导班子"而言的。在领导集体中,为首的领导者特别重要,他在集体中起着核心作用。

每个领导者都应鼓励并使下属拥有足够的权利去实现最完美的自我,然而,领导实践会被众多内外因素所影响。每个领导者都有特有的信念、态度和价值观,也有自己的个性、处世哲学等,而同时,这些元素又会被组织的任务、价值观、组织文化和组织氛围等所影响。领导更加包含在言语和举止上的身体力行、以身作则,领导者必须言行一致。

领导者除了要做到以上要求,同时还要选对合适的领导方式。领导方式大体上有三种类型:专权型领导、民主型领导和放任型领导。

(1) 专权型领导,是指领导者个人决定一切,布置下属执行。这种领导方式要求下属绝对服从,并认为决策是自己一个人的事。

(2) 民主型领导,是指领导者发动下属讨论,共同商量,集思广益,然后决策,要求上下融合,合作一致地工作。

(3) 放任型领导,是指领导者撒手不管,下属愿意怎样做就怎样做,完全自由。领导者的职权仅仅是为下属提供信息并与企业外部进行联系,以有利于下属的工作。

领导方式的这三种基本类型各具特色,适用于不同的环境。领导者要根据所处的管理层次和环境、所担负的工作的性质以及下属的特点,在不同时空处理不同问题时,针对不同下属,选择合适的领导方式。

4) 技术架构

技术架构对应的是应用体系所对应的技术标准或产品,其实是标准库和产品库的集成,是定义整个信息系统中的技术环境和基础结构。因此,技术架构也称为技术体系架构。

技术架构包含如下内容:描述和定义业务系统所采用的技术环境的结构;建立和维护一套评价技术项目的核心技术标准;建立技术与业务系统有机结合的行之有效的方法;建立技术实现决策的框架;为组织的技术环境保持良好的发展态势提供管理理论架构。技术构架规划的好处体现在:利用技术体系架构开发和维护方法,保证业务需求在技术环境规划与开发方面具有可描述性;利用技术体系结构开发方法解决方案、信息、技术重叠和系统间的集成问题;技术体系架构直接关注确保基础环境的效率,并通过管理手段,确保技术环境的持续健康发展;技术体系架构规划可以满足组织对当前和未来的安全性要求;使用技术体系架构规划解决 IT 环境的互操作问题;技术体系架构要求了解组织类型并采用合理的方法构建以反映成本控制的模型。

所以,技术架构体现了技术实施的兼容、成本管理方面的要求。

2.2.2.2　宏观环境

为了有效地了解市场的成长或衰退、企业所处的情况、潜力与营运方向,商务组织会对其所处的宏观环境进行研究分析。不同的行业和企业根据自身特点和经营需要,分析的具体内容会有差异,但一般都应对政治(Political)、经济(Economy)、社会(Society)和技术(Technology)这四大类影响企业的主要外部环境因素进行分析。简单而言,我们称之为 PEST 分析模型,如图 2.4 所示。

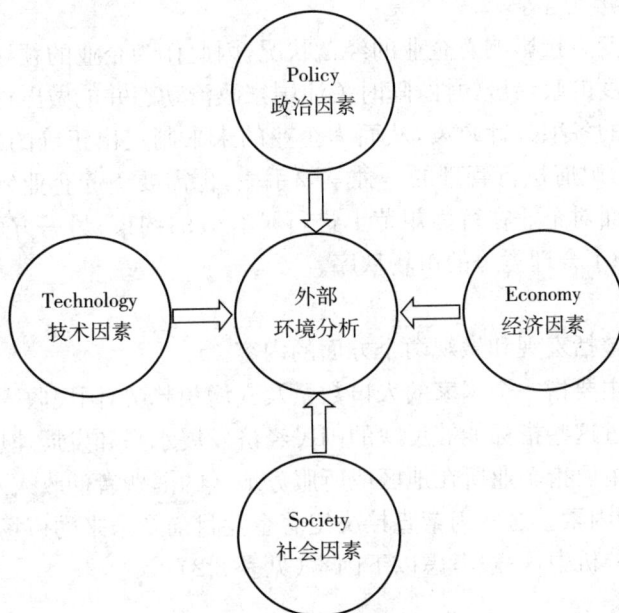

图 2.4　PEST 分析模型

由图 2.4 我们可以看出,以商务组织为中心,政治、经济、社会和技术因素作为影响商务组织的外部因素,共同作用于商务组织。

1) 政治环境

政治环境包括一个国家的社会制度,执政党的性质,政府的方针、政策、法令等。不同的国家有着不同的社会性质,不同的社会制度对组织活动有着不同的限制和要求。即使社会制度不变的同一国家,在不同时期,由于执政党的不同,其政府的方针特点、政策倾向对组织活动的态度和影响也是不断变化的。

在对政治环境的分析中,一般考虑以下因素:

(1) 执政党性质;

(2) 政治体制;

(3) 政府任期与变化;

(4) 经济体制;

(5) 税收政策;

（6）产业政策；

（7）投资政策；

（8）贸易政策；

（9）国防开支水平；

（10）政府补贴水平；

（11）反垄断法规；

（12）与重要大国关系；

（13）地区关系；

（14）生态/环境问题等。

政治环境的改变直接影响着企业的经营状况，因此作为企业的领导者，需要具备较高的政治素质以及高度的政治敏锐性，随时关注国家政治动态并能做出正确的判断和分析，然后认真贯彻国家的各项方针政策，从而为企业的未来制定出正确的发展方向和发展战略。此外，法律作为政府执行管理的一种重要手段，也需要引起企业领导者的高度重视。这些法律法规一方面对企业在行为规范上进行了有效的约束；另一方面保护着企业的相关权利，并积极维护了合理竞争的市场秩序。

2）经济环境

经济环境主要包括宏观和微观两个方面的内容。

宏观经济环境主要指一个国家的人口数量及其增长趋势，国民收入、国民生产总值及其变化情况以及通过这些指标能够反映的国民经济发展水平和发展速度。

微观经济环境主要指企业所在地区或所服务地区的消费者的收入水平、消费偏好、储蓄情况、就业程度等因素。这些因素直接决定着企业目前及未来的市场大小。

对经济环境的分析中，一般考虑以下因素（见表2.2）：

表 2.2　经济环境评价指标

宏　观	微　观
社会经济结构	可支配收入水平
经济体制	居民消费（储蓄）倾向
经济发展水平	消费模式
利率和汇率	不同地区和消费群体间的收入差别
通货膨胀率	就业程度
劳动生产率水平	失业趋势
证券市场状况	贷款的可得性
国际经济金融环境	……
进出口因素	
货币与财政政策	
政府预算赤字	
……	

　　企业作为一个经济实体,需要时刻与外部的经济环境紧密联系在一起。一旦经济形势发生了变化,企业发展的路线、方针就应做出合理的调整,如果不能进行及时调整,企业将会处在一个非常被动的局面。

　　3) 社会环境

　　社会环境包括一个国家或地区的居民教育程度和文化水平、宗教信仰、风俗习惯、审美观点、价值观念等。

　　文化水平会影响居民的需求层次;宗教信仰和风俗习惯会禁止或抵制某些活动的进行;价值观念会影响居民对组织目标、组织活动以及组织存在本身的认可与否;审美观点则会影响人们对组织活动内容、活动方式以及活动成果的态度。

　　对社会环境的分析中,一般考虑以下因素(见表 2.3):

表 2.3　社会环境评价指标

客观社会环境	居民情感取向
妇女生育率	宗教信仰状况
人口结构比例	文化传统
性别比例	风俗习惯
人口出生、死亡率、人口预期寿命	生活方式
人均收入	对政府的信任度
城市、城镇和农村的人口变化	对工作、退休的态度
种族平等状况	对质量的态度
节育措施状况	对闲暇的态度
平均教育状况	对服务的要求
人均收入	对外国人的态度
平均可支配收入	对职业的态度
污染控制	对权威的态度
……	……

　　社会文化因素对企业的影响也是非常复杂的,其中有正面也有负面,间接或者直接。但最主要的就是社会文化因素能够极大程度地影响这个地区对企业产品的需求以及消费水平。特别是在外贸和出口产品上,对于出口国家的社会文化环境,如果企业没有进行深入细致的了解,就会影响产品在当地的销售状况。

　　4) 技术环境

　　技术环境是指一个国家和地区的技术水平、技术政策、新产品开发能力以及技术发展动向等。

　　对技术环境的分析,一般考虑以下因素:

　　(1) 竞争力的技术开发;

　　(2) 科研经费;

　　(3) 相关的/依赖技术;

（4）替代技术/解决方案；

（5）技术成熟；

（6）制造业的成熟和能力；

（7）信息和通信；

（8）消费者购买机制/技术；

（9）技术法规；

（10）创新潜力；

（11）技术准入，许可，专利；

（12）知识产权问题；

（13）全球通信等。

技术对企业经营的影响是多方面的，企业的技术进步可能给企业提供有利的发展机会；也可能又同时意味着"破坏"。因为一种新技术的发明和应用会带动一批新行业的兴起，也会对另外一些行业造成冲击、革新、取代或消亡。

所以企业必须高度重视技术环境将对企业经营带来的影响，以便及时地采取经营策略以不断促进技术创新，保持竞争优势。

2.2.2.3　竞争环境

竞争环境是指与企业经营活动有现实和潜在关系的各种力量和相关因素的集合，它直接影响着企业的生存和发展。企业在分析行业竞争形势时，常采用美国哈佛大学教授迈克尔·波特（Michael E. Porter）提出的"五力模型"分析法。

波特是商业管理界公认的"竞争战略之父"，也是哈佛大学历史上第四位荣获 University Professor 殊荣的教授。在 2005 年世界管理思想家 50 强排行榜上，他位居第一。

"五力模型"的概念最早出现在波特 1979 年发表在《哈佛商业评论》上的论文《竞争力如何塑造战略》（*How Competitive Forces Shape Strategy*）中。该论文的发表，历史性地改变了企业、组织乃至国家对战略的认识，被评为《哈佛商业评论》创刊以来最具影响力的十篇论文之一。之后波特又相继发表了《竞争战略》（1980）、《竞争优势》（1985）和《国家竞争优势》（1990），形成著名的"波特三部曲"。这套理论将产业组织分析法引入战略管理领域，形成独特的企业竞争战略理论，在全球范围内产生了深远的影响。

有关波特的"五力分析模型"详见本书第 9 章。

2.2.2.4　战略环境

如图 2.5 所示，在最广义的范围内，制定竞争战略意味着要考虑四种关键因素，这四种关键因素决定了一个公司可以取得成功的限度：公司的优势与劣势是其资产与技能相对竞争对手而言的综合表现，包括财力资源、技术状况和商标知名度等；一个组织的个人价值是主要的执行经理以及其他执行既定战略所涉及的人员动机和需求体现，公司的优势和劣势与价值标准相结合决定了一个公司能成功地实施竞争战略的内部（公司内的）极限；产业机会与威胁决定了竞争环境。这种环境既伴随着风险，又蕴含着回报；社会期望是对公司产生作用的如下因素的反映：政府政策、社会关注、演进着的风俗以及其他的一些社会因素,产业及更大范围的环境决定了公司实施竞争战略的外部极限。关于这部分内容,本书第 9 章将进行详细阐释,这里不再赘述。

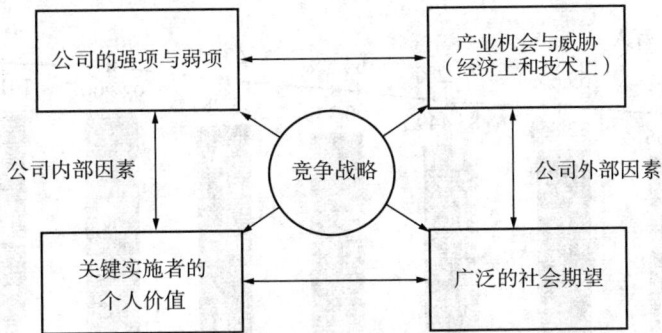

图 2.5　竞争战略的环境因素

2.2.3　变革(变化)

2.2.3.1　环境变化

1994 年 4 月,中国国家计算与网络设施 NCFC 工程连入 Internet 的 64K 国际专线开通,实现了与 Internet 的全功能连接。从此,中国正式成为真正拥有全功能 Internet 的国家。到 2014 年止,走过了互联网进入中国的第 20 个年头,经过这 20 年发展,中国已拥有 6.3 亿网民,12 亿手机用户,5 亿微博、微信用户,每天信息发送量超过 200 亿条。全球互联网公司十强中,中国占了 4 家。至 2021 年 6 月,我国网民规模达 10.11 亿,手机网民规模达 10.07 亿。

2021 年 8 月 27 日,中国互联网络信息中心(CNNIC)在北京发布第 48 次《中国互联网络发展状况统计报告》(以下简称《报告》)。

《报告》显示,截至 2021 年 6 月,我国网民规模达 10.11 亿,较 2020 年 12 月增长 2 175 万,互联网普及率达 71.6%,较 2020 年 12 月提升 1.2 个百分点(见图 2.6);我国手机网民规模达 10.07 亿,较 2020 年 12 月增长 2 092 万,网民使用手机上网的比例为 99.6%,与 2020 年 12 月基本持平(见图 2.7);我国农村网民规模达 2.97 亿,占网民整体的 29.4%;城镇网民规模达 7.14 亿,占网民整体的 70.6%;我国网民使用手机上网的比例达 99.6%;使用电视上网的比例为 25.6%;使用台式电脑、笔记本电脑、平板电脑上网的比例分别为 34.6%、30.8% 和 24.9%。我国 IPv6 地址数量为 62 023 块/32,较 2020 年 12 月增长 7.6%,我国域名总数为 3 136 万个。其中,".CN"域名数量为 1 509 万个,占我国域名总数的 48.1%。

截至 2021 年 6 月,我国即时通信用户规模达 9.83 亿,较 2020 年 12 月增长 218 万,占网民整体的 97.3%;我国网络视频(含短视频)用户规模达 9.44 亿,较 2020 年 12 月增长 1 707 万,占网民整体的 93.4%;其中,短视频用户规模达 8.88 亿,较 2020 年 12 月增长 1 440 万,占网民整体的 87.8%。我国网络购物用户规模达 8.12 亿,较 2020 年 12 月增长 2 965 万,占网民整体的 80.3%;我国网络支付用户规模达 8.72 亿,较 2020 年 12 月增长

1 787 万,占网民整体的 86.3%;我国网上外卖用户规模达 4.69 亿,较 2020 年 12 月增长 4 976 万,占网民整体的 46.4%。

单位: 万人

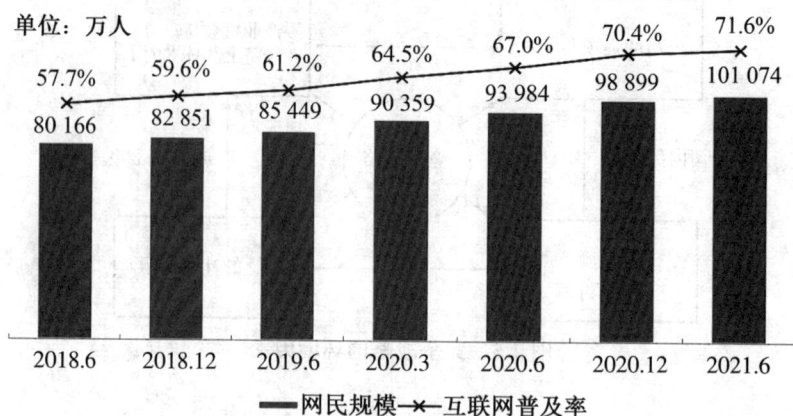

图 2.6 中国网民规模及互联网普及率

单位: 万人

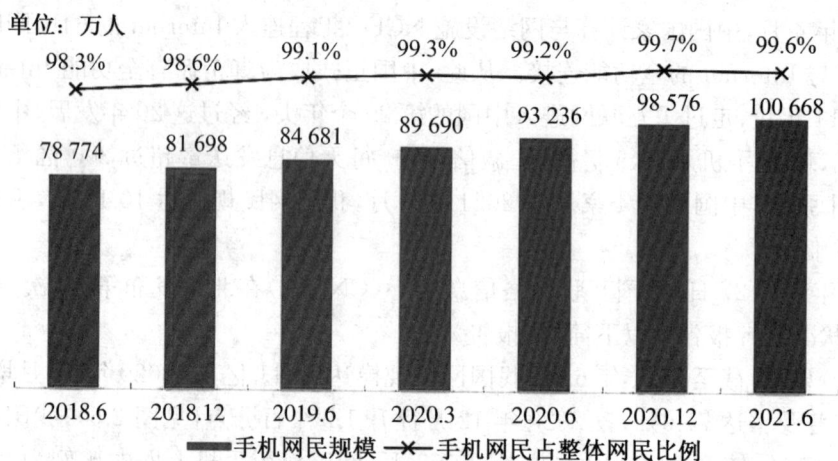

图 2.7 中国手机网民规模及占网民比例

截至 2021 年 6 月,我国网络新闻用户规模达 7.60 亿,较 2020 年 12 月增长 1 712 万, 占网民整体的 75.2%;我国在线办公用户规模达 3.81 亿,较 2020 年 12 月增长 3 506 万, 占网民整体的 37.7%。

2.2.3.2 技术变化

互联网技术是指在计算机技术的基础上开发建立的一种信息技术(Information Technology,IT)。

1) IT 的兴起

1996 年 1 月,IBM 授权的 PC 机服务供应商——蓝色快车正式成立,标志着以 IT 服务为主营业务的中国独立服务商开始出现。紧接着,1998 年,首届"中国 IT 服务年会"在北京隆重召开,中国 IT 服务产业已经出现供应商的群体,IT 服务价值链条开始形成,标志着 IT 服务作为一个产业正式登上中国经济舞台。至 2015 年,IT 技术全面成熟,涵盖范围之广,凡是应用到信息技术的产业都涉及,诸如银行、咨询、医院、出版、制造、影视,等等,它们共同的特点都是依赖于信息和信息系统。计算机软硬件,因特网和其他各种连接上述所有东西的网络环境,当然还有从事设计、维护、支持和管理的人员,共同形成了一个无处不在的 IT 产业。

2)破坏性创新

破坏性创新(Disruptive Innovation),亦被称作破坏性科技,是指将产品或服务通过科技性的创新,并以低价格、高质量特色针对特殊目标消费族群,突破现有市场所能预期的消费改变。

实现破坏性创新必须具备三个条件:

(1)新技术发展,使得应用这样的产品和服务变得更加简便。

(2)存在一些人愿意以较低价格获得质量较差但尚能接受的产品和服务。

(3)该项创新对市场现存者具有破坏性。

人们对创新概念的理解最早主要是从技术与经济相结合的角度,探讨技术创新在经济发展过程中的作用,主要代表人物是现代创新理论的提出者约瑟夫·熊彼特(Joseph A. Schumpeter)。独具特色的创新理论奠定了熊彼特在经济思想发展史研究领域的独特地位,也成为他经济思想发展史研究的主要成就。

熊彼特认为,所谓创新就是要"建立一种新的生产函数",即"生产要素的重新组合",就是要把一种从来没有的关于生产要素和生产条件的"新组合"引进生产体系,以实现对生产要素或生产条件的"新组合"。

熊彼特进一步明确指出"创新"的五种情况:

(1)采用一种新的产品——也就是消费者还不熟悉的产品,或一种产品的一种新的特性。

(2)采用一种新的生产方法,也就是在有关的制造部门中尚未通过经验检定的方法,这种新的方法绝不需要建立在科学新发现的基础之上,并且,也可以存在于商业上处理一种产品的新方式之中。

(3)开辟一个新的市场,也就是有关国家的某一制造部门以前不曾进入的市场,不管这个市场以前是否存在过。

(4)获取或控制原材料或半制成品的一种新的供应来源,也不问这种来源是已经存在的,还是第一次创造出来的。

(5)实现任何一种新的工业组织,比如造成一种垄断地位(如通过"托拉斯化"),或打破一种垄断地位。

从市场和技术来看,创新有两种类型,一是持续性的创新(Sustainius Innovation),即向市场提供更高品质的东西;二是破坏性创新,即利用技术进步效应,从产业的薄弱环节进入,颠覆市场结构,进而不断升级自身的产品和服务,爬到产业链的顶端(见表 2.4)。

表 2.4 持续性创新、破坏性创新对比表

	持续性创新	破坏性创新
目标市场	针对主流市场、高端客户	从高端市场到低端市场,从现有市场到新兴市场
产品性能	更高、更快、更强	从复杂到简单,从免费到收费
商业模式	高端市场,价格贵,毛利率高	从昂贵到便宜,从收费到免费
核心精神	更好	不同甚至相反

如果按照"产品成熟度"和"市场成熟度"两个维度进行分析,可以将竞争市场划分为四个象限(见图2.8)。大公司的主场是在第一象限,即通过连续性技术不断升级主流市场中的成熟产品;第四象限则是小型创业公司的福地,即用破坏性创新满足新兴市场的需求。

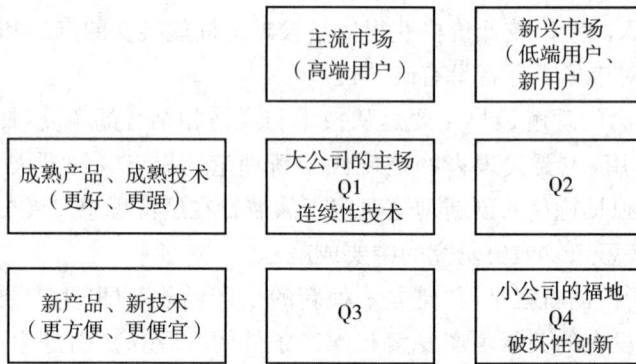

图 2.8 创新矩阵图

2.3 互联网发展对商务环境的影响

20世纪90年代中期以来,随着信息与通信技术的迅速发展,极大地促进了互联网技术的发展与逐渐成熟。互联网技术的发展与成熟为传统商务模式的创新提供了动力,为互联网商务发展提供了可靠的技术平台。在许多行业内部竞争加剧以及客户需求呈个性化趋势的背景下,互联网商务模式创新成为企业在激烈、动态的竞争环境下获得竞争优势的一个重要手段,并不断改变商务环境。互联网能够提供一种低成本快速的交互活动,增强时间上的灵活性,建立更广泛的联系,它的运行像一个分销渠道,减少了交易者之间信息的不对称。

为客户设计和传送价值需要进行大量基于信息交换的活动。其中包括5种活动:协调(Coordination)、商务(Commerce)、社团(Community)、内容(Content)和交流(Communication),我们称之为5C。互联网的特性对5C有着深远的影响,体现在互联网对企业内部、企业对企业(B2B)、企业对消费者(B2C)、消费者对消费者(C2C)、消费者对企业(C2B)这五种形式的5C的重大影响(见图2.9)。

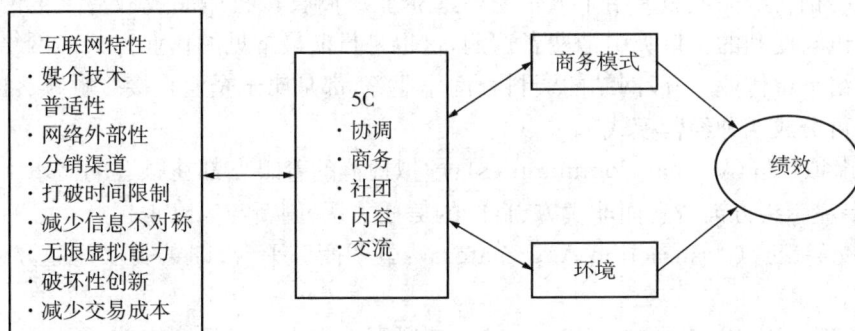

图 2.9　互联网和 5C 的特征

2.3.1　协　　调

任何一个企业在执行一项任务 T 时都需要一些相互联系的子任务 A、B、C,这些子任务都需要同一种资源 R。协调好这些任务需要确保每个子任务的执行,比如要完成 B 或 C,就要保证 A 发出的信息能够及时有效地到达 B 和 C,当 A、B、C 需要资源 R 的时候要确保都能够及时获得,并且减少浪费。任务的成本、特点、完工时间、完成质量都要基于任务和资源的协调管理。在增加价值的过程中,公司必须经常协调企业内部和外部团体之间的活动。互联网的普适性、低成本这些特性可以更好地协调企业涉及的几十种商务活动,挽回产业中每年由于低效率、错误和延迟造成的大部分损失。协调中需要大量的信息交流,而互联网作为一种信息技术可以为这种交流提供巨大的便利,从而减少成本。

2.3.2　商　　务

由于互联网低成本标准和普适性的特点,任何地方的客户都可以连接到互联网上,而通过互联网从事商务的公司和个人也能够接触到全世界的客户。电子商务的优势也就体现了出来。电子商务有企业对企业(B2B)、企业对消费者(B2C)、消费者对消费者(C2C)、消费者对企业(C2B)等商务模式。

2.3.2.1　企业对企业(B2B)

企业间电子商务主要是针对企业内部以及企业(B)与上下游协力厂商(B)之间的资讯整合,并在互联网上进行的企业与企业间的交易。B2B 方式是电子商务应用最多和最受企业重视的形式,企业可以使用互联网或其他网络平台为每笔交易寻找最佳合作伙伴,完成从定购到结算的全部交易行为。其代表是阿里巴巴的电子商务模式。

B2B 电子商务是电子商务的主流,也是企业面临激烈的市场竞争改善竞争条件、建立竞争优势的主要方法。开展电子商务,将使企业拥有一个商机无限的发展空间,这也是企业谋生存、求发展的必由之路,它可以使企业在竞争中处于更加有利的地位。B2B 电子商务将会为企业带来更低的价格、更高的生产率和更低的劳动成本以及更多的商业机会。

2.3.2.2　企业对消费者(B2C)

企业与消费者之间的电子商务是消费者利用互联网直接参与经济活动的形式,类同于商业电子化的零售商务。随着互联网的出现,网上销售迅速地发展起来。B2C 就是企业通过网络销售产品或服务给个人消费者。企业厂商直接将产品或服务推上网络，并提供充足资讯与便利的接口吸引消费者选购，这也是目前最常见的作业方式。网络购物、证券公司网络下单作业、一般网站的资料查询作业等，都是属于企业直接接触顾客的作业方式。B2C 可分成四种经营模式。

（1）虚拟社群（Virtual Communities）：虚拟社群的着眼点都在顾客的需求上，有三个特质，即专注于买方消费者而非卖方、良好的信任关系、创新与风险承担。

（2）交易聚合（Transaction Aggregators）：电子商务平台，即买卖双（多）方的平台或交易市场。

（3）广告网络（Advertising Network）：互联网上广告形成的网络关系，目前多以网页广告、新媒体广告、软广告等形式存在。

（4）线上与线下结合的模式（O2O 模式）。

2.3.2.3　消费者对消费者（C2C）

C2C 商务平台就是通过为买卖双方提供一个在线交易平台，使卖方可以主动提供商品上网拍卖，而买方可以自行选择商品进行竞价，其代表是 eBay、淘宝模式。如今，此类平台上日益融合了 B2C 模式的业务，如淘宝上的天猫板块。C2C 是指消费者与消费者之间的互动交易行为，这种交易方式是多变的。例如，消费者可在某一竞标网站或拍卖网站中，共同在线上出价而由价高者得标；或由消费者自行在网络新闻论坛或 BBS 上张贴布告以出售二手货品，甚至是新品。诸如此类因消费者间的互动而完成的交易，就是 C2C 的交易。

2.3.2.4　消费者对企业（C2B）

C2B 通常情况为消费者根据自身需求定制产品和价格，或主动参与产品设计、生产和定价，产品、价格等彰显消费者的个性化需求，生产企业进行定制化生产。C2B 中，消费者提出他们的价格，公司或者接受，或者放弃。例如，在美国在线旅游公司 Priceline 的模式中，潜在的消费者提出他们对于一次飞行旅行的价格，然后让航空公司来决定是接受还是拒绝这个价格。严格来说，团购也是 C2B 的一种。这与 B2C 正好相反。

2.3.3　社　团

拥有共同兴趣的集团或社团可以通过在线聊天室或 BBS 聚集起来。电子化社团与实际的社团相比有很大的优势。互联网的普适性和低成本标准的特性意味着，只要符合集团的标准，任何人都可以从任何地方加入集团，距离和时间不再是加入一个社团的障碍。

对营利企业来说，最重要的社团是用户集团。社团里的用户在使用较早版本的产品时会不断探讨他们的需求，这对于帮助其他用户发现他们的需求是极其有价值的。更重要的是，产品开发商也能获得这些重要的信息，从而有助于开发商开发出满足用户需求的产品。例如，使用思科（Cisco）公司产品的用户在社团中相互借鉴学习，他们无须向思科公司咨询任何有关使用思科产品的问题。这不仅解放了思科的应用工程师，可以让他们去开发更多的产品，还意味着思科公司的客户们会更加愉快地接受更多思科的产品。网络外部性使得社团规模越大，其价值就越大。

2.3.4　内　容

互联网的主要内容有互联网上的信息、娱乐及其他产品。信息内容包括新闻、股票报价、天气预报和投资信息等，娱乐节目包括在线动画、在线 MTV、交互视频游戏和体育转播，用户可以与远在千里之外的朋友或亲属共同游戏。这些内容都需要以互联网的分销渠道、低成本标准、媒介技术等特性为基础。

2.3.5　交　流

交流是 5C 中的关键，它的应用超出了协调、商务、社团和内容。人们使用电子邮件（E-mail）、网络电话或实时影像为其他传统经济中的活动交换信息。互联网媒介和交互的特性意味着人们可以实时地交换电子信息；打破时间限制、低成本标准和普适性这些特性可以使任何人在任何时候向多人发送大量的信息，信息的发送传播已不再局限在拥有电台和电视塔的人手里；无限虚拟容量的特点使人们可以发送多条信息，每一条信息又可以包含很多内容。互联网技术打破了交流的时空限制，开拓了人们的视野，使得人与人、人与设备之间的交流更加便利。

2.4　互联网商务简史

2.4.1　Web 1.0

Web 1.0 起始于 20 世纪 90 年代，以早期的 Yahoo、Sina、Sohu 等传统的门户网站为代表，以单向、无交互为特征，体现在网站内容是单向推送的，网站的编辑者是信息推送、信息控制和信息编辑的主体，用户只是网站内容的被动接受者，没有权限进行内容的编辑，因此网站内容的供应商和用户是无交互的，只是供应商单向传递信息。

Web 1.0 的本质是聚合、联合及搜索，其聚合的对象是巨量、芜杂的网络信息。"Web 1.0"的聚合对象，是业界所说的微内容（Microcontent）。微内容，亦称私内容，是相对于我们在传统媒介中所熟悉的大制作、重要内容（Macrocontent）而言的。学者 Cmswiki 对微内容的最新定义是这样的："最小的独立的内容数据，如一个简单的链接，一篇网志，一张图片，一段音频、视频，一个关于作者、标题的元数据，E-mail 的主题，RSS 的内容列表等。"也就是说，互联网用户所生产的任何数据，都可以被称为微内容。

互联网泡沫（又称科网泡沫或 dot 泡沫）指自 1995 年至 2001 年间的投机泡沫，在欧美及亚洲多个国家的股票市场中，与科技及新兴的互联网相关企业股价高速上升的现象。这一时期的标志是成立了一群大部分最终投资失败的，通常被称为".COM"的互联网公司。股价的飙升和买家炒作的结合，以及风险投资的广泛利用，创造了一个温床，使得这些企业摒弃了标准的商业模式，突破（传统模式的）底线，转而关注于如何增加市场份额，2001 年网络泡沫的破灭即 Web 1.0 与 Web 2.0 的转折点。Web 1.0 只解决了人对信息搜索、聚合的需求，而没有解决人与人之间沟通、互动和参与的需求，所以 Web 2.0 应运而生。

2.4.2　Web 2.0

2.4.2.1　Web 2.0 的概念

Web 2.0，是由 O'Reilly 公司在 2003 年提出的一个概念，意指基于 Web 的下一代社区和托管服务，比如社会网络、维基百科、大众分类等，帮助 Web 用户进行协作和分享。技术、商业和社会三种因素融合式地共同发展，相互推动，经过几年全球范围的尝试和实践，新的技术范式、商业模式和生活方式不断涌现，Web 环境变得更加开放、动态，社区也更加去中心化，人们却又能够更加紧密地协作和分享，内容、服务和应用更加多样化和个性化，商业模式也逐渐走向如何满足大规模的小众需求。

一般认为，Web 2.0 是以 Flickr、Craigslist、Linkedin 等网站为代表，以 Blog、Tag、SNS、RSS、Wiki 等社会化平台的应用为核心，依据六度分隔、Xml、Ajax 等新理论和技术实现的互联网新一代模式。在 Web 1.0 时代主要是靠网站提供信息，用户接受信息，手段比较有限，而在 Web 2.0 时代，网站的信息则以用户提供为主，更加强调用户个性化和交互性。

Web 2.0 的应用形式包括以下几种：

（1）Blog——博客/网络日志。Blog 的全名应该是 Web log，后来缩写为 Blog。Blog 是一个易于使用的网站，用户可以在其中迅速发布想法、与他人交流以及从事其他活动。

（2）RSS——站点摘要。RSS 是站点用来和其他站点之间共享内容的一种简易技术（也叫聚合内容）。

（3）Wiki 百科全书。一种多人协作的写作工具。

（4）Micro Blog——微博。

（5）Social Media——社交媒体。

（6）网摘。又名"网页书签"，能够存储网址和相关信息列表，使用标签（Tag）对网址进行索引以使网址资源有序分类和索引，使网址及相关信息的社会性分享成为可能。

（7）SNS——社会网络。软件（Social Network Software），社会网络软件，指依据六度理论，以认识朋友的朋友为基础，扩展自己的人脉的系统。

（8）P2P——对等联网。P2P 是 Peer-to-Peer 的缩写，Peer 在英语里有"（地位、能力等）同等者""同事"和"伙伴"等意义。

（9）IM——即时通信。即时通信（Instant Messenger，IM）软件，可以说是目前我国上网用户使用率最高的软件。

2.4.2.2　Web 2.0 的应用模式

Web 2.0 具有多个核心模式。

1）群众智慧（Collective Intelligence）

建立一个参与架构，借助网络效应和算法，使得软件随着用户越来越多而变得越来越好。Web 2.0 让彼此相连的个体、群体、内容和应用等充分互动起来，进而带来更多的用户并产生更丰富的内容，使网站使用价值和凝聚力都大为增加，并据此结成一个庞大的信息网络，从而给用户提供一个绝佳的信息交流平台。我们将这种利用集体的智慧称为"用户贡献的网络效应""众包"（Crowdsourcing）或"众创"，其主要有如下应用：

（1）雅虎（Yahoo!）。Yahoo! 是首例伟大的成功故事，它诞生于链接目录，一个对数万甚至数百万网络用户的最精彩作品的汇总。虽然后来 Yahoo! 进入了创建富内容的业务，但作为一个门户来收集网络用户众创作品的角色，依然是其价值核心。

（2）谷歌（Google）。Google 在搜索方面的突破在于 PageRank 技术，该技术令其迅速成为搜索市场上毫无争议的领导者。PageRank 是一种利用了网络的链接结构，而不是仅仅使用文档的属性，来实现更好的搜索效果的方法。

（3）eBay。eBay 的产品是其全部用户的集体活动，就像网络自身一样，eBay 随着用户的活动而有机地成长。而且该公司的角色是作为一个特定环境的促成者，而用户的行动就发生在这种环境之中。更重要的是，eBay 的竞争优势几乎都来自大量买家和卖家双方，而正是这一点使得后面许多竞争者的产品的吸引力显著减低。

（4）维基百科全书（Wikipedia）。维基百科全书是一种基于"一个条目可以被任何互联网用户所添加，同时可以被其他任何人编辑"［用户生成内容（UGC）］的观念而建立起来的在线百科全书。维基百科全书已然高居世界网站百强之列，并且许多人认为它不久就将位列十强。这在内容创建方面是一种深远的变革。

（5）亚马逊（Amazon）。Amazon 已然缔造出了一门关于激发用户参与的科学，拥有比其竞争者高出一个数量级的用户评价。它让用户以五花八门的方式，在近乎所有的页面上进行参与，更为重要的是，他们利用用户的活动来产生更好的搜索结果。

2）数据，下一个"Intel Inside"

利用独特、难以复制的数据源，成为这个时代的"Intel Inside"。其中，数据变得跟功能一样重要，成为核心竞争能力。Web 2.0 时代下，每一个重要的互联网应用程序都由一个专门的数据库驱动，如 Google 的网络爬虫，Yahoo! 的目录（和网络爬虫），Amazon 的产品数据库，eBay 的产品数据库和销售商，MapQuest 的地图数据库，Napster 的分布式歌曲库。数据库管理是 Web 2.0 公司的核心竞争力，其重要性使得我们有时候称这些程序为"数件"（Dataware）而不仅仅是软件。

3）"复合"创新

建立一个平台，通过数据和服务的组合，来创造新的产品、服务、市场和机会。

4）丰富用户体验

超越传统的 Web 页面模式，让在线应用拥有桌面应用一样的丰富用户体验。

（1）JavaScript 和 DHTML 的引入，为客户端提供了可编程性和丰富的用户体验。而 Flash 不仅可传送多媒体内容，而且可以是 GUI（图形用户界面）方式的应用程序体验。

（2）互联网传递整个应用程序。AJAX（"Asynchronous JavaScript and XML"——异步 JavaScript 和 XML，是一种创建交互式网页应用的网页开发技术）是 Web 2.0 程序的一个关键组件，如现在归属 Yahoo! 的 Flickr，37signals 的程序 basecamp 和 backpack，以及其他 Google 程序，如 Gmail 和 Orkut。

5）支持多种设备

支持各种连接到因特网的设备，为用户提供无所不在、无缝的在线体验。

Web 2.0 已经不再局限于 PC 平台，在对 Microsoft 的告别建议中，Microsoft 的长期开发者戴夫·斯塔兹（Dave Stutz）指出："超越单一设备而编写的有用软件将在未来很长一段时间里获得更高的利润。"

iTunes 是这一原则的最佳范例。该程序无缝地从掌上设备延伸到巨大的互联网后台，其中 PC 扮演着一个本地缓存和控制站点的角色。之前已经有许多将互联网的内容带到便携设备的尝试，但是 iPod/iTunes 组合是这类应用中第一个从开始就被设计用于跨越多种设备的应用。

6) 软件即服务(Software as a Services，SaaS)和永久试验版(Perpetual Beta)

该模式改变了传统软件开发和使用的模式，转向永久在线、持续更新、软件即服务的模式。

7) 利用长尾

借助因特网带来的接触极大规模客户的能力，以及极低成本的营销方式，来获得细分的"利基"(niche)市场的利润。

8) 轻量级模型和低成本优势的可扩充能力

利用轻量级的商业模型和软件开发模式，来快速、低成本地构造产品和服务。

(1) 支持允许松散结合系统的轻量型的编程模型。

亚马逊的网络服务有两种形式：一种坚持 SOAP(Simple Object Access Protocol，简单对象访问协议)网络服务堆栈的形式；另一种则简单地在 HTTP 协议之外提供 XML 数据，这在轻量型方式中有时被称为 REST(Representational State Transfer，代表性状态传输)。虽然商业价值更高的 B2B 连接(如那些在 Amazon 和一些像 ToysRUs 这样的零售伙伴之间的连接)使用 SOAP 堆栈，但是根据 Amazon 的报道，95% 的使用来自于轻量型 REST 服务。

(2) 考虑聚合(Syndication)而不是协调(Coordination)。

RSS(Really Simple Syndication)，是站点用来和其他站点之间共享内容的简易方式(也叫聚合内容)，以完美的设计来取代简单的实用主义。

(3) 可编程性和可混合性设计。

许多有用的软件事实上是开放源码的，而即便它不是，也很难保护其知识产权。互联网浏览器的"查看源文件"选项，使得许多用户可以复制其他任何用户的网页；RSS 被设计得使用户能够在需要的时候查看所需要的内容，而不是按照信息提供者的要求。最成功的网络服务，是那些最容易采纳未被服务创建者想到的新的方向。同更普遍的"保留所有权利"(All Rights Reserved)相比，随着创作共用约定而普及的"保留部分权利"(Some Rights Reserved)一词成为一个有益的方向。Google 地图的实现方式使数据可以被捕获，于是程序高手们很快就发现了创造性地重用这些数据的方法。

9) 软件发布周期的终结

(1) 运营必须成为一种核心竞争力。

Google 或者 Yahoo! 在产品开发方面的技术，必须同日常运营方面的专门技术相匹配。所以，Google 的系统管理、网络和负载均衡技术，可能比其搜索算法更被严加保护。Google 在自动化这些步骤上的成功是相比竞争者更有优势的一个关键方面。

(2) 用户必须被作为共同开发者来对待。

通过实时地监测用户行为来考察哪些新特性被使用了，以及如何被使用的，将成为另外一种必需的核心竞争力。

以上几个模式，分别关注不同的方面，并由如下几种特质相互关联：

（1）大规模互连。今天我们从过去一对多的发布和通信，转向多对多的连接，网络效应使得边沿同核心一样重要，颠覆了旧的通信、发布、分发和聚合模式。

（2）去中心化。这种大规模互联，也颠覆着传统的控制和权力结构，带来更大程度的去中心化。从全球信息流动、营销，到新产品设计，这种发自底层的草根力量，都在"叫板"来自权力阶层的声音。系统更多地通过边沿的拉动来生长，而不是借助核心的推动向外生长。

（3）以用户为中心。网络效应给予用户前所未有的力量，他们参与、对话、协作，最终产生巨大的影响。消费者可以说话、交流和讨论他们的经验，他们拥有控制权，积极主动地影响着产品的方向，同时也对那些积极应对的公司报以口口相传（Mouth to Mouth）的口碑。

（4）开放。开放性，是以因特网的开放技术标准为基础的，但很快地演进到一个由开放应用所构成的生态系统，这些应用建构在开放数据、开放 API 和可重用的组件之上。开放，还意味着超越技术层次的更大程度的透明，如公司对外沟通，共享知识产权、产品的开发过程等。

（5）轻量级。软件由小团队使用敏捷方法设计和开发，使用简单数据格式和协议，采用运行开销小的平台和框架，应用和服务部署简易，商业上力图保持低投资和成本，营销上利用简单的消费者之间的口口相传来形成病毒式传播。

（6）自然浮现。不是依靠预先完整定义好的应用结构，而是让应用的结构和行为随着用户的实际使用而灵活适应和自然演变；成功来自合作，而不是控制。

2.4.2.3　Web 2.0 对软件的影响

如图 2.10 所示，Web 2.0 带来了广泛的"简单性"，也就是软件更容易使用，易于组合和混用，易于扩展。这对传统软件，尤其是企业软件来说是很大的改进，因为企业软件过去在往往需要花很大的力气来集成，需要专业人员来维护和扩展，用户也需要经过训练才能很好地使用软件。

Web 2.0 带来了"软件即服务"（Software as a Service）的观念，用户付费即用，无须操心开发、安装、部署和运营维护，开发的过程也极大限度地由用户驱动，用户需求的反馈非常及时。

社区和用户增值（Community and Users add Value），也就是用户不只是纯粹的消费者，他们还是生产者，系统利用他们贡献的数据（如标签、意见）和行为，通过网络效应和算法，获得"群众智慧"，利用它们构成的社会网络，获得用户评价、用户体验与口口相传的共创价值。

这些设计原则和模式，被人们总结为面向 Web 的架构（Web Oriented Architecture，WOA）。WOA 与时下企业软件正流行的面向服务的架构（Service Oriented Architecture，SOA），采用同样的设计哲学和理念，也是以服务为中心的架构模式，只是它主要采用来自 Web 的概念和技术来构建服务架构：

（1）使用 REST 来表示和访问服务，每个网络资源（或者说实体）可以用一个 URL 来唯一地表示和确定，其上只有 GET、POST、PUT 和 DELETE 四个操作；

（2）数据被编码成 XML 文档或者 ATOM Feed 以用来交换数据，在服务器和浏览器之间，也可以使用 JSON 编码的文档；

（3）基于 AJAX 的丰富用户体验。

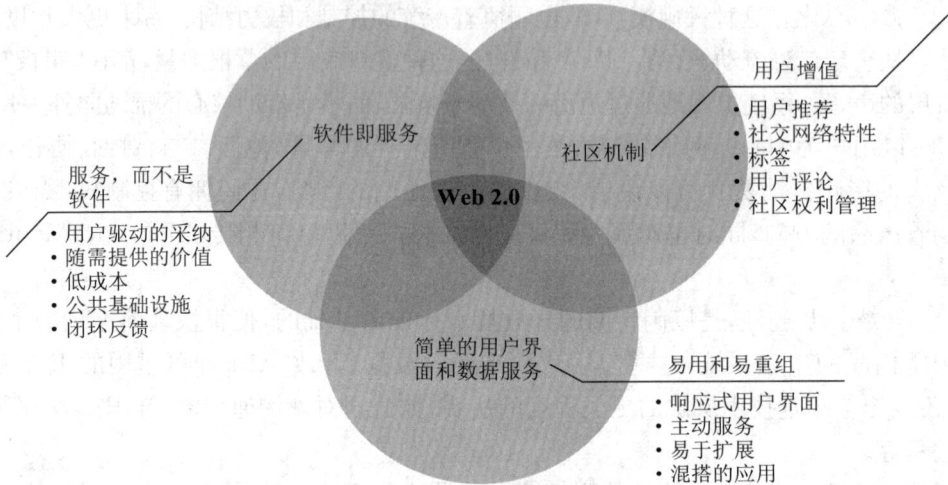

图 2.10　Web 2.0 对软件的影响

2.4.2.4　Web 2.0 图景

如图 2.11 所示，62 个卓越的 Web 2.0 公司和应用程序标注在跨越两个维度的地方：内容分享到推荐与筛选，网络应用到社交网络。出现在这些维度交叉点的四个空间是：桌面小程序/组件、评级/标签、聚合/重组、协同过滤。这些共同覆盖了 Web 2.0 的基本图景。

图 2.11　Web 2.0 图景

和其他所有的框架相同,Web 2.0 的框架是建立在知识共享许可基础上的。只要愿意,知识共享许可使得任何人都能够使用并创建它,就像通过链接连接到某篇博客以及未来的网络。这个框架的作用是促进交流和深入思考,所以如果用户在某一方面存在不同意见或者认为可以改进它,用户就可以取其精华,去其糟粕,改进出更好的框架。

2.4.2.5　Web 1.0 与 Web 2.0 对比

Web 1.0 主要解决的是人对于信息的需求,Web 2.0 主要解决的就是人与人之间沟通、交往、参与、互动的需求。从 Web 1.0 到 Web 2.0,需求的层次从信息上升到了人。两者的实例对比如表 2.5 所示。

表 2.5　Web 1.0 与 Web 2.0 的实例对比

Web 1.0	Web 2.0
DoubleClick	Google AdSense
Ofoto	Flickr
Akamai	BitTorrent
mp3.com	Napster
大英百科全书在线(Britannica Online)	维基百科全书(Wikipedia)
个人网站	博客(Blogging)
Evite	Upcoming.org 和 EVDB
域名投机	搜索引擎优化
页面浏览数	每次点击成本
屏幕抓取(Screen Scraping)	网络服务(Web Services)
发布	参与
内容管理系统	维基
目录(分类)	标签("分众分类",Folksonomy)
黏性	聚合

Jim Cuene 在"Web 2.0:Is it a Whole New Internet?"这篇演说中较为精辟地分析了 Web 1.0 和 Web 2.0 的区别(见表 2.6)。

表 2.6　Web 1.0 与 Web 2.0 的区别

	Web 1.0	Web 2.0
模式	读	写与贡献
主要内容单元	网页	发表/记录的信息
形态	静态	动态
浏览方式	互联网浏览器	各类浏览器、RSS 阅读器等
体系结构	Client Server	Web Services
内容建立者	程序员	人人
应用领域	初级的应用	大量成熟应用

我们可以看出 Web 2.0 相对 Web 1.0 而言,是一次从外部应用到核心内容的变化。具体地说,在模式上是单纯的"读"向"写""共同建设"发展;在基本构成单元上,是由"网

页"向"发表/记录的信息"发展;在工具上,是由互联网浏览器向各类浏览器、RSS 阅读器等内容发展;在运行机制上,由"Client Server"(客户端/服务器)向"Web Services"(Web 服务)转变;内容建立者由程序员等专业人士向全部普通用户发展;应用领域则由初级的"滑稽"应用转向大量成熟应用。

MOP(猫扑)网董事长兼 CEO 陈一舟这样总结道:从知识生产的角度看,Web 1.0 的任务,是将以前没有放在网上的人类知识,通过商业的力量,放到网上去。而 Web 2.0 的任务,是将这些知识,通过每个用户浏览求知的力量,协作工作,把知识有机地组织起来,在这个过程中继续将知识深化,并产生新的思想火花;从内容生产者角度看,Web 1.0 是以商业公司为主体把内容往网上搬,Web 2.0 则是以用户为主,以简便随意的方式,通过 Blog/podcasting 的方式把新内容往网上搬;从交互性上看,Web 1.0 是网站以用户为主,而 Web 2.0 是以 P2P 为主;从技术上看,Web 2.0 是 Web 客户端化。

2.4.3 Web 3.0 与 Web 4.0

2.4.3.1 Web 3.0

1) 产生与发展

如果说 Web 1.0 的本质是联结,那么 Web 2.0 的本质就是互动,它让网民更多地参与信息的创造、传播和分享。然而,信息创建和传播的自由模式带来了信息庞杂、可信度低、搜索精准度日益下降等困扰。而随着互联网应用的发展和用户成熟度的不断提高,用户对于互联网的需求又逐渐趋于个性、精准、高效和智能,因此在 Web 2.0 的基础上,有人提出了 Web 3.0 的概念,希望能解决以上问题,同时实现人们对互联网的更多愿景。

Web 3.0 的首次提及出现在 2006 年年初 Web 开创者之一 Jeffrey Zeldman 的一篇批评 Web 2.0 的文章中。2006 年 5 月,Web 之父 Tim Bemers-Lee 曾说:"人们不停地质问 Web 3.0 到底是什么,我认为当可缩放矢量图形在 Web 2.0 的基础上大面积使用——所有东西都起波纹、被折叠并且看起来没有棱角——以及一整张语义网涵盖着大量的数据,你就可以访问这难以置信的数据资源时的 Web 形态。"

2007 年 8 月 7 日,Google 的首席执行官 Eric Schmidt 出席首尔数字论坛时被问及 Web 3.0 的定义时,他谈及了自己的看法:"对 Web 3.0 我的预测将是一系列拼凑在一起的应用程序,具有一些主要特征:应用程序相对较小、数据处于 Cloud 中、应用程序可以在任何设备上运行(PC 或者移动电话)、应用程序的速度非常快并能进行很多自定义,此外应用程序会像病毒一样地扩散(通过社交网络、电子邮件等)。"

自 2006 年以来,Web 3.0 一词正受到越来越多的关注,也是越来越多争论的焦点,这个现象一直持续到现在。

在中国,2007 年 9 月,国内互联网企业中推出了新一代个人门户产品 IG 3.0;2007 年 12 月,龙讯 CEO 李宋博士宣布 Web 3.0 时代世界性的综合门户网站龙讯网正式上线;2008 年元旦之初,搜狐推出搜狐 3.1,这些"个人门户"以满足用户个性化的信息需求为契机,将概念中的 Web 3.0 变为现实。

2) 定义与特征

Web 3.0,它是一系列技术、理念及其应用的结果,因此不是一个简单的定义可以描述的。Web 3.0 一词包含多层含义,用来概括互联网发展过程中可能出现的各种不同的方向和特征,包括将互联网本身转化为一个泛型数据库,语义网络和 SOA 的实现,超浏览器的内容投递和请求机制,人工智能技术的运用,运用 3D 技术搭建的网站甚至虚拟世界等。

Web 3.0 的特征如下:

(1) 终端多样化。Web 3.0 将互联网与通信服务融合起来,打破了用户的终端局限,使用户的信息终端出现多样化,如个人电脑、固定电话、移动电话、电视等都可以成为智能终端。这样用户可以随时随地使用这些终端发布信息和享受及时交互的信息服务。

(2) 服务个性化。个人门户网站的出现,提供基于用户偏好的个性化聚合服务。在 Web 3.0 环境下,用户可以根据自己需求建立个性化的信息平台。平台根据用户需求,智能化处理互联网海量信息,聚合满足用户需求的资源,形成个人门户。在这样的情况下,每个人通过浏览器看到的网页都按照个人的喜好来提供信息,而那些他们不感兴趣的信息将不会显示出来。用户在互联网上拥有自己的数据,并能在不同网站上使用。数据不需要在计算机上运行,可以全部存储在网络服务端。例如,雅蛙网开发的很多实用工具能让用户轻松体验一页聚合博客、QQ 空间、行业资讯、收发邮件、天气预报、搜索引擎等工具。一个页面实现所有互联网信息的互通。

(3) 高效聚合化。Web 3.0 的最大价值不是提供信息,而是提供基于不同需求的过滤器,每一种过滤器都是基于一个市场需求。如果说 Web 2.0 解决了个性释放的问题,那么 Web 3.0 就是解决信息社会机制的问题,也就是最优化信息聚合的问题。

对于搜索引擎,用户不用再分析和试验组合查询词,只需将查询用自然语言表达。搜索引擎对查询进行解析,提取相关概念,返回准确的结果。甚至,用户通过搜索可以获得一套完整的解决方案。例如,在计算机中输入:"我想带我 9 岁的孩子去一个温暖的地方度假,预算为 3 000 元。"计算机能自动给出一套完整方案,这一方案可能包括度假路线图、适合选择的航班、价格适宜的酒店等。可以预见,沿袭 Web 2.0 的以人为本理念,Web 3.0 模式中将会出现各种高度细分领域的平民专家。

真正的 Web 3.0 不仅是根据用户需求提供综合化服务,创建综合化服务平台,关键在于提供基于用户偏好的个性化聚合服务。Web 3.0 在对用户创造内容(User Generated Content,UGC)筛选、过滤基础上,同时引入偏好信息处理与个性化引擎技术,对用户的行为特征进行分析,在寻找可信度高的 UGC 发布源的同时,对互联网用户的搜索习惯进行整理、挖掘,得出最佳的设计方案,帮助互联网用户快速、准确地搜索自己感兴趣的信息内容,避免了信息过载带来的搜索疲劳。个性化搜索引擎以有效的用户偏好信息为基础,对用户进行的各种操作以及用户提出的各种要求进行数据挖掘,从而分析用户的偏好。通过偏好系统进行归类,反馈给用户,从而更好地满足用户搜索、浏览的需要。

在 Web 3.0 时代,同一模式化的综合门户将不复存在,如人们看到的新浪新闻首页将是个人访问行为画像密切相关的新闻,不感兴趣的新闻将不再显示。当然,这种个性化的聚合必须依赖强大的智能化识别系统,以及长期对于一个用户互联网行为规律的分析和锁定,它将颠覆传统的综合门户,使得 Web 3.0 时代的互联网评价标准不再是流量和点击率,而是到达率和用户价值。

　　因此,Web 3.0 时代能够赢得用户青睐的公司,一定是基于用户行为、习惯和偏好聚合的,人性化、友好界面、简单易用一定是其核心元素。基于用户需求的信息聚合是互联网的趋势和未来。

　　(4)人工智能化。人工智能是 Web 3.0 的核心技术,而智能化的核心是虚拟化和可视化。Web 3.0 将为学习者呈现出平滑的动画、高清晰度的音频和视频以及 3D 内容,而学习者只需通过一个网络浏览器就能得到。这为学习者提供了更加真实的情景,为虚拟学习的实现创造了更大的发展空间。基于 Web 3.0 技术的个人门户记录着学生学习过程中使用和产生的资料,教师能够随时准确地掌握学生的学习进度与动向,及时给予指导和评价。Web 3.0 集合众多应用于一体,数据云状分布,可以运行于任何终端设备上,学习者可以不受时空限制灵活学习。

2.4.3.2　Web 4.0

　　2007 年语义技术大会的宣传资料上有这样一张图(见图 2.12),横轴表示增长的社会化关联,纵轴表示增长的知识关联和推理,预示了 Internet 的演变趋势:

　　1990—2000 年,Web 1.0(Web〈网〉,作用:连接知识),主要包括网页搜索引擎、网站、数据库、文件服务器等;

　　2000—2010 年,Web 2.0(Social Web〈社会网〉,作用:连接知识)引入了社区、RSS、Wiki、社会化书签、社会化网络等概念;

　　2005—2020 年,Web 3.0(Semantic Web〈语义网〉,作用:连接知识),由本体、语义查询、人工智能、智能代理、知识结点、语义知识管理等构成;

　　2015—2030 年,Web 4.0(Ubiquitous〈无所不在的网〉,作用:连接智慧)。

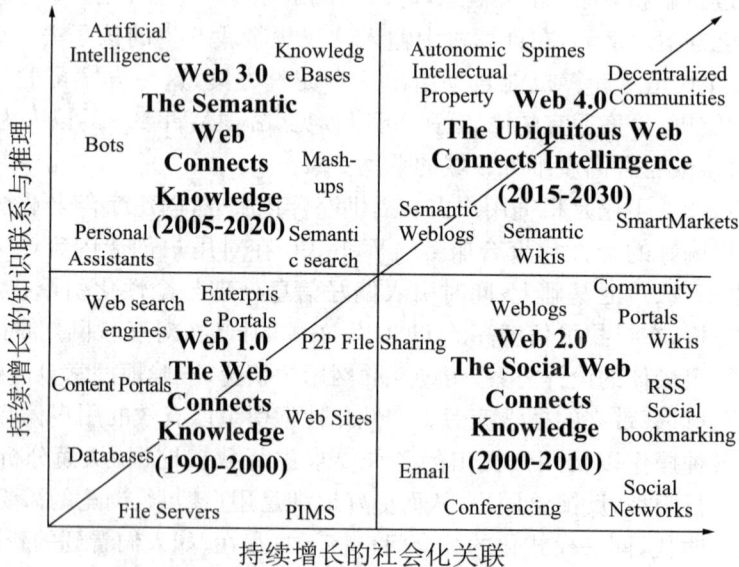

图 2.12　Internet 演变趋势

　　被喻为互联网 2.0 教父的方兴东博士 2006 年在自己的博客中撰文"既然 Web 3.0 来了,Web 4.0 还会远吗?",表明了他经营的博客中国网站将更可能突破 Web 3.0,进军到

Web 4.0。

Web 4.0 模式类似于大家聚餐,所有人围在一张桌子前面,把自己资源都放在一起,然后按自己的需要去向资源拥有者选取。桌子是提供网站协议的平台,这个平台是协议而不是网站,就好像互联网上的计算机都遵守各种硬件协议一样,所有网站就是围在协议旁的人,如果所有人都有自己的网站,都围绕在桌子旁边,这样就是人类真正进入互联网时代。互联网时代一定不能是少数网站的时代。

Web 4.0 时代,就是指 Web 3.0 发展起来的网络后台技术又一次向用户端转移。它将造就更有创意的个人以及强大的资源聚合能力和社会服务功能,到那个时候,或许资金、规模都变得不重要了,重要的是创意——独到的、稀缺的且又合乎人们需要的创意。有了创意的个人借助强大的网络工具,足以与一个规模化机构的运作相媲美、相抗衡。

虽然到目前为止关于 Web 4.0 的概念仍然很模糊,但毋庸置疑的是,谁能够引领 Web 3.0,并且向前发展走向 Web 4.0 时代,谁就是网络的下一任主角。

2.4.4　发展轨迹比较

本节通过对中美两国门户网站、电子商务、社交媒体、大数据应用等方面的发展进行对比和介绍,勾画与展现中美两国互联网商务发展的轨迹及异同。

2.4.4.1　中美两国门户网站发展之比较

门户网站是一种建立在搜索引擎基础上的综合性网站——门户站点(Portal Site),是一个能够给用户提供平台服务、ISP、ICP、网上搜索服务等基本网络服务的网站。

门户网站作为互联网商业模式之一,伴随着互联网经济的发展,经历了其自身从成长到高速发展,到不断优化转型的发展历程。

在早期的发展中,门户网站主要向用户提供信息检索服务,如门户网站的鼻祖雅虎以分类搜索起家。随着 Web 2.0 的蓬勃发展与门户网站自身的成长,门户网站从单一的搜索门户扩展到集内容服务、信息服务、网上交易、虚拟社区于一体的综合性门户,如国外的AOL、MSN,国内的新浪、搜狐、网易、腾讯等。同时,随着市场的逐步细分,门户网站又从大众化的商业门户、综合门户发展到分众化的政府门户、个人门户、垂直门户等第二代门户。随后,在无线网络、移动通信等新兴通信技术的支撑下,出现了新的无线门户,如 5G门户、H5 网站等。美国的门户网站基本上也是沿着上述的发展轨迹发展起来的,雅虎、AOL(美国在线)、MSN 等是美国著名的门户网站。

在我国,从 1997 年引入门户网站的概念,到 1998 年搜狐、新浪等各大门户网站的相继创立,再到 2000 年新浪、搜狐、网易三大门户网站在纳斯达克上市以及随后遭遇的互联网经济泡沫破灭,直至 2002 年步入盈利阶段,门户网站经历了一段起起落落的成长历程。

国内门户网站的发展道路可以用一个演进曲线(见图 2.13)来展示。

从图中可以看出,1995—1999 年是我国门户网站的启动阶段,这一时期,门户网站的概念开始被逐渐引入;经过几年的成长,2000 年,门户网站达到了一个发展的高峰,进入"被夸大的预期峰值"阶段;由于门户网站的影响力被过于夸大,2001 年网络泡沫开始破裂,国内外门户网站进入了一个"幻灭的低谷";2002 年,经过再调整,三大门户网站宣布开始盈利;2004 年,国内门户网站盈利模式逐渐清晰,由此开始进入了稳定发展阶段。

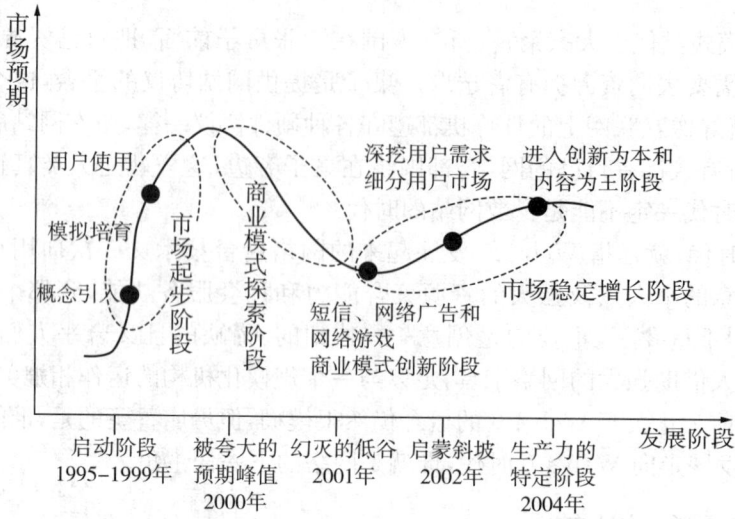

图 2.13　国内门户网站的演进曲线

2.4.4.2　中美两国电子商务发展之比较

从世界各国电子商务的发展来看,美国的电子商务起步较早,发展水平也最高,应用最为普及。美国的电子商务起源于 20 世纪 90 年代。1991 年,美国政府宣布互联网向社会公众开放,允许在网上开发商业应用,此后,美国的许多公司开始利用互联网从事商业活动。电子商务的应用受到了美国政府的高度重视,各级政府纷纷制定各种与之相关的法规和政策来促进电子商务的发展。1993 年,美国前总统比尔·克林顿签发了《国家信息基础设施行动纲领》,开始全面推动美国国家信息基础设施建设。1997 年,美国政府发布了《全球电子商务纲要》,提出电子商务的发展是 21 世纪世界经济发展的重要推动力,并就电子商务发展中的财务问题、法律问题、市场准入问题以及保证自由竞争的原则等提出指导意见。1998 年,克林顿发表了著名的"网络新政"的演说,宣布为了推动网络贸易将对电子商务实行免税,其后不久美国国会即通过了《互联网税收自由法案》。2000 年,《电子签名法案》在美国国会获得通过,成为美国联邦法律。不仅如此,美国政府积极利用网络开展政府采购,更是将美国的电子商务推上了高速发展的轨道。从 1998 年开始,美国政府机构的全部经费开支实行电子化付款,通过 EDI 技术完成政府采购任务;此后,美国每年至少有 2 000 亿美元的政府采购是通过电子商务的方式进行的。在政府的大力支持和推动下,美国的电子商务发展迅速,并在全球电子商务领域保持领先地位。

我国的电子商务活动开展晚于美国,如果说美国电子商务是"商务推动型",那么中国的电子商务则更多的是"技术拉动型",这是在发展模式上中国电子商务与美国电子商务的最大不同。在美国,电子商务实践早于电子商务概念的形成,企业的商务需求"推动"了网络和电子商务技术的进步,并促成电子商务概念的形成。当 Internet 时代到来的时候,美国已经有了比较先进和发达的电子商务基础设施。在中国,电子商务概念先于电子商务应用与发展,"启蒙者"是 IBM 等 IT 厂商,网络和电子商务技术需要不断"拉动"企业的商务需求,进而引发中国电子商务的应用与发展。有学者将我国的电子商务发展划分为七个阶段。

1) 1990—1993 年,电子商务萌芽时期——EDI 的应用

1987 年 9 月 20 日,我国成功发出第一封电子邮件,1990 年中国顶级域名 cn 注册成功,中国网络有了自己的身份标志,这些为电子商务的推行奠定了基础。

我国自 20 世纪 90 年代开始开展 EDI 的电子商务应用,自 1990 年开始,原国家计委、科委将 EDI 列入"八五"国家科技攻关项目;1991 年 9 月由国务院电子信息系统推广应用办公室牵头八个部委局发起成立中国促进 EDI 应用协调小组,同年 10 月成立中国 EDI-FACT 委员会并参加亚洲 EDIFACT 理事会。

2) 1993—1997 年,政府引导电子商务时期

1993 年国民经济信息化联席会议及其办公室,相继组织了"金关、金卡、金税"等三金工程,取得了重大进展,至今先后出台了 16 项政府"金字工程"。1994 年 10 月亚太地区电子商务研讨会在京召开,促进了电子商务概念在我国的传播。1995 年,中国互联网开始商业化,互联网公司开始兴起。1996 年,金桥网与互联网正式开通。1997 年,信息办组织有关部门起草编制我国信息化规划,1997 年 4 月在深圳召开全国信息化工作会议,各省市地区相继成立信息化领导小组及其办公室。各省开始制定本省包含电子商务在内的信息化建设规划。1997 年,广告主开始使用网络广告。1997 年 4 月以来,中国商品订货系统(CGOS)开始运行。

3) 1998—1999 年,进入电子商务引入阶段

1998 年 3 月,我国第一笔互联网网上交易成功。1998 年 7 月,中国商品交易市场正式宣告成立,被称为永不闭幕的"广交会"。1999 年 3 月,8848 等 B2C 网站正式开通,网上购物进入实际应用阶段。1999 年兴起政府上网、企业上网,电子政务、网上纳税、网上教育、远程诊断等广义电子商务开始启动,进入试点和实际试用阶段。

4) 2000—2001 年,我国电子商务的"中断期"

2000 年在全球电子商务泡沫破裂时,我国电子商务进入"中断期",一些电子商务企业倒闭,一些进行整合。包括 8848、美商网、阿里巴巴在内的知名电子商务网站进入残酷的寒冬阶段。

5) 2002—2006 年,电子商务进入"成长期"

这一时期互联网飞速发展,短时间内网民人数大幅度增长,众多的创业者、公司都纷纷踏足互联网这块蕴藏着无数宝藏的土地。当当、卓越、阿里巴巴、慧聪、全球采购、淘宝等一批知名电子商务企业(或网站、平台)得到发展。电子商务给我们习惯的生活方式带来了翻天覆地的变化。淘宝网的出现改变了人们往常的消费习惯,越来越多的人加入了网购大军的队伍。这个阶段对电子商务来说最大的变化有以下三个:

(1)大批的网民逐步接受了网络购物的生活方式,而且这个规模还在高速地扩张,尤其是以学生和白领为主的网购群体逐渐壮大。此外,网购的高涨也带动了物流业的发展。

(2)众多的中小型企业从 B2B 电子商务中获得了订单,获得了发展机会,"网商"的概念深入商家之心。

(3)电子商务基础环境不断成熟,物流、支付、诚信等问题不断被提出和解决,向一个

健全的方向发展。有许多网络商家积累了大量的电子商务运营管理经验和资金。

B2B、B2C、C2C、C2B 等多种电子商务交易模式不断创新。批发交易、零售交易、物流、易货、展会、餐饮、旅游、机票、租赁、保险、证券、期货等电子商务应用逐渐成熟，第三方电子商务不断涌现，风险投资大量进入，涌现出了淘宝网、京东商城、易趣网、当当网、卓越—亚马逊（现亚马逊中国）等电子商务网站。

6）2007—2010 年，电子商务进入"成长后期"

这个阶段，不仅网络企业，而且越来越多的传统企业和资金流入电子商务领域。电子商务认知面扩大，越来越多的企业加入了电子商务元素，对其相关的知识和运营都有了了解，同时与电子商务平台磨合，加速发展，从业人员可以针对目前的发展情况开发出更多适合企业的网络应用产品。

阿里巴巴的上市标志着 B2B 领域的发展步入了规范化、稳步发展的阶段，给广大电子商务企业以很大的信心，也使国内众多电子商务平台有了发展的动力。现实社会与虚拟社会不断融合发展，电子商务及与其相关的物流，第三方支付等领域的发展使得电子商务发展到了一个前所未有的高度。可以说，由传统企业延伸过来的电子商务公司和互联网中成长起来的中小网商将是未来中国电子商务发展的核心力量。

7）2011 年至今，电子商务进入"成熟期"

电子商务正在由"成长期"进入"成熟期"，多种电子商务模式（含移动商务模式）得到综合应用，商务部颁布《"十二五"电子商务发展指导意见》、工业和信息化产业部颁布《电子商务"十二五"发展规划》，明确了电子商务应遵循促进融合、示范引导、产业带动、规范发展的原则。到 2015 年，我国规模以上企业应用电子商务比率达到 80% 以上，应用电子商务完成进出口贸易额占我国当年进出口贸易总额的 10% 以上，网络零售额占社会消费品零售总额的 9% 以上。

2.4.4.3 中美两国社交媒体发展之比较

随着 Web 2.0 时代的到来，社交媒体得到蓬勃发展。社交媒体（Social Media）指一系列建立在 Web 2.0 技术和理念基础上，允许用户自己生成内容（UGC）的创作和交流的网络应用。此处的理念是指软件开发者和最终用户开始把万维网当作这样一个平台来使用：内容与应用不再由个体创作和发布，而是经由参与式、协作式之路持续不断地被所有用户改动和调整，由此产生了 Web 2.0 时代特有的公开、参与、互动、共创的特性。

1）美国社交媒体的发展

美国的社交媒体发展历程可分为三个阶段。第一阶段是 20 世纪 90 年代中期至 21 世纪初的孕育萌芽期，出现了以六度关系理论为基础的一批早期社交网站，典型如第一批社交网站之一的 Geocities，在 1994 年建立。社交媒体的几大表征如开放自主、用户生成内容、建立社交网络等可见雏形。在 2000 年的互联网寒冬中，早期社交媒体走向衰落，Geocities 在 1999 年被雅虎收购并于 2009 年永久关闭；Sixdegrees 也在 2000 年被迫出售，其他各类形式的社交媒体也未引发进一步发展风潮。

第二阶段是 2002—2008 年的探索发展期，以 2002 年 Friendster 的推出为标志。伴随着 Web 2.0 概念的浮出水面和技术发展，现实人际圈开始正式走上网络，Friendster 推出 3 个月用户即达到 300 万人。由此也带来了美国乃至全球的一批效仿者,包括 Myspace 等诸多社交网站相继推出,引发了社交媒体发展的第一波浪潮。在 Friendster 因访问量过大、服务器不堪重负、网站访问速度过慢为人诟病并逐渐退出社交媒体发展大潮时,Myspace 则以兴趣爱好,尤其是音乐爱好为交往的聚结点而崛起。其后,Facebook(2004 年上线)和 Twitter(2006 年上线)的先后推出和探索,是这一阶段的标志性发展。开放性、创新性,加之技术领域的进一步开发和媒介文化由量变向质变转变,引发了社交媒体格局的大震荡,开始出现几大行业巨头,无论是用户增长规模还是发展模式都步入了新的轨道。

第三阶段为 2008 年至今的全线爆发期,Facebook、Twitter、YouTube 新浪、腾讯等行业巨头持续发展并成为全球社交媒体的风向标。如今,社交媒体的巨大效应使其概念关注度已然超过了作为社交媒体技术基础的 Web 2.0。谷歌搜索量显示,"Web 2.0"在 2005 年开始流行,并于 2007 年到达顶峰,及至 2008 年年底,社交媒体开始流行,2009 年则大幅增长,并于 2009 年年底超越 Web 2.0。当一个概念的受关注度超越其所依存的母体时,也就意味着一个新时代的到来。

2) 中国社交媒体的发展

相比之下,有学者将中国社交媒体的发展划分为四个主要阶段:

(1) 早期社交网络——BBS 时代。

社交网络是从 Web 1.0 时代的 BBS 逐渐演进的。BBS 是一种点对面的交流方式,淡化个体意识而将信息多节点化,并实现了分散信息的聚合。1994 年 5 月中国第一个论坛——曙光 BBS 成立,除了基本信息发布功能外,还包括现在的网络社区、即时消息、聊天室等多种常见的网络交流形式的雏形。论坛的诞生,打开了一种全新的交互局面,普通民众可以利用论坛与陌生人进行互动,而不仅仅是被动接受媒体信息。天涯、猫扑、西祠胡同等都是 BBS 时代的典型产品。

(2) 休闲娱乐型社交网络时代。

经历了早期 BBS 阶段,社交网络凭借休闲娱乐取得了长足发展。2004 年,复制线下真实人际关系到线上进行低成本管理的 Facebook 诞生,社交网络正式迈入了 Web 2.0 时代。受到国际社交网络发展的影响,中国社交网络产品相继出现,它们形态各异,百花齐放,包括视频分享、SNS 社区、问答、百科等。

2005 年成立的人人网,2008 年成立的开心网,拉开了中国社交网络大幕。这段时间大体历经了 2006—2008 年的 3 年间,风险投资/私募投资(VC/PE)在此间经历了大幅投入之后,2008 年进入缓步投入阶段。

(3) 微信息社交网络时代。

2009 年 8 月,新浪推出微博产品,140 字的即时表达,图片、音频、视频等多媒体支持手段的使用,转发和评论的互动性,使得这种产品迅速聚合了海量的用户群,当然也吸引了众多从业者(如腾讯、网易、搜狐)的追随。这种模式将广义上的社交网络推向了投资人的视野。

随着移动互联网的发展,微信息社交产品逐渐与基于位置服务(LBS)的技术移动特性相结合,相继出现米聊、微信等移动客户端产品。另外,不容忽视的是 SoLoMo 时代（Social、Local、Mobile）,社交功能逐渐成为产品标配,社交产品的范围与边界变得日益模糊。

（4）垂直社交网络应用时代。

垂直社交网络应用并非是在上述三个社交网络时代终结时产生的,而是与其并存。目前,垂直社交网络主要与游戏、电子商务、职业招聘等相结合,可以看作社交网络商业模式的不同尝试。垂直社交网络的强大联系、小圈社交概念不断放大,基于共同兴趣的需求被细分出来。

2.4.4.4　中美两国大数据应用发展之比较

大数据时代的到来,特别是 2015 年以来,互联网商务进入"下半场",上半场所积累的 IT 基础设施、用户、数据等资产价值展现巨大潜力。中美两国都很重视大数据产业的发展,投入大量资金与政策。

（1）美国持续强化国家战略顶层设计,重点关注创新能力、军事能力、产业能力、信息能力等方面的竞争力,持续推出国家战略计划,各部门的协调动作也比较快。从国内的情况来看,2012 年 12 月,广东省明确提出大数据战略。2013 年 2 月 1 日,科技部公布了国家重点基础研究发展计划（973 计划）2014 年度重要支持方向,其中信息科学领域的重要支持方向之一即大数据计算的基础研究。各地区和部门都日益重视大数据战略的价值,并将"数字产业化与产业数字化"纳入日程,学术界、产业界的研讨和呼吁也形成了巨大的推动力量。

（2）美国力图加速以大数据为主要驱动力的技术变革,其做法是关注数据的全生命周期,从数据的产生、传输、存储、处理（包括分发）、应用等生命周期循环,重点关注相对薄弱的搜索能力、分享能力、深度分析复杂数据的能力,力图在上述方面获得突破。我国在数据领域的生产、传输、处理、应用等各个环节,技术能力都与国际先进水平仍有较大差距,在此方面,我国应加快发展速度,避免出现能力"代差"的局面。

（3）美国联邦政府带头推动并实践数据公开,对深化数据应用,发挥数据效益,起到了很大作用。美国认为,政府机构是重要的大数据生产者、所有者,很多联邦部门纷纷在政府数据门户网站（www.data.gov）上公开数据,引领了世界范围的政府数据公开。在我国,数据共享和公开方面,理念、政策、机制等方面都得到了重视,政府部门、事业单位、科研院所面向社会公开的数据越来越多,数据正成为重要的生产要素。

（4）美国政府重视发挥产业界作用,力图扩大巩固美国信息技术产业的领先及垄断地位。当前大数据应用领域处于领先地位的是 Amazon、Google、Facebook 等美国网络企业。它们通过基于云计算的平台,汇集来自互联网、无线标签、全球定位系统（GPS）、智能手机等采集的大量数据,经过分析后用于客户信息管理或者市场营销活动。中国已明确将大数据产业作为战略性新兴产业的重要内容,2015 年 8 月 31 日国务院印发《促进大数据发展行动纲要》,标志着中国大数据发展进入国家战略范畴。2020 年《关于构建更加完善的要素市场化配置体制机制的意见》首次明确了数据的生产要素地位。2021 年《数字经济及其核心产业统计分类（2021）》及《中华人民共和国数据安全法》的发布都为中国大数据产业发展健全了政策法规环境。

2.5　典型案例

2.5.1　Web 1.0 的旗手的终结——Netscape

Netscape(网景)始于 1994 年,也是 Netscape Communications Corporation(网景通信公司)的常用简称。网景通信公司是一家美国的电脑服务公司,以其生产的同名网页浏览器而闻名。1994 年 12 月 15 日,网景浏览器 1.0 正式版发布,软件改名为网景导航者(Netscape Navigator)。网景导航者是以共享软件的方式销售,因为功能追加得很快,所以当时占有率相当高。经历后续版本的用户积累,网景成为浏览器市场占有率的首位。

稍后,网景公司更多次尝试创作一种能够让用户通过浏览器操作的网络应用系统。这引起微软注意,担心 Netscape 可能威胁到微软的操作系统和应用程序市场,于是在 1995 年向望远镜娱乐公司(Spyglass Entertainment)买下 Mosaic 的授权,以此为基础开发了 Internet Explorer,进军浏览器市场,双方激烈竞争就此展开。网景公司的 Netscape Navigator 与微软公司的 Internet Explorer 之间的竞争,后来被称为"浏览器大战"。

1998 年 11 月,网景被美国在线(AOL)收购,而后来美国在线和时代华纳合并,之后再独立。美国在线依然使用网景这一品牌。2007 年 12 月 28 日,美国在线在博客中表示将停止网景浏览器的开发,并于 2008 年 3 月 1 日停止安全更新和所有的技术支持,并建议用户转移使用 Mozilla Firefox 浏览器。这就意味着于 1994 年问世的 Netscape 正式退出历史(见图 2.14)。

图 2.14　从左到右依次是网景导航者、Netscape browser、网景导航者

如果 Netscape 可以称为 Web 1.0 的旗手,那么 Google 几乎可以肯定是 Web 2.0 的旗手。Netscape 以传统的软件版本来勾勒其所谓"互联网即平台"的商务模式:其旗舰产品是互联网浏览器,一个桌面应用程序。同时,他们的战略是利用在浏览器市场的统治地位,来为其昂贵的服务器产品建立起市场。Web 1.0 的结果是,浏览器和网络服务器都变成了"日用品",同时价值链也向上移动到了在互联网平台上传递的服务。

作为对比,Google 则以天生的网络应用程序的角色问世,它从不出售或者打包其程序,而是以服务的方式来传递。在其底层,Google 需要一种 Netscape 从未需要过的能力:数据库管理。Google 远远不只是一个软件工具的集合,它是一个专业化的数据库。事实上,软件的价值是同它所协助管理的数据的规模和活性成正比的。拥有数据思维是 Google 与 Netscape 的主要不同,也是 Google 核心竞争力的体现。Google 的服务不是一个简单的服务器,也不是一个浏览器。

虽然 Netscape 和 Google 都可以被描述为软件公司,但显然 Netscape 可以归到 Lotus、Microsoft、Oracle、SAP 以及其他发源于 20 世纪 80 年代软件革命时期的软件世界。而 Google 的同伴们,则是像 eBay、Amazon、Facebook、字节跳动、腾讯和阿里巴巴这样的互联网公司。

2.5.2 基于 Web 2.0——Google AdSense 与客户共赢

2003 年 6 月,Google 公司推出了 AdSense 产品,可以让具有一定访问量的网站的发布商们在他们的网站展示与网站内容相关的 Google 广告并将网站流量转化为收入。十余年来,AdSense 在产品、规模等方面都不断提高,推动了合作伙伴和互联网的发展。2005 年,AdSense 进入中国市场,发布了博客广告位,帮助博主从其内容中赢利,且其位置广告实现了面向受众的售卖。2007 年 9 月,AdSense 发布了移动解决方案,更加适应移动互联网的发展;截至 2011 年 1 月,AdSense 移动解决方案每日的交易量达到了 10 亿。2011 年 11 月,AdSense 整体解决方案的日交易量超过了全国证券市场的交易量。根据 2012 年谷歌第四季度财报,AdSense 贡献的广告营收达到 34.4 亿美元,占谷歌总营业收入的 27%。

Google 领会到如何将广告放置到几乎所有网页上。更进一步地,它们回避了发行商和广告代理们所喜爱的广告形式,如旗帜广告和弹出式广告,而采用了干扰最小的、上下文敏感的、对用户友好的文字广告形式。

截至 2013 年,AdSense 在全球拥有超过 200 万的合作伙伴,仅 2012 年一年,就为合作伙伴提供了超过 70 亿美元的分成收益。AdSense 与合作伙伴不仅是广告上的合作,而且有广告管理系统上的合作。AdSense 推出了一个广告交易平台,可以帮助合作伙伴管理他们的广告资源。AdSense 使广告商们能更好地利用他们的广告资源,为合作伙伴增值,帮其发展壮大。

AdSense 所开创的不仅仅是一种商务模式,它更是对互联网精神的诠释:开放、包容、分享和共赢。它通过提供汇聚了大量资源的平台,创新了一种流量变现的形式,为互联网、互联网企业的发展注入了不竭的动力与活力。

2.5.3 PayPal——互联网金融支付体系的破坏性创新

PayPal(在中国大陆的品牌为贝宝),是美国 eBay 公司的全资子公司,1998 年 12 月由 Peter Thiel 及 Max Levchin 建立,是一个总部在美国加利福尼亚州圣荷西市的因特网服务商,允许在使用电子邮件来标识身份的用户之间转移资金,避免了传统的邮寄支票或者汇款的方法。PayPal 也和一些电子商务网站合作,成为它们的货款支付方式之一;但是用这种支付方式转账时,PayPal 收取一定数额的手续费。

PayPal 账户分三种类型:个人账户、高级账户和企业账户。用户可根据实际情况进行注册,个人账户可以升级为高级账户再而升级为企业账户;反之,企业账户也可以降为高级或者个人账户。每类用户根据用户特性在功能上有一定差别,其中高级账户也要收取一定手续费。

PayPal 的优势有：

（1）全球用户广。PayPal 在全球 190 个国家和地区，有超过 2.2 亿的用户，已实现 24 种外币间的交易。

（2）品牌效应强。PayPal 在欧美普及率极高，是全球在线支付的代名词。

（3）资金周转快。有及时支付、即时到账的特点，可以及时收到海外客户的款项。

（4）使用成本低。无注册费用，无年费，手续费也比传统收款方式低一半。

（5）创建快捷按钮。创建"租用"按钮可以自动快捷地支付定期款项、分期付款计划等。

另外，北京时间 2014 年 7 月 31 日晚，PayPal 宣布将把其面向小企业和个人消费者的借贷服务拓展到美国以外的其他市场（如德国、英国、澳大利亚等）。

拓展借贷业务是 PayPal 向金融服务机构转移计划的一部分。之前，PayPal 业务主要依赖于 eBay 上的买家和卖家，而如今 PayPal 正向金融服务机构转移，希望扮演类似于银行的角色。

【关键词】

现金流（Cash Flow）　经济附加值（Economic Value Added，EVA）　资产回报率（Return on Assets，ROA）　会计利润（Accounting Profit）　商务模式（Business Model）

思考与练习

1. 商务组织业绩衡量指标有哪些？
2. 阐述商务模式的概念及主要作用。
3. 阐述组织内部环境、宏观环境、战略环境的分析框架。
4. 说明组织竞争环境分析框架。
5. 商务组织如何利用互联网提升自身业绩？
6. 不同的商务模式如何影响组织业绩？
7. 阐述信息交互活动的 5C。
8. Web 1.0 到 Web 4.0，主要作用是什么？
9. Web 2.0 商务模式的主要特征有哪些？
10. Web 2.0 的核心应用模式有哪些？

讨论与辩论主题

1. 我国互联网网民结构变化对互联网商务发展的影响是什么？
2. 智能手机用户变化对社交商务带来什么影响？
3. 数字时代互联网商务竞争力的影响因素有哪些？
4. 智能商务是什么？
5. 如何理解长尾理论（The Long Tail）？

第 3 章　互联网商务模式

3.1　互联网商务模式

3.1.1　概念的产生背景:互联网泡沫的破裂

互联网泡沫是指 2000 年至 2001 年间与互联网相关的投机泡沫事件。2000 年 3 月,以技术股为主的 NASDAQ(纳斯达克综合指数)攀升到 5 048,网络经济泡沫达到最高点。1999 年至 2000 年,利率被美联储提高了 6 次,尚不成熟的互联网经济开始失去了控制。网络经济泡沫于 2000 年 3 月 10 日开始破裂,该日 NASDAQ 综合指数到达了 5 048.62(当天曾达到过 5 132.52),比一年前翻了一番还多。此后 NASDAQ 开始小幅下跌,市场分析师们说这仅仅是股市做一下修正而已。3 月 13 日,星期一大规模的初始批量卖单处理引发了抛售的连锁反应——投资者、基金和机构纷纷开始清盘。仅仅 6 天时间,NASDAQ 指数下跌了近 9%,从 3 月 10 日的 5 050 掉到了 3 月 15 日的 4 580。NASDAQ 及网络公司开始全面崩溃,多个行业停止招聘、裁员甚至合并,尤其是互联网板块。

到了 2001 年,泡沫全速消退。大多数网络公司在把风投资金烧光后停止了交易,许多甚至还没有盈利过。投资者经常戏称这些失败的网络公司为"炸弹"或"堆肥"。

观察家们分析,导致 NASDAQ 和所有网络公司崩溃的可能原因之一,是大量对高科技股的领头羊如思科、微软、戴尔等数十亿美元的卖单碰巧同时在 3 月 10 号周末之后的第一个交易日(星期一)早晨出现。卖出的结果导致 NASDAQ 在 3 月 13 日一开盘就从 5 038 跌到 4 879,整整跌了 4 个百分点——全年"盘前"(Pre-market)抛售最大的百分比。

另一个原因有可能是为了应对 Y2K 问题(又叫"千年虫")而加剧了企业的支出。一旦新年安然度过,企业会发现所有的设备他们只需要一段时间,之后开支就迅速下降了。这与美国股市有着很强的相关性。泡沫破裂也有可能与 1999 年圣诞期间互联网零售商的不佳业绩有关。这是第一个表明"变大优先"(用户量优先战略)的互联网战略对大部分企业是错误的公开证据。

也有更为理性的分析认为是商务模式的同质化所致。互联网商务模式开始受到重视,并逐渐得到商务分析及投资人的关注。

互联网泡沫破裂后据有关部门统计,从 1999 年 12 月到 2000 年年底,美国已有 496

家网络公司陷入经济困境,导致 4.1 万多人失业。而在股价抬高的同时,美国股市中 1/3 的资金也随之蒸发。

3.1.2　互联网商务模式概念

国外学者一般称互联网商务模式为"Internet Business Models",也有些学者称之为 "Business Models on the Web"。国内的学者一般称之为"电子商务模式"。李明志等在翻译 *Internet Business Models and Strategies：Text and Cases* 这本书时,也使用了"互联网商务模式"。虽然关于互联网商务模式的名称很多,但是从大多数学者研究的内容来看,范围大体上是一致的,主要研究建立在互联网基础之上的商务模式。

20 世纪 90 年代中期以来,互联网技术的发展与逐渐成熟,使得越来越多的互联网企业渐渐地发展与成熟起来。相对于传统行业,许多互联网创业人员能在很短时间内创立起互联网企业。其中一部分创业人员在这个时期取得了成功以及大量的财富,这也使得互联网行业成为极具吸引力的行业。在这个时期,评价一个互联网企业的好坏往往是靠它的商务模式。对于互联网企业来说,吸引风险投资是十分重要的一个环节。对于风险投资商来说,需要考虑的是所投资企业的商务模式,因为他们的投资决策在于如何能最佳、最快地撤出投资。因此越来越多的人开始关注并研究互联网商务模式。然而,互联网商务模式至今没有一个统一的认知,不同的研究人员对互联网商务模式有着不同的理解。

随着 2000—2001 年互联网企业泡沫的破裂,多数人谈互联网商务模式而色变,这主要是因为当时一些创业人员、咨询专家、学者以及媒体记者在用到互联网商务模式时,很少对它进行详细且准确的解释,因此就使得互联网商务模式的概念变得模糊不清。Osterwalder 与 Pigneur(2012)的研究认为,对互联网商务模式的正确认识能够指导企业实施其互联网战略,同样能够对企业的商务活动进行评价、测量、改变以及模拟。

基于以上分析,互联网商务模式是企业利用互联网获利的关键,是使企业获利并保持持续竞争力的一系列与互联网相关和不相关活动的组合,是应用互联网进行价值创造的商业逻辑。这种模式将线上与线下整合,形成更加广阔的销售渠道,给企业带来了新的发展空间。

3.2　互联网商务模式的组成部分

为使企业获利并保持持续竞争力,企业需要了解所处的环境(如产业环境)、这个产业的价值驱动因素、客户的价值取向、将价值传递给客户需要的活动、互联网发展的影响等,这些构成了企业业绩的决定因素。其中,互联网环境下企业的行业定位、客户价值取向,以及将客户价值传递给客户所需活动等则构成互联网商务模式的组成部分。具体而言,互联网商务模式包括利润点、客户价值、业务范围、定价策略、收入来源、关联活动、实施活动、能力结构、可持续性、成本结构,如图 3.1 所示。

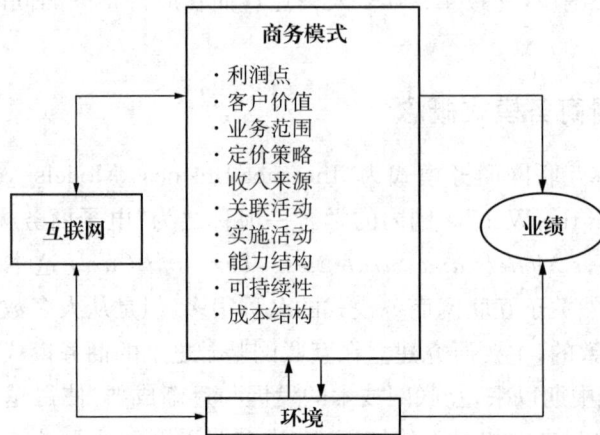

图 3.1　企业业绩决定因素

3.2.1　利润点

企业的利润点是指在价值网络中,相对于供应商、消费者、行业对手、潜在进入者、互补者、替代者而言,企业本身的位置。

利润点是动态的,例如,2001 年基础设施供应商比在线零售商更赚钱,而目前在线零售商却比前者更有前途;2006 年以前,B2C、C2C 模式比 C2B 模式更有市场,2006 年以后社交平台更有市场,C2B 模式呈爆发式增长;2009 年以来大数据开始兴起,2015 年起人工智能进入繁荣发展期。因此,企业的利润点应根据环境变化而不断调整自身的定位。但在某个具体阶段,其利润点又当是明确的。

3.2.2　客户价值

只有当企业提供的产品能够向客户提供一些竞争者不能提供的价值时,客户才会购买。这种竞争者不能提供的价值,叫作客户价值。图 3.2 所示是关于"客户价值"在服务行业的位置(参见 Heskett,2008)。

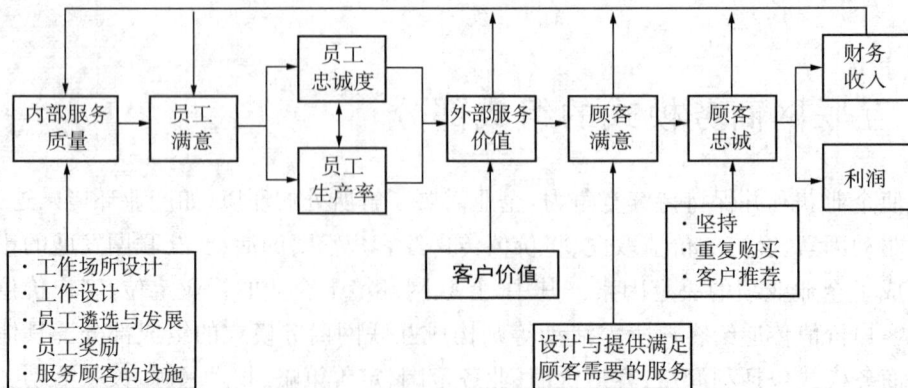

图 3.2　"客户价值"在服务行业的位置

客户价值可以通过两种形式提供:差别化或低成本的产品或服务,如表 3.1 所示。

表 3.1　差别化或低成本的产品或服务

形　式	差别化	低成本
定义	如果客户感觉到某种产品有某些价值而其他产品不具备,那么我们说这种产品是差别化的	低成本意味着一家企业提供的产品或服务比其竞争者花费客户更少的代价。企业向客户提供产品/服务时花费得更少,因此企业将一部分成本的节约转移到了客户身上
达成途径	● 产品特性 ● 时间选择 ● 地点 ● 服务 ● 产品组合 ● 功能之间的联系 ● 与其他企业联盟 ● 声誉	● 信息不对称的减少意味着交易成本的节约。 ● 分销渠道特性影响的结果使得企业分销产品费用大大节约,并且能够利用更好的分销渠道为企业提供销售产品。 (例如,通过互联网销售产品的软件开发商或将作品直接公布在网上的音乐家节约了分销费用、包装费用和运输费用。较好地协调企业各种活动还意味着生产商成本的降低。这些成本的节约也可以转移到客户身上)

3.2.3　业务范围

业务范围是指市场的某一领域或地理区域,企业需要决定向哪些客户提供价值、服务以及提供多少种包含这样价值的商品。

企业可以向商家也可以向家庭销售。不同的产业构成了商务市场,在每个产业中有不同类型、不同规模、不同技术水平的企业。家庭可以根据人口结构、生活方式和收入划分为不同的类型。例如,iVillage 的用户主要定位于女性。这里还有个地域性的问题。企业经常需要决定它要向世界上哪个地方销售产品,是北京、上海或者南京,或是北美洲、欧洲、非洲。在每个大洲中,向哪个国家提供服务。互联网无处不在的特性使得地域大大地延伸了。例如,通过互联网,中国的读者可以从位于西雅图的亚马逊店铺中购买书籍。

企业有关业务范围的决策并不仅仅是决定哪一领域,它还必须决定它向这部分市场的需求提供多少服务。例如,一家定位于青少年的互联网企业必须决定要满足他们多少需求。它可以只向他们提供最基本的连接服务、聊天室等,或者提供英语和数学辅导方面的内容,以及符合法律规定的网络游戏、娱乐服务。它还可以决定向各种年龄结构的人提供同样的服务。

3.2.4　定价策略

从向客户提供的价值中获取利润的关键是对所提供价值正确地定价。在知识经济社会,大多数产品和服务是以知识为基础的。以知识为基础的产品特别依赖技术诀窍,相对于每单位产品的可变成本来说,它的初始固定成本非常高。

例如,软件开发商可能会花数百万元来开发某个应用软件,而由于开发商可以将软件放在自己的网站上供购买者下载,因此每单位软件拷贝的销售成本(可变成本)几乎为零。为开发软硬件、打出品牌和建立基本客户群,美国在线(AOL)花费了数百万美元,但是一旦初始投资投入以后,每月花费在每个客户上的维护费用相比来说,几乎可以忽略不计,其边际成本趋近于零。

传统的定价方式主要有5种类型:明码标价(Menu Pricing)、一对一议价(One-to-one Bargaining)、拍卖(Auction Pricing)、反向拍卖(Reverse Auction)和物物交换(Barter),如表3.2所示。它们都有其各自的特点,而互联网商务定价模式则大大克服了传统定价方式的不足,使买卖双方的交易更加经济快捷。

表3.2 传统定价模式及其缺点

定价模式	定 义	缺 点
明码标价	销售者设定一个价格,购买者可以接受或拒绝这个价格	● 购买者可能会愿意付出比标价更高的价钱。 ● 标价太高,吓跑了很多只愿意付出较低价格购买产品的购买者。 ● 明码标价几乎不能体现消费者的偏好,要发现消费者偏好的改变并迅速及时地改变价格并不容易。 ● 改变价格实现起来比较困难,更改产品的标价牌需要花费时间和金钱
一对一议价	卖者与买者相互协商来决定买者对所获得的价值所出的价格是否合适	● 对大商店来说不太现实,我们无法想象超级市场中所有的顾客就所有的商品都与商家议价的情景。 ● 卖者不能确认买者究竟认为他所要购买的产品价值多少。买者也不能确认卖者销售产品的底价是多少
拍卖	销售者向众多购买者征求出价,并将货物卖给出价最高的购买者	● 购买者可以串通压价,使商品以偏低的价格出售,或销售者可以限制可供出价拍卖的产品的数量。 ● 很难将众多的买者和卖者带到一起
反向拍卖	卖者决定是否接受潜在买者的出价。买者对一件货物或服务出价。然后卖者决定接受还是拒绝买者的出价	买者不知道其他买者的出价,卖方价格歧视
物物交换	物物交换指以物换物,或以物换服务等	相对较弱的定价模式,不具有长期发展潜力

3.2.5 收入来源

商务模式分析中一个极为重要的部分是确定企业收入和利润的来源。归纳起来,企业的收入来源主要可分为七大类:广告费、服务费、广告—服务费、在线销售费、咨询费、资讯费、定购费。

在现实的世界中,很多企业直接从其销售的产品中获得收入和利润。还有一些企业打包销售其产品和服务,而它们的利润则大部分来自所提供的服务。例如,一个发动机制造商或掘土设备生产商通过销售产品获取大量收入,但他们从配件和对这些设备提供的服务中所获取的利润要比前者大得多。对利润来源的理解能够使企业更好地制定战略决策。例如,发动机制造商可能会决定以低价销售发动机,而主要依靠售后服务获取利润。随着数字孪生技术的成熟,将来家电企业的利润也可能主要来自售后服务。

3.2.6 关联活动

当对关联活动(Connected Activities)进行分析时,通常要考虑两个方面:企业在进行哪些活动? 企业是否适合进行这些活动?

在对这两个方面进行分析时,同样要考虑不同的角度。具体考虑角度如表 3.3 所示。

表 3.3 关联活动分析

企业正在进行哪些活动?	企业是否适合进行这些活动?
● 服务的客户是否与客户价值一致? ● 是否相互支持? ● 是否利用了行业成功的驱动因素? ● 是否与企业拥有或希望建立的独特能力相一致? ● 是否能使这个行业对企业更有吸引力	● 行业所处的生命周期阶段,接下来往哪里发展? ● 现有的竞争者在做什么? 潜在的竞争者在做什么? ● 进行这些活动的时机是否成熟

3.2.7 实施活动

实施体现了组织结构、运营系统、人、创新和组织文化之间关系的重要性(见图 3.3)。

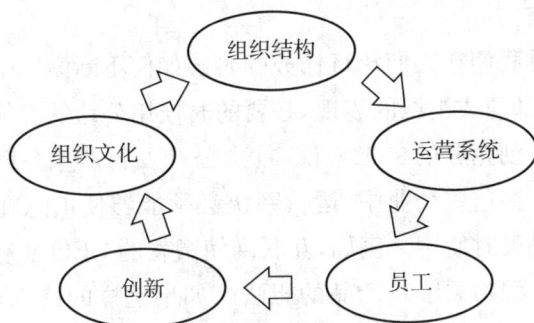

图 3.3 实施中的关系

3.2.7.1 组织结构

公司的组织结构告诉我们谁要向谁负责以及谁对什么负责,这使得公司所选择进行的活动能够得以实现。要建立合适的公司结构,必须探讨三个问题。第一个是关于协调的问题。例如,当公司进行活动时,如何划分后勤和前台运作、管理好信息交换以便提供客户价值,公司如何保证能够及时获得所需要的资源。第二个是关于差别化和整合的问题。公司的后勤和销售部门都需要专门化运作来不断积累支持其进行的活动所需知识——它们都有自己的任务,有自己的角色,因此这两者的功能要清晰。这就是差别化。第三,向客户提供价值还需要协作的功能。就是说,不同部门差别化的活动必须整合起来以提供最优的价值。

组织结构根据其不同有两种主要类型:功能型和项目型。在功能型组织结构中,人们根据其负责的功能分成不同的部门,如后勤部门、研发部门、执行部门、市场营销部门,等等。以人们所拥有的能力和知识进行划分,能够使他们互相学习,提高公司某一领域知识的积累。这时的沟通是垂直的,每种功能层次通过上传下达进行交流。

在项目组织结构中,员工不是由其所处的功能领域组织在一起的,而是根据他们所从事的项目进行组织。例如,如果有一个项目是研发一种微型货车,从市场营销、设计、生产、发动机和其他相关功能部门来的员工就会被组织在一起,在项目经理的领导下工作,而不是由各个功能部门经理分别领导。这时的交流是平行的,有利于创新。

组织结构还可以由其特点分为有机组织和机械组织。首先,在有机的组织结构(Organic Organizational Structure)中,交流是平行的,而不是像机械的组织结构(Mechanistic Organizational Structures)那样是垂直的。就是说,产品设计者可以直接与市场营销部门的员工交流,而不是通过它们的上级进行交流。这样能够更好地交流思想。第二,在有机结构中,受影响最大的是那些拥有技术或市场营销知识,但还没有做到较高等级的员工。这种结构使他们在做出决定之前能够充分交流信息。第三,有机组织结构中工作责任的定义比较宽松,它赋予员工更多的机会获取新的想法,以及更多实现这些想法的建议。最后,有机组织结构注重信息的交流,而不像机械组织那样单向地从一个权威中心输出信息。

3.2.7.2 运营系统

组织机构没有告诉我们在人们执行任务的时候如何不断激励他们的士气。管理必须能够调整控制个人、各部门或组织的表现,必要的时候用公认的都能够理解的方式实行奖励或惩罚。对于很多初创企业的员工来说,首次公开发行股票(IPO)时获得的股票报酬是非常有激励作用的。在这些企业中,运营系统必须能够使信息在可能的最短时间内发送到正确的目标以供决策时使用。例如,互联网使微软的 CEO 能够通过电子邮件或企业内部网看到较低层的工程师关于新产品的想法。如果这样的信息通过组织之间传递,将会花费很长时间,而且其内容很有可能被曲解。某个住在法国的美国跨国公司的地区经理不需要通过各部门层层上报获得在美国进行的新产品研发的情况。他所需要做的只是连到公司内部的网站上,这样便可以获得有关产品的实在的、天天更新的信息。某个德国的司机通过模拟仿真技术能够测试远在斯图加特的汽车,而测试结果可以立即传送到底特律、洛杉矶和东京。

3.2.7.3 员工

建立控制和奖励系统来激励员工,建立信息系统使其能够向员工提供最好的信息以供决策是一件事。而这些人是否受到了激励,是否应用这些得到的信息做出正确的决定是另一件事。这取决于对以下问题的回答:员工对公司愿景的公认程度如何? 汽车制造厂中的刹车制造部门的经理是想做一个"土皇帝",还是尽他最大努力,确保公司尽可能在最短时间内,以最经济的方式生产出高质量刹车系统的汽车? 生产部门将研发部门看作多余的,还是看作同事,与他们一起在可能的最短时间内以最低成本生产出最好的汽车? 员工们对公司进行价值链上各种活动所需知识的掌握程度如何? 公司真正的核心竞争力是什么? 它体现在哪里? ——是人们的天赋,还是组织的日常工作中? 这种竞争力怎样激励员工? 是支票,工作的安全保证,股票期权,想法实现,获得尊敬,还是仅仅被当作员工看待? 管理层将工会看作敌人,还是拥有共同目标的团队中的一部分、为保证公司目标的实现充当监督和平衡的角色? 管理者是领导者还是系统的计划制定者?

3.2.7.4　发现创新的可能性

一些技术管理的专著认为有 5 种人对创新可能性的发现非常关键:想法的提出者、"看门人"、边界发现者、开拓者和赞助者。对这些人利用得越充分,企业发现创新可能性的机会就越多。例如,开拓者是那些认为某个想法(他们自己的或是想法提出者的)是一项新的产品/服务,并尽自己所能将其引向成功。通过积极推销这些想法,与他人沟通,鼓励其他人接受他们的想法,开拓者能够帮助他的组织实现这种创新的可能性。因此,拥有魅力和能够清楚地向其他人表达他们对这项产品/服务看法的开拓者比那些不具有这些特质的拥护者更能有效地推动创新的实现。

"看门人"(Gatekeepers)和边界发现者(Boundary Spanners)对于搜集信息是极为重要的。"看门人"是指那些企业中能够分辨企业内外环境特征的不同的人。在对科技创新所产生的信息进行交换的过程中,他们起到了企业内与外部世界之间变换器的作用。他们并不固定处在某个特定的功能组织、项目或产品生产部门中,当他们收集到外界新想法的时候,企业中就会出现他们的身影。看门人也有可能由于自己的工作而分心把一些其他部门需要的信息遗漏掉。在实践中,有些企业的人力资源管理是在企业中设立两个推进层:技术层和较传统的管理层。这个想法是希望把发明者和看门人从管理工作中解放出来,使他们能够有精力去做他们擅长的工作,并能够获得那些得到晋升的管理明星们相当的报酬。边界发现者的作用与看门人类似,只不过他们是在团队和组织之间交流信息,而不是企业内外。

3.2.7.5　组织文化

人们在工作岗位上表现得好坏很大程度上取决于企业的文化。组织文化(Organizational Culture)是组织共同的价值或信仰组成的系统,它能够影响组织中的人、组织的结构以及产生行为规范的机制。组织文化是否有利于发现创新的可能性取决于文化的类型。生产型的文化能够促使员工不断寻找新的想法,并给予那些将这些新想法转化成新产品的员工很高的荣誉和尊敬,这种文化将成为一种能够发现创新可能性的资产。然而,有些文化会产生副作用,如无发明(Not Invented Here,NIH)综合征。

不同企业采用不同的策略来避免这种副作用。例如,索尼公司寻找公司中的"neyaka",就是那些有开放思维的、乐观的、兴趣广泛的员工。相比专才,他们更喜欢通才。索尼的创建者 Masuru Ibuka 说:"专才们总喜欢问我们,为什么不进一步做一些事,而我们一直注重做一些从无到有的事。"

3.2.8　能力结构

企业能力的构建逻辑是功能需求决定过程选择,过程选择指导资源投资。首先,在企业制定战略和进行投资之前,必须要明确其目的是为了获得怎样的功能,这些功能是否是企业必需的。其次,在确定功能后,企业要了解这些功能是如何在运作中实现的,即它的过程是什么,并且关注企业自身的竞争能力及相关能力的评价与提升。最后,依据每个过程进行资源的投资。按照这个逻辑构建起来的能力是充分的,而不是欠缺的或是过度的,它满足企业对功能的需求;按照这个逻辑进行的资源投资是合理的,不易导致资源浪费或是不足。

根据上述过程,构建如图 3.4 所示的能力分析框架。在这个框架中,任何一个部分都与另外三个部分联系,四个部分相互作用,最终为企业能力的分析提供有效的指导。

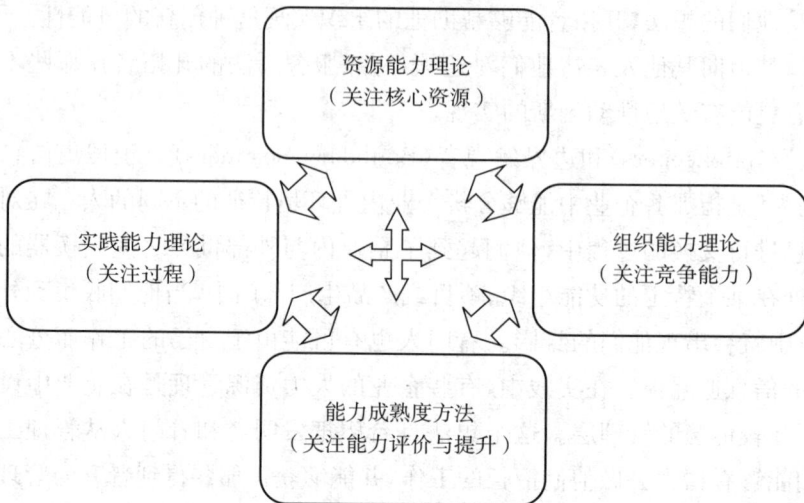

图 3.4　组织能力分析框架

3.2.8.1　资源能力

要进行向客户提供价值的活动,企业需要资源(Resources)。这些资源可以分成有形的、无形的以及人力资源。有形资源包括实物和财务上的,这些类型的资源通常都可以在财务报表上找到。它们包括厂房、设备和现金储备。对于一些初创的互联网企业,这类资源包括电脑、向家庭提供"最后一公里"服务需要的线缆以及从 IPO 获得的现金。无形资产是那些非实物以及非财物的资产,它们一般不能从财务报表上找到。它们包括专利权、著作权、商誉、品牌、交易秘密、与客户的关系、员工间的关系以及以不同形式存在于企业内部的知识,如含有重要客户统计数据的数据库以及市场研究发现。对很多门户网站、ISP 和网上零售商来说,这类资源包括它们的软件、访问者或客户的登录信息、著作权、品牌和客户群。人力资源是企业员工具有的知识和技能。对于互联网企业,这些知识和技能包含于员工们编程、设计和实现商务计划的过程中。

3.2.8.2　组织能力

资源本身并不能创造客户价值或利润。客户不会因为企业拥有宏伟的厂房、天才的员工或从 IPO 中获得的庞大运作资金而自己跨入企业的门槛。资源必须转化为一些客户想要的东西。企业运用自身的组织能力将其资源转化为客户价值和利润的能力,通常被称作"竞争力"(Competence),它一般需要使用或整合多种资源。哈默尔(G.M.Hamel)和普拉哈拉德(C.K.Prahalad)认为,当企业遇到三个目标(客户价值、竞争者差别化和扩展能力)的时候,企业的约束力就是企业的核心能力。客户价值目标要求企业充分利用其核心能力加强其向客户提供的价值。例如,20 世纪 80 年代和 90 年代初,苹果擅长开发图形用户界面(GUI)的专长使其对电脑开发都围绕着良好的用户界面展开。如果企业在多个领域使用其竞争力,那么我们说这种竞争力是可扩展的。例如,本田设计研发的优良发动机,不仅适用于汽车,便携电力发动机、除草机和轮船等同样适用。

3.2.8.3　实践能力

根据定义,由于企业的核心能力使其能够向客户提供比其竞争者更好的价值,因此,核心能力使企业拥有了竞争优势。企业的竞争优势取决于企业实践过程中进行经验积累、提炼、应用、再创新的水平,这种能力我们称之为实践能力。这些优势保持的难易取决于其他企业获得或模仿这些能力的难易程度。这些核心能力难以取得或模仿有三个原因。第一,由于历史发展进程不同,这些核心能力难以获得或模仿。Caterpillar 掘土设备的生产和全球服务网络是第二次世界大战期间建立起来的,那时在欧洲的盟军选择了使用它生产的设备。战后那些复员的军队机械师拥有了修理和使用 Caterpillar 设备的技术和知识。其他企业会发现,要建立 Caterpillar 那样的网络需要花费高昂的代价。第二,发展这些核心能力需要时间,先发者所获得的优势很难赶上。字节跳动公司旗下的短视频社交应用 TikTok 积累了大量的用户数据,支撑其训练出更精准的算法,成为提供精准化、个性化、动态化服务的核心能力,即使 Facebook、腾讯这些老牌的社交媒体公司也望其项背。Merck 的制药能力非常突出,它的药品通过了临床的检验并得到了美国食品药品管理局的生产许可。这依赖于多年来与众多外科医生、研究中心和医院建立起来的关系。这些关系是不可能一夜之间建立起来的。第三,开始时,要一一确定这些核心竞争力都非常困难,更不用说模仿了。本田提供优良发动机的能力究竟包括什么,如何模仿这些能力,要回答这些问题非常困难,这表明要模仿这些核心竞争力将更加困难。

3.2.8.4　能力成熟度方法

在能力成熟度管理上,软件能力成熟度模型(SW－CMM)、能力成熟度模型集成(CMMI)是目前最权威的评价软件组织开发能力的标准。该思想把组织完成某项任务的能力用一组关键过程来衡量,并制定相应的评价标准。Niessink、Clerc 和 Vliet 基于 SW-CMM、CMMI 研究出了 IT 服务能力成熟度模型(ITS-CMM),旨在帮助 IT 服务供应商评价其服务的能力,并指出进一步提高服务能力的方向和步骤。该方法既考虑了如何测量能力的水平,也为能力的持续提升提供了方案和路径。

3.2.9 可持续性

要保持竞争优势,组织可以依靠核心能力、环境、关键技术,通过阻塞、快跑、协同三类策略的有机组合来实现。

3.2.9.1 阻塞策略

在阻塞策略(Block Strategy)中,企业在其商务模式周围设置壁垒防止其他企业模仿。例如,Priceline.com 将其反向拍卖模式申请了专利来防止其他竞争者轻易模仿它的商务模式。著作权、独一无二的能力、专利权和对威胁进行报复都是实行阻塞策略的手段。阻塞策略的问题是,竞争者总能找到绕过这些阻塞的办法。而且,阻塞的有效性只有在政府规制政策、客户偏好和预期、基本技术条件都不变的情况下才能够体现出来。

3.2.9.2 快跑策略

快跑策略(Run Strategy)的观点认为,完全的自我保护是不可能实现的。竞争者超越这些阻塞只是时间的问题,创新者必须快跑。就是说,它必须对其商务模式不断创新。然而,企业往往不能独自完成这样的工作。它必须通过一些联盟的形式与其他合作者共同分担风险和收获。

3.2.9.3 协同策略

在策略(Team-up Strategy)中,企业可以通过利用其他企业的资源来壮大自己的商务模式。例如,20 世纪 90 年代,AOL 接入服务的用户使用一些接入速度较慢的技术,如双绞铜线,他们发现每次都需要等待很长时间。由于速度是客户价值的一部分,AOL 需要向客户提供更多这种价值。通过与另一家能够向家庭和商业用户提供高速"最后一公里"接入服务的企业联合,AOL 大幅提升了它的服务质量。这也是它在 2000 年年初合并时代华纳的起因。

3.2.10 成本结构

成本结构是指收入和创造这些收入的成本之间的关系。

在成本结构中,关键成本影响因素主要有规模经济、投入产出比、能力组合、交易成本。关键成本影响因素的特征是信息而非实物。一般而言,拥有一个低的成本结构能使企业更有效地关注商务模式中其他 9 种成分的计划与实施。

3.2.10.1 规模经济

规模经济(Economies of Scale)是指通过扩大生产规模而引起经济效益增加的现象。规模经济反映的是生产要素的集中程度同经济效益之间的关系。规模经济的优越性在于:随着产量的增加,长期平均总成本下降。但这并不仅仅意味着生产规模越大越好,因为规模经济追求的是能获取最佳经济效益的生产规模。一旦企业生产规模扩大到超过一定的规模,边际效益会逐渐下降,甚至趋向零,乃至变成负值,从而引发规模不经济现象。

3.2.10.2 投入产出比

投入产出比(Output-to-input Ratio)是指项目全部投资与运行寿命期内产出的工业增加值总和之比。投入是指一个系统进行某项活动过程中的消耗,如对原材料、电力、运输等的消耗。产出是指一个系统进行某项活动过程的结果,如各部门生产的产品和服务。投入产出比衡量各部门产品的生产和消耗之间的关系。

3.2.10.3 能力组合

能力组合是指企业在现有资源的基础上选择的资源和能力的组合,以保持竞争优势。

3.2.10.4 交易成本

交易成本(Transaction Costs)又称交易费用,指达成一笔交易所要花费的成本,也指买卖过程中所花费的全部时间和货币成本。包括咨询价格(询价)、传播信息、广告、与市场有关的运输以及谈判、协商、签约、合约执行的监督等活动所花费的成本。

3.3 互联网商务模式的分类方法

根据蒂姆斯、罗帕、艾森曼的研究,绝大部分商务模式都可以由利润点、收入来源、商业策略和定价策略四个要素来确定。

如图 3.5 所示,从四个基本要素来对互联网商务模式进行大致分类(见表3.4)。下面我们逐一对每个要素进行分析。

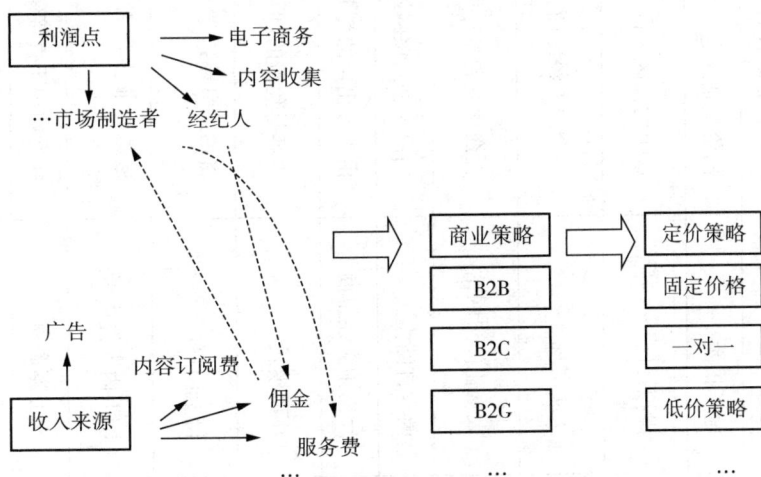

图 3.5 互联网商务模式的基本要素

表 3.4 互联网商务模式类型划分

代表人物	术语	简单定义	利润点	收入来源	商业策略	定价策略
蒂姆斯	电子商店	一家企业或者商店的网上销售	电子贸易	销售增值	B2C	固定价格
	电子拍卖	出价机制的电子执行模式	市场制造者	佣金	N/S	拍卖
	虚拟社区	线上的社区平台	服务提供者	广告	P2P	固定价格（广告）、信息中介
	买卖实现	一个网上经纪商	经纪人/代理人	佣金	B2C	固定价格
	大众化门户网站	大众化或者多种类的内容或者服务	内容收集	广告	B2C	固定价格（广告）、信息中介
罗帕	内容订阅模式	用户为进入该网站付费	内容销售	订阅费	B2C	固定价格
	反向拍卖经纪商	由卖方出价的商务模式	市场制造者	佣金	N/S	反向拍卖
	注册模式	内容是免费的，但是要求用户注册	内容收集	信息中介	C2B	固定价格（广告）
	网上门户（水平的）	将用户引导到宽泛的商务和其他内容中	内容收集	广告	B2C	固定价格（广告）
	网上内容提供者	递送专业生产者的产品以及广告内容	内容收集	广告	B2C	固定价格（广告）
艾森曼	网上零售商	将网站用于直接销售实物产品	电子贸易	销售增值	B2C	固定价格
	网络经纪人	在合同的签订中扮演代理或者中介角色的平台或应用	经纪人/代理	主要是佣金，也有订阅费，广告费以及服务费	B2C	固定价格

续　表

代表人物	术　语	简单定义	利润点	收入来源	商业策略	定价策略
	网络接入供应商	提供"家用和商用客户的网络接入"	通信服务提供者	主要是订阅费,也有服务费和广告	B2C、B2B	主要是固定价格
艾森曼	网络市场制造者	提供"交易场所,管理规则以及支持交易"的中介	市场制造者	主要是佣金,也有销售费,订阅费,信息中介,服务费或者广告	主要为B2B,也有 B2C 和 C2C	固定价格、拍卖或者一对一
	网络化效应提供者	让用户"完成特别功能的网页浏览"(如插件)的软件制造商	软件提供者	生产	B2B(服务器端)、B2C(客户端)	固定费用(服务器费用和客户端软件)
	应用程序服务提供者	允许其他企业通过远程服务器进入应用程序的软件	服务提供者	服务费	B2B	一对一且应固定

3.3.1　利润点

基于利润点可把互联网商务模式分为 10 种类型。

3.3.1.1　电子商务

电子商务企业通过在线的渠道进行实际产品与货币的交换。我们这里的电子商务并不是指所有与互联网相关的业务，而是特指通过在线渠道销售的企业。其中一些企业自己制造或装配产品销售，而另一些只是销售其他企业的产品。在互联网时代，基本所有企业都通过网络渠道进行销售。其中一些电子商务企业只是在互联网上销售，另外一些企业既在网上也在传统的渠道销售。例如，Intel 是全球最大的个人计算机和 CPU 制造商，但是它每年也通过互联网销售价值数亿美元的商品。

3.3.1.2　内容收集经纪人/代理商

内容收集包括媒体企业和内容提供商。例如，美国在线（AOL）、雅虎（Yahoo!）等这些企业都是内容提供商。我们也看到很多在互联网上将一定内容收集起来的经纪人，如去哪儿网，就是专门为旅游者提供互联网上所有关于机票、酒店、度假和签证等服务信息整合的网站，以便游客参考。

3.3.1.3　市场制造者

互联网商务中大部分是中介商，其中一种中介，将买家和卖家带到一起，并向他们收取一定的费用。市场制造者犹如一个中立的中介商，它提供一个贸易的场所，并给市场交易制定一定的规则。最典型的就是阿里巴巴，其提供淘宝、天猫等网站作为平台，将卖家和买家带到一起，成为中国最大的电商。

3.3.1.4　服务提供者

互联网服务包括各种支持服务，如咨询、外包服务、网站设计、电子数据交换、防火墙以及数据的储存备份。除通信以外的所有服务都包含在这一类中。有成千上万家企业提供这些服务，这些企业通过销售它们的服务或专长获得利润。例如，埃森哲公司，它们为客户提供包括信息技术咨询、电子商务等方面的咨询。在这个数字化商业时代，提供数字技术服务无论是对于管理咨询企业还是传统的计算机企业来说，都是一个重要的方面。

3.3.1.5　骨干网络运营商

骨干网络运营商（Backbone Service Providers）是指那些拥有自己骨干网络的企业，他们是互联网基础框架的第一部分。这类企业控制着高带宽的线路，能处理大量的数据流量。中国的四大骨干网包括中国公用计算机互联网（CHINANET）、中国科技网（CSTNET）、中国教育和科研计算机网（CERNET）、中国金桥信息网（CHINAGBN）。例如，其中的中国公用计算机互联网，又称中国宽带互联网，是由中国电信总局负责建设、运营和管理。向公众提供计算机国际联网服务，并承担普遍服务义务的互联网络，现由中国电信经营管理。

3.3.1.6　ISPs/OSPs

互联网接入服务提供商（Internet Service Provider，ISP）向个人或中小型组织提供硬件和软件，帮助他们接入网络，而在线服务提供商（Online Service Providers，OSP）提供相同的服务，只是它还向订阅者提供信息。

ISP 有自己的服务器、交换机和软件,将个人用户与互联网连接起来。中国大陆三大基础 ISP 是中国电信、中国联通和中国移动。

除了 ISP 向客户提供互联网内容的服务外,专有的在线服务提供商不仅向其用户提供付费的互联网内容服务,还提供其专有封闭网络内的内容,这是只有付费用户才能享受的服务。OSP 包括美国在线(AOL)等,他们通过端点服务向小型组织或个人提供互联网接入服务获取利润,通常按月收取固定费用。

3.3.1.7　"最后一公里"服务

互联网与消费者的连接有时被称作"最后一公里"服务,因为它表示了端点(通常是在一个局部范围内的,如地区电话交换机)和终端用户接入的物理连接(如电话、电缆、光缆或无线接入)。更广义地,提供"最后一公里"服务的企业是提供这些通信服务支持的行业。这一领域由电信企业,主要是地区通信企业占据。接入骨干网络之前,必须先经过这些"最后一公里"服务提供商。如果我们注意一下这一类企业的规模就会发现,它们的平均规模比其他领域内企业规模大得多。这是由于地区性电话企业所处的垄断地位造成的,它们绝大多数都具有庞大的规模。现在,它们通过投资地区网路,并向其他网路提供收费的接入获得利润。

很多研究人员认为,要掌握"最后一公里"服务市场上的主动权必须从初期开始,而且"最后一公里"服务利润巨大,容易吸引大量企业。例如,原 AT&T 曾与地区贝尔系统运营公司争夺"最后一公里"的控制权。

3.3.1.8　内容提供商

内容提供商是智力资本的开发者和拥有者。它们制作了一系列产品,包括在线的音乐、游戏、图片、电影、动画、文字等。迪士尼(Disney)和美国在线—时代华纳,都是从事这些综合内容的经营,制作开发以上所有形式的产品,如动画、影像、音乐、游戏以及新闻。

3.3.1.9　软件提供者

软件提供者提供软件产品,如操作系统、驱动程序、各种应用软件等。这些企业向终端用户或企业销售软件产品以支持它们的互联网应用。它们与生产商类似,投资软件开发,进行市场营销,通过销售产品来获得利润。尽管固定成本的回收以及产品的易复制性仍是重要问题,但公众对新产品永不满足的胃口仍促进了整个产业的发展。

1975 年创建的微软公司是这类企业中最大的,它以研发、制造、授权和提供广泛的电脑软件服务业务为主。其最为著名和畅销的产品是 Microsoft Windows 操作系统和 Microsoft Office 系列软件。

3.3.1.10　硬件提供者

硬件提供者这一类包括三个相关领域:通信设备生产商、计算机设备生产商和硬件配件生产商。通信设备生产商指各种路由器和其他数字交换机的制造商。例如,朗讯科技,致力于设计和提供新一代通信网络发展所需的系统、服务和软件。

计算机硬件包括客户机和服务器硬件——终端用户计算机(个人计算机或工作站)和服务器设备(网络服务器、文件服务器、电子邮件服务器、局域网服务器)。最大的计算机硬件企业无疑是 1911 年成立的 IBM,其核心硬件产品包括大型机、小型机、各种服务器、存储产品等。

3.3.2　收入来源

收入来源主要包括以下七种模式：佣金模式、广告模式、销售增值模式、生产模式、转介费模式、内容订阅模式和服务费模式。基于收入来源的商务模式分类将在下节进行详细讨论。

3.3.3　商业策略

商业策略是指确定客户基础或者被服务人群的策略。商业策略的选择与确定目标客户有关，如一家电子贸易公司选择向消费者出售（零售商）而不是向企业出售（批发商）。零售商被包括在 B2C 市场里，而批发商被包括在 B2B 市场中。例如，天猫（Tmall）属于 B2C 市场，而阿里巴巴网则属于 B2B 市场。

然而这些商业策略并不仅限于简单地确定客户是谁，还在于确定自身在交易中起的作用。举例来说，如何对像 eBay 这样安排个人之间交易的企业进行分类？每个项目成交时每一个个体都向 eBay 支付一次，这就是 B2C 的企业吗？从技术上来讲，是的。但是，这一描述忽视了这样的事实，就是 eBay 是作为一个中介（市场）在消费者之间进行销售。这样的话更应该把它描述成一个中介，而其他部分则作为客户之间的一种交互作用。如此说来，它就属于个人对个人（P2P）或者说是消费者对消费者（C2C）的模式。又如企业对员工（B2E）模式，这可能是指一家企业向自己的员工出售服务，但更可能是指向其他企业提供服务以促进企业与员工之间的关系。

常见的商业策略包括以下几种。

3.3.3.1　B2B

企业间电子商务（Business to Business）。该类型是电子商务发展初期最成功的商务模式，实现了企业间售前、售中、售后活动的电子化，涉及网络营销、供求业务、支付业务、售后服务等内容。B2B 电子商务为企业间业务往来搭建了一座电子化桥梁，目前中国最成功的第三方 B2B 电子商务平台是阿里巴巴网。

3.3.3.2　B2C

企业与个人之间的电子商务（Business to Customer），指商业组织面向个人消费者展开的在线商务活动。此类型最为公众所熟悉，典型的应用是电子商店或企业在线销售。比如当当网、亚马逊（Amazon）等从事零售的电子商店和戴尔等专事商品直销的企业。又如《纽约时报》的网页，其内容都是由企业所创造并传递给客户的，所以更接近于 B2C 模式。

3.3.3.3　C2C

消费者间的电子商务（Customer to Customer）。此种类型是近几年发展最快，对消费行为影响最大的电子商务类型。典型的例子是从事网上拍卖的 eBay（www.ebay.com）、个人开网店的淘宝（www.taobao.com）平台、闲鱼（2.taobao.com）等。

3.3.3.4　G2B

政府与企业间电子商务（Government to Business）。此类电子商务活动正随我国政府信息化与 IT 应用能力的不断增强而增多。它包括政府与企业间的各种商务与业务活动，如政府采购、工商管理、税收服务、海关业务等。

3.3.3.5 B2G

企业与政府间电子商务（Business to Government）。与 G2B 模式不同，它包括企业与政府间的各类商务与业务活动，如注册登记、项目申报、产品推介、投资融资等。

3.3.3.6 G2G

政府间电子商务（Government to Government）。该类型常见于政府间的国际商务往来，双方各代表本国政府部门、企业组织、事业单位的利益，传达供需信息。例如，2008 年进行的"中俄贸易磋商"，涉及能源、化工、金融、冶金、交通和军工等重头行业。

3.3.3.7 E2E

端（消费端）对端（产品端）即 End to End 的商业模式，是新兴的一种基于大数据计算、物联网科技和 LBS（Location Based Service，即基于地理位置的服务），在互联网平台上汇聚有相同价值观的人群，筹集资金发展共同的事业，简化商业流程，让消费者同时以股东的身份参与到社会经济活动中，以产品需求作为市场主导，优化社会资源配置的电商模式。

大象联盟是世界首家 E2E 国际经贸平台，它和全球不同领域最优秀的厂商合作，利用特有的产、供、销为一体的超大型国际经贸自循环模式体系，打破现有国际经贸瓶颈与壁垒，改变传统国际经贸模式与规则，促进全球经贸事业大发展、大繁荣。

3.3.4 定价策略

前面我们已经具体讲述了几种主要的定价策略，包括明码标价（Menu Pricing）、一对一议价（One-to-One Bargaining）、拍卖（Auction Pricing）、反向拍卖（Reverse Auction）、以物易物（Barter）。这些策略同样可以与前面所有因素组合进行结合。

如果更深入地讨论定价策略的话，对于一个企业还可以有如下几种定价目标：生存定价、获取当前最高利润定价、获取当前最高收入定价、销售额增长最大量定价、最大市场占有率定价和最优异产品质量定价。而当企业确定其定价目标后，就需要选择一个合适的定价策略。

定价策略具体有五种。

3.3.4.1 低价定价策略

1）直接低价定价策略

由于定价时大多采用成本加一定利润，有的甚至是零利润，一般是由制造商在网上进行直销时所采用。

2）折扣定价策略

在原价基础上进行折扣来定价，让顾客直接了解产品的降价幅度以促进顾客购买。

3）促销定价策略

企业为拓展网上市场，但产品价格又不具有竞争优势时，可采取网上促销定价策略。

3.3.4.2 定制生产定价策略

1）定制生产的内涵

作为个性化服务的重要组成部分，按照顾客需求进行定制生产是互联网时代满足顾客个性化需求的基本形式。定制化生产根据顾客对象可分为两类：一类是面对工业组织市场的定制生产；另一类是面对大众消费者市场的定制生产。

2）定制定价策略

在企业定制生产的基础上，利用网络技术和辅助设计软件，帮助消费者选择配置或者自己设计能满足自己需求的个性化产品，同时承担相应的成本。

3.3.4.3　使用定价策略

所谓使用定价，就是顾客通过互联网注册后直接使用某企业产品，顾客只需要根据使用次数进行付费，而不需要将产品完全购买。

3.3.4.4　拍卖竞价策略

网上拍卖使消费者通过互联网轮流公开竞价，在规定时间内价高者赢得商品。网上拍卖竞价的方式包括竞价拍卖、竞价拍买和集体议价。个体消费者是目前拍卖市场的主体，拍卖竞价可能会破坏企业原有的营销渠道和价格策略。

3.3.4.5　免费价格策略

免费价格策略是市场营销中常用的营销策略，主要用于促销和推广产品。免费是一种促销策略，另一个目的是想发掘后续商业价值，主要是先占领市场，然后再获取收益。免费价格策略的形式包括产品和服务完全免费、对产品和服务实行限制免费以及对产品和服务实行部分免费。

3.4　互联网商务模式的主要类型

3.4.1　基于价值链的分类

欧洲电子政府研究中心（Unite-Government European Commision）主任保罗·蒂姆斯（Paul Timmers）是世界上第一个提出商务模式分类体系的研究者，他所提出的商务模式分类体系主要基于交互模式和价值链整合。典型的商务模式构建和实施一般需要识别价值链要素（如采购、物流、生产、销售、营销、研发、人力资源管理等），总共分为 11 种模式，如表 3.5 所示。

表 3.5　基于价值链的互联网商务分类

电子商务模式	价值活动整合环节
电子商店	营销与销售
电子采购	采购
电子商城	营销与销售
电子拍卖	营销与销售、采购
信用服务	信用业务
虚拟社区	提供网络环境
协作平台	提供网络环境
信息中介商	信息提供
价值链服务商	各个环节或某几个环节
第三方市场	全部环节
价值链整合商	全部环节

3.4.1.1　纯模式：价值链全部在互联网上实现

1）第三方市场（Third-party Marketplaces）

第三方市场模式主要是指运营商有建立专业性网站的水平和实力，承接为许多企业建立网站的任务，并把涉及网上交易的所有环节，包括品牌营销、网上支付、物流管理以及订货下单等一整套环节都承包下来，收取网站建设、技术支持及相关的服务费用。这种商务模式的运营商一般为 ISP 网络服务供应商，因为他们有足够的建设、运营、维护网站的实力和经验。第三方市场虽然以统一的形象和整体的感觉为消费者提供服务，但实质上可以是多家企业的联合。在零售领域有京东商城、天猫等，在 MRO（Maintenance Repair and Operating）领域比较出名的第三方市场供应商有 Citius 和 Tradezone。

2）价值链整合商（Value-chain Integrators）

这种模式是通过对价值链中各个环节（或某几个环节）进行某种程度的整合和优化而探索出更为合理的价值链形式，这种电子商务模式的收入来源主要是咨询和服务费用。如信息化咨询领域的赛迪顾问、Gartner、多样化运输领域的 TRANS 2000 等是采用价值链整合商模式的典型代表。

3）价值链服务商（Value-chain Service Providers）

这种商务模式与价值链整合商模式的不同在于，该商务模式专注于价值链的某些方面，如网上支付或者物流，通过这些服务以加强客户自身的竞争优势，比如银行改变传统的支付方式，采用网上支付、划拨等，此时银行就采用了价值链服务商模式。这里的服务商可以是第三方，也可以是服务对象自身，如银行。价值链服务商的收入来源一般是通过服务收费或者按一定比例的收入折扣取得，比较有名的价值链服务商有顺丰、菜鸟、EMS、Fed Ex 和 UPS，它们主要提供网络物流支持服务。

3.4.1.2　混合模式：价值链的部分环节在互联网上

1）电子商店（E-shops）

电子商店是最为简单和常见的一种电子商务模式，它可以看作传统商务模式中的商店在网络上的翻版。完善的电子商店最为核心的部分是产品订购和货款支付系统。淘宝网店、微信微店都属电子商店。

2）电子采购（E-procurements）

网上采购一般是针对企业上游的供应商而言的，常常是较大规模和经常性的原材料采购。网上采购有助于企业降低成本，寻找质量更为优良的产品；对于供应商而言，网上采购会使其找到更多的潜在客户，赢得更多收益。对于其中的辅助性问题，比如支付问题、物流问题，要求都要高一些，有时还需要其他电子商务模式，比如价值链整合来配合完成交易。

3）电子商城（E-malls）

不同于电子商店，电子商城的运营商不直接参与网上交易，而是开辟一个商城，把其中的"摊位"租出去，交易由摊主即电子商店的运营商和顾客完成。运营商负责管理商城，提供整套服务如网上支付等，以收取管理费以及租金、相关的服务费。对于电子商城的租用者来说，花费低廉的运营成本就可获得完善的一整套服务，这些服务由商城的运营商统一完成。淘宝网、京东商城、Amozon 都是电子商城。

4) 电子拍卖(E-auction)

电子拍卖提供了一种网上竞价的机制,将传统的拍卖放在网上进行。它可以用多媒体手段为客户展示拍卖货物,在交易完成之前,商品不必像传统拍卖那样做物理上的移动。同时,电子拍卖还可以提供一整套的服务,比如签订合同、支付运输费等。国外比较著名的电子拍卖商有 Infomar 以及 FastParts,国内比较著名的电子拍卖商有易拍网、阿里拍卖等。

5) 虚拟社区(Virtual Communities)

虚拟社区提供了一个网上环境,虚拟社区的成员可以将自己的信息放在上面,对于市场运营者,建立一个虚拟社区有助于及时得到客户的信息反馈,提高客户忠诚度。远程教育类网站、医疗类网站等都是具有虚拟社区的电子商务模式。虚拟社区在电子商务的各个领域都已有所建树,比如在图书领域有 Amazon 建立的社区,在医疗领域有"好大夫在线""丁香园"等,在钢铁领域有 www.indconnect.com/steelweb 等。

6) 协作平台(Collaboration Platforms)

协作平台可以提供一定的信息环境和一系列的工具用以创造企业之间的网上合作平台。一般这种模式集中在某些特别领域,比如合作设计项目、工程开发。像海尔"海创汇"平台、"海纳方"平台都是协作平台模式。

7) 信息中介商(Information Brokerage)

这种商务模式一般是提供大量各个领域的信息,通过订阅或者是付款阅读的方式获得收入,一般为综合类的门户网站,比如 Sohu、Sina、Yahoo。信息中介商在企业价值链整合的过程中还扮演着重要角色,有时价值链整合商以及价值链供应商都需要信息中介商提供的信息服务。

8) 信用服务及其他服务(Trust and Other Services)

信用服务指运营商在网上为客户提供认证、鉴别授权、咨询等信用服务,这种模式下的运营商往往在特定领域具有专业授权、电子授权或第三方授权。中间信用机构的服务在传统模式中也是存在的,如一些商检机构、认证机构,这种模式可以使交易去伪存真,提高工作效率,如"企查查""芝麻信用"等应用。

3.4.2　基于产业类型的分类

互联网商务模式范围非常广阔,不仅依产业的不同而相互区别,而且在同一个产业中各个企业的商务模式也各不相同。不仅如此,这些商务模式还在不断地发展演变。麦考尔·罗帕(Michael Rappa)和蒂姆斯将其分成几个大类:经纪商、广告商、信息中介商、销售商、制造商、会员服务提供商、社区服务提供商、订阅服务提供商、效用服务提供商。

3.4.2.1　经纪商模式

在经纪商模式(Brokerage Model)中,企业作为市场的中介商将买者和卖者结合起来,并从他们的交易中收取费用。它们可以是商家对商家、商家对消费者、消费者对消费者或消费者对商家的经纪商。这样的例子有旅行服务机构、在线经纪企业和在线拍卖所。经纪商商务模式可以进一步分成几个不同的类型:买/卖配送、市场交易、商业贸易社区、购买者集合、经销商、虚拟商城、拍卖经纪人、反向拍卖经纪人、分类广告商、搜索代理和后中介商。

3.4.2.2　广告商模式

在广告商模式（Advertising Model）中，网站的所有者提供了一些内容和服务来吸引访问者。网站所有者通常通过向在其网站上加入标志、按钮或使用其他获得访问者信息的方式向广告客户收取广告费用来获取利润。几乎所有想用网站内容吸引访问者的网站所有者都想采用这种模式。广告商模式可以进一步分类。

1）大众化门户网站

一般以分类的或多元化的内容和服务见长（如搜索引擎，以及新浪和 Yahoo！ 等目录网站，或者像 AOL 那样的内容网站）。巨大的访问量不仅带来了可观的广告收入，而且为网站服务的多元化发展提供了契机。访问量竞争导致了免费内容与免费服务的发展，如免费电子信件、股市行情、信息留言板、聊天、新闻和本地信息等。

2）个性化门户网站

大众化门户网站的本质是多元化分类内容和服务，它削弱了用户的忠诚度。因此今日头条（www.toutiao.com）、My.Yahoo、My.Netscape 等以个性化界面、个性化内容见长的网站就应运而生了。网站个性化的过程中，用户投入了大量的时间，因而用户对个性化门户网站的忠诚度也在不断增加。个性化门户网站能否盈利取决于访问量的大小，也可能取决于用户所选择的信息的价值。个性化也是"专门化模式"的支撑点。

3）专门化门户网站

专门化门户网站也称"Vortal"门户网站（垂直门户网站）。在专门化门户网站中，"专门化"用户群比访问量更重要（月访问量大概在 50 万到 500 万人次之间）。例如，有些站点专门面向高尔夫运动者，或者家用购买者，或者初为父母者。而为了达到对专门用户广而告之的目的，商家也愿意支付巨额的广告费。预计在不远的将来，专门化门户网站将飞速发展。

4）免费模式

免费网站为用户提供某些免费商品，如免费网站托管服务、免费网络服务、免费上网、免费硬件以及电子贺卡等。免费商品和服务提高了网站的访问量，为网络广告提供了巨大的发展契机。这种模式仅靠广告收入是难以维持的，还必须与信息中介模式相结合。

5）廉价商店

最引人注目的廉价商店 Buy.com 网站，其商品售价往往等于或低于成本，主要是通过广告实现盈利。

3.4.2.3　信息媒体模式

在信息媒体模式中，企业搜集客户身上有价值的信息，如他们的购买习惯等，并将其卖给能够从中提炼出有用信息的企业，帮助它们更好地向其客户提供服务。信息媒体通常向消费者提供一些价值作为回报，比如免费的内容、现金或个人电脑奖励等换取他们的信息。信息媒体还可以搜集企业及其网站的相关信息并将其卖给消费者。信息媒体可以进一步分成两类。

1）推荐者系统。用户可利用这类网站，互相交流对产品和服务质量的看法，或根据各自的购物经验来评价卖主。推荐者系统和浏览器还可用于监控用户习惯，使推荐给用户的信息更加适宜,并增加了所采集的数据的价值。此系统能利用经销商提供的合作模式,来增加出售消费者信息所获取的利润,如大众点评、Yelp 等。

2) 注册模式。注册模式主要用于以内容为主的网站。这类网站可免费浏览,但要求用户注册(也可能采集其他信息)。注册模式可用于跟踪用户的使用模式,因而生成对广告活动有很大潜在价值的数据。这是信息中介模式的最基础形式。

3.4.2.4　销售商模式

销售商模式就是在线销售模式,批发和零售商通过互联网销售它们的货物和服务。货物可以通过列出价格表或拍卖方式售出。这包括虚拟销售(销售比特产品和其他产品或服务)的商家、目录销售商(以 Web 为基础进行邮购业务的商家)、线上线下渠道并存销售商(拥有 Web 店面的传统商家,这种商家会面临渠道冲突的问题)和比特产品(可以由网络传输的产品)零售商。

3.4.2.5　生产商模式

在生产商模式中,生产商努力通过互联网直接接触到最终用户,而不是通过批发商或零售商。这样,通过直接了解客户的需要,他们可以节约成本,并更好地向客户提供服务。渠道冲突是这种生产商面临的一个挑战。20 世纪 90 年代末计算机制造商康柏决定放弃其原有的分销商而直接面向客户。分销商们对这一变化的激烈反对使得康柏不得不重新考虑决定。海尔、格力也都遇到过类似的问题。

3.4.2.6　合作附属商务模式

在合作附属商务模式中,销售商拥有一些附属商家,它们的网站上有通向这些附属商家网站的链接,访问者通过点击销售商的网站上的链接进入附属商家网站上购买商品后,附属商家要缴纳一定费用,通常是其收入的一个百分点。该模式常见于社交平台内容中插入的引流广告。

3.4.2.7　社区服务模式

社区服务模式依赖于社团的忠诚,而不是访问者的访问流量。经营者不断投入各种资源,发展与社区内其他成员的关系,使他们经常访问他的站点。这种社团的成员组成了非常好的目标市场。最成功的例子有 iVillage、好大夫在线等。

3.4.2.8　内容订阅模式

这样的网站不是免费的,其成员必须缴纳一定的订阅费用才能获得它所提供的高质量的内容。一些网站同时提供订阅内容服务和非订阅内容服务,以满足不同的访问者。内容订阅模式存在一种道德风险:一旦客户缴纳了订阅费用,他们有时会享用大大超过他们正常需求水平的服务。中国知网、超星数字图书馆都提供该模式的服务。当美国在线(AOL)推广固定月费(缴纳一定费用,不限制使用量)策略时,他们发现了这个棘手的问题。一些客户登录后,不管是否使用了网站的服务,一直保持他们的登录状态。这样使得电话线的通路使用变得非常紧张。

3.4.2.9　效用模式

效用模式是当你访问时依据你访问的数据量进行计费。它的成功取决于字节计费能力,包括微支付系统。但如果字节太少则无法通过信用卡付费,因为手续费本身就可能超出使用费,如 FatBrain、SoftLock、Authentica。

3.4.3　基于收入模式的分类

3.4.3.1　佣金基础

佣金是交易过程中第三方(中介)根据交易的规模从中收取的费用。佣金基础的商务模式就是将收取佣金作为商务的主要支柱。

佣金基础模式可以进一步细分为下面几类形式：

(1) 买/卖促成(Buy/Sell Fulfillment)。Laudon 和 Traver 称其为交易经纪人,他们帮助顾客实现交易。

(2) 市场交易(Market Exchange)。它们通过设置一个市场帮助企业进行交易,如阿里巴巴平台。

(3) 商业贸易社区(Business Trading Community)。它们实现市场参与者之间的信息交换,并且为垂直市场里的对话提供平台,如 Vertical-Net。

(4) 购买者集合(Buyer Aggregator)。把个体购买者组成集团,这样无论个人还是企业,都可以在交易中具有更大的买方力量,如美团网。

(5) 分销经纪商(Distribution Broker)。它是制造企业和大批量产品分销商的联系纽带,如 Grainger。

(6) 虚拟商场(Virtual Mall)。通常都是通过购物界面为众多贸易商提供链接或者"主机",如京东商城。

(7) 后中介商(Metamediary)。它也是一种虚拟商城,但还包括交易和出清服务,如 Amazon Shops。

(8) 拍卖经纪人(Auction Broker)。为卖主提供拍卖服务,向卖主收取佣金,如 eBay、阿里巴巴 1688 平台。

(9) 反向拍卖经济商(Reverse auction)。为买主提供拍卖服务,具体来说就是潜在的买主对某项拍卖品提出报价,然后卖主为提供这类商品或者服务给买主提出投标价,市场制造者通常的报酬是买家和卖家报价之间的差价,如 Priceline、阿里巴巴 1688 平台。

(10) 分类广告(Classifields)。在该模式中,为个体出售商品或服务做广告,如阿里巴巴 1688 平台、Apartments、Monster。

(11) 搜索代理(Search agent)。提供个性化购物或者信息服务,手段是通过智能软件的"代理"或者"店铺侦测"来扫描大量站点,为买家找出所需要的信息,如百度、Google。

(12) 赏金经纪人(Bounty broker)。该模式是为了得到买家支付的赏金而提供罕见信息或商品的经纪人服务,如猪八戒网、BountyQuest。

(13) 贸易配对(Match Maker)。根据 Laudon 和 Traver 所述,该模式是帮助企业(而不是消费者)寻找需要的东西,如阿里巴巴、iShip。

(14) 伙伴间内容提供者(Peer to Peer Content Provider)。该模式使得消费者可以分享文件或者服务,如小木虫、人大经济论坛、Napster、my.MP3.com。

(15) 交易经纪商(Transaction Broker)。协助买家和卖家完成交易的第三方,如支付宝、快钱、PayPal。

3.4.3.2 广告基础

广告模式成功的途径主要有两种。第一种途径是取得最广泛的受众基础,第二种途径是拥有高针对性和专门的受众。广告模式的具体划分见 3.4.2 中的广告商模式。

3.4.3.3 销售增值基础

销售增值指相对于生产过程,在销售过程中增加的价值。因此,销售增值基础模式是一种将企业的主要收入来源作为销售增值的模式。销售增值模式的主要形式有四个:

（1）虚拟商铺(Virtual Merchant)。这是一种单纯的网上电子零售商,如卓越网、当当网、亚马逊。

（2）目录商铺(Catalogue Merchant)。这是一类传统的企业,现在也在网上销售和完成订单,如海尔、格力、小米、Apple 等。

（3）鼠标加瓦片(Click-and-morter)。是指传统的商铺,现在也通过互联网进行销售,属于线下与线上(O2O)的融合,如瑞幸咖啡、星巴克等。

（4）比特产品零售商(Bit Vendor)。这类企业不仅通过网络销售,而且它们销售的也是纯粹数字化产品,可以通过互联网进行传送,如 Eyewire、知网、万方、Web of Science。

3.4.3.4 生产基础

传统营销中产品分成三个层次:核心利益或服务、有形产品和延伸产品,如图 3.6 所示;而基于互联网的网络营销产品层次如图 3.7 所示。

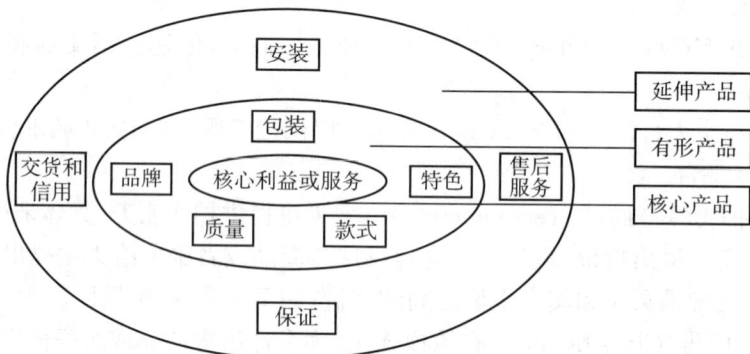

图 3.6　传统营销模式

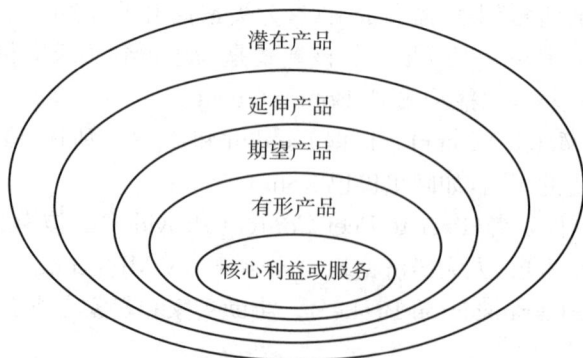

图 3.7　网络营销产品层次

在生产模式中,制造商试图通过互联网直接接触消费者或者最终使用者。通过这种方式,他们可以节省成本,并且由于能直接发现顾客的需求而更好地为他们服务。这一模式的基础是从生产中获得收入,属于典型的制造商/生产者/集成商在生产中增值的模式。也就是说,这些企业将原材料转化为更高价值的产品。大多数硬件和软件供应商都属于这一模式。举例来说,康柏将各种零部件,比如内存芯片、磁盘驱动器,组装成一件成品——一台个人计算机。我们前面提到的软件业就是类似的例子,虽然它的产品是触摸不到的。微软等软件企业"开发"软件的方式就是雇用程序员来开发更大型程序的一些片段,然后由另一些负责制造商新程序的程序员将这些成果整理组合或者将新的功能增添到旧程序中。最后,这些软件应用程序被出售给消费者。生产模式的特征就是在市场上出售的价格高于生产成本。

在这里,数量的影响表现为规模经济和学习曲线。规模经济意味着通过高产量使得企业的运营成本降低。规模经济背后的关键是固定成本相对变动成本的关系。一般而言,产品生产遵循边际成本递减规律,这就是规模经济。在一个高固定成本、低变动成本的行业中,由于固定成本被更多单位的产品所摊销,规模经济会更显著。在那些通过累计产量获利的行业中,学习曲线的影响非常重要。生产模式的互联网版本也可以基于其他的效率来源,如去除中介化(Disintermediation)。

这一模式的形式包括以下五种:

(1)生产商直面客户(Manufacturer-Direct)。制造商直接向最终使用顾客出售产品的模式,如海尔、联想、DELL。

(2)内容制造商(Content Producer)。这些企业制作娱乐、信息、艺术或者其他的内容并销售这些内容,如腾讯、网易、索尼娱乐。

(3)电子采购(E-procurement)。企业通过网络竞价以取得产品和服务,这样既扩大了对供应商的选择,又节省了成本,如海尔、福特汽车公司在向供应商购买零部件时提高了对电子途径的使用。

(4)网络化效应提供者(Networked Utility Provider)。这类企业是一种软件制造商,这种软件让终端使用者与目标网站联系起来,或者可以通过浏览器或电子邮件让使用者之间可以相互联系讨论产品性能,这类企业要在竞争中取胜有赖于在它的市场中建立一种标准,如大众点评、携程网等。

(5)品牌整合内容(Brand Integrated Content)。这一模式中,企业试图通过互联网将广告、品牌、产品更完整地一体化,如BMW公司为BMW汽车的"advertainment"。

3.4.3.5 转介费基础

在基于转介费(或引流)模式中,企业为将访问者导向另一家企业而收费,这种转介费通常是最终销售收入的一个百分点,也可以是一个固定费用。固定费用的收取可以每签订一份订单(或更一般地说当一笔交易完成,称为"每次销售支付")就收一笔费用,也可以不管是否签单而收取一次费用(称为"每次点击收费"),或者可以依据导向发生收费(称为"每次导向收费")。这种转介基础的模式常常与企业关联项目一起使用,它们的网站上有通向引流目标网站的链接(选择一个链接就可以到达另一个组织的网站),每当访问者通过点击关联商网站上的链接进入该商家的网站并购买商品时,关联商就可以获得一笔转介费。这样的例子包括搜狐、百度等。

线索提供者(Lead Generator),指一家企业收集消费者的数据,然后运用这些数据指导商家取得客户,如京东、淘宝、当当的推荐功能。

3.4.3.6　订阅基础

在基于内容订阅的模式中,企业按照一个周期(比如一个月)定期收取固定的费用,用户缴纳此费用后有权获得定量的服务。不论用户最后是否确实使用了这些服务都要缴纳订阅费。这类似于我们每个月都要为电话账单付费,而无论我们是否打了电话。

这种模式的种类包括:

(1) ISPs/OSPs。提供互联网入口,有时还有附加内容,如中国电信、AT&T 世界网络。

(2)"最后一公里"运营商(Last Mile Operator)。提供本地回路以及终端用户的入口,还提供长途通信服务,如中国电信、中国移动、Verizon。

(3) 内容提供者(Content Creator)。这里为终端消费者提供信息和娱乐,如腾讯、中国电信 WSJ、Sportsline、CNN。

3.4.3.7　服务费基础

在付费服务模式下,企业接受服务才付费。所有行动都是计入流量的,并且用户最终要为他们所消费的服务付费。这种模式的形式包括以下几种:

(1) 服务提供商(Service Provider)。企业通过向终端用户出售服务而不是产品来赚钱,如手机扫描仪、天眼查等。

(2) B2B 服务提供商(B2B Service Provider)。提供一个企业向其他企业出售服务的平台,如阿里巴巴、Employeematters。

(3) 价值链服务提供商(Value Chain Service Provider)。这里特指价值链上的一个特别环节,如物流部门,如顺丰快递、联邦快递。

(4) 价值链整合者(Value Chain Integrator)。一些有能力开发使用多重环节之间信息流的企业,致力于整合价值链上的多重环节,如麦肯锡、Gartner 等咨询公司。

(5) 合作平台提供者(Collaboration Platform Provider)。指那些经营合作平台的企业,并且这些企业还出售合作工具,使得企业改进内部设计和工程,如阿里巴巴的钉钉平台、Vastera。

(6) 应用程序服务提供者(Application Service Provider)。该模式向企业"出租"软件应用程序,如 Microsoft、Oracle、WPS 等。

(7) 客户经纪人(Audience Broker)。这些企业收集客户的数据然后运用这些信息帮助广告发布者更有效地锁定目标客户,如火狐(Firefox)、DoubleClick。

3.5　互联网商务模式新生代

3.5.1　跨界与 O2O

3.5.1.1　O2O 模式

随着 Internet 和相关 Web 技术的发展,新兴的互联网商务模式日益丰富。Online To Offline(O2O)模式就是近年来兴起的一种将线下交易与(互联)网上交易结合在一起的新型商务模式。

O2O 的概念最早,是 2010 年 8 月由 Rampell 提出的。他在分析 Groupon、OpenTable、Restaurant.com 和 SpaFinder 公司时,发现了这些企业之间的共同点:它们促进了线上到线下商务的发展,Rampell 将这种商务模式定义为"线上—线下"商务(Online To Offline),简称 O2O 模式。

我们可以从三个角度来理解 O2O 模式:

(1) O2O 模式:把线上的消费者带到现实的商店或者服务中,在线上查询、支付、购买线下的商品或者服务,再到线下去享受服务。

(2) O2O 模式保留了传统电子商务信息流和资金流线上运行的优势,同时也兼顾了线下进行物流和商流的独特价值,从而在商业模式上能为利益相关者提供更大的吸引力。

(3) O2O 体现了移动互联网时代对客户端到端体验支持的重要性。端到端,是指从消费者搜索并且发现自己有需求的商品或服务,到交易和购买,再到交付使用该商品或服务,直到最后的再消费或者分享,这样一个完整的过程体验。

结合本地特色发展的探索创新、可带给消费者最真实的消费体验以及真实的互动式营销,与地方商家深度融合是 O2O 商业模式的三大优势。

近年来兴起的团购网站、打车软件、外卖配送等都属于典型的 O2O 应用。团购 O2O,这种"线上加线下"的营销模式使信息和实物之间、线上和线下之间的联系变得愈加紧密,让互联网商务进入了一个新阶段。"滴滴出行"等打车软件的出现改变了传统的路边拦车的打车方式,利用移动互联网,将线上与线下相融合,从打车初始阶段到下车线上支付,培养出大移动互联网时代下的用户现代化出行方式。餐饮 O2O,从 10 年前的大众点评,到近期的团购网站,再到刚刚兴起的外卖配送 App,通过线上点餐支付线下配送食用,塑造了人们全新的就餐习惯。

3.5.1.2　跨界

互联网的出现和快速发展成就的不仅仅是互联网产业本身。如今,互联网企业正在寻求更为多元化的发展战略,从金融到教育,从医疗到穿戴,互联网的发展正在突破传统产业的边界。从产品形态、销售渠道、服务方式、盈利模式等多个方面打破原有的业态,几乎所有的传统行业、应用与服务都在借助互联网实现跨界融合,互联网与传统行业进入"核聚变时代"。

一方面,传统企业积极向互联网迈进。传统商贸企业、大型渠道商、快速消费品企业等纷纷向互联网转型,推动了网络零售业快速发展。在创新服务和商业模式的同时,传统企业也已成为互联网生态体系不可分割的一部分。另一方面,互联网加速向金融等传统领域进军。阿里巴巴、百度、腾讯等互联网企业纷纷推出金融服务或产品。同时,越来越多的电商平台也推出针对小微企业的贷款业务,2013 年,中国电商小贷累计贷款规模达到 2 300 亿元。此外,互联网旅游、互联网教育等行业也持续快速发展,不断拓展互联网商务发展的新空间,体现出跨界融合发展的新态势。

3.5.2 互联网思维与"互联网十"

3.5.2.1 "互联网十"

2015年3月5日,十二届全国人大三次会议在人民大会堂举行,国务院李克强总理在会上做政府工作报告时提出,国家要制定"互联网十"行动计划,推动移动互联网、云计算、大数据、物联网等与现代制造业结合,促进电子商务、工业互联网和互联网金融健康发展。"互联网十"随即成为关注和讨论的热点。

"互联网十"代表了一种新的经济形态,即充分发挥互联网在生产要素配置中的优化和集成作用,将互联网的创新成果深度融合于经济社会各领域之中,提升实体经济的创新力和生产力,形成更广泛的以互联网为基础设施和实现工具的经济发展新形态。"互联网十"是"创新2.0"下的互联网发展新形态、新业态,是知识社会"创新2.0"推动下的互联网形态的演进。

"互联网十"的应运而生使互联网成为重要的基础设施,使互联网可以与现实世界中的任何产业相连,从而使得互联网从消费互联网时代进入产业互联时代。在这个时代里,互联网正在用连接一切的方式改造传统产业,用聚合的方式提高传统产业的运行效率。

通俗来说,"互联网十"就是"互联网十各个传统行业",但这并不是简单的两者整合,而是利用信息通信技术以及互联网平台,让互联网与传统行业进行深度融合,创造新的发展生态,转变传统行业的价值创造模式。"互联网十"让传统产业更进一步被互联网渗透和改造。"互联网十通信"(即时通信,如QQ、微信)、"互联网十零售"(如淘宝、京东)等已经是"互联网十传统行业"的成熟案例。

在民生、医疗、教育、交通、金融等领域,互联网对传统行业的提升也逐渐成为现实。例如,在民生领域,人们可以通过各级政府的公众账号享受服务,如某地交警可以60秒内完成罚款收取等,移动政务会成为推进国家治理体系现代化的工具;在医疗领域,将有更多医院上线App,支持网络挂号,就诊,就医时间就会被节省,就医效率也将提升;在教育领域,面向中小学、大学、职业教育、IT培训等多层次人群开放课程,可以足不出户在家上课。

"互联网十"不仅全面应用到了第三产业,形成诸如互联网金融、互联网交通、互联网医疗、互联网教育等新业态,而且正在向第一和第二产业渗透。农业互联网正在从电子商务等网络销售环节向生产领域渗透,为农业带来新的机遇。工业互联网也在从消费品工业向装备制造和能源、新材料等工业领域渗透,全面推动传统工业生产方式的转变,用户甚至可以直接参与到产品的研发中,形成新的价值创造逻辑,即生产者与消费者之间的价值共创(Value Co-creation,VCC)。

3.5.2.2 互联网思维

互联网思维,就是在(移动)"互联网十"、大数据、云计算等科技不断发展的背景下,对市场、用户、产品、企业价值链乃至对整个商业生态进行重新审视的思考方式。

最早提出互联网思维的是百度创始人李彦宏。在百度的一个大型活动上,李彦宏与传统产业的老板、企业家探讨发展问题时,首次提到"互联网思维"这个词。他说:"我们这些企业家们今后要有互联网思维,可能你做的事情不是互联网,但你的思维方式要逐渐像互联网的方式去想问题。"

用户思维、简约思维、极致思维、迭代思维、流量思维、社会化思维、大数据思维、平台思维、跨界思维等是典型的 9 大互联网思维。

（1）用户思维。用户思维是互联网思维的核心，是指在价值链的各个环节都要"以用户为中心"去考虑问题。

（2）简约思维。简约思维是指在产品规划和品牌定位上，力求专注、简单；在产品设计上，力求简洁、简约。

（3）极致思维。极致思维就是把产品和服务做到极致，把用户体验做到极致，超越用户预期。

（4）迭代思维。"敏捷开发"是互联网产品开发的典型方法论，是一种以人为核心、迭代、循序渐进的开发方法，允许有所不足，不断试错，在持续迭代中完善产品。

（5）流量思维。流量意味着体量，体量意味着分量。任何一个互联网产品，只要用户活跃数量达到一定程度，就会开始产生质变，这种质变往往会给该企业或者产品带来新的"商机"或者"价值"。

（6）社会化思维。利用社会化媒体进行口碑营销，利用社会化网络进行，众包协作。

（7）大数据思维。大数据思维是指对大数据的认识，把大数据作为企业资产、关键竞争要素、核心生产要素的思维方式。

（8）平台思维。互联网的平台思维就是开放、共享、共赢的思维。

（9）跨界思维。互联网和新科技的发展，纯物理经济与纯虚拟经济开始融合，很多产业的边界变得模糊。互联网企业的触角已经伸入零售、制造、图书、金融、电信、娱乐、交通、媒体等领域。互联网企业的跨界颠覆，本质是高效率整合低效率，包括结构效率和运营效率。

互联网思维是对传统企业价值链的重新审视，体现在战略、业务和组织三个层面，以及"供研产销"的各个环节，并将传统商业的"价值链"（见图 3.8），改造成了互联网时代的"价值环"（见图 3.9）。

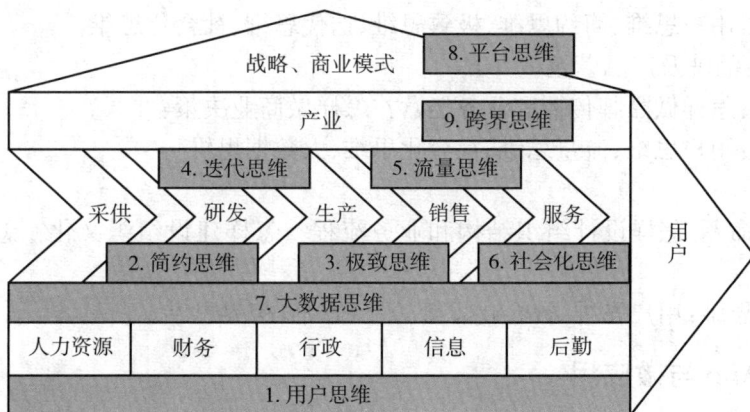

图 3.8 传统商业的"价值链"

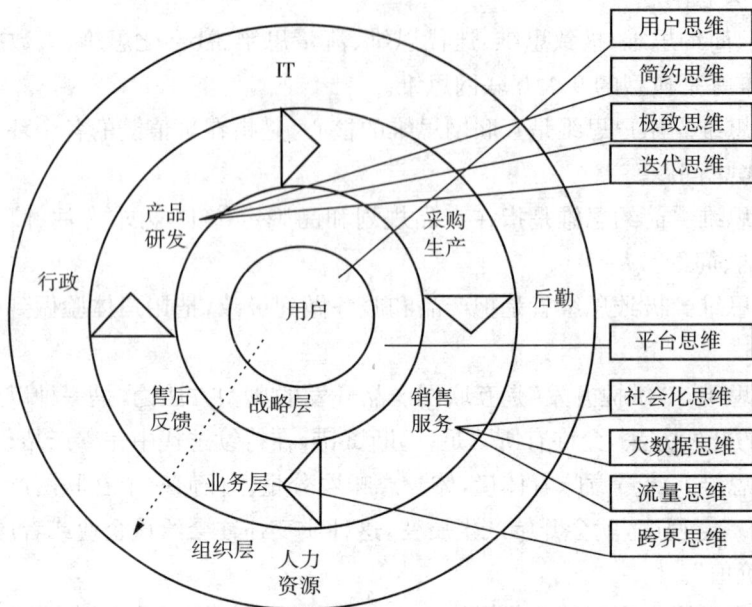

图 3.9　互联网时代的"价值环"

"价值环"以用户为中心,即战略制定和商业模式设计以用户为中心,业务开展以用户为中心,组织设计和企业文化建设都要以用户为中心。战略层、业务层和组织层都围绕着终端用户需求和用户体验进行设计。

互联网思维在"价值环"中的分布如下。

1)战略层

主要命题:怎样明确产业定位? 怎样制定战略? 怎样设计商业模式?

典型思维:用户思维、平台思维、跨界思维。

2)业务层

(1)后端:产品研发及供应链。

主要命题:怎样做业务规划? 怎样做品牌定位和产品设计?

典型思维:用户思维、简约思维、极致思维、迭代思维、社会化思维。

(2)前端:品牌及产品营销。

主要命题:怎样做品牌传播和业务经营? 怎样做商业决策?

典型思维:用户思维、流量思维、社会化思维、大数据思维。

3)组织层

(1)主要命题:怎样设计组织结构和业务流程? 怎样建设组织文化? 怎样设计考核机制?

(2)典型思维:用户思维、社会化思维、平台思维、跨界思维。

3.5.3　App 与微应用

3.5.3.1　App

App 是应用软件的意思,是英文 Application 的简称,通常是指 iPhone、安卓等手机应用,现在的 App 多指智能手机的第三方应用程序。目前比较著名的 App 商店有苹果企业的 App Store,谷歌的 Google Play Store,诺基亚的 Ovi Store,还有黑莓用户的 Black Berry App World,微软的 Marketplace 等。随着安卓智能手机的普及,安卓 App 商店也越来越多,比如 360 手机应用商店、华为应用市场百度 Android 应用中心、豌豆荚、91 手机助手等许多第三方应用平台。

风起云涌的高科技时代,智能终端的普及不仅推动了移动互联网的发展,也带来了移动应用的爆炸式增长。App 初期以媒体、游戏、新闻、书籍的移动应用为主,直接将成功的网站内容和功能移植到应用上,主要运用于商务,如淘宝等。App 基于手机的随时随身性、互动性特点,整合基于位置的服务(Location Based Service,LBS)、快速反应(Quick Response,QR)、增强现实(Augmented Reality,AR)等新技术,给用户带来前所未有的用户体验,实现了对企业目标用户的精准定位和低成本的快速增长。

App 能否获得广大用户下载和注册使用,是最终成功的重要因素。App 商务模式不仅仅只有免费和收费两种形式,通过对收费基本要素的组合,它可以分为很多种。以下有关 App 商业模式图解的表现方式,参考了板桥悟的著作《热门商品是这么创造出来的》。

要了解商业模式,用图解的方式可以一目了然。在绘制图解时,我们需要先把商业模式中包含的各种元素定义出来,其中包含用户(企业、个人)、支付金钱、产品或服务、时间等(见图 3.10)。而运用这些基本元素,就可以组合出各式各样的商业模式。接下来就分别列举在 App 经济中可以发展的几种商业模式。

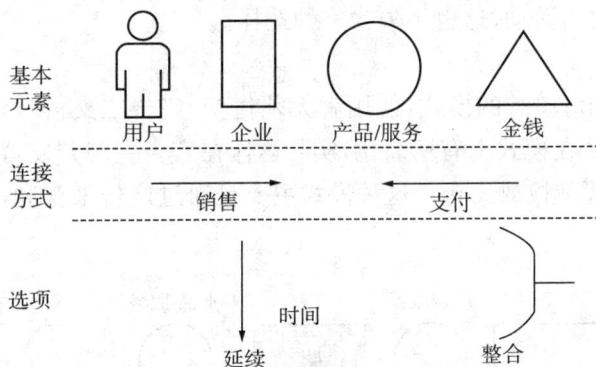

图 3.10　商业模式中的元素

1) 单纯出售模式

单纯出售模式是使用者支付金钱购买 App,开发者因而获利(见图 3.11)。这是最单纯的模式——开发者制作 App,透过 App 商店(Store)或市场(Market)销售给使用者。在这种模式中,重点是让单价乘以销售量所得的销售额极大化。值得思考的是,假如某个 App 对特定族群来说很有用,但对于大众来说也许不具吸引力,那么就算低价销售也不会增加太多的销售量。这种情况下可以把价格定高一些,然后通过正确的宣传方式让有需要的人得知此信息,虽然销售量有限,但是因为单价够高,整体销售额也许更高,且因为单价高还有打折促销的空间,可以进一步吸引价格敏感的消费者抢。

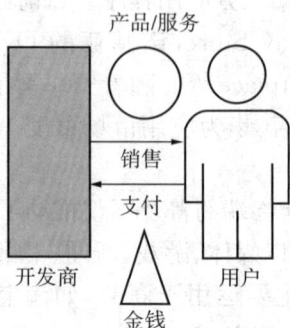

图 3.11 单纯出售模式

"愤怒的小鸟"和 Keynote 属于不同的付费 App,一个是游戏,属于快速消费品;一个是工具类应用,属于生产力。两者的定价分别是 6 元和 128 元,为什么会如此定价? 因为"愤怒的小鸟"属于游戏,是冲动型消费,受众面广,定价为 6 元(0.99 美元)可以最大化自己的收益;而 Keynote 定位在生产力,用手机、平板电脑来实现生产的用户本身就少,如果定价为 6 元反而不利于最大化自己的收益。如果用 Keynote 真的能提升用户的工作效率,128 元对于这批用户而言也乐于接受。

定价策略在付费模式中非常重要,不同 App、不同地区市场的情况都不一样,需要足够了解该区域市场和该类型 App 的情况进行定价,并通过销量的波动以及消费者评价等反馈信息来及时调整价格。通常情况下建议定价高一点,然后根据反馈信息下调价格,甚至做一些限时免费促销活动,这也不失为一种选择。

2) 广告模式

广告模式也是相对单纯的模式,使用者无须付费,广告主支付广告费给开发者,开发者因而获利。图 3.12 在模式上有所简化,实际运作在广告主与开发者之间还有 Apple 或 Google 这两大广告代理投放平台。这种模式主要是通过广告来获利,因此要尽可能提高 App 的下载量。

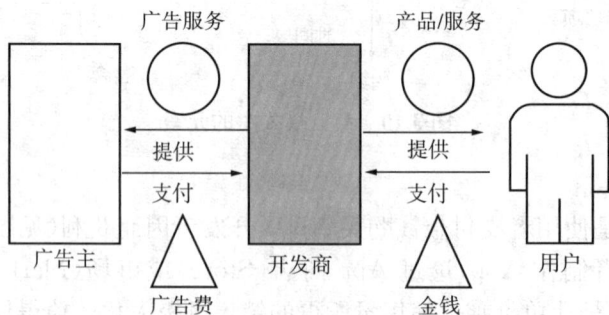

图 3.12 广告模式

2012 年 4 月,"捕鱼达人"在 iOS 平台一上线便横扫各大下载排行榜。有数字可以说明其走红度:曾连续被苹果在 App Store 首页推荐六周,总下载量突破 3 300 万次,活跃用户数量达 260 万,曾在 30 多个国家的 App Store 中下载排名第一。"捕鱼达人"App 就是典型的广告模式,其 7 成收入来源于内置广告,通过用户点击广告 Banner 的形式获得收入,剩余部分才是与平台分成。未来很长一段时间里,广告收入都是"捕鱼达人"的主要收入渠道。触控科技内部自设了广告系统,为广告主精准营销。"捕鱼达人"的广告主里,很多是来自传统或移动互联网的游戏开发者,比如有借助渠道做推广的"摩尔庄园",还有某知名品牌的豪华汽车。

广告始终影响用户体验,如果开发的 App 并非不可替代的话,还是尽量少用这种模式来获得收入,不然很容易造成用户的流失。

3) 收入组合模式("带路鸡"模式)

收入组合模式是单纯出售模式的延伸,是借由其中一两项特别便宜的产品吸引消费者,再顺势卖出其他的产品(见图 3.13)。这和大卖场一样,通过所谓的特价商品来吸引消费者,同时借机会向消费者卖出其他商品来提高营业额。而在 App 的领域,"带路鸡"的价格甚至可以是 0(搭配"广告模式"一起运用)。

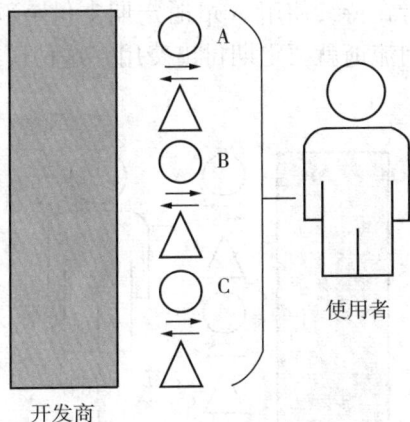

图 3.13　收入组合模式

目前还找不到这种收入模式的 App,但是典型的有同一家企业的 App 之间进行交叉推广,通过换量的形式相互获得用户,降低了整个企业获取用户的成本,从而实现共赢。

4) 持续更新附属功能模式

持续更新附属功能模式是指使用者除了下载 App 主程序外,之后仍付费下载陆续推出的附属功能,如游戏的新场景或是拍照软件的新滤镜效果等,通过这种方式让收入持续增长(见图 3.14)。同样主程序的费用也可以是 0(搭配广告模式),或是运用收入组合模式的心理效果。

著名拍照辅助应用"Camera+"的开发商 Tap Tap Tap 在官方博客里公布了应用升级后的销量数据以及程序内购买("I Analog"特效包)收入统计数据。"Camera+"的尝试就属于这种模式,其新版本中内置了一个售价 0.99 美元的程序内购买项目:"I Analog"特效包,5% 的用户购买了该特效包,开发商从网络接入服务商方面的收入也有 68 267 美元。

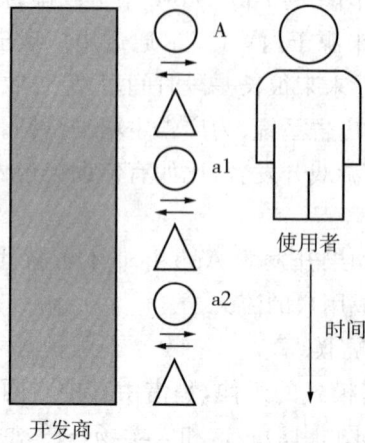

图 3.14 持续更新附属功能模式

5）月租费模式

月租费模式,是指使用者在持续使用 App 时定期支付金额给开发者(见图 3.15)。只要使用者持续使用,随着时间流逝就要定期付出费用。这种模式还可以根据使用量付费,如订阅内容可运用此模式。

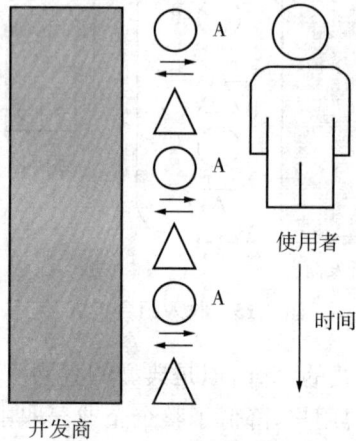

图 3.15 月租费模式

Evernote 采用的就是月租费的模式,用户需要每个月续费以保证其高级会员资格,从而享受到更多的会员特权。Evernote 的官方统计数据显示,在用户注册 Evernote 后的第一个月内,只有 0.5％的人选择付费服务,6 个月后这个数字变成 1％,2 年之后付费比例升至 5.5％。此外,42％的用户注册在弃用 Evernote 之后会选择回来继续使用。而在已经持续使用 4 年的用户中,有 25％已经成为付费用户。很明显,正如 Evernote 的 CEO Phil Libin 在一开始所预料的那样,随着在 Evernote 上存储的笔记越来越多,用户逐渐离不开此项服务,其付费的需求也在增长。Libin 说:"对于我们来说,获得 100 万付费用户的最简单途径,就是先获得 10 亿免费用户!"腾讯视频的收入模式也是如此。

6）平台媒合模式（O2O）

开发者的 App 提供的是媒合使用者与平台，除了 App 的功能之外，还可以通过拉动的方式，将用户拉动到商家，将 App 本身庞大的流量变现（见图 3.16）。

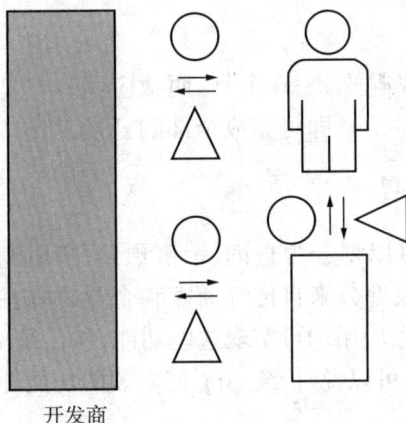

开发商

图 3.16　平台媒合模式

大众点评网算是比较典型的例子。经过 8 年的发展，它已经成为一个能为本地商户提供一站式精准营销的综合性服务平台。团购的出现，在大众点评网看来，是解决本地商户在某个阶段营销需求的一种新型的营销方式。本地商户在不同的营销阶段可以用包括电子优惠券、关键词推广等不同的营销组合模式。通过 O2O 的形式，大众点评网将自己庞大的线上流量转化为商家的消费者，从而实现收入，这就是平台媒合模式，也是最成熟的模式。最重要的就是这种模式并不会影响到用户体验，因为模式本身和 App 有一定的关联性，能有效地拉动用户，而不像广告那样强硬。

3.5.3.2　微应用

微应用是指微信平台上的应用。其形式不同于微博及传统 PC 上的应用功能，主要运行于移动终端，最大的特点是有 App 的味道，故称之为轻 App。

在微信公众平台（见图 3.17）问世后，很多企业发现不需要再花很多钱去开发手机应用，只要在微信公众平台上，通过一个内嵌的微应用就可以和自己的用户或者客户在移动端进行沟通和互动，向客户提供自己的服务，并且直接销售产品。同时用户也不需要下载手机应用。在整个推广和运用中，成本大大降低。随着微信的用户数逐步增加，很多企业已经纷纷从微博时代转向了微信时代，从互联网时代转向了移动互联网时代。

微应用相对于传统 App 有一定的优势，主要体现在以下几个方面。

1）开发成本

成本与收益永远是商家最关注的两个核心问题。一般

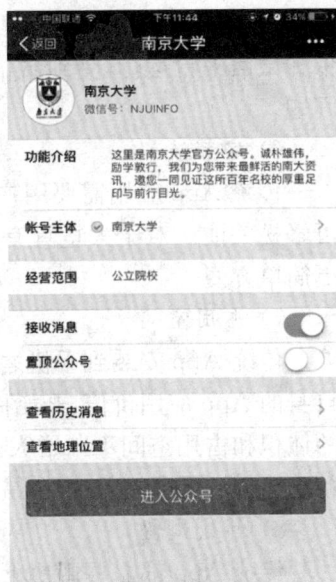

图 3.17　微信公众号

传统 App 的开发费用普遍都是 5 万元左右,对于部分大型企业客户的收费基本在 10 万元以上。目前,微应用总体收费不高,普遍都是在 1～3 万元徘徊。事实上,两者后台调用的数据库并无区别,只是传统 App 的前端成本更高。总体而言,传统 App 的开发成本要稍高于微应用。

2) 开发周期

传统 App 的开发周期普遍要 2～5 个月,而微应用基本是在 2 个月左右完成,如果部分功能要求不高的话,甚至一个月即可完成全部的开发工作。相比之下,微应用的开发周期无疑更短一些。

3) 使用功能

传统 App 的主要功能可以划分为查询、销售预订、资讯浏览以及个性服务几大类别。实际上,微应用的开发需求大部分来自传统商家和企业,他们更多的功能需求体现在查询、预订、销售、浏览四个层面。微应用均可实现这些功能,与传统 App 所具备的功能是完全一致的,两者并无太大的区别。可以说,传统 App 能实现的功能,微应用同样可以实现。

4) 营销价值

据统计,人们常用的 App 不会超过 10 个。传统 App 属于典型的被动式营销,如果不是刚性需求,用户自动打开的可能性很低。而微应用更偏向主动式营销,能精准实现点对点的沟通,为企业与用户搭建起精准的互动桥梁。同时,微应用还为传统商家营销推广节省了大量的人力物力以及短信费用,优势显著。

从需求来看,用户有可能关注上百家企业商家的微信账号,但绝不可能安装一百家企业的 App 应用。即使用户安装了,打开率也会成为一个问题,最终必然导致其营销价值大打折扣。

5) 用户隐私

传统 App 涉及大量窥探用户隐私的行为,这是整个行业人所共知的事实,窥探用户短信内容、通话记录、通讯录名单均是常有的事情,部分著名 App 应用亦不例外。微应用依托微信平台运行,受到微信端的限制与规管。目前来看,并不存在窥探用户隐私这个问题。

6) 安装流程

传统 App 应用需要用户自行下载安装,微应用则只需要用户简单扫描一下二维码即可轻松关注。对于大量具有线下经营实体的商家而言,无疑更为合适,对于用户来说,也更简单方便。

7) 占用空间

传统 App 安装到手机之后,或多或少会占用一定的手机空间。同时,商家为了强化自身的 App 应用价值,开始罔顾用户需求,不断给 App 增添各种附加功能,从而导致 App 的体积和占用空间不断增大。微应用是以微信公众平台为入口,实际上,微信只是给 App 的功能打开了一扇门而已,完全没有占据用户手机空间的问题。

8) 卸载残留

传统 App 都需要用户下载安装,基于利益角度考量,用户在卸载的时候,传统 App 依然或多或少地部分残留在用户手机里面,直接影响用户手机系统的运行速度。微应用只需直接取消关注即可,不存在残留问题,轻松简单,很容易获取用户的喜爱。

9) 升级维护

传统 App 的维护成本很高。目前,主流的手机操作系统主要有 Android、iPhone OS、Palm OS、Symbian、Windows mobile、Linux 和黑莓七种,商家需要针对不同的操作系统做兼容性的考量和开发。而微应用运行于微信公众平台,实质将大部分的维护事宜转嫁给腾讯企业,其维护成本、维护周期和维护流程都简单得多。

同时,两者的升级也是一个重要问题。传统 App 需要通知用户,用户自行升级。如果用户基数庞大,彼此使用的是不同版本的 App,可能造成功能上的缺失。微应用则是在微信公众平台后端完成升级维护工作,不论用户规模,都能迅速完成整体的升级工作,极大地便利了商家和用户。

10) 推广成本

传统 App 应用开发完成之后,主要通过与 360 手机助手、百度应用、安全管家等应用市场进行合作推广,引导用户下载安装,推广成本高。微信端 App 则更多是借助微信朋友圈、线下经营门店、优惠促销活动等吸引用户扫描添加,综合推广成本更低。

微信开放平台在摸索中前行,其发展经历了 3 个阶段。最早是以插件形式,接入腾讯旗下产品,如 QQ 离线消息、QQ 邮箱、腾讯微博、腾讯新闻等。第二阶段则是邀请美丽说和 QQ 音乐进行测试性开放,以验证平台的稳定性、安全性,并听取用户反馈。在整个开放平台系统顺利度过磨合期后,微信的开放之路便进一步加速,步入全面开放的第三阶段。所有开发者都可以在微信官网上申请登记,获取专有 App ID,以上传应用、申请系统审核。而第三方应用可以调用的信息内容也更加丰富,涵盖了影像、音乐、新闻、美食、位置等诸多元素。

随着微信开放力度的加大,微信将加速社交、游戏、电子商务等更多领域的第三方优质应用从 PC 端向移动互联网环境平移和整合,从而对整个行业产生更深远的影响。可以预计,在腾讯的新有机格局下,微信开放平台的加入将进一步推动移动互联网行业生态系统的发展。

3.5.4　原生 App 与 Web App

至 2021 年 6 月,中国手机网民规模已超 10.07 亿,占比 99.6%,手机营销是未来必然趋势,App 恰恰是这个趋势下的一个强有力营销工具。App 已有两个主要的方向:原生 App 以及移动 Web App(见图 3.18)。

3.5.4.1　原生 App 与移动 Web App 的定义

原生 App 是专门针对某一类移动设备而生的,它们都是被直接安装到设备里,而用户一般也是通过网络商店或者卖场如 App Store 来获取,比如 iOS 的"Camera＋"以及深圳千度网络有限企业开发的 Android 版花炮云商 App。

图 3.18　Facebook 的原生 App 与 Web App

移动 Web App 都需要用到网络,它们利用设备上的浏览器(如 iPhone 的 Safari)来运行,而且不需要在设备上下载后安装。

3.5.4.2　原生 App 与移动 Web App 的比较

首先,访问时,原生 App 一般在移动端有缓存,使用 GPRS 模式进行访问时,无须耗费过多流量,运行快,性能高;而 Web App 没有缓存,需要消耗较多手机流量,运行缓慢。

其次,在推广时,前者可以上架应用商店进行推广,包括打榜、排名、推荐等;而后者根本无法在应用商店上架。

此外,在应用时,原生 App 可以应用移动硬件设备的底层功能,如 LBS、摄像头、重力加速器等;而 Web App 只能使用移动浏览器的基本功能。

最后,二者在安全性、盈利能力等方面也都存在巨大的差距。原生 App 具备大数据处理能力,对正版、盗版应用进行交叉对比,生成数据对比报表,让开发者及时了解应用在各大推广渠道的发布情况。

由于二者的实现方式有着根本不同,因此制作的成本、难度也有天壤之别,前者必须针对每一种移动操作系统分别进行独立项目开发,每种平台都需使用不同的开发语言;Web App 的生成则简单得多,一个版本、一种开发语言就可以兼容所有移动平台。

3.5.4.3　原生 App 的优势和缺陷

1)优势

(1)比移动 Web App 运行快;

(2)一些商店与卖场会帮助用户寻找原生 App;

(3)官方卖场的应用审核流程能保证用户得到高质量、安全的 App;

(4)官方会发布很多开发工具或人工支持来帮助 App 的开发。

2)缺陷

(1)开发成本高,尤其当需要多种移动设备来进行测试时;

(2)由于不同的开发语言,所以开发、维护成本也高;

(3)用户使用的 App 版本不同,维护起来也比较困难;

(4)官方卖场审核流程复杂且慢,会对 App 的发布进程产生严重影响。

3.5.4.4　移动 Web App 的优势和缺陷

1)优势

(1)跨平台开发;

(2)用户不需要去卖场下载安装 App;

(3)不需要官方卖场的审核,任何时候都可以发布 App。

2)缺陷

(1)无法使用很多移动硬件设备的独特功能;

(2)要同时支持多种移动设备的浏览器,开发维护的成本也不低;

(3)如果用户使用更多的新型浏览器,问题就会变得难以处理;

(4)对于用户来说,这种 App 很难发现。

3.5.5　封闭与开放

这里提到的封闭与开放是特指数字世界中的封闭性生态与开放性生态,即以是否允许除制作该系统的组织以外的其他组织或个人对操作系统进行系统层级的修改作为封闭或开放的标准。典型的封闭性系统有 Apple 企业的 iOS、OSX 等；典型的开放性系统有 Google 的 Android 和 Microsoft 的 Windows 等。

3.5.5.1　iOS 的封闭

在互联网时代的众多 IT 公司中，仿佛从来没有过像苹果这样的硬件和软件空前统一的公司。苹果的封闭从 PC 时代已经开始，其在 1983 年开发的世界上第一个成功的商用图形用户界面（GUI）操作系统，即只能在苹果自己的电脑上运行的系统（虽然后来被微软借鉴并以授权硬件的模式在 20 世纪的最后 20 年疯狂打压）。在苹果发展的 30 年中，一直秉持着高度封闭的策略，即使中间几次短暂地授权其他硬件，也似乎成了苹果发展中的反面例子，使苹果更强调回归封闭的路线。iOS 只供苹果唯一使用，其他任何厂商、用户无法对其修改、再使用，其核心的 API（如浏览器内核）也不对第三方应用开发者开放。

3.5.5.2　Android 的开放

2007 年 11 月 5 日，在 Google 的领导下，84 家硬件制造商、软件开发商及电信运营商成立开放手持设备联盟（Open Handset Alliance）来共同研发、改良 Android 系统。随后发布了 Android 的原始代码，一切程序代码均公开、免费，目的是建立一个更加开放、自由的移动设备环境。

Google 作为互联网时代最有代表性的企业，其每一个作为，几乎都在宣扬它所坚持的"互联网精神"，并始终强调"自由、民主、开放"。Google 从不曾生产任何硬件，这种开放性是连以坚持软件授权的微软都没有做到过的。iSO 和 Android 生态结构说明如表3.6所示。

表 3.6　iOS 和 Android 生态结构说明

iOS	系　统	Android				
手机/ 平板电脑	硬件类别	智能手机/平板电脑/电视/车载系统/相机/……				
Apple	硬件品牌	Nexus	三星	亚马逊	HTC	小米
iPhone(iPod touch)/iPad	硬件型号	Nexus	Galaxy	Kindle	Desire/Dream ……	小米盒子 ……
iTunes	内容管理	无	三星 kies	无	HTC	
App store	内容市场	Google Play	三星 Apps	Amazon Apps	HTC Apps	小米市场
iOS Human interface Guidelines iOS wwdc	设计管理	Android Design				

3.5.5.3　封闭 VS 开放

1）iOS

Apple ID 和 App store、iTunes。苹果的服务全部建立在用户专属的 Apple ID 上，用户通过 Apple ID 获取第三方内容。App store 是 iOS 设备唯一的 App 获取通道，对于其中的内容,用户不可任意拷贝、移动、修改,非开发者账户不得上传内容。iTunes 是 iOS 设备唯一的管理、传输软件(包括自提供内容,如照片、联系人信息和通过 iTunes store 所购买的内容等),同时也是用户移动设备和电脑之间互联、文件传输的工具。iTunes 内建的 iTunes Store 整合了设备内的影音、书籍、App 资源,并对同一 Apple ID 下的各设备进行管理。

2) Android

Android 存在着无数的应用商店和内容获取通路,无数的第三方电脑端管理软件。除了 Android 官方的 Google Play 以外,不但硬件厂商可以在设备内预装自己品牌的应用商店(如 HTC Market 等),同时还有大量第三方软件开发商提供各种名目的应用商店,数量级以百为计。同时,Android 的应用文 apk 可以任意拷贝,在任何网页下载传输, Google Play Music/Books 甚至允许用户上传从其他渠道已购买的无签名信息的数字出版物。另外,Android 官方并不提供电脑端管理软件,用户信息数据(联系人等)备份通过零散的,如 Google 账户/Google 备份,手机制造商开发的同步软件(三星 Kies、HTC Sync 等),Android 等工具。因此,存在大量第三方的电脑端管理软件,如 Mobile Go、Mobile dit!、豌豆荚等。

iOS 与 Android 的 SWOT 分析如表 3.7 所示。

表 3.7 iOS 与 Android 的 SWOT 分析

	iOS	Android
优势(S)	质： 设计精度/体验	量： 市场份额广
	统一： 生态闭环/市场完善/ 管理和推广机制 设计风格/操作一致	多元： 适应性强
	安全性高	可玩性强/空间大(可深度定制)
	品牌鲜明/用户磁性高	入门成本低
劣势(W)	市场份额低	安全性差
	审核周期长	系统更新率低/产品碎片化严重
	个性化程度受限	盈利模式差/盗版严重
机会(O)	内容供应商/电子出版商	硬件数量和领域的大规模扩张
威胁(T)	用户对其厌倦/反权威/ 反主流情绪	其他厂商(硬件商/软件商)对其品牌的削弱： 大品牌,Android 极力去除硬件品牌印象 (如去三星化);小品牌想去 Android 化
	后续创新速度降低	安全性将产生行业性的打击

iOS 开创的应用市场模式,使智能手机真正成了各种应用的集成。这和 Nokia 时代的应用只是智能手机的锦上添花完全不同,从而引发了第三方 App 行业的蓬勃,并最终

和 Android 一起发展成了一个庞大的行业。而对于大量的第三方应用开发者来说，在其最初学习开发、建立交互思维的第一本教科书，就是 iOS Human Interface Guideline。iOS 以干预、管理的模式，不但启发了行业，甚至做到了教育、培养的角色。

　　然而 Android 自下而上的或者自由、民主的模式是更纯粹意义上的众包。和 iOS 由精英引领的进步，建立更高的标准，从而把影响力扩展到大众不同，它是一个是先在大众中普及，再从中民主、自发地产生先进的模式。这种模式的前期发展也许会非常缓慢，但一旦整体的水平达到了一定的标准，其后续的进步将是井喷式、百花齐放的。

　　iOS 目前的封闭和强制像一个专制的暴君，尽管实现了高速的发展，然而会渐渐形成用户的反抗心理。真正的精英不会愿意"被定义""被同化"，大众也会厌倦它一成不变的审美和监牢一样的限制。

　　Android 在这样的映衬下，看起来代表着一个更加前卫、进步价值观，作为一个在专制下的叛逆儿，吸引着不甘于被控制的人群。但是，我们也渐渐地看到苹果开始放松和向市场妥协的迹象：iPhone 6 和 iPhone 6 plus 的屏幕尺寸加大以抵制来自 Android 智能手机大屏的压力；比如 Car Play 开始与汽车行业合作。这些很难说不是来自占有更大市场的野心，但也可以看出在妥协中苹果的坚持：iPhone6 依然坚持 iPhone 是单手操作的设备；不授权汽车厂商生产，而是围绕 iPhone 的服务扩展。

　　而 Android 从收购摩托罗拉，到阻止阿里云 OS 的发布，继而发布 Android Design 以规定设计风格等种种做法，也让我们也可以嗅到一丝 Android 开始收紧其开放度的味道。Android 的开放并不是完全开放，而是通过开放平台，在更多的设备上搭载 Google 系的服务（Google 搜索、Gmail 等）。这实际是借平台的力量，将价值重心重置到 Google 本身。这也是为何 Android 不在意其他开发者开发的应用质量，只关注自身的质量。或许，我们尚未进入能验证互联网精神真正有效的时代。

　　iOS 式封闭的策略，形成了 iOS 设备软硬件的高度统一和闭合的生态；同时配合其权威式的干预和管理，成了 iOS 设计质量的保证和对行业的领先。同时，完善的生态圈和生态圈内的高水平，保证了 iOS 能够持续发展。iOS 的封闭使用户和开发者都成为与之一体的共同体利益相关人。

　　Android 的开放策略、自由管理，使得 Android 大规模地进行了量的攻占，而相对丧失了质量。然而 Android 所代表的互联网时代自由精神，有益于更加长远未来的价值，则代表着一种全新的价值观和发展模式。

　　也许就如政权的更迭一样，没有永远的封闭，也没有永远的开放；没有永远的小众，也没有永远的主流；没有永远的权威，也没有绝对的民主。不管是 iOS 还是 Android，互相转化、相辅相成才是主旋律。

3.5.6　UGC 与 LBS

3.5.6.1　UGC

全称为 User Generated Content，也就是用户生成内容的意思。UGC 的概念最早起源于互联网领域，即用户将自己原创的内容通过互联网平台进行展示或者提供给其他用户。UGC 是伴随着以提倡个性化为主要特点的 Web 2.0 概念兴起的。

UGC 并不是某一种具体的业务,而是一种用户使用互联网的新方式,即由原来的以下载为主变成下载和上传并重。在 Web 2.0 时代,网络上内容的产出主要来自用户,每一个用户都可以生成自己的内容,互联网上的所有内容由用户创造,而不只是以前的某一些人。所以互联网上的内容会飞速增长,形成一个多、广、专的局面,对人类知识的积累和传播起到非常大的作用。抖音、快手、YouTube 等网站都可以看作 UGC 的成功案例,社区网络、视频分享、博客和播客(视频分享)等都是 UGC 的主要应用形式。

一些典型的 UGC 应用有:

好友社交网络,如新浪微博、Facebook、My Space、朋友网(QQ 校友)、众众网等,这类网站的好友大多在现实中也互相认识。用户可以更改状态、发表日志、发布照片、分享视频等,从而了解好友动态。

视频分享网络,如优酷网、YouTube、土豆网、搜狐视频等,这类网站以视频的上传和分享为中心,它也存在好友关系,但相对于好友网络,这种关系较弱,更多的是通过共同喜好而结合。

照片分享网络,如 Flickr、又拍网、图钉等,这类网站的特点与视频分享网站类似,只不过主体是照片与图片等。

知识分享网络,如百度百科、百度知道、维基百科等,这类网站的目的是普及知识和解决疑问。

社区、论坛,如百度贴吧、天涯社区、知乎等,这类网站的用户往往因共同的话题而聚集在一起。

微博,如 Twitter、新浪微博等。微博应该是 2012 年最流行的互联网应用了,它解决了信息的实时更新问题。手机等便携设备的普及让每一个微博用户都有可能成为第一现场的发布者。

UGC 有如下成功案例。

1) Wiki:最大也是最小的百科全书

Wiki 指的是一种网上共同协作的超文本系统,可由多人共同对网站内容进行维护和更新,是典型的靠 UGC 运作的系统。其中,Wiki 利用 UGC 概念,使网站的内容制作和编辑成本最小化,但是能够实现领域知识的积累和最大化。用户可以通过网页浏览器对Wiki 文本进行浏览、创建、更改,与其他超文本系统相比,Wiki 有使用方便及开放的特点,所以 Wiki 系统可以帮助用户在一个社群内共同收集、创作某领域的知识,发布所有领域用户都关心和感兴趣的话题。Wiki 使用了 UGC 概念,就蕴含"与他人同创共享"的理念。某 Wiki 系统的开发者曾经指出,Wiki 是一种纯粹的用户内容服务,如果网站的诸多内容都指向其域名,那么,搜索引擎将会被更多用户发现,也将会吸引更多的用户参与。

2) 豆瓣网:UGC 的聚合力量

豆瓣网,创办于 2005 年 3 月,几乎没有任何商业宣传,截至 2012 年拥有 5 600 多万注册用户,ALEXA 排名稳定在 1 600 名左右。原因在于其独特的内容生成机制。豆瓣网所有的内容、分类、筛选、排序都由成员产生和决定，完全自动。在豆瓣网，用户和用户之间有很多互动的可能。豆瓣内容形成的起点，是主动型网民提供自己所读过的书、看过的电影、听过的音乐的清单以及相关评论和博客。这些内容提供了很多基础节点，这些节点之间又因为网站技术系统所提供的相应功能，如条目、"标签"或网站推荐等，开始产生各种联系，从而编织出内容的基本网络。豆瓣的社区提供了一种以"兴趣爱好"为纽带扩展人际关系的可能。这种关系的形成无须刻意，它更多是伴随着内容关系而自然形成的。这种基于兴趣的人际关系，因此也更加富有黏性，更加牢固。

3.5.6.2　LBS

基于位置的服务（Location Based Service，LBS），它是通过电信移动运营商的无线电通信网络（如 GSM 网、CDMA 网）或外部定位方式（如 GPS）获取移动终端用户的位置信息（地理坐标或大地坐标），在地理信息系统（Geographic Information System，GIS）平台的支持下，为用户提供相应服务的一种增值业务。

它包括两层含义：首先是确定移动设备或用户所在的地理位置；其次是提供与位置相关的各类信息服务。LBS 意指与定位相关的各类服务系统，简称"定位服务"，另外一种叫法为 MPS——Mobile Position Services，也称为"移动定位服务"系统。例如，找到手机用户的当前地理位置，然后在上海市 6 340 平方千米范围内寻找手机用户当前位置处 1 千米范围内的宾馆、影院、图书馆、加油站等名称和地址。所以说 LBS 就是要借助互联网或无线网络，在固定用户或移动用户之间，完成定位和服务两大功能。

LBS 的现有模式包括以下几个方面。

1）休闲娱乐模式

（1）签到（Check-In）模式。主要是以 Foursquare 为主，国外同类服务如 Gowalla、Whrrl 等，而国内则有嘀咕、玩转四方、街旁、开开、多乐趣、在哪等几十家。该模式的基本特点如下：

① 用户需要主动签到（Check-In）以记录自己所在的位置。

② 通过积分、勋章以及领主等荣誉激励用户 Check-In。

③ 通过与商家合作，对获得的特定积分或勋章的用户提供优惠或折扣的奖励，同时也是对商家品牌的营销。

④ 通过绑定用户的其他社会化工具，以同步分享用户的地理位置信息。

⑤ 通过鼓励用户对地点（商店、餐厅等）进行评价以产生优质内容。

该模式的最大挑战在于培养用户每到一个地点就会签到（Check-In）的习惯。它的商业模式也是比较明显，可以很好地为商户或品牌进行各种形式的营销与推广。国内比较活跃的街旁网现阶段更多地与各种音乐会、展览等文艺活动合作，慢慢向年轻人群推广与渗透，积累用户。

（2）大富翁游戏模式。国外的代表是 Mytown，国内则是 16Fun。主旨是游戏人生，可以让用户利用手机购买现实地理位置里的虚拟房产与道具，并进行消费与互动等将现实和虚拟真正进行融合的一种模式。这种模式的特点是更具趣味性，可玩性与互动性更强，比 Check-In 模式更具黏性，但是由于需要对现实中的房产等地点进行虚拟化设计，开发成本较高,并且由于地域性过强导致覆盖速度不可能很快。在商业模式方面,除了借鉴Check-In 模式的联合商家营销外,还可提供增值服务以及类似第二人生(Second Life)的植入广告等。

2)生活服务模式

(1)周边生活服务的搜索。以点评网或者生活信息类网站与地理位置服务结合的模式,代表为大众点评网、中国台湾的"折扣王"等。主要体验在于工具性的实用特质,问题在于信息量的积累和覆盖面需要比较广泛。

(2)与旅游的结合。旅游具有明显的移动特性和地理属性,LBS 和旅游的结合是十分切合的。分享攻略和心得体现了一定的社交性质,代表是游玩网。

(3)会员卡与票务模式。实现一卡制,捆绑多种会员卡的信息,同时电子化的会员卡能记录消费习惯和信息,充分地使用户感受到简捷的形式和大量的优惠信息聚合。

3.6 典型案例:Google Analytics——免费革命

一个企业的商务模式并不是一成不变的,随着企业内外部环境的变化,企业的商务模式也往往随之变化。下面我们来看一个案例。

2005 年 11 月 14 日,Google 发布了衡量网站与网上营销活动效能的免费服务——Google Analytics,让电子商务业界感到了莫名的恐慌。

以前,购买搜索企业广告的厂商只能从他们手中拿到自己广告的点击率,或去专业流量统计网站 99click 花钱购买。虽然花了钱,但点击率的来源一直关在"黑匣子"里,不为人知。

"说不定是广告网站们自己点击的呢,"某位互联网分析师说道,"但客户必须依据点击率付钱。"

2009 年 3 月,著名 Web 研究企业——Urchin Software 被 Google 收购,并应要求下调了网页分析服务的价格,从 495 美元/月降至 199 美元/月,第一次降价就有 60%之多。宝洁公司等部分"财富 500 强"所安装的企业级定制版都是这个价格。

现在,Google 将 Urchin Software 更名为 Google Analytics,并免费提供给所有人。"他们此举将撼动当前的 Web 分析市场,并同时加强其核心广告业务",英国《金融时报》用明显的字体第一时间写道。

目前,这种精密的先进产品已被贴上 Google 的标签。在美国,免费获取的事实已经在很多企业引发了一系列的恐慌,它们包括 Web Side Story、Coremetrics 和 Webtrends。这三家企业曾是 Urchin 在美国的网络分析服务市场的竞争对手,其中 Web Side Story 作为上市公司,在 Google 公布这一消息后,Web Side Story 股票当天下跌 12%!

为何一项免费服务会对 Web Side Story 的股市产生这么严重的影响呢? Web Side Story 提供的服务内容与 Google Analytics 相差无几,二者处于直接竞争地位。而现在,谷歌免费提供这些服务,客户付费所买到的服务质量与 Google Analytics 所提供的服务质量相差无几,这样 Google Analytics 就处于竞争的优势地位,客户自然会选择使用

Google Analytics。这样,Web Side Story 的市场前景一片黯淡,消费者和投资者都对它失去了信心,股票自然会下跌。

谷歌开放流量监测的这一举动,就相当于对市场进行了一次"洗牌",算得上是一项破坏性创新,原来像 99click 这样的专业流量统计网站基本已经完全失去了市场,使得为网站做数据分析服务的市场土崩瓦解。虽然,谷歌的这一举动,对于做网站数据分析服务的市场的打击是毁灭性的,但同时,它也像是一个免费的"榨汁机","挤"出"水分",并免费将"含水量"公布给每一个曾经被"灌水"的人。搜索网站提供的点击量数据有"水分"是业界公开的"秘密",搜索行业已经经历了从"高水分"到"零水分"的发展过程,谷歌的这一举动使得正在成长中的搜索企业也必须经历这一过程,没有人能阻止搜索引擎的客户去尝试这种免费的分析服务。

谷歌推翻了数据分析市场,制定了一个新的市场规则,同时也规范了广告市场,使得信息(数据)变得透明。通过这项免费服务,所有网络广告投放商都可以清楚地知道自己广告的点击率和点击来源地,广告网站再也没有办法拿出不知来源的数字给广告客户,然后说:"喏!这是你们的点击率,付钱吧。"这样一来,谷歌通过砸下真金白银推出的免费服务,就可以使对手们的钱包变扁。除此之外,用户得到 Google Analytics 服务的同时,同样的数据也会出现在 Google 的办公桌上,这样一来,广告网站的一举一动,谷歌都了如指掌,看似服务别人,实则自己获益,让竞争对手恐慌。

一位国内搜索网站的高管向记者做了一个的假设,A 网站是 Google Analytics 的用户,A 在百度购买了关键词 B 的"网络排名"的同时,Google 会发现关键词 B 的点击量激增,继而了解到增加的点击量来自百度。这时候,Google 的销售人员为什么不向 A 推销产品呢? Google Analytics 迫使国内的许多搜索引擎提供免费网络分析服务,提供网络分析服务所需的资金投入绝对不是一个小数目,是持续不断的"烧钱"。在"烧钱"的过程中,很多资金实力不够雄厚、客户量不大且客户忠诚度不够的搜索引擎因此会被拖垮。这样一来,许多搜索引擎的生存就成了大问题,为了应对这强大的压力,国内的许多搜索引擎可以选择提升自己的服务质量或是开发出自己的新技术,或是根据收集到的数据去为客户提供更有价值的咨询服务,或转型到其他产业。这样一来,互联网广告市场得到优化,咨询服务品质得以提升,企业的商务模式也会随之发生变化。

【关键词】

互联网商务模式(Internet Business Model) 利润点(Profit Point) 客户价值(Customer Value) 有机组织(Organic Organization) "看门人"(Gatekeepers) 边界发现者(Boundary Spanners) 规模经济(Economies of Sale) 价值链(Value Chain) 分类广告(Classifields) 虚拟商铺(Virtual Merchant) 电子采购(E-procurement) O2O (Online to Offline) 价值共创(Value Co-creation) 用户生成内容(User Generated Content,UGC) 基于位置的服务(Location Based Services,LBS)

思考与练习

1. 商务模式和互联网商务模式的区别是什么？
2. 互联网商务模式的组成部分有哪些？
3. 如何理解互联网商务模式的利润点？
4. 互联网商务中客户价值创造的逻辑是什么？
5. 如何理解客户价值在服务行业利润链中的位置？
6. 互联网商务中有哪些定价策略？一口价策略是否包含议价过程？
7. 如何理解关联活动匹配的重要性？
8. 互联网商务公司的能力由哪些部分组成？
9. 如何评价与管理互联网商务公司的能力？
10. 互联网公司保持竞争优势的策略有哪些？
11. 互联网商务模式的分类方法有哪些？
12. 举例说明 O2O 商务模式的优势。

讨论与辩论主题

1. 如何理解互联网思维？
2. 字节跳动公司的核心竞争能力是什么？
3. 如何应用 UGC 模式累积数据资源？
4. Google Analytics 免费服务的价值。

第4章 "互联网＋"商务模式

4.1 "互联网＋"的本质

4.1.1 "互联网＋"的技术背景

普适计算机之父马克·维慈(Mark Weiser)说过:"最高深的技术是那些令人无法察觉的技术,这些技术不停地把它们自己编织进日常生活,直到你无从发现为止。"互联网正是这样的技术,正潜移默化地渗透到人们的生活中。所谓的"互联网＋",是指以互联网为主的一整套信息技术(包括移动互联网、云计算、大数据、物联网等技术),在经济、社会生活各领域的扩展、引用,并不断释放出数据流动性的过程。"互联网＋",对应的英文为"Internet Plus",但"Plus"不是简单的加法,而是含有"化"的意义。"互联网＋"各个产业部门,不是简单的连接,而是通过连接,产生反馈、互动,最终出现大量化学反应式的创新和融合。互联网作为一种通用目的的技术(General Purpose Technology),和100年前的电力技术、200年前的蒸汽机技术一样,将对人类经济社会产生深远而广泛的影响。

"互联网＋"的前提是互联网作为一种基础设施的广泛应用。这里的"基础设施"应该如何理解? 所有行业和具体企业的价值链、产品和服务,从创意产生、研发设计、广告营销、交易发起、服务及商品递送到售后服务,都可以通过互联网来做,并且会产生化学反应,这才是对互联网最合理的理解。对互联网的理解不同,也决定了"互联网＋"的不同"变现"形式:"＋"在旁边是把互联网当工具,"＋"在前面是把互联网当渠道,我们建议"＋"在脚底下,以此实现整个经济形态的转型。

从1994年接入国际互联网到现在,短短20余年,可以看到,中国互联网从接入层到应用层都发生了翻天覆地的变化,跟实体经济也结合得越来越紧密。在接入层,从窄带到宽带,从PC互联网到移动互联网;在应用层,从最早的BBS、门户网站、B2B,发展到网络文学、网络游戏、社交,再到现在的网络零售、移动支付、导航应用等,应用场景越来越丰富。例如,根据中国互联网络信息中心(CNNIC)发布的第48次《中国互联网络发展状况统计报告》,截至2021年6月,我国网民规模达到10.11亿人,互联网普及率为71.6%。手机网民规模达到10.07亿人,较2020年年底增加2 092万人。网民中使用手机上网人群占比达99.6%。高速通信网络的发展以及互联网、智能手机、智能芯片在企业、人群和物体中的广泛安装,为"互联网＋"奠定了坚实的基础。

4.1.2 "互联网＋"的内涵

"互联网＋"的本质是传统产业的在线化、数据化。互联网广告、网络零售、在线批发、跨境电商都在努力实现交易的在线化。只有商品、人和交易行为迁移到互联网上,才能实现在线化;只有在线才能形成"活的"数据,随时被调用和挖掘。在线化的数据流动性强,突破以往仅仅封闭在某个部门或企业内部的障碍。在线化的数据随时可以在产业上下游、协作主体之间以最低的成本流动和交易。数据只有流动起来,其价值才能得到最大限度的发挥。

从根本上说,"互联网＋"的内涵区别于传统意义上的"信息化",或者说互联网重新定义了信息化。之前,我们把信息化定义为ICT技术不断应用深化的过程。但是,如果ICT技术的普及、应用没有释放出信息和数据的流动性,促进信息/数据在跨组织、跨地域的广泛分享和使用,就会出现"IT黑洞"陷阱,信息化效益将难以体现。然而,互联网的普及,特别是电子商务的到来正在改变这一切。

信息化的本质在于"促进信息/数据的广泛流动、分享和使用"。该结论源于信息的一个本质特征:信息使用存在边际收益递增性,即信息/数据只有在流动、分享中才能产生价值;流动的范围越大,分享的人群越多,价值越大。而要实现这一点,需要两个重要的前提:一是信息基础设施的广泛安装,二是适应信息广泛流动、分享、使用的组织和制度创新。信息基础设施的广泛安装在前文已经提到,不再赘述。组织和制度创新,既是信息化的要求,也是信息化的必然结果。然而目前的组织和制度基本都是围绕封闭的信息系统建立的,无论是政府还是企业,莫不如此,这也成为推进信息化的最大障碍。就医疗信息化的威力而言,电子病历是病人的"就医全记录",即病人的基本信息、家庭状况及问诊、用药情况。地区联网、全国联网对于提高诊疗水平、监督医疗行为意义重大。但各地进展缓慢,根本原因在于:原有的管理体制都是围绕"医院为中心"的封闭系统而建立,也相应形成了一整套商业模式、利益链条。实现真正的信息化,使医疗、就诊信息流动起来,会触动多个机构和个人的既得利益,因此会遭遇抵制。实际上,各地住房信息系统的联网也是一样。有一种说法:信息化将促进业务流程、组织结构的优化和调整,而如果信息化的结果只是将各部门、组织的权利固化,将原有的业务流程IT化,那么信息化的效益可想而知。

因此,真正的"信息化"是通过信息技术的广泛应用和信息基础设施的安装,以及政策、制度的创新,促进各类信息/数据最大限度地传播、流动、分享、创造性使用,从而提升经济社会运行效率的动态过程。在此过程中,只有广泛分享和使用,信息/数据才有可能成为社会财富增长的主要源泉,才能回归信息化的本质。

4.1.3 "互联网＋"的进程

"互联网＋"的过程也是传统产业转型升级的过程。过去十年,这一过程呈现"逆向"互联网化的特点。从企业价值链看,主要表现为各个环节的互联网化:从消费者在线开始,到广告营销、零售,到批发和分销,再到生产制造,一直追溯到上游的原材料和生产装备。从产业层面看,主要表现为各个产业的互联网化:从广告传媒业、零售业,到批发市场,再到生产制造和原材料。从另一个角度观察,"互联网＋"是从C端到B端,从小B到大B的过程,产业越来越重。在这个过程中,作为生产性服务业的物流、金融业也跟着出现互联网化的趋势。在"互联网＋"逆向倒逼的过程中,目前来看,各个环节互联网化的比重也是依次递减的。

同时,"互联网＋"带动了就业增长。在我国经济增速放缓的情况下,就业率却不减反增,2020年我国全年城镇新增就业1 186万人,劳动生产率稳步提高。就业率不减反增,不仅与国家简政放权政策的实施息息相关,更离不开服务业的蓬勃发展,尤其是与互联网、电子商务有关的新兴服务业的快速发展,起到了重要的支撑作用。麦肯锡研究报告指出,互联网每摧毁1个就业岗位,便新创造2.6个就业岗位。2013年2月中国资源和社会保障部发布的《网络创业促进就业研究报告》显示,我国网络创业就业已累计制造岗位超过1 000万个,有效缓解了近几年的就业压力,并日益成为创业就业的新增长点。

"互联网＋"还驱动了传统产业的优化升级。在世界范围内,工业化的发展已经进入了新阶段,不论是"第三次工业革命""工业互联网"还是"工业4.0"的观念与实践,均离不开对互联网的重视和新一代信息技术的依赖。通过互联网形成的C2B模式,为中国工业企业指明了定制化、柔性化、智能化的新发展方向。例如,尚品宅配通过互联网将"房型库"和"产品库"匹配,从消费者咨询和在线搜索数据中调整、开发产品。在生产环节,CNC和CAD无缝衔接,信息化改造电子开料锯,应用条码标签,无须技术人员手动调整,实现家具在产品规格之内无极定制,企业业绩大幅提高。

4.2 "互联网＋"的组织模式——云端制

4.2.1 组织结构:云端制

以网络的视角看企业,实际面对三张正在形成中的"网":

(1) 消费者的个性化需求,正在相互连接成一个动态的需求之网;

(2) 企业之间的协作走向了协同网的形态;

(3) 单个企业组织的内部结构,被倒逼着从过去的以(每个部门和岗位)节点职能为核心的层级制的金字塔结构,转变为一种以(满足消费者个性化需求)流程为核心的网状结构。

只有实现这种结构上的转换与提升,企业才能够有效地实现自身内部的联网,一级企业与消费者之间的联网,由此也才能真正有效地感知、捕捉、响应和满足消费者的个性化需求。

4.2.1.1 外显结构:云端制

任何组织都面临着纵向控制/横向协同或集权控制/分权创新的难题。当今的互联网和云计算为解决这一难题提供了新方法,就是以后端坚实的、广泛意义上的云平台(管理或服务平台＋业务平台)支持前端的灵活创新,并以"内部多个小前端"实现与"外部多种个性化需求"的有效对接。这种云端制或"大平台＋小前端"的结构,已成为很多企业组织变革的"原型"结构。

7天酒店用IT技术把流程锁定,使得销售、服务、采购、财务等很多流程都通过标准化的方式去实施,在此基础上,再实施给店主赋权的"放羊式管理"。最终,7天酒店能够让分店店主自主决定几乎所有事项,如分店预算、经营指标、用人等。

互联网服装品牌"韩都衣舍",每年发布几万个自有品牌的新款服装,这极大地考验了它的应变能力。为此,它在内部实行鼓励员工自动自发创新的买手小组制,成立了数百个买手小组。买手小组独立核算且完全透明,拥有较大的自主权,比如公司仅规定最低底价,而起订量、定价、生产数量、促销政策等,则全部由买手小组自己决定。

苹果的 App Store、淘宝的网络零售平台、滴滴打车等,也是类似的结构。其特征表现为分布式、自动自发、自治和参与式的管理。

4.2.1.2　内在结构:组织网状化

"大平台+小前端"是一种外在的、显性的静态结构,而隐性的、内在的动态结构则是组织的"动态网状化"。这一点在海尔公司得到了系统的实践。

为满足互联网时代个性化的需求,海尔公司将8万多名员工努力转变为自动自发的2 000多个自主经营体,将组织结构从"正三角"颠覆为"倒三角",进一步扁平化为节点闭环的动态网状组织。每个节点在海尔的变革中都是一个开放的接口,连接着用户资源与海尔平台上的全球资源。

4.2.2　组织过程:自组织化

商业组织的组织方式过去通常被认为有两种主要形态:"公司"组织方式依赖于看得见的科层制,需要付出的是内部管理成本;"市场"组织方式依赖于看不见的价格机制,付出的是外部的交易成本。

"公司化"曾是19世纪末20世纪初的一场商业运动,公司由此成为社会结构的主要构件。大部分社会成员,都工作于各种公司,个人大都需要通过公司才能更好地参与市场价值的交换。今天,这种"公司"占据主导地位的格局已开始受到冲击。这主要是因为互联网让跨越企业便捷的大规模协作成为可能。一方面,公司中很多商业流程漂移出了企业边界之外,外包形成普遍化存在。另一方面则是自发、自助、快速聚散的组织共同体的大量出现,即《未来是湿的》一书所称的"无组织的组织力量":凭爱好、兴趣,快速聚散,展开分享、合作乃至集体行动。Linux、维基百科、快速聚散的闪客、围绕国外电视剧形成的字幕组、由网民而非编辑决定新闻排列的 DIGG 等,都是如此。

"组织"将持久存在,但"公司"可能逐步弱化。换句话说,"社会性"仍将是我们的基本属性,但发挥自我能力和市场连接、实现自我价值的方式,却与以往大不相同(见图 4.1)。

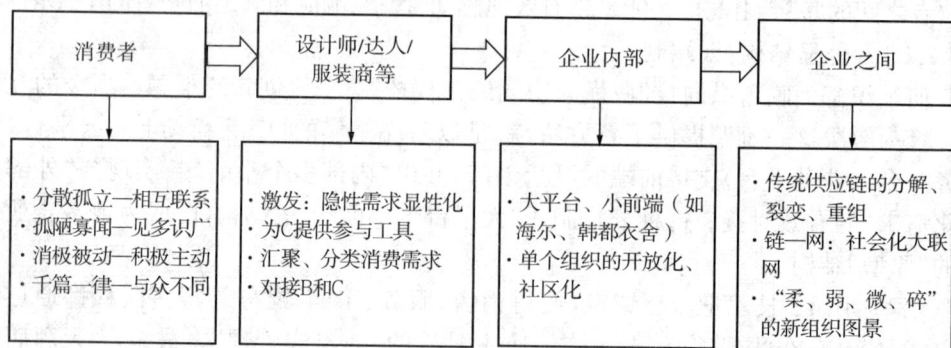

消费者	设计师/达人/服装商等	企业内部	企业之间
·分散孤立—相互联系 ·孤陋寡闻—见多识广 ·消极被动—积极主动 ·千篇一律—与众不同	·激发:隐性需求显性化 ·为C提供参与工具 ·汇聚、分类消费需求 ·对接B和C	·大平台、小前端(如海尔、韩都衣舍) ·单个组织的开放化、社区化	·传统供应链的分解、裂变、重组 ·链—网:社会化大联网 ·"柔、弱、微、碎"的新组织图景

图 4.1　组织协同:如何应对"小批量、多品种、快反应"的消费需求

4.2.3　组织边界：开放化

虽然互联网可使企业内部管理成本和外部交易成本有所下降,但后者的下降速度远快于前者。这种内外下降速度的不一致带来了一个重要的结果:"公司"这种组织方式的效率大打折扣,"公司"与"市场"之间的壁垒也因此松动。

从价值链的视角来看,研发、设计、制造等多个商业环节都出现了一种突破企业边界、展开社会化协作的大趋势。宝洁公司注意到,虽然已拥有 8 500 名研究员,但公司外部还存在着 150 万个类似的研究人员。为吸引全球的研究人员在业余时间分享和贡献他们的才智,宝洁把解决不了的问题发布到网上,给出解决方案的研究者将获得报酬。这正是研发环节的开放。

从企业与消费者的关系来看,此前的模式是由企业向消费者单向地交付价值,而在C2B模式下,价值将由消费者与企业共同创造,如消费者的点评、参与设计、个性化定制等。从产业组织的角度来看,越来越多的产业都在走向"云平台＋小前端"的组织方式。换句话说,在很多产业里,众多小型机构事实上已经把自身的很多职能留给了平台,催化出了更专业的服务商,从而实现社会化的大分工。在金融业,也在发生此类产业重构,如云计算、互联网信用、第三方支付等,已成为互联网金融的基础设施,并支撑着大量的金融创新。

4.2.4　组织规模：小微化

"小微化"的趋势并非始于今日。有资料显示,在德国,全部工业企业的平均规模在1977 年前呈上升趋势,在 1977 年后则出现了下降。英国企业规模的下降从 1968 年开始。日本和美国则是自 1967 年起平均企业规模开始下降。

这种下降的原因,在于社会化物流成本的下降、流通效率的提升、产品模块化程度的提高、政策法规的开放等。如今,互联网再一次加速了"小微化"的趋势,随着平台技术、商业流程、数据集成度的不断提高,小前端企业"大而全",似乎经济性逐步减少。

从根本上说,这是因为,在工业时代占据主导地位的是"小品种、大批量"的规模经济,与之相应,组织也在持续走向极大化。1929 年,资产达 10 亿美元以上的美国巨型企业约6 家,到1988 年增至 466 家。再如今天的沃尔玛,在全球的雇员超过了 200 万人。但在信息时代,随着"多品种、小批量"的范围经济正在很多行业里不断扩展发展空间,更多组织的规模也相应地逐步走向小微化(见图 4.2)。

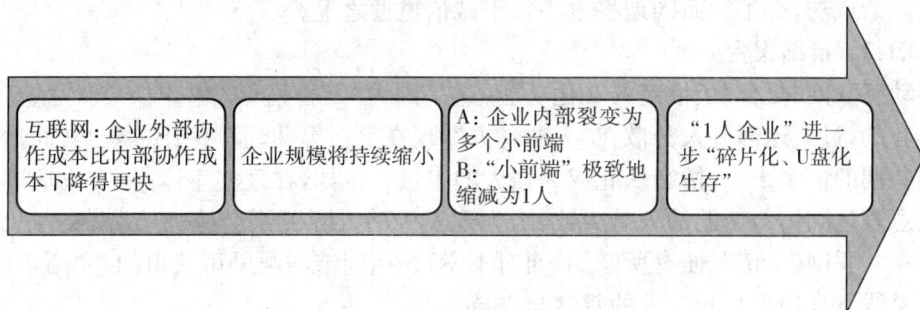

互联网:企业外部协作成本比内部协作成本下降得更快	企业规模将持续缩小	A:企业内部裂变为多个小前端 B:"小前端"极致地缩减为1人	"1人企业"进一步"碎片化、U盘化生存"

图 4.2　组织规模"小微化"

4.3 "互联网＋"商务模式应用

4.3.1 "互联网＋消费者"

在大数据时代,事物的发展进程不再是因果关系,而是相关关系。因果性与相关性最大的不同在于,"因果性"创造的是"1＋1＝2"的线性逻辑(讲经验,讲道理),此逻辑体现在商业上强调的是产品的价值;而相关性创造的是非线性逻辑(讲关联,讲突变),该逻辑体现在商业上强调的是消费者的聚合。在因果逻辑中,C(消费者)是由B(商家)定义的,所以被称为"客户",但C(消费者)聚合之后,形成了C端强大的力量。C端力量的强大是以C的"部落化"或"社群化"为前提的。简言之,这是基于"同频或同趣"的聚合,是价值观的聚合。一旦找到"同类聚合"背后的力量,那么,消费者聚合就成为全新的商业力量。

信息开放与透明正在创造出一种全新的人的聚合方式,这就是O2O的空间价值去掉"厂家或渠道的中心化"——空间的价值并没有消失,只是此时的空间不再是商业综合体的销售渠道。电影院、餐厅与娱乐场所也不再简单地视为引流,而是粉丝的聚会、聚集、沟通之地,在这里,商家不再是商业综合体的中心,而消费者才是,商家的使命不再是经营商品,而是经营粉丝,即消费者。消费者同类聚合的力量主要有以下三个。

4.3.1.1 价值观聚合

一旦将互联网平台作为一种生活平台,上网便是一种思想、一种观念,或者一种思维方式。过去企业讲价值观也许是作秀或摆设,但在互联网时代,企业的价值观是聚合消费者最重要的核心要素。锤子手机的罗永浩本是新东方的英语培训老师,为什么他敢于做手机呢? 这是因为他代表了一种价值观,事实上,他在新东方当英语老师时就积累了一批"粉丝",砸西门子冰箱更是赢得了更多人的喜爱。

人类的逻辑就这么简单,如果认同对方、喜欢对方、从心底里把对方当成"我们"的话,不给钱也会参与,这就是人际逻辑。人际逻辑是一种"好与坏""喜欢或讨厌"的道德逻辑,从这个意义上讲,消费首先是一种基于价值观的道德行为。互联网是以人为中心的,而不是以产品为中心;以兴趣爱好与价值观为资产,而不再仅仅以资源为资产。在这种新型生态下,任何利益行为都必须过"道德"这一关,不能轻易损害个人和公众利益。

由此能看到电商竞争的另一面:表面上是利益之争,背后实则是诚信道德之争。所有电商企业的成功,都不约而同地将重心置于诚信道德之上。

4.3.1.2 情绪聚合

移动互联网"复合"了情绪的文化功能,这是因为"某种情绪"是有着"某种感受"的一群人具有的,过去这部分人分散在"天涯各方",现在手机等移动设备让有着"共同情绪"的人找到共同的情绪平台,情绪从此成为强大的力量。比如,在现实生活中,有人遇到了"不幸",愿意表达同情与帮助的人是少数,因为现实中的人际关系会施加给"出头"很大的压力。但在互联网上,情况便有所颠倒,面对不幸,表达同情与帮助可获得的是"陌生的同类人",或是线下身边少数几个人的赞赏与支持。

人天然的是情绪动物,首先会被"情绪感染",或者说,情绪在圈子中的共鸣会造就强大的力量,这种力量远比"领袖号召"或"理性呼唤"的强大,所以,基于"情绪"的聚合是互联网上消费者最常见的聚合,这也是互联网企业都强调"公益"的原因。

4.3.1.3 兴趣聚合

"物以类聚,人以群分",这句古语也讲出了人们最基本的聚合方式:兴趣与爱好聚合。例如,我们过去写文章或查资料,图书馆是常去的地方,但现在取而代之的是"谷歌百科""百度知道"等。事实上,在过去十多年里,世界各地的人们显示出一种前所未有的社会行为:人们集合起来共同完成任务,有人甚至分文不取,而这些任务曾经是由某个专业领域的企业雇员完成的。同时还有一些众包案例,如亚马逊这个网络零售巨头推出了提供众包服务的平台 Mechanical Turk,个人用户可通过完成某项工作获得小额的报酬;商家通过举办"天才设计"大赛,吸引顾客参加多媒体家居方案的设计;不列颠泰特美术馆(Tate Britain),这家美术馆拥有 1 500～2 000 年间丰富的美术作品,让参观者为展品写讲解说明,被选中的将制作为标签展出在美术巨作旁边。

这就是互联网时代一个伟大的创造——"消费众包"。所谓消费众包,讲的是企业与消费者之间的边界被打破,消费者同时也是产品的创造者,而让消费者如此无私付出的,是他们的兴趣爱好,或者是自我实现的追求。消费上存在的这种"众包效应",甚至产生了一个新的词汇,即"创客"(Maker)。所谓创客,是在产品创造的过程中,消费者越来越参与其中,甚至可以成为其中的主导者,而在每一个创客背后,是一大批有共同爱好的伙伴或粉丝。

事实上,互联网的成功大多是源于"聚合"的成功。比如谷歌、百度是对信息聚合的成功,新浪是对新闻聚合的成功,天猫、京东商城是对卖家聚合的成功。聚合之所以如此强大,是因为聚合不再强调是"你"还是"我",企业之间、个人之间不再存在界限,一切只因为客户价值而存在,一切只因为创造价值而共享共生。

4.3.2 "互联网＋营销"

整合营销之父唐·舒尔茨(Don E. Schultz)表示:"过去的营销者喜欢控制一切,他们控制包装设计、广告、促销、公关和新闻媒体,但是今天我们已经无法再这样控制下去了,因为借助互联网,消费者现在可以获得海量信息,他们可以组合自己不需要和不喜欢的信息,甚至可以说,整个市场的控制者已经由品牌变成了消费者,我们无法全盘控制也就意味着营销需要改变了。"

互联网在三个层面上改写了营销的进程:

(1)企业必须和消费者进行交互,而不只是单向地推广。企业只有通过和消费者交流,获得消费者认可,才能开发出适销对路的商品和服务,而消费者也才会向其亲朋好友分享企业的商品和服务。这一点在移动时代尤其重要。因为移动互联网赋予了消费者非常强大的扩散工具,包括直接发起和企业的对话,如果企业不能有效地和消费者交互,并个性化管理他们的需求,那么企业很容易在这一波浪潮中落后。

(2)营销的本质是在恰当的时间地点、恰当的场景和恰当的消费者中产生的双向连接。但是,过多的渠道和碎片化的媒体,限制了这种连接。大数据的出现在某种意义上可以帮助企业管理这些传播过程,让企业能够在互联网环境下有效地触达消费者,并且让消费者的反馈有渠道到达企业，进而驱动企业"顾客第一"的战略。

（3）消费者洞察是所有商业活动的开端。但是，今天的消费者行为日益呈现为网络状态，任何两个行为之间都可能发生跳跃式连接，过去来洞察消费者的方式已不再适用。要理解消费行为的跳跃性需要借助大数据，在CRM（Customer Relationship Management）、ERP（Enterprise Resource Planning）和WMS（Warehouse Management System）等不同的数据体系之间建立关联，包括平台数据和第三方数据等。这种海量关联可以更好地辅助企业去理解消费者和其消费需求。

4.3.3 "互联网＋零售"

"互联网＋零售"的进程是消费者、商品、交易和供应链不断数据化、在线化的过程，而在现阶段O2O已然成为"互联网＋零售"的一种战略（见图4.3）。O2O的概念已经流行了多年，但在业界，有不少人将O2O理解成全渠道销售（Omni Channel），即依托互联网的应用和信息整合，包括传统渠道在内的全部"消费者触点"，打造销售机会和通路，以此做到潜在客流和购买交易最大化。但事实上，O2O与全渠道并不相同，它的核心在于更好地促进消费价值最大化，通过打造系统化的使消费者成本最小、利益最大的技术与商业环境，实现从单纯销售商（或制造商）向生活服务提供商转变的企业过程。

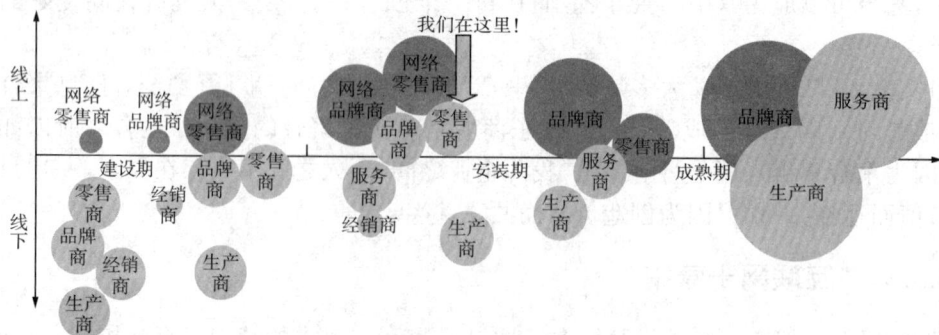

图4.3 "互联网＋零售"的演进路径

O2O的勃兴与移动互联网、云计算和大数据的应用发展密不可分这些信息技术的应用，推动着中国零售发展回归到零售的本质——借助信息和技术的发展更好地满足消费者需求，减少消费者在消费过程中所做的包容，并从中获益。

中国未来的零售业可能会出现以下特征：

（1）生产要素的变革——数据将成为核心生产要素。

云计算能力的增强，使视频、图片、日志、网页等非结构化数据、高达上百TB的离线数据、处理抑或是实时处理数千万乃至数亿条记录，都成为现实。与此相关的是，数据将与资金、技术、土地、人力等一样成为零售企业的生产要素。麦肯锡的一项研究表明，如果美国医疗卫生部门能有效利用海量数据来提高效率和质量，每年通过数据获得的潜在价值将可超过3 000亿美元；而充分利用海量数据的零售商也能将其利润提高60％以上。

（2）企业组织方式的扩充——以消费者为主轴的零售管理体系将应运而生。

由于互联网大大提高了个性化需求聚集的可能，社会上的小群体特色需求有了发展的社会和文化基础。此外,企业经济模型中大产品、大生产和大渠道的成本逻辑也在发生改变,研发、供应链的边际成本在下降,许多产品组合丰富的经济性得到提高。未来生产方式也会发生相应的创新,从而使得针对某个客户群体提供超出企业现有边界的更为丰富的产品和服务,成为企业业务发展的重要杠杆。范围经济(Economy of Scope)将成为管理学的新热点,以消费者为主轴的管理体系可能会与传统的品类组织架构形成互补等。

(3) 零售业态的跨越式发展。

云计算、大数据等基础设施进入安装期,如果实体零售仍然脱离在线化、数据化,即便被认为是先进模式的连锁零售,也将失去往昔高效的商业作用。在未来十年,中国可能不必像美国那样将传统的实体门店(脱离"活数据"的零售门店)遍布全国各地,尤其是在目前实体商业基础设施相对不足的中西部。我们将直接跨入"线下体验＋线上下单＋中央仓储配送＋售后服务"的立体式无缝连接的零售形态。

在这个不断创新的时代,各种角色都将在"互联网＋"的浪潮中搏位,那些最先理解并成功驾驭新商业逻辑的企业,将有望发掘出它所拥有的全部潜力。

4.3.4　"互联网＋产业集群"

1990 年,波特在《国家竞争优势》(The Competitive Advantage of Nations)一书中,首先提出用"产业集群"一词对集群现象进行分析。产业集群是工业化过程中的普遍现象,在所有发达的经济体中,都可以明显看到各种产业集群。

在信息经济时代,传统产业集群将向"在线产业带"转型,其运作效率和经济社会效益都将大幅提升,这是一次新的制造业革命。

在线产业带作为一种全新的电子商务生态现象,是传统产业带和专业市场在互联网上的一种映射和延伸。它汇集了生产厂家、渠道商、淘宝卖家、消费者、政府、第三方服务商等多种角色,从而帮助买家直达原产地优质货源,帮助卖家提升竞争力和降低竞争成本。

未来在线产业带发展将会出现如下趋势:

(1) 在线产业带数量增速将趋缓,但交易规模将继续快速扩张。

经过近两年的跑马圈地,共有近百家在线产业带与电子商务平台签约,涵盖了中东部大部分集群优势明显的线下产业集群。随着电子商务平台将产业带的重心从数量向质量转移,未来在线产业带的数量增速将有所放缓。

同时,在线产业带的交易规模将快速扩张。预计未来三年,全国在线产业带总交易规模将继续翻番增长。

(2) B2B 服务业更加完善,趋于专业化。

目前,B2B 服务业依然处于起步阶段,在线产业带的兴起,极大地刺激了 B2B 服务业的发展,催生了一大批 B2B 类运营服务商、培训服务商和装修服务商等。未来 3～5 年,B2B 类服务商将迎来快速发展的阶段,其属性将更加专业化,分工更加精细化,围绕在线产业带的电商生态也将更加完善。

4.3.5　"互联网＋制造"

"互联网＋制造"如果仅在生产制造环节应用互联网技术,制造业本身不会得到提升。

从整个价值链环节来看，下游网络零售、网络分销环节的数据化正在倒逼制造业的转型。

整体来看，以互联网为商业基础设施、由消费者所驱动、能够实现大规模定制乃至个性化定制的 C2B 商业模式，在中国的服装、箱包、鞋帽、家电、家居等诸多行业中已经开始了快速发展。它的三大支撑就是个性化营销、柔性化生产和社会化协作的供应链。柔性化生产的演进，是一场正发生在中国部分行业和企业车间里的生产革命。

电子商务作为完全基于互联网的经济交易活动，本就具备"在线化、数据化"的特征和优势。互联网大大削减了产销之间的信息不对称，加速了生产端与市场需求端的紧密连接，并催生出一套新的商业模式——C2B 模式，即消费者驱动模式。C2B 模式要求生产制造系统具备高度柔性化、个性化以及快速响应市场等特性。这与传统 B2C 商业模式下的标准化、大批量、刚性缓慢的生产模式完全不同。

传统 B2C 模式下的生产制造与同时代的市场消费需求、分销渠道、大众营销等固有特点密不可分。其基本形态是：大规模生产＋大品牌＋大零售。传统模式下的大批量、规模化、流程固定的流水线生产，追求同质商品的低成本。大量商品生产出来之后依靠报纸、杂志、广播、电视等主要载体的大众营销。这种广告模式下，品牌是靠媒体塑造出来的，消费者是被灌输方、被教育方。例如，1996 年，宝洁只需在"新闻 60 分"节目中做三条插播广告，就可以触及美国 80％以上的成年观众，完成对消费者的教育过程，为大零售做好铺垫。传统 B2C 模式下，生产与消费之间隔着重重的批发、分销、配送环节。而且生产商都通过设定折扣、运费政策鼓励分销商、零售商一次性大批量订货。信息传递缓慢而零散，生产商往往数月后才能从订单中发现消费者需求的变化。在生产过程中，生产厂家需要以"猜"的方式进行库存和生产。而信息的失真和滞后，导致猜测的准确率非常低。管理学中称这种现象为"牛鞭效应"。彼得·圣吉（Peter M. Senge）在《第五项修炼》（*The Fifth Discipline*）中，用"啤酒游戏"详细介绍了这种现象。在传统的 B2C 模式下也经常出现这样的场景：畅销的商品通常缺货，滞销的商品却堆满货架和仓库，既错失销售机会，又积压资金。

而基于电子商务的生产方式是需求拉动型的生产，互联网、大数据技术将生产企业和消费者紧密联系在一起，使消费需求数据、信息得以迅捷地传达给生产者和品牌商。生产商根据市场需求变化组织物料采购、生产制造和物流配送，使得生产方式由大批量、标准化的推动式生产向市场需求拉动式生产转变。拉动式生产并不一定要对市场需求进行精准的预测，关键是供应链的各方要更紧密地协同，以实现更加"柔性化"的管理。所谓"柔性化"是指供应链具有足够弹性，产能可以根据市场需求快速反应：多款式小批量，大批量翻单，补货都能做，而且都能做到品质统一可控，成本相差无几，并及时交货。对于企业而言，柔性化供应链的最大收益在于把握销售机会的同时，又避免库存风险（见图 4.4）。

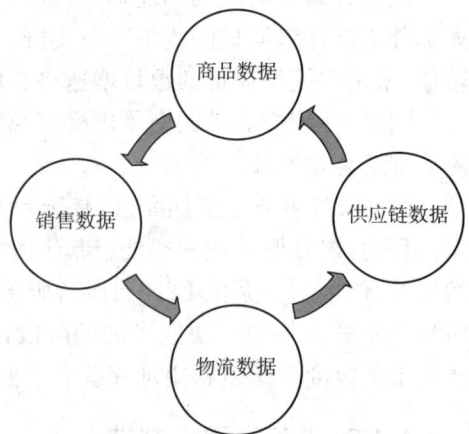

图 4.4　以数据驱动的柔性供应链

柔性化最极致的做法是大规模个性化定制的实现。个性化是客户化市场的需要,批量化是企业生产效率和成本的选择,而大规模个性化定制就是要解决这一对长期存在的矛盾,解决个性化客户需要和低成本、高效率的集约化生产问题。在过去,多数企业的生产模式只是菜单式的选择,而如今互联网和大数据的出现,使得这一问题可以真正得到完美的解决。

4.3.6 "互联网＋外贸"

"互联网＋外贸"的形态主要体现为跨境电子商务模式,这里有必要对跨境电商的模式做出简单的解释。"跨境"主要是指"跨越海关关境",主要指电子商务交易方位于不同贸易区的情形,包括跨境 B2B,跨境 B2C、C2C 以及相关的服务。简单来说,就是通过互联网平台/服务跨越海关关境,让企业或个人买家能实现"买全球",同时也可以作为卖家来实现"卖全球"。

"互联网＋"改变企业间贸易——跨境 B2B 模式。跨境 B2B 主要通过"互联网＋"来实现贸易在线化、电子化。B2B 出口模式的卖家主要是境内的生产商、贸易商,买家主要是境外的贸易商、批发零售商、生产商、网店主等。B2B 模式最早是互联网信息黄页,将企业的商品和信息展示给全球买家。在信息展示过程中,还需要做各类营销活动(如 P4P 广告、搜索引擎优化等)。在信息展示的基础上,买家可以对卖家进行在线询盘或者在线发布采购需求,对于部分商品还可以进行小额批发的直接交易。

"互联网＋"改变企业对消费者的直接销售——跨境 B2C 模式。跨境 B2C 主要是通过"互联网＋"来实现商家在互联网平台上将商品直接售卖给境外消费者。B2C 出口模式的买家主要是境外的个人消费者,卖家主要是境内的贸易商/网店主以及少量生产商等。B2C 平台为卖家将货物售卖给海外消费者提供信息展示和交易流程。B2C 进口主要是国外商家把商品售卖给国内消费者,可以通过"网上交易＋直邮"或"网上交易＋保税区备货发货"的方式完成。

"互联网＋"改变交易的基础设施与流程——跨境电商服务。跨境电商服务是通过"互联网＋"来连接和协调各类交易过程中所需要的服务,主要包含外贸综合服务、跨境物流服务、跨境支付服务、贸易流程服务以及跨境衍生服务。

4.3.7 "互联网＋三农"

4.3.7.1 互联网重塑农产品流通模式

在互联网的催化作用下,农产品的流通模式也在发生改变,以电子商务为主要形式的新型流通模式快速崛起,在流通主体、组织方式、上下游影响等方面都呈现出积极的创新和变化。

(1) 各类生产者积极变身,直接对接电子商务平台。

近年来,大量的农民和合作社踊跃变身网商,将自家或收购的农产品进行网络销售。与在集市上的传统售卖形式相比,他们面对的市场更大,议价能力也强。例如,山西农民王小帮从 2006 年开始通过淘宝网销售土特产,2014 年完成销售额 700 万元。再如福建安溪中闽弘泰茶叶合作社 2009 年开始在淘宝网上销售铁观音茶叶,2014 年销售额超过

1亿元。

（2）传统批发商和零售商主动求变。

传统渠道的批发商和零售商对市场变化高度敏感，同时他们又掌握着农产品流通链条上最多的资源，一旦投身电子商务，将会释放出巨大的能量。例如，2008年以来寿光蔬菜批发市场里的种子批发商开始利用淘宝网做营销，到目前接近一半的批发商已经"触电"上网，经营较好的批发商的交易额已经超过线下渠道，最大的批发商甚至搬出了市场，专职做网销。

（3）消费者由被动变主动，成为主导力量。

互联网、移动互联网、社交网络赋予了消费者前所未有的获取信息的能力，消费者从孤陋寡闻变得见多识广，从分散孤立到相互连接，从消极被动到积极参与，最终扭转产消格局，占据了主导地位，不断参与各个商业环节。生产者和消费者的信息同步化，也为未来基于互联网的订单农业奠定了基础。

4.3.7.2 农产品电子商务崛起

近年来，阿里平台上的涉农网店数量保持快速增长。我国农产品电子商务发展主要呈现以下特征：

（1）原产地农产品直销成热点。

以电子商务为载体的原产地农产品直销成为一大热点。通过将农业生产者转变为网商，或者由电商运营商操盘，将农产品从原产地直接发货到消费者所在地，这在很大程度上克服了传统流通模式流通环节烦琐、流通效率低、损耗严重的缺点，同时，也建立了消费者与生产者互动的平台，促进信息互通。

（2）跨境交易活跃，进口农产品成农产品电商新热点。

进口农产品正在成为农产品电商的新热点。先是美国前驻华大使骆家辉"售卖美国车厘子"；接着智利驻华大使与淘宝网方面合作，为中国消费者带来智利特产银鳕鱼；丹麦驻华大使馆则联手聚划算，把丹麦有机奶等农产品带到中国。泰国、澳大利亚、韩国、英国、意大利、西班牙等国家驻华机构纷纷与国内电商平台达成合作，越来越多的进口食品将从线上渠道进入中国。

（3）生鲜农产品崛起。

生鲜农产品一直是农产品流通领域的重点和难点，从2013年开始生鲜农产品电子商务迎来爆发式增长。

（4）农产品预售模式兴起。

在传统农产品流通模式下，生鲜类农产品由于距离的阻隔和供应链的影响，到达消费者手中后不仅价格昂贵，而且失去了最新鲜的味道。

以销定产的C2B预售模式显示出了优越性。基于电子商务的预售模式汇聚了全国乃至全世界各地的原产地农产品，并通过网络预售定制模式减少农产品中间环节，对生产者和消费者不无裨益。当生鲜农产品收获前，就可提前在网上售卖，收集完订单之后，农民才开始采摘、安排发货——这样的预售模式让产地能够按需供应配送，大大降低农产品的库存风险、生产成本和损耗。消费者由此也能够获得最新鲜、性价比最高的原产地农产品。

4.3.8 "互联网＋金融"

"互联网＋金融"不是互联网技术与金融行业的简单加总,而是金融的基本功能在融入了互联网精神之后,产生了一些深层次的变化。从行业发展的角度看,"互联网＋金融"与互联网金融已经不同。在这个快速迭代的互联网时代,行业发展在某种程度上也遵循着摩尔定律,可以说"互联网＋金融"其实已经进入了"第二互联网"时代。在这个新的时代,互联网变成了一种信息能量,重新塑造经济社会的各种供需关系,向两个方向同时演绎:向上升为云计算和大数据,向下沉为O2O(见图4.5)。

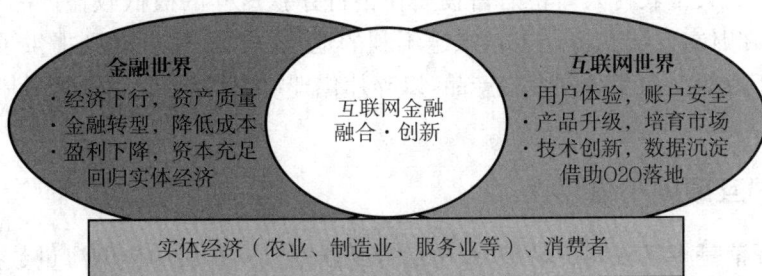

图 4.5 互联网与金融

4.3.8.1 服务"中小微"蓝海市场

"互联网＋金融"站在信息技术的高地上,打破了传统金融行业的地域局限,从而低成本地扩大金融服务的覆盖面,在短时间内迅速扩大金融受众,缓解金融资源可获得性短缺的问题。这一点对传统的金融机构而言也是有利的,最直接的优势就是减少传统金融机构为扩大服务面而开设物理网点的资金压力。物理网点的单位成本极为高昂,是手机银行的 50 倍,网上银行的 23.5 倍。

更具体地看,小额信贷市场是一个蓝海市场,符合长尾经济的各项要素。在我国,小额信贷市场的开放力度有限,市场纵深广阔。而占据金融市场绝大部分份额的传统金融机构在对接小额信贷的过程中由于成本等因素而忽视了小微企业和弱势群体。"互联网＋金融"恰好作为这一市场的有效补充。另外,传统的交易模式与新场景的结合,也衍生出了新的金融产品,比如网络借贷就是民间借贷与互联网科技结合的产物。"互联网＋民间借贷"衍生出了网上借贷,这种借贷方式既符合我国长期以来熟人社会的借贷传统,又提供了无抵押担保、自助交易、快速匹配以及借贷理财一体化的新模式,较好地契合了众多中小型用户的金融需求。

4.3.8.2 拓展农村金融新天地

我国农村地域辽阔,地形复杂,仅依靠传统金融"沿途设点""平面推进"的模式,成本高、效率低、财务可持续性差,而互联网金融依靠全新的信息采集、分类、批处理技术,依靠分布式计算和更先进的风险控制、更高效的贷款发放机制以及更精准的资金匹配方式,为农村新经济提供全新的金融服务和支持。

"互联网＋金融"提供的以信用为基础的小额贷款,为农村新经济提供了难能可贵的信贷资源,相比传统信贷资源更多地被农村龙头企业和大型经营主体占据,小额贷款能更好地为农村新经济提供支持,真正流向最需要资金支持的个人和企业。第三方支付,尤其是移动支付,极大地扩大了支付的应用场景,实现了数据互通、流程打通、现金流与信息流连通,在提高支付效率、降低支付成本的同时,更好地将支付嵌入农村新经济的场景中,发挥支付的基础设施作用。投资方面,国内目前可供投资的金融产品很少,农村地区在投资方面更显单薄。完整意义的金融应该包括信贷和储蓄(投资)两个方面,单纯的信贷和资金支持不能涵盖金融的全部。近年来,学术界和政策制定者也越来越意识到农村金融不仅仅是扶贫金融,而是一种根植于农村场景下的资源配置、风险管理、财富管理新范式。因此,扩展农村投资渠道,增加农村新经济主体的财富管理途径成为未来农村金融发展的又一重要方向。大量农村人口将财富投放在银行存款这样的极低收益产品中,随着货币的贬值,他们在财富分配中将处于越来越不利的地位。互联网金融则提供了较好的解决方案。类似于余额宝的互联网金融产品,以碎片化理财的优势,吸引了大量中低收入阶层的农村用户。

4.3.9 "互联网十信用"

互联网征信是指互联网交易平台、电商等互联网机构开展的全网海量数据采集、处理并直接应用的信用管理服务。互联网征信是通过线上非定向地获取各种数据,从而对互联网主体的信用轨迹和信用行为进行综合描述。互联网征信是从 2013 年开始兴起的非专业性、去牌照化的互联网业务。

互联网征信的主要特点有三个:"大数据",数据成千上万;来源广泛,来源于整个网络;信息全面,不拘泥于财务类,既包括财务、资产类的,也包括非财务类的,如社交行为、文字言论、谈话语音、图片,甚至交友情况等,具有非常强的社会性。

互联网上的一切数据皆信用,互联网征信是一个完全的"大数据"概念。它以海量数据刻画信用轨迹,描述综合信用度,主要表现信用行为状况,主要用途是判断可信程度、开展社交往来、授予机会以及预测信用交易风险和偿还能力。互联网征信与传统征信存在很大区别,表现在内容、技术手段、数据特征和分析判断的评估方式、评估模型、主要内容与方向,甚至主要结论都会发生根本性的改变。

互联网征信在互联网平台上就可以把参与互联网活动的人群全部覆盖,不用建立专门的机构和数据库,不需要大量的资金成本和人力、物力进行数据库传输,即不用为了采集数据而采集数据,一切数据与信息都随着互联网活动自然生成,只需在互联网上通过平台或者直接使用人进行数据搜索与抓取。成本低、门槛低,这也是互联网征信快速发展、必然成为未来主流的原因。

美国最先进的 Zest Finance 直接挑战 FICO,运用大数据和云计算手段,使用上万个数据进行海量计算。但是,目前国际上还未真正出现理念先进、发展趋势明朗的互联网征信运营机构,互联网征信的人范围普及还没有开始。真正的互联网征信迅猛发展和大范围普及的时机尚未真正到来,现有的都只是引领机构,市场尚处于从传统征信向互联网征信的过渡期。

4.3.10 "互联网十物流"

相比其他电商服务业,物流的工业经济特征更加明显,但在互联网的推动下,最传统的物流业态也发生了颠覆性的变化,显露出明显的信息经济特征。

4.3.10.1 物流数据平台促进供应链协同

物流数据平台是以数据的力量促进供应链整体协同的典型,国内初步实际应用的是菜鸟网络。菜鸟网络科技有限公司成立于 2013 年 5 月 28 日,由阿里巴巴集团、银泰集团联合复星集团、富春集团、顺丰集团、申通集团、圆通集团、中通集团及韵达集团共同组建。"菜鸟网络"是基于互联网思考、互联网技术,以及对未来的判断而建立的创新型互联网科技企业。其致力于提供物流企业、电商企业无法实现而未来社会化物流体系必定需要的服务,即在现有物流业态的基础上,建立一个开放、共享、社会化的物流基础设施平台,在未来中国的任何地区可实现 24 小时内送货必达。"菜鸟"由天网、地网、人网三部分构成,其中天网是开放数据平台,地网是未来商业的物理基础设施,人网——菜鸟驿站是末公里基础设施。

4.3.10.2 "货物不动数据动"降低社会物流成本

在数据协同度不高的情况下,生产、销售、消费信息不对称是造成物流成本高、效率低的根本原因。在信息不对称条件下,货物无序流动,过度运输情况严重。例如,一个杭州的买家想要买一件北京卖家的商品,而制造厂在广州,那么,商品必然先从广州流向北京,再从北京运到杭州的消费者手中,绕了一大圈。很多消费者查看物流信息,总会发现自己的包裹在全国各处运转,这也是信息不对称的结果,造成大量的资源被浪费。

一旦物流、电商、消费者、制造业被接入统一的物流数据平台,商品的流向有了清晰的指导,并可以直接投向消费者,就大幅缩短了平均运输距离,节省了物流成本,物流各环节也将更加协同。让货物尽量少动,或者说做到"货物不动数据动",这是天网数据平台的主要目标之一。

4.3.10.3 物流数据化有助于建立电商与物流联动机制

数据平台可以对接物流企业和电商,建立起一套协同联动机制,其中以"菜鸟网络"的"双十一"天网预警雷达最为闻名。以往在"双十一"期间,电商订单爆炸式增长,经常导致物流爆仓,其原因有两个:一方面,物流快递企业的大部分包裹来自电商;另一方面,电商订单在理论上可以呈指数增长,但物流有承受极限,稍有意外,爆仓便成定局。在 2014 年"双十一"期间,一天之内天猫产生了 2.78 亿个包裹,约占全年包裹总量的 2%。在"双十一"之前,申通、中通、百世汇通等物流企业均预计"双十一"当天的快件量会达到平时的两倍,然而现实远远高于预期。

天网雷达预警通过自身的电子商务数据优势进行订单预测,指导物流企业提前配置资源;相反,天网数据平台又根据物流企业反馈的物流压力数据引导电商商家的促销策略,从源头上减少爆仓风险。

4.3.10.4 智能分仓与库存前置提高时效并加快周转率

建设完善的物流数据平台与物理基础设施,智能分仓与库存前置也将成为可能。中国地大物博,国土面积为 960 多万平方千米,要在如此大的地域中做到 24 小时送货必达,离不开库存前置。简而言之,是在消费者下单之前将商品提前以成本最低的方式运至离消费者最近的电商仓储中,而且,从商品入仓到消费者下单,再到商品拣货出仓,这期间的时间越短越好,因为时间越短,意味着物流持有成本越低,库存周转也越快。这需要极强的预测能力,商家什么时候发货、分别发多少货到什么地方、运输方式和运输时间的估算,都需要紧密结合,分毫不差。"菜鸟网络"的天网基于阿里巴巴丰富的数据积累,有完成这项任务的潜力,对于消费者而言,这将大幅提高物流时效,提升消费者体验;对商家而言,智能分仓、库存前置与持有成本最佳平衡点的确定,也有助于提高完美订单达成率,提升库存周转效率。

4.3.11 "互联网＋医疗"

"互联网＋医疗"的创新模式将会从以医院为中心的就诊模式演变为以患者为中心、医患实时问诊互动的新型模式。从消费者角度出发,整个与医疗健康相关的流程可拆分为9个重要环节:健康管理、自诊、自我用药、导诊、候诊、诊断、治疗、院内康复、院外康复(慢性病管理)。以下5大发展方向值得关注。

4.3.11.1 智能可穿戴医疗设备:健康管理治未病

将智能芯片放置在随身的手环、腕表、眼镜、戒指、衣服上,就可以测量和记录人的全部健康数据,如运动量、睡眠深度、血糖、血压、体检结果、治疗效果等,这就是智能可穿戴医疗设备。它们的目标并不只是收集数据,最重要的是要将这些数据传输到云端后台,通过云端的分析能力为人们提供个性化健康管理服务。人们可以通过这些设备了解自己的身体状况,使自己成为健康的主管者,而医生则起到协助作用。传统上当人们发现生病的体征之后才会去医院就诊,可穿戴医疗设备可以随时监测自己的各项生命指征,实现防患于未然。

4.3.11.2 医药电商:实现药品价格透明化,促进医药分家

2014年公布的《互联网食品药品经营监督管理办法(征求意见稿)》,对医药电商是好消息,其中网售处方药的解禁将为医药电商释放近万亿元的巨大市场空间。电子商务从通常的衣食住行走入医药行业,将会使得药品价格更加透明,推动改变以药养医的现状,实现医药分家,降低患者购药成本,给患者购药带来更多的便利和更好的体验。除了互联网巨头在医药电商领域的投入之外,药品生产和品牌商也逐渐介入网络全渠道营销,助推整个医药电商市场的创新变革和发展壮大。

4.3.11.3 在线寻医问诊和远程医疗:节省医疗卫生费用

从PC互联网时代的好大夫在线到今天以春雨医生为代表的App,都是以在线寻医问诊为主要模式,患者希望能够便捷地找到真实可靠的医生信息并与医生进行互动,得到专业医生的指导。目前,春雨医生已经汇聚了3 000万用户和5万医生资源,可通过图文和语音方式进行问诊和交互。

远程医疗在国外已经比较成熟,因其提高优质医疗资源可及性和节约诊疗费用而受到消费者和医院的青睐。麦肯锡研究报告表明,远程监测能显著降低患者前往医院、急诊室看病的频率以及入住疗养院的比例,更多患者在家就能实现监控、诊断、治疗、保健的目的,这是远程医疗节省卫生费用的主要来源。经测算,以糖尿病为例,在美国,每年远程监

测可以节约 15％的医疗费用。

4.3.11.4 移动就医平台：缩短患者就诊流程

挂号难、看病难是老百姓迫切需要解决的民生问题之一，相关调查报告显示，缩短等待时间是患者认为医院最需要解决的问题，有 70％的患者认为医院应该缩短患者等待时间，这也是我国医疗改革的难点之一。将互联网赋予医院的挂号、就诊、缴费等流程之中，对方便群众就医、提升医疗行业运行效率有重要作用。移动就医平台可使用户直接在移动端 App 中完成挂号、检查、缴费、取药，甚至查看检查报告等流程。

4.3.11.5 健康医疗"云＋"大数据应用：解决信息不对称问题

利用"云＋"大数据打通整个医疗健康的产业链将会带来众多创新机会。在国外，最受瞩目的互联网医疗创业领域就是医疗大数据分析。比如，2009 年成立、2014 年成功上市的 Castlight 创建的应用就是搭建在云端，以超过 10 亿条健康保险交易数据的云端数据库为核心。此数据库与企业医保福利制度信息、医院临床指引、用户所产生的行为数据相结合，通过云计算来制定满足企业及其雇员需求的最优性价比医疗健康方案，并提供比价导购服务，从而极大地简化了医疗健康方案的选优过程，也避免了因信息透明度欠缺而多支付不必要的费用。

4.3.12 "互联网＋教育"

自 2012 年后，互联网教育行业逐渐升温，投资并购不断，BAT 纷纷逐鹿，互联网教育被视为一个巨大的商机。目前互联网教育主要有以下几种模式。

4.3.12.1 内容重构——慕课（MOOC）模式

慕课的理想是希望"任何人、任何时间、任何地点能学到任何知识"。目前，国外出现了慕课三巨头：edX、Coursera 和 Udacity。哈佛大学与麻省理工学院合办了 edX，这是一个非营利性的网络课程开源技术平台。参加的学校在校名后加一个 X，如清华 X 大学。目前已经有 29 所世界一流名校入驻平台，平台不仅为学生提供优质课程，还为联盟成员学校提供教学研究工具和数据。

目前，Coursera 平台已经聚集了来自普林斯顿、哈佛、杜克、北大等上百所大学的课程。

与其他尝试普及高等教育的课程不同，Udacity 不只是提供课堂录像。在 Udacity 的课堂中，教授简单介绍主题后便由学生主动解决问题，这种模式类似"翻转教室"（Flipped Classroom），有人认为这是教育的未来，认为"书本教学"是一种过时而又无效的知识灌输方式。Udacity 平台不仅有视频，还有自己的学习管理系统，内置编程接口、论坛和社交元素。现在，它提供 15 门课程，并将逐步增加课程数量。此外，一些科技公司最近宣布提供教材、导师和资金，其中包括谷歌、微软、Autodesk、Nvidia、Cadence 和 Wolfram Alpha。

国内也相继出现了一些慕课平台，如中国大学 MOOC、学堂在线、MOOC 学院、万门大学等。

4.3.12.2 工具模式——给传统教育提供有互联网属性的教学工具

苹果就为互联网教育提供了工具，它从 1 000 多所大学收集了超过 50 万份视频和音频教学文件，总计下载量达到了 7 亿次。其近期发布的升级版 iTunesU App 已经允许任何教师发布教学内容。针对在教室使用 iPad 进行教学的 K－12（基础教育）教师，iTunesU 允许其建立多达12份的私人课程。在每份课程里，教师都能指导学生使用各种主要由苹果驱动的媒介课程，如 iBooks、教科书、App、视频、Pages 以及 Keynote 文件。新的 iTunesU 还提供了新的工具，允许学生在视频上做笔记。与其他专注于提供内容的在线教育不大一样，苹果不仅有来自全球的教师为其提供教学内容，还拥有 iPad 这一终端设备。因此它在这个演变过程中既能作为传统教育里的课堂教学工具，还能将人们的行为习惯逐渐引向在线教育。

（1）校讯通。校讯通的唯一目的就是解决老师、家长、学生的沟通问题，是智能 IC 卡、Internet 技术和手机短信相结合的科技产品。该项目由三部分组成：智能 IC 卡学生证、读写器、基于短信和网络的应用平台。校讯通是利用现代信息技术实现家庭与学校快捷、实时沟通的教育网络平台，是一套可以有效解决老师和家长之间沟通、帮助孩子健康成长，集先进的计算机技术和无线通信技术于一体的信息交流系统。它让家长随时都能了解到孩子在校情况，也可以让家长随时、随地向老师提出建议或反映孩子在家里的表现。它充分调动社会教育资源，利用现代信息技术架起学校、家庭之间实时、快捷、有效沟通的桥梁，形成社会、学校、家庭和谐共育的局面，促进学生健康成长。

（2）猿题库。此软件的唯一目的是帮助学生做模拟题，是一款手机智能做题软件。猿题库对学生还提供了总复习模式，涵盖全国各省市高考真题和模拟题，并匹配各省考试大纲和命题方向，可按考区、学科、知识点自主选择真题或模拟题练习。

4.3.13 "互联网＋旅游"

我国的旅游服务业，已经从"增量崛起"阶段逐步过渡到"存量变革"阶段。也就是说，"互联网＋旅游"的参与者，不仅包括了原生的在线旅游代理，也包括了传统的旅游企业（如旅行社、酒店等）。互联网对汇聚资源、降低成本、流程优化、商业模式创新的益处，使传统旅游企业渴望借助"互联网＋"实现转型升级的愿望愈加迫切。

因此"互联网＋旅游"的变革方向，不是对线下业务的替代与控制，而是为其提供资源、赋予能力、携手共创繁荣的商业生态，实现线上与线下的真正融合。去啊"未来酒店"战略的思考与实践，体现了"互联网＋旅游"的这一层深意。

"未来酒店"战略直面消费者与酒店的痛点，提供了信用、效率、营销、黏性和安全五大平台能力，贯彻了会员、营销、信用和数据的"高效直连"，开启了未来酒店场景，提供了"一站式"解决方案，为酒店企业抓住"互联网＋"契机、实现行业转型升级提供了澎湃动力，为其他传统服务业向互联网跃迁树立了典型标杆。

4.3.13.1 提供五大平台能力

1）信用能力

原有模式下，消费者在入住时需缴付押金或进行信用卡预授权，退房时由工作人员查验房内物品是否遗失。带给消费者的是烦琐的手续、不被信任的感受、时间的浪费和同质化的服务。

"未来酒店"的"信用住"模式下，发挥了"信用等于财富"的宗旨，通过"芝麻信用"评分预先了解消费者的信用水平，避免了押金、现金、查房等方面。消费者可体验到手续便捷、深受信任、节约时间和尊享的"白金级"待遇。信用能力的增强,解决了酒店甚为忧虑的预订后未按约定入住比率居高不下的问题,高信用评分的消费者让这一比例下降到 30％左右。酒店也愿意提供更多的房源满足他们的需求,酒店与消费者实现了良性互动。信用能力的拓展,让酒店市场的参与者都享受到了福利。

2）效率能力

原有模式下,在线旅游代理横亘在酒店和消费者之间,使二者缺乏充分的信息沟通;酒店前台处理流程复杂,浪费了消费者大量的时间;酒店与在线旅游代理之间的沟通人工涉入过度、效率不高;二者之间一般是按月对账、结算佣金,资金占用时间长。

"未来酒店"的"信用住"模式下,通过互联网技术手段实现阿里去啊和酒店信息互通,可以做到实时确认订单;以信用数据为依托,简化了酒店前台操作流程,减少了消费者等待时间,实现了无押金、无现金支付;消费者可以到店即刻领取房卡入住,离店不需结账,交房卡后直接离开,并能获取预先准备好的发票;今后更可实现线上自助选房、自助前台系统等便捷服务;酒店与去啊之间可以实时结算,提高了酒店的资金利用效率;对于加盟性质的连锁酒店,基于总部账务操作,加强了其对加盟店的管理能力。

3）营销能力

原有模式下,酒店受制于在线旅游代理的营销策略,营销手段和渠道不足,常被卷入价格竞争。酒店品牌与消费者联系不紧密,难以获得品牌溢价。

"未来酒店"的"信用住"模式下,去啊作为开放式的在线旅游服务平台,使酒店直接接触消费者并获取相关信息,树立品牌影响力;保证价格体系透明,酒店自主定价推送给消费者;提供云计算服务和大数据分析能力,让酒店的营销更精准。

4）黏性能力

原有模式下,在线旅游代理的会员体系对酒店封闭,酒店无法通过这类订单建立与消费者的长期关系。

"未来酒店"的"信用住"模式下,去啊作为开放式的在线旅游服务平台,其平台用户可以与酒店直接沟通,其信息可以被酒店会员体系获取,因此酒店能深入了解消费者的偏好,提供针对性的服务,增强用户黏性。在平台之上,单体酒店可形成会员联盟,共享用户资源,共推营销举措。

5）安全能力

原有模式下,在线旅游代理和酒店在信息的流转中人工处理环节过多(尤其是人工涉入的信用担保环节),曾经屡次出现信用卡用户信息泄露问题,给消费者造成了困扰。

"未来酒店"的"信用住"模式下,"未来酒店"在提供优质入住体验的同时,也给消费者带来了更好的安全保障。借助"芝麻信用",无须人工信用担保,并且支付宝系统会自动脱敏处理用户隐私信息。从自动生成订单、信用担保到结账离店,在保障便捷支付的同时,也确保了用户隐私信息的安全。

4.3.13.2 贯彻四大"高效直连"

去啊"未来酒店"战略,始终贯彻"信用、营销、会员、数据"的"高效直连",消除了原有模式的封闭障碍和低效弊端。

1) 信用直连

从国外在线酒店服务来看,以良好的信用体系为支撑,通常不会冻结信用卡余额或者收取押金,离店时也不用现场结账,而是过后从信用卡中扣除。国内在线酒店服务却全然不同,信用卡预授权、押金、离店查房、现场结账,反映了宾主之间的不信任。而"信用住"用阿里的信用体系为酒店担保,用"花呗"等赊账工具和支付宝为消费者提供便捷的支付,提升了双方的互信程度,优化了服务体验。在这种模式下,酒店可以专注于提高服务质量,以形成差异化的竞争优势,获得消费者的青睐,打开利润源泉。

2) 营销直连

在"未来酒店"战略中,去啊向酒店提供开放的营销平台,将全网的营销能力对其开放(如访问量巨大的去啊、手机淘宝、支付宝、聚划算、UC/神马搜索、新浪微博等),各酒店可实施精准的营销策略。单体酒店也可利用共享的营销能力弥补实力的不足,与大企业处于同样的竞争高度。

3) 会员直连

在"未来酒店"战略中,去啊贯穿平台和酒店的会员直连广受好评。平台开放淘宝系超过3亿的活跃用户,协同酒店线上拓展新会员、全方位实时营销、提升会员黏性。酒店间可以实现营销联盟,可充分使用散落在平台上、各家酒店会员卡里的"积分"。

4) 数据直连

松绑数据、实现数据直连,是"未来酒店"战略的核心。"阿里云+石基"的组合为沉淀用户信息、营销服务创新、降低IT成本和安全云化部署奠定了基础。

阿里云联合石基信息等行业领先解决方案提供商,共同搭建面向酒店行业的云服务平台。阿里云提供云计算与大数据处理能力,用户可以在该平台上开发和部署针对酒店行业的各种应用,为酒店提供前台、餐饮、销售、客房、中央预订、会员运营等全方位的互联网服务(见图4.6)。

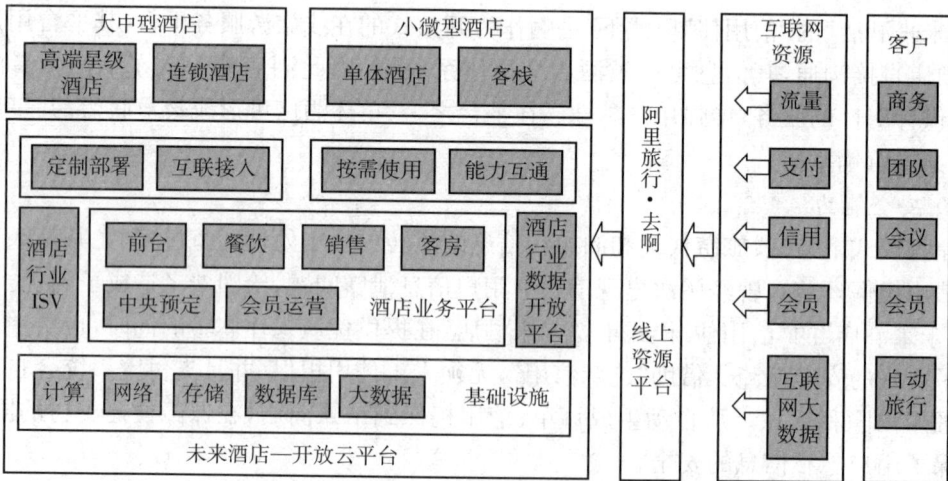

图 4.6　面向酒店行业的云服务平台

4.3.14 "互联网＋文化"

"互联网＋"立足于"云、网、端"新型信息基础设施、"大数据"新生产要素和"实时协作"的新分工体系。互联网渗透到文化领域,将在技术运用、商业模式和产业组织上对其产生深远的影响,促成划时代变革。"互联网＋文化",将激发无限创意,释放文化生产力,让文化产业在蜕变和重组中实现繁荣。

文化产业涵盖的行业众多,下面重点阐述影视领域的"互联网＋"创新实践。

4.3.14.1 电影领域的创新实践

1) 大数据驱动

基于对用户行为大数据的利用,选取合适的题材、演员及导演,减少制作偏差、投资上的盲目和排片上的无序,用数据驱动产业的透明化、规范化,使资源充分流转,可促进电影产业繁荣。

2) 全通道拓展

开辟电影银幕之外的通道,拓展收入新渠道。随着智能电视盒、智能手机、平板电脑、PC 机等终端推陈出新、进入千家万户,电影观映已不再局限于影院和档期,突破时空限制,延长了生命周期。

3) 跨领域融合

与电子商务深度结合,开发电影衍生品的巨大市场,通过与其他产业跨界融合,形成商业模式创新,增加收入新来源。

4) 全球化摄能

以对消费趋势的洞察和雄厚的资金为依托,在全球范围内整合营销等资源,达成电影产业国际化的愿景。

5) 新金融支撑

引入互联网金融服务为电影创作赋能,从源头上保证创意价值得到极大化的体现,形成电影产业可持续发展的良好生态。

4.3.14.2 电视剧领域的创新型尝试

1) 连接上的 S2O(Screen to Online)

在打通电视与网络的通道方面,出现了更有效的方式。二维码是电视观众与网络深度内容的连接方式。目前,普通的二维码贴标方式的互动效果不显著,且占据了屏幕上的有效显示面积,影响了节目的视觉效果。

技术的创新克服了这一弊端。荧屏上的台标可以成为隐形的二维码,且对于不同的画面,台标看似不变,但一扫可以进入不同的商品购买页面。类似的技术在不停地更新涌现。

2) 制作商的 A2B(Audience to Business)

A2B 趋势不可阻挡,内容逐渐由观众掌控。通过互联网,电视剧观众的倾向性行为数据和主动投票,可以决定内容、演员、导演等。网络剧的兴起,正反映了制作上的 A2B 潮流。网络剧可以做到日播日改,更符合观众口味,更有利于商业操作,在制作和播出成本上显著降低,并可以形成观众收视行为数据的积累。

3) 商业上的 P2A(Passive to Active)

比如,商业定制剧的开发,基于庞大的用户规模以及对真实的用户行为数据和交易动态信息的把握,电视剧在网络及电视台的播放都可以做到效果可监控,因此可以按效果付费,以此形成商业模式的创新。

4.3.15 "互联网＋政务"

从"传统政务"到"互联网＋政务"是一种服务方式转型升级,面对传统电子政务中遇到的各种阻力、挑战,只有充分发挥互联网思维与服务能力,大胆破局,持续创新才能实现,以"平台战略"替换"孤岛模式",以"数据资源"驱动"政务创新",以"云网端"重构"基础设施",以"政务超市"打造"便民服务"。

"互联网＋"的政务战略就是"大平台＋大数据"战略,基于通用性基础资源,构建统一政务平台,供各级政府、不同部委随需使用。相对传统的粗放型分散建设方式,集约型平台共用后台资源,分层而治(平台层、数据层、服务层),前台应用百花齐放(见图 4.7)。建设政务大平台拥有诸多优点,包括即插即用、资源共享(硬件、OS、中间件)、跨部门汇聚数据、技术标准化、易于监控、统一采集、一体化运维、领先技术快速推广、聚焦应用层创新等,基于大平台可运营政务数据共享机制、政务数据交换体系、政务数据开放目录,不同政府部门可根据职能与治理特点专注于政务服务创新与完善。同时,大平台会深入叠加政务服务的生态网络,将会出现政务应用市场、开源社区,以互联网的方式实现政务应用需求对接、开发迭代、创新演进的繁荣生态与服务关系,政府提供数据共享目录,根据社会需求开放指定数据资源,由万众创新开发出多元化的数据驱动的政务服务应用、商业应用,实现政务云上的 App Store、安卓市场。

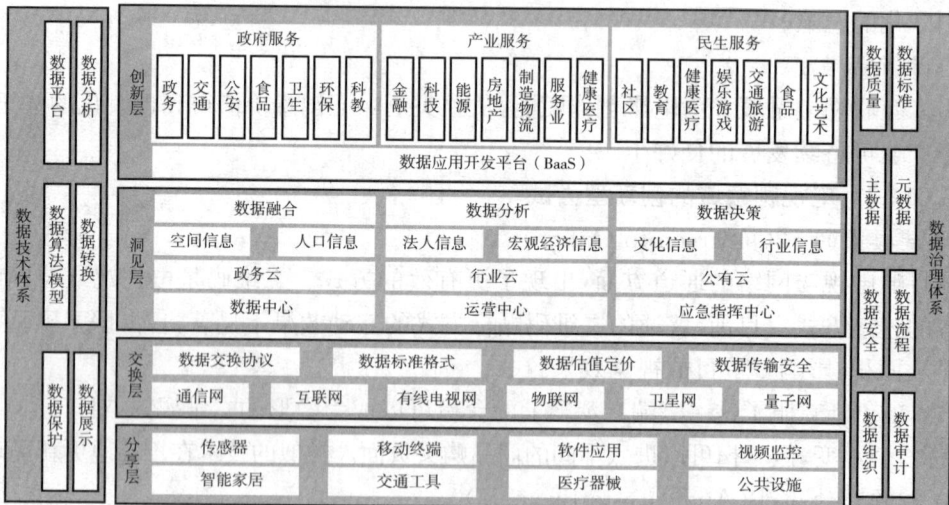

图 4.7　数据驱动的智慧政务大平台

未来,为了打造领先、高效、协同的政务服务体系,政府将整个政务流程的各环节分配给最专业的内外部组织承担,前台更贴近大众,中台更实用互通,后台则更依赖科技。

（1）后台：政务大平台使用国家级云计算服务，政务数据共享交换平台由政府运营，地方与中央不同政务流程间全网关联互通。

（2）中台：政府各条线负责各类行政审批与便民服务的后台业务管控，构建"非税平台"（政务开放平台），与百姓日常惯用的便捷互联网支付手段相结合，对接政府和企业，汇聚全民大数据，在线认证公民真实身份，基于全维度数据实现"全息公民画像"，构建国民信用体系。

（3）前台：以最优化政务使用体验为目标，以政务服务满意度为标准，采用互联网应用流行入口（如支付宝服务窗、淘宝政务店、微博政务号），使用社会大众喜闻乐见的"淘宝体"，打造"政务超市"（亲民政务环境）、"政务口碑"（点赞、差评实时反馈机制）、"政务小二"（服务大众意识）、"政务快递"（便利于民），让百姓像逛淘宝一样"逛衙门"。

4.3.16 "互联网＋公益"

"互联网＋公益"的本质是人人参与，这种参与的力量将会为公益行业带来新的变革，也对公益组织提出了新的挑战。

4.3.16.1 去中心化

首先是捐赠来源的去中心化。在公益行业相对发达的国家和地区，社会公众往往是捐赠的主要来源，占据社会捐赠总额的 80％左右。而在现今的中国，社会公众的小额捐赠比例大约只有 20％，更多的捐赠来自政府、基金会以及大型企业。这样的结构并不利于公益组织的长期发展，可以想象当一家组织的捐赠来自单一的个体，那它的意志就面临被裹挟的风险，这对于致力于推动社会进步的公益组织而言，是十分不利的。与此同时，单一的捐赠来源具有很强的不稳定性，当"中心"捐赠人退出时，组织将立刻面临生存的风险。而大量的社会公众参与则能改变这种局面，当来自公众的小额捐赠达到一定比例，组织的意志便不再受到单一中心的裹挟，而来自海量公众的小额捐赠则抵消了单一捐赠人撤出的风险，为公益组织的健康发展提供了源动力。

其次是公益主体的去中心化。以往，公益项目的执行需要依托于专业的组织和团队，社会公众一般仅作为资金和资源的提供方。但在"互联网＋公益"时代，可以预见普通的社会公众、企业都能借助便利的网络条件，成为公益项目的发起人、执行方，从而稀释公益组织原本绝对"中心"的位置。这对于公益组织而言，无疑是新的挑战，如何在新时代中建立自身的核心竞争力、找到定位将是一个严峻的话题。

4.3.16.2 丰富公益生态

中国的公益组织以往致力于项目本身的运作，并将受益方视为唯一的客户。这种公益组织和受益方两点一线的运作方式，导致了行业整体监督的缺乏。事实上"自律"也的确是中国公益组织一直强调的，但这种"自律"的脆弱性也是显而易见的，除了民政部门的政策性监管外，公益组织的自我管理具有非常大的不确定性。同时，由于角色过于单一，公益行业的生态多样性相对匮乏，专业为公益组织提供服务的机构少之又少，当需要 IT、技术开发、电商运营、活动策划、平面设计、物流等各种服务时，组织往往会面临困境。

而"互联网+公益"带来的广泛公众参与,将改善这些状况。大量捐赠人、志愿者等角色的加入在为公益组织提供资源的同时,也将为其带来监督的力量,而脱离两点一线运作的公益组织,将不会再仅仅依靠"自律"进行管理,这无疑有利于行业的健康发展。与此同时,随着大量公众的加入,公益的需求也将进一步多样化。公益组织在不同公益需求的引导下,需要提供各种参与方法和解决方案,以此催生出更多的生态角色。这将为公益行业的发展注入极大的活力。

4.4 典型案例

4.4.1 曾经的虾米音乐——"平台+个人"模式的探索

互联网对音乐产业发展的深远影响,是从技术角度发端的。互联网的出现,使音乐的载体从实体唱片转变到 MP3 数字文件,人们通过下载、拷贝来播放和欣赏音乐,比之前更便捷。而从用户视角来看,手机 App 的出现则是具有划时代意义的创新,小小的 App 里有数万首歌曲资源,借助"云网端",海量的音乐可以随身携带了。

虾米音乐人的探索,映射了"平台+个人"模式的兴起,而"云网端基础设施""大数据""分工协作的社会化网络"在其中突显了作用。而遗憾的是,虾米音乐已于 2021 年 2 月 5 日 0 点停止了对外服务。

4.4.1.1 虾米音乐人的探索——打破旧有规则

虾米音乐人于 2013 年开始推出。音乐人是很早就有的概念,其通常包办多个创作环节。普通歌手只是唱歌,有人帮他写歌、包装等,而音乐人可能同时会作曲并具有其他一些复杂的技能。互联网音乐人平台,最早只有豆瓣一家,其提供比较简单的网页服务,让音乐人把自己的歌传上去供用户下载。

虾米从 2007 年到 2013 年,着力实现与原来行业的深度对接。其他音乐网站从业者,技术和内容上做得多,如做到歌最多、播放最快而已。虾米与行业联动,将行业原有的一些优秀东西嫁接过来,比如曲库的打造,当时做的就是对专辑的描述,做到全国最细、最权威,如发行年份、专辑制作者、幕后故事、歌曲排序、多版本等。虾米不是只在乎用户规模、流量,而是更在乎实实在在的歌迷认同,多年下来虾米上逐渐凝聚了大量真正爱音乐的人。音乐网站与唱片公司合作的模式是,双方签订合同,唱片公司把歌单给网站,网站把歌曲上传,最后用户在线或下载收听。

虾米音乐人平台从第一天上线起,每个参与的音乐人就都拥有自己的后台,自己提供信息、自己上传歌曲、自己做定价,而不是由别人来决定。在凝聚了热爱音乐的人们的虾米平台上,听歌的人也可能是音乐人,两种角色合二为一,没有天然的分野,即"消费者"与"生产者"角色不做区分。音乐人就在这样的平台上,从默默无闻到小有名气或成为明星。这一系列新规则是基于互联网诞生的,是本质上的变化。

4.4.1.2 《寻光集》——中国第一张纯互联网唱片

这两年虾米打造了一个合集——《寻光集》。它是按照高品质规格做的一个歌曲合集,与 20 年前的校园民谣、滚石唱片推出的《新好男人》或《乱世佳人》合集类似,很多音乐人对此做出了贡献。出这个合集的目的,就是让虾米上沉默的音乐人更快地为歌迷认知,不埋没他们的优秀作品。

这张合集有两部分,一部分名字叫作"寻"(这张专辑上的音乐人,几乎所有人都不知道他是谁,而只是听过他的歌),另一部分名字叫作"光"(只有深度的虾米用户才知道他们是谁,他们在独立音乐圈里其实小有名气)。

这是中国第一张互联网唱片,2014 年 7 月 11 日,虾米音乐人平台上线一周年纪念日当天发行。没有做任何线下的部分,合集就是一个网页,有歌曲、视频采访、图片、用户留言、专辑理念、音乐人想说的话、新闻稿等,涵盖了发行一张唱片需要做的所有事情。

4 个月之后,虾米将其做成了实体唱片合集,对接传统形式。大部分唱片公司的老板都拿到了专辑,对专辑给出了一致的好评,乐评人的评价也很高。这是一群小众、没有名气的歌手创作演绎的歌曲集,按照虾米上一般的独立音乐人获得的试听次数(虾米的标准很严格,完整听完两分钟才为一次),预期获得 300 万次试听。结果,到 2015 年 4 月初获得了 3 330 多万次试听,远远超出预期。

这张纯互联网唱片的推出具有里程碑意义,是互联网力量对音乐产业根本性影响的体现。

4.4.1.3　寻光计划——"平台＋个人"模式闪光

寻光计划,其核心目的是让音乐人能够做到自我生存,不需要依附于传统音乐工业的巨头企业,通过网络协作即可成就音乐梦想,获得商业硕果。

1998 年 MP3 横空出世,但到现在遵循的依然是非常传统的工业时代的买卖规则:巨头垄断内容,代表行业发声。从 2006 年开始,敏感的音乐业者已感受到行业的变革正在悄然发生。虾米音乐人朱鹏说,"行业会越来越碎片化,而不是巨头主宰",即拥有原始权利的版权主体会越来越碎片化。陈启生等独立的工作室代表了这一趋势,他们把作品代理给唱片公司(唱片公司不再是作品的拥有者,而仅仅拥有部分商业收益权),这与巨头控制的签约关系完全不同。

寻光计划让音乐人在自我驱动下完成作品,做粉丝维护、推广、销售等。在互联网、大数据的冲击下,很多产业面临着类似的变革。虾米导入资源给音乐人,给音乐人赋能,让其运作更便捷,而不是让行业大鳄决定结果。"平台＋个人"模式即平台支持个人能力的体现。《寻光集》是虾米自己来操作的,设定标准、确定各种运作模式、选歌、同音乐人沟通。寻光计划则是一个平台,初期选了 13 个音乐人,借助了互联网和大数据来运作,是 C2B 的体现。用户在听的时候不知不觉地将海量数据沉淀在虾米平台上,在确定选谁发专辑时,相关数据就成为选择的重要数据,其次才是深度用户的表达(一小部分资深用户的投票),当然也综合了虾米工作人员的意见。

第一阶段推出 13 张专辑和 RP,虾米提供一定的资金支持,但不是给音乐人本人,而是给相关制作方,他们获得的是如录音棚、母带工作室、拍照片的影视工作室及实体发行的选择等,这产生了"网状分工协作"。寻光计划的 13 张专辑,大多数到 2015 年 3 月就已经面世发行了,其中两张超过了 500 万次试听。

虾米音乐人今后的工作就是把责任权利的框架搭好,给音乐人自主权以及提供协作的可能,并给他们提供很多的后台数据,让他们更实时地了解用户。以前歌手与歌迷互动只不过是礼尚往来的交往,实际上他们很渴望了解自己的粉丝社群在哪里。他们通过试听率来产生对写歌的新认识,一旦体会到其中的价值,他们就会慢慢明确自己未来的创作道路。虾米也提供更多与粉丝互动的方法和工具(包括一些营销类的工具),一切的目的都是让音乐人有更好的生存能力。在互联网时代,音乐产业通过"平台+个人"模式,让创作者的激情随性迸发。互联网让很多音乐人涌现出来,之前信息不充分,大明星才有大收益,而互联网让小明星也有规模足够的小众市场,小明星也可能有大收益。这样,我们也可以享受音乐人创作出来的源源不断的好音乐。

4.4.2 酷狗音乐——"数字音乐交互"模式的探索

互联网从技术角度对音乐产业发展产生着深远影响。互联网的出现,使音乐的载体从实体唱片转变为数字文件,人们下载、拷贝播放和欣赏音乐的方式比之前更便捷。而从用户视角看,手机 App 的出现则是具有划时代意义的创新,借助"云网端"可实现海量歌曲资源的随身携带。

酷狗音乐的探索,映射出"数字音乐交互"模式的兴起,而"云网端基础设施""大数据""分工协作的社会化网络"在其中表现出强有力的作用。

4.4.2.1 数字模式的探索

酷狗公司是具有中国互联网技术创新基因的数字音乐交互服务提供商,酷狗音乐是国内首个音乐网站。酷狗音乐一直探索数字音乐发展,创造了多项先进的创新技术、共享交互网络、数据传输方案、高效的分布式无集中化搜索、歌曲识别技术、精确动感卡拉 OK 歌词功能及音乐推荐管理系统等,引领新一代互联网络构架技术的发展,与大量唱片公司、版权管理机构合作探索发展思路,积累了海量的数字版权,并通过推动更广范围内的跨行业、跨平台合作,促进全球音乐数字化发展。并于 2008 年,研发出酷狗音乐移动客户端 App,下载用户增长迅猛,所提供的优质产品和一体化娱乐服务已经成为华人用户广受欢迎的互联网产品之一。

4.4.2.2 线上线下融合式运营

除了在线发布宣传片、预告、MV、花絮、发布后付费下载等常见做法外,采用精准新颖的营销手段与用户互动,提高用户的购买需求至关重要。为此,酷狗音乐借助自身平台资源优势,通过酷狗音乐和酷狗直播的双平台导流和线上线下的营销互动,开辟了全新的应援和直播销售专辑模式。具体推出粉丝应援解锁线上线下福利、直播间买专辑等新方式,形成独特的酷狗数字专辑售卖商业模式。除了平台上的互动,酷狗音乐还打通了线下互动,持续增加曝光,为数字音乐专辑销量助力。不仅得到许多用户和粉丝的支持,促进了粉丝的消费动力,也给予每位音乐人和音乐作品最大化的推广机会,实质性地为音乐人实现商业变现,为数字音乐带来实际增值,对于数字音乐的持续发展具有积极的推动作用。

4.4.2.3 "平台＋个人"模式闪光

星曜计划是由酷狗音乐人发起的典型的"平台＋个人"模式,并于 2019 年年底正式启动。星曜计划通过集合全平台流量,通过歌曲数据、粉丝数据等多维度标准挑选潜力音乐人及作品,不仅会为音乐人提供独家推广资源,而且通过平台运营、内容宣发等多渠道助力歌曲推广,形成定制化的推广方案,为音乐行业输送多元化的内容和优质好声音。同时,也把更多的决定权赋予音乐人,比如自助发行专辑、自主定价等,充分显示出酷狗开放、交互的发展理念。其中,酷狗音乐组建由"音乐人＋主播"形成的翻唱联盟,目前已孵化一批抖音粉丝超百万的全约主播歌手,搭建了超过 400 个酷狗 MCN 抖音号矩阵,庞大的翻唱联盟将成为歌曲推广的秘密武器。同时,为了改变音乐人的收入现状,酷狗音乐开放平台启动"亿元激励计划"。即入驻酷狗签约独家歌曲的音乐人将获得激励金,单曲订购、广告、会员分成比例提高至 100%。平台全年发放过亿元激励金,实现音乐人收益的快速增长。

4.4.2.4 音乐社区释放新势能

互联网行业流量价值已是不争的事实,而社交作为广泛的流量入口,既能获取新的流量增长,又能抵挡原有流量流失,社交更是在线音乐平台竞争的焦点。因此,应用互联网搭建用户社交链,可促进释放音乐社交势能。

酷狗音乐主要从音乐社区和社交探索两个方面搭建娱乐社交生态。例如,酷狗音乐人开放平台是借助音乐作品连接音乐人、用户的创作社区,酷狗超人则是以歌单、短视频、直播、音频等为桥梁黏合歌单达人、评论达人、歌词制作达人、K 歌达人、短视频达人的内容生产社区。另外,"圈子"模块,则通过兴趣爱好聚合形成分享交流社区。酷狗音乐以多方共建优质内容为核心,以社区、社交产品为纽带搭建起音乐人、达人、主播、用户之间的音乐社交链,增强用户黏性,释放音乐社交势能。艾媒咨询报告显示,2021 年 3 月酷狗音乐平台月活量达 29 192.5 万人,为公司社交娱乐服务提供重要的用户基础,促进以直播收入为主的社交娱乐服务水平提升。

【关键词】

"互联网＋"(Internet Plus) 信息技术(Information Technology) "互联网＋"商务模式(Internet Plus Business Models) 云端制(Cloud System) 自组织(Self-Organization)

思考与练习

1. 互联网和"互联网＋"的区别是什么?
2. "互联网＋"与信息化的区别是什么?
3. 我国"互联网＋"产业的发展趋势是什么?
4. "互联网＋"的组织模式是什么?具有哪些特征?
5. 互联网时代,"消费众包"的含义是什么?促进消费者聚合的因素有哪些?

6. "互联网＋营销"的发展特征是什么？

7. 未来,我国的零售业会呈现什么发展趋势？

8. "互联网＋外贸"的模式有哪些？

9. 互联网商业务模式为乡村振兴带来哪些机遇？

10. 当前,存在哪些"互联网＋教育"模式？

讨论和辩论的主题

1. 讨论"互联网＋"给生产生活带来的影响。

2. 讨论"互联网＋"商务模式的应用场景,并举例描述。

3. 辩论"互联网＋金融"的优势和风险。

4. 辩论"互联网＋医疗"的优势和劣势。

5. 辩论"互联网＋公益"面临的机遇和挑战。

第 5 章　互联网商务模式的动力机制

关于商务模式组成部分及其之间连接环节的阐述大都是静态的,因为描述的是某一时点上的状态,并未说明外部环境的变化对商务模式的影响。本章将探讨商务模式的动力机制,从动态的角度分析商务模式对企业业绩产生影响的方式。

5.1　互联网商务模式的演变动力

5.1.1　商务模式演变的推动力量

商务模式不是一成不变的,会受到环境、技术等变化的影响。在企业外部,竞争环境的改变促使竞争者增多或者竞争者实力增强。为了保持持续的竞争优势,企业的管理者经常会在竞争者迫使他们做出改变之前主动调整商务模式。在企业内部,当企业的商务模式跟不上内部技术变革时,管理者会以提高业绩为目的,主动改变来适应技术的变革。不论是始于企业对其竞争对手的先发制人或者对其竞争者的防御,还是对其他机会或威胁的反应,不论是始于外部竞争环境的变化,还是内部技术的变革,所有能刺激企业改变的机制,我们都称之为商务模式的动力机制。

5.1.2　互联网商务模式的演变阶段

互联网商务模式是动态的,受到环境、技术、需求等变化的影响,其影响关系如图 5.1 所示。

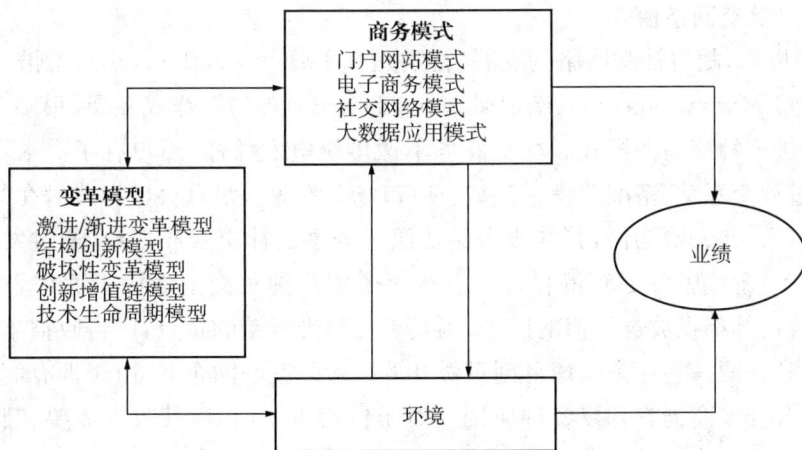

图 5.1　互联网商务模式动态模型

随着互联网技术的快速发展,互联网企业的竞争环境日新月异,互联网商业模式也在快速地变化。如图 5.1 所示,互联网商务模式受到互联网技术和商业环境的影响。自1990 年以来互联网商务模式主要经历了五个阶段的演变,具体呈现为五个阶段的代表性商务模式:门户网站模式、电子商务模式、社交网络模式、大数据应用模式和人工智能模式。

5.1.2.1　门户网站模式

在这个阶段,最具代表性的是综合性门户网站,如 Tencent(www. qq.com)、Sohu(www.sohu.com)、Sina(www.sina.com)、中华网(www.china.com)等,均在这一阶段快速发展。对企业而言,仅局部地应用了信息系统,建立了企业门户网站,简单地将流程转移到网上。其商务模式表现为主要通过网站提供企业基本情况介绍或者一些产品信息目录等,让客户能快捷地得到有关企业的基本信息,扩展了企业宣传渠道,增加商业机会。

5.1.2.2　电子商务模式

2001 年全球互联网泡沫破裂并进入理性发展时期,是这一阶段的起始点。代表性的事件包括美国亚马逊(Amazon)、eBay 开始进入营利通道,国内易趣、淘宝、当当等创立并快速发展。在企业应用方面,通过把企业多种前、后台系统[如网站、企业资源计划(Enterprise Resource Planning,ERP)、知识管理(Knowledge Management,KM)和办公自动化(Office Automation,OA)等信息系统]逐步集成,并形成企业信息门户,如国内的海尔(www.haier.com)、联想(www.lenovo.com.cn)、华为(www.huawei.com.cn),国外的微软(Microsoft)、戴尔(DELL)、苹果(www.apple.com)等企业的应用。在这一阶段,企业可以通过门户网站完成一些在线商务,表现出的商务模式主要是企业单独提供一个电子商务平台,如直接采购平台、直接销售平台(B2B)和网上下订单(B2C)等。早期的海尔集团通过提供一个统一的原材料采购平台,所有的供应商都通过这个平台注册供货,并可以实时查询供货状况。通过该平台,海尔集团的原材料供应商从原先的 16 000 多家精简到4 000 多家,极大地降低了采购成本。如今全球第一大网络零售商淘宝,就是通过提供一个电子商务平台,允许商户在此平台直接售卖给用户,用户直接在平台下订单即可得到所需商品。

5.1.2.3　社交网络模式

2006 年以来,随着社交网络的发展,特别是知乎(www.zhihu.com)、脸谱(www.face-book.com)、QQ(www.qq.com)、新浪微博(weibo.com)等的爆炸式发展,很多互联网商务平台都开始进入社交商务模式。社交商务不像传统电商那样,用户有了需求再去搜索产品,而是通过社交互动、精准营销、需求发现、市场开发等满足社会已有或潜在的需求。

以脸谱(Facebook)为例,其本质为免费照片分享的社交服务平台,通过发布广告、第三方应用服务、游戏服务等获得收益。它在每个用户的页面上投放平面广告,收取广告费,像通用公司等都投放过类似的广告,因其具有精准营销的特点,广告收益丰厚,是目前最主要的盈利来源。它还是全球首创只做开放平台的互联网企业,由于拥有海量用户,因此很多第三方开发商为它开发各种应用。对于付费应用而言,其收入需要和脸谱进行分成。目前此部分的收入量不大,但未来的想象空间很大。游戏是一类特殊的第三方应用,是目前用户消费最大的应用类型。用户在脸谱平台玩游戏,购买道具并支付脸谱的虚拟货币(Credits),游戏分成也是其收入的一部分。知乎推特(Twitter)、QQ、新浪微博等也都充分地应用了社交平台的商务价值,取得了客观的收益。

在社交型商务应用上,目前常见的有平台型、自营型等。平台型社交模式是凭借用户对时尚、美容的兴趣和具体产品衍生出来的社交型商务模式,这种社交型商务以兴趣为连接,通过提供信息服务和社交平台来吸引用户从而达到商务的目的。2016 年 1 月 11 日合并的美丽说和蘑菇街,通过达人(有经验、有影响力的人)来分享产品,用户根据兴趣挑选产品。蘑菇街 CEO 陈琪认为:"我们通过社区互动激励意见领袖发表高质量的内容,吸引海量用户访问,然后通过电商平台满足她们更深层的需求并实现商业价值。基于这个业务逻辑,我们构建了'内容供应链'和'商品供应链'双引擎驱动的商业模式,并在激烈的市场竞争中保持了高速发展的势头。"小红书是让有海外购物经验的用户或者住在国外的人提供购物经验,从而打破海外购物的信息不对称。小红书联合创始人瞿芳介绍,小红书现在已经发展为国内最大的海外购物分享社区,其中女性用户很容易受到购物分享社区意见领袖或者群体意见的影响,会自然地产生购买需求。所以,小红书上线了电商板块"福利社",把海外购物分享社区和跨境电商相结合,创造了社区型商务模式。点点客内部孵化出来的人人电商,也是一种平台型社交模式,是以"人"为核心的移动社交电商。

自营型社交模式以社交关系为连接,就是所说的微商(基于微信、微博平台的商务模式),本质就是将社交资本变现和盈利,是一种基于社会关系网络的商业模式。这种模式在 2014 年创造了大量的奇迹,瞬间成就了诸如俏十岁、黛莱美、南娜等微商品牌,也成就了"月赚几十万、几百万,流水几千万、几个亿"的创富神话。

这种人与人之间的分享和传播效率非常高,通过将潜在客户加为好友以后,不断展现产品,刺激顾客需求,因此,就容易提升成交率、变现率。但由于很多微商从业者,太注重短期收益,招代理、拉人头、多重返利,而忘记了卖产品的本质,忽视了对产品声誉的追求,逐渐沦为商品推销、传销、利诱销售的代名词。前面提及的品牌和团队,也都在 2015 年以后逐渐销声匿迹。没有依靠产品和服务去打动消费者,不能形成稳定的顾客群,难以持续发展。

5.1.2.4 大数据应用模式

自 2009 年起,互联网商务的发展与大数据的应用日益紧密。通过大数据理念与技术的应用,互联网商务平台记录和存了所有的用户行为,包括用户的浏览行为、消费记录、个人信息等,甚至是用户的抱怨、投诉或者满意度等态度数据,基于这些全面的数据以及相应的大数据分析模型,可以快速精准地分析和挖掘用户需求的变化,更加精准地对用户轮廓进行描绘,实现对用户群体进行细分和实现差异化管理,甚至可以分析每一个用户的个性化需求。更重要的是,应用互联网商务大数据可以更好地避免用户分析的样本偏差,通过大数据整合分析,对整个市场有更为及时和全面的了解,使企业的决策更加符合市场的波动,使企业的产品结构更加符合用户的需求变化。另外,大数据的应用改变了企业数据分析的实时性,缩短了数据分析的周期,实时反映市场的变化,为制定更为有效的应对策略提供了支撑。

　　应用大数据可以为顾客制作更实时、准确、丰满的画像,让商务数据更能反映客户、市场、需求的原貌(见图5.2、图5.3)。亚马逊于2016年12月获得了一项名为"预测式发货"的新专利,可以通过对用户数据的分析,在用户下单购物前,提前发出包裹。这项技术可以缩短发货时间,从而降低消费者前往实体店的冲动。亚马逊在专利文档中表示,从下单到收货之间的时间延迟可能会降低人们的购物意愿,导致放弃网上购物。所以,亚马逊可能会根据之前的订单和其他因素,预测用户的购物习惯,从而在他们实际下单前便将包裹发出。根据该专利文件,虽然包裹会提前从亚马逊发出,但在用户正式下单前,这些包裹仍会暂存在快递公司的转运中心或卡车里。亚马逊表示,为了决定要运送哪些货物,可能会参考之前的订单、商品搜索记录、愿望清单、购物车,甚至包括用户的鼠标在某件商品上悬停的时间。该专利凸显出一大行业趋势:充分利用商家掌握的客户大数据提前预测消费者的需求。美国市场研究公司Forrester Research分析师苏查里塔·穆尔普鲁(Sucharita Mulpuru)说:"根据对用户的种种了解,他们便可依据多种因素来预测需求。"如今的智能冰箱已经可以预测何时需要购买更多牛奶,智能电视也能预测哪些节目需要进行录制,而Google Now软件则试图预测用户的日常规划。然而,亚马逊的算法难免会出错,导致退货成本增加。为了将这一成本降到最低,该公司可能考虑给用户一定的折扣,或是将预测不成功的已发货商品作为礼物赠送给用户。该专利称:"我们可能将这些包裹作为促销礼品,以此提升公司美誉度。"

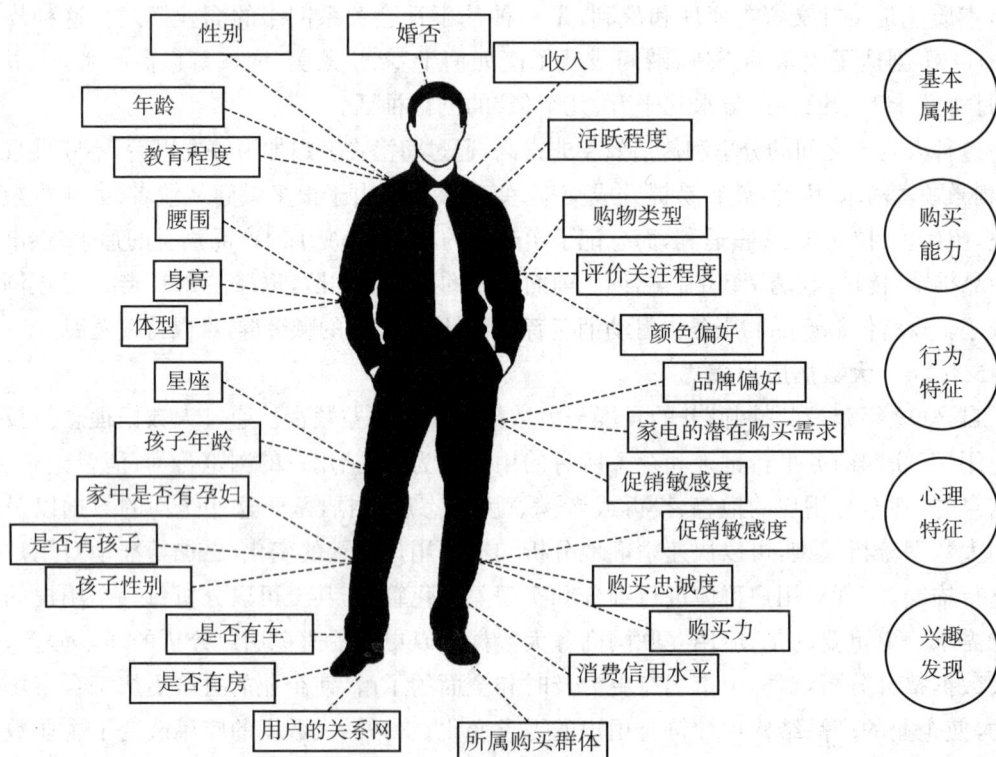

图5.2　基于大数据的客户画像

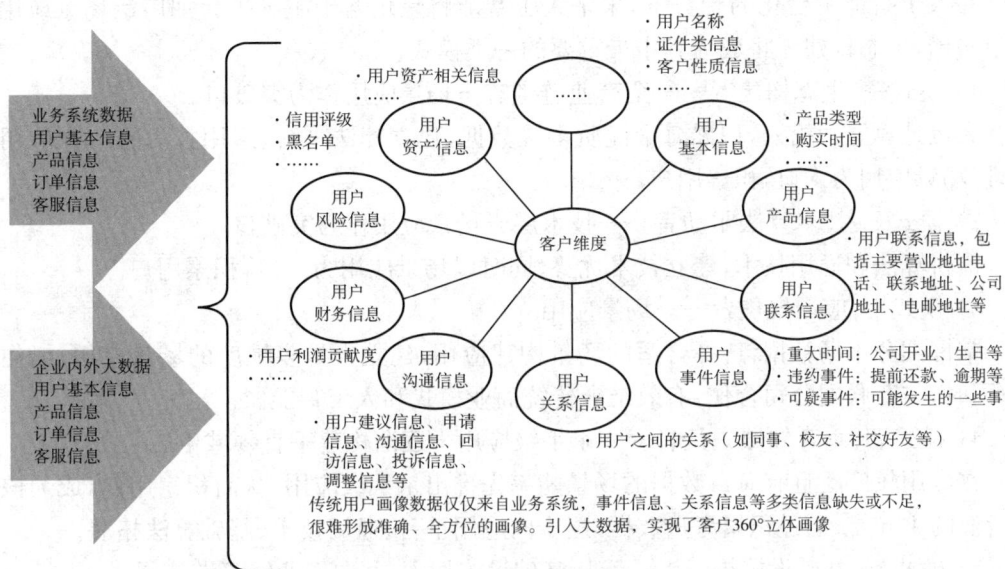

图 5.3　基于大数据的客户维度

阿里巴巴也已经在利用大数据技术提供服务,如阿里信用贷款与淘宝数据魔方,每天有数以万计的交易在淘宝上进行。与此同时,相应的交易时间、商品价格、购买数量会被记录,更重要的是,这些信息可以与买方和卖方的年龄、性别、地址甚至兴趣爱好等个人特征信息相匹配。淘宝数据魔方就是淘宝平台上的大数据应用方案。通过这一服务,商家可以了解淘宝平台上的行业宏观情况、自己品牌的市场状况、消费者行为情况等,并可以据此进行生产、库存决策,而与此同时,更多的消费者也能以更优惠的价格买到更心仪的宝贝。而阿里信用贷款则是阿里巴巴通过掌握的企业交易数据,借助大数据技术自动分析判定是否给予企业贷款,全程不会出现人工干预。2017 年 1 月 16 日,在阿里巴巴的倡议下,全球首个"大数据打假联盟"在杭州成立。阿里巴巴与首期入盟的约 20 个创始成员发布《共同行动纲领》,致力于依托大数据和互联网技术,让打假更有力、更高效、更透明。

5.1.2.5　人工智能模式

伴随软硬件技术的快速提高,应用成本的迅速下降,电商网站规模不断增大与消费者需求日益个性化之间的矛盾有望得到解决。"智能化虚拟导购机器人"在未来的网站中可以依托云计算等技术对网站海量数据资源进行智能化处理,从而为消费者提供更加人性化的服务。同时,利用智能技术,人们能够实现多种跨平台信息的更为有效迅捷的融合,如根据网民消费者在操作过程中所表现出的操作特性以及从外部数据库中调用的消费者历史操作资讯,有针对性地生成优化方案,及时迅速地满足消费者的个性化即时需求,最终提高消费体验,增大消费转化率,增加消费者满意程度及网站黏性。在 B2B 领域,信息也将依托智能技术而进一步商品化。各种信息将会被更加智能化地收集和整理,以便被商业用户所定制。智能化数据分析功能可帮助商业客户从简单的数据处理业务提升到智能的数据库挖掘,为企业提供更有价值的决策参考。

在人工智能平台化的趋势下,未来人工智能将呈现若干主导平台加广泛场景应用的竞争格局,生态构建者将成为其中最重要的一类模式。

1) 模式一:生态构建者——全产业链生态+场景应用作为突破口

大量计算能力投入,积累海量优质多维数据,建立算法平台、通用技术平台和应用平台,以场景应用为入口,积累用户。

2) 模式二:技术算法驱动者——技术层+场景应用作为突破口

深耕算法和通用技术,建立技术优势,同时以场景应用为入口,积累用户。

3) 模式三:应用聚焦者——场景应用

掌握细分市场数据,选择合适的场景构建应用,建立大量多维度的场景应用,抓住用户;同时,与互联网公司合作,有效结合传统商业模式和人工智能。

4) 模式四:垂直领域先行者——杀手级应用+逐渐构建垂直领域生态

在应用较广泛且有海量数据的场景能率先推出杀手级应用,从而积累用户,成为该垂直行业的主导者;通过积累海量数据,逐步向应用平台、通用技术、基础算法拓展。

5) 模式五:基础设施提供者——从基础设施切入,并向产业链下游拓展

开发具有智能计算能力的新型芯片,如图像、语音识别芯片等、拓展芯片的应用场景;在移动智能设备、大型服务器、无人机(车)、机器人等设备、设施上广泛集成运用,提供更加高效、低成本的运算能力、服务,与相关行业进行深度整合。

5.2 辅助资产模型与策略

5.2.1 辅助资产模型

美国学者戴维·迪斯(David Teece)认为,企业从其发明或者技术创新中获利的程度由两个因素决定:可模仿性和辅助资产。

(1) 可模仿性:技术可以被其竞争者模仿、替代或超越的程度。对技术等智力资产的保护、模仿人的失败、发明者用以维持领导地位的战略等可以降低技术的可模仿性。

(2) 辅助资产:除了与技术和发明有关的资产外,其他所有开发利用这项技术和发明所需要的能力,包括品牌、生产能力、市场营销能力、分销渠道、服务、信誉、生产基础设施、客户关系以及其他辅助性技术。

图5.4显示了企业在其模式的运作中创新的获利矩阵。当可模仿性的程度高,其他辅助资产易获得或相对不太重要(见图5.4方格Ⅰ),那么拥有创新的企业很难获利。然而,如果其他资产很难获得且非常重要,那么这些其他相关资源的拥有者将获得利润(见图5.4方格Ⅱ)。例如,CAT监测仪非常容易仿制,其发明者EMI又不具有其他资产,如分销渠道和与美国医院的关系——这种关系对销售这样昂贵的医疗设备非常重要。通用电力企业拥有这些资源,并且通过仿造很快夺取了领先的位置。可口可乐和百事可乐能够从其他的可乐发明中获利是因为它们拥有品牌声誉和分销渠道,而且这项发明比较容易模仿。

	I	II
高	很难获利	拥有辅助资产者收益
可模仿性		
	IV	III
低	创新者得益	既有技术又有资产，或者谈判能力强的一方受益
	易得到或不重要	被一方牢牢控制，很重要

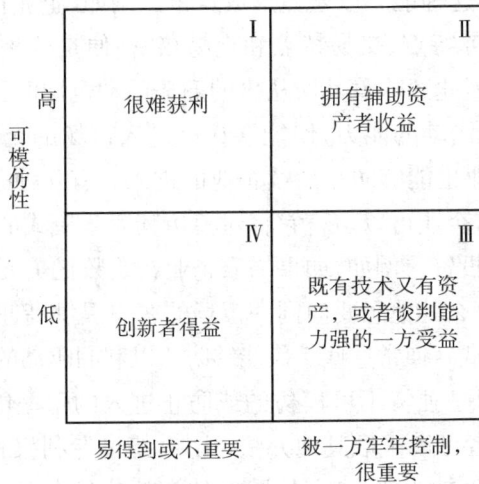

图 5.4　从创新中获益

当可模仿性的程度较低时,创新者可以在其他相关资源容易获得或不太重要(见图5.4方格Ⅲ)的情况下依然保持盈利。例如,由于斯特拉迪瓦里(Stradivarius)小提琴很难仿造,尽管其他相关资源既不难取得也不重要,但它的发明者仍然获得了很高的利润。当可模仿性的程度较低,其他相关资源较难获得又非常重要时(见图5.4方格Ⅳ),谁拥有这两种因素,或拥有这两种因素中相对较重要的那个,谁就会成功。较好的商讨能力也能够获利。Pixar与迪士尼的竞争就是一个很好的例子。由于皮克斯动画工作室(Pixar Animation Studios,简称Pixar)有软件著作权的保护,并能够将技术与创作结合起来,生产出引人入胜的动画电影,因此它们的数字音乐演播技术可模仿性的程度较低。但是,向客户提供电影需要分销渠道、品牌人制度和财务能力,而这些资源迪士尼和索尼动画都拥有。迪士尼推出《玩具总动员》之前,由于它们拥有所有其他相应的资产,而Pixar拥有的技术还没有经过检验,因此迪士尼拥有较强的讨价还价能力。随着《玩具总动员》的成功,Pixar证明了它能够把技术和创作结合起来,这比设计电脑动画更难——这时在新的竞争中两者的地位发生了改变,Pixar拥有了较强的讨价还价能力,从而获得了更好的合作条件。

5.2.2　保持竞争优势的三类策略

在互联网世界中,变化是唯一不变的规则。拥有竞争优势的企业必须找到一些策略来保持它的竞争优势。业绩落后的企业希望提升自己的业绩,并且尽可能通过某些方面的优势摆脱其他竞争者。对于潜在的新进入者,在竞争中被淘汰的威胁也同样存在。另外,技术本身也在不断发展,已往的优势适用性不强。主动改变或应激改变以获取并保持一种优势通常需要三类策略阻塞、快跑、联盟策略以及它们的组合。

5.2.2.1　阻塞策略

在阻塞策略中,企业在其产品市场周围设置壁垒。企业可以通过两种方法达到阻塞目的。第一,如果它的商务模式不易完全模仿,而且能够向客户提供独特的价值,那么企业可以限制其他企业获得这种能力以避免形成竞争。例如,企业拥有的智力财产(如专利权、著作权、应用软件、服务特点、交易特点和交易秘密)便是这种策略的例子。这些资产是受到保护不能模仿的,因此意味着其所从事的商务活动也同时得到了保护。第二,如果所有的企业都有从事这些活动的能力,但能够让后进入市场的企业预测到进入后价格将会下降,那么先进入的企业也能够防止后续企业的进入。有几种办法能够帮助先进入的企业实现这样的目的。例如,企业可以声言它将对模仿其商务模式的企业进行报复。企业还可以对辅助资产进行大量投资。例如,如果一家企业花费数亿美元在一个城镇上建立了通向每个家庭的光缆网络,那么其他想要向同一市场的客户提供高速网络接入的企业进入这一市场就会使价格大大降低。通常这些手段能够防止以利润驱动的潜在竞争者的进入。

只要企业的核心能力是独特不可模仿的或防止进入的壁垒能够长时间存在,阻塞就能够起作用。但是,竞争者可以采取其他办法,比如,绕过专利权和著作权,避免法律对它们的威胁,直到这些权利失效为止。而且,阻塞的有效性只有在政府规制政策不变、客户偏好和预期不变、基础技术条件不变的情况下才能够体现出来。

互联网减少信息不对称的特性将使得阻塞的有效性降低。互联网背景下,学习模仿竞争者的产品和制造这些产品的技术变得非常容易。例如,原来依靠其分销渠道排斥其他竞争者的软件开发商,由于潜在进入者可以通过互联网销售软件,其原来的方法不再奏效。基于互联网上获得的专利权的数据库,模仿者通过对比它自己的专利权可快速找到竞争对手,从而在面对专利权的挑战中处于有利位置,并且能够根据它决定其超越竞争者的路径。由于客户可以向互联网上更多的供应商出价,那些依靠与客户保持特殊关系而获得优势的企业同样会遇到来自互联网的挑战。

5.2.2.2 快跑策略

快跑策略认为,阻塞其他企业进入的壁垒不管有多坚固,最终都会被穿透或倒塌。龟缩在壁垒后面只会给竞争者更多的时间赶超这些原来的创新者。原有创新领先的企业必须快跑。快跑意味着改变商务模式的一些组成部分的相连环节,或创新整个商务模式向客户提供更好的价值。20世纪90年代,在竞争者模仿戴尔计算机企业已有的销售策略时,戴尔公司仍不断引进新的销售PC的方式。快跑能够给予企业很多先发者的优势,包括控制自己所处的环境中某些因素的能力。在科技迅猛发展的今天,由于阻塞策略难以实现,因此快跑策略变得极为重要。快跑有时意味着自己的产品之间自相残杀——引入一个新产品就会损害原来产品的竞争力,因此降低了原来产品的销售。Intel公司就是一个典型的例子。在20世纪80—90年代,它经常在原有产品的销量还未达到顶峰时推出新一代微处理器。若非如此,其他企业就会找到办法超过它。

5.2.2.3 联盟策略

有时候,企业不能独立完成这个目标,它必须利用协同策略,通过采取与其他企业的某种战略联盟、合资企业或收购等措施共同承担风险,分享利益。协同使企业能够共享它原来没有且不想拥有的或即使想拥有但不能拥有的资源。共享资源还有利于知识的传递。协同也有缺点。协同中的企业要保护其希望自有的技术和商务模式中其他方面的优势非常困难。在协同中,企业还面临着过度依赖其他企业资源的风险。快跑策略也要求企业协同。

要获得并保持竞争优势通常需要对这三种策略组合使用。一个重要的问题是,这些策略或策略的组合何时使用比较合适? 影响策略的选择有两个因素。第一,这种选择依赖于企业建立的盈利商业模式的基础。它依赖于在一定技术条件下盈利能力的决定因素。毕竟,商务模式说明了企业如何长期获利。第二,时机选择非常重要。策略的选择取决于技术的发展阶段——我们处在互联网时代。它还取决于现有的或潜在的竞争者使用或计划使用什么策略。

5.2.3　辅助资产模型的战略意义

上面的讨论是否意味着处于图 5.4 方格Ⅰ中的企业一定会因为不能获利而放弃呢? 当然不! 在这种情况下意味着企业需要考虑利用信息技术——它是很容易模仿的技术,而且其他相关资源不重要或者很容易获得来发展运作企业的商务模式。方格Ⅰ中的企业可以采用快跑的策略(见图 5.5)。就是说,由于信息技术易于模仿,企业必须不断创新。当竞争者赶上企业昨天的技术水平的时候,企业已经跨越到了明天的水平上。这种情况更多地出现在方格Ⅱ的企业中:尽管其他资产较难获得并且非常重要,但其技术很容易被模仿。企业必须凭借自身不断发展,或与其他企业联盟获得其他相关资源。不管哪种方式,关键是时机的选择。如果企业决定凭借自身发展,它必须在其他拥有辅助资产的竞争者模仿技术之前完成自身的积累。如果企业要进行联盟,必须在潜在的合作伙伴开始模仿这项技术之前与其坐到谈判桌前。如前面所定义的,联盟意味着与其他有重要辅助资产的企业建立某种伙伴关系(如风险同盟、战略联盟或并购)。这还可能意味着被拥有辅助资产的企业收购。

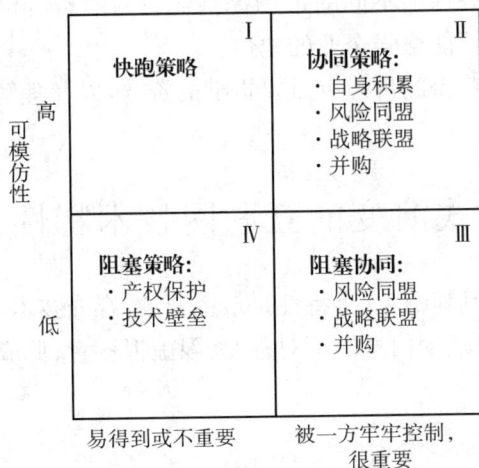

图 5.5　辅助资产模型对应的策略

在互联网企业生命周期之初,这些初创的企业基本都位于方格Ⅰ或方格Ⅱ,但由于它们对技术的开发利用容易模仿或取代,而其他相关资源又比较重要。大多数这类企业处于方格Ⅱ。通过广告、推广和市场表现,这些初创企业能够在其竞争者完成对它们的技术的模仿或类似的辅助资产的积累之前建立自己的品牌,获得大量的客户和客户的数据库。为了使积累辅助资产策略取得成功,制造客户的转化成本非常重要。由于互联网有网络外部性的特性,转化成本可以是网络的规模。例如,社团规模越大或客户的数量越多,其中每个成员获得的价值就越大,这些客户转移到其他较小的群体中的可能性就越小。AOL、eBay、Amazon.com 和很多其他的企业都在其生命周期较早的阶段采用这种策略。Amazon. com 还不断发展它的软件能力,使业务能够不断扩大——从书籍和音乐,到电子产品,然后到拍卖、玩具、zShop,等等。

在方格Ⅲ中,企业可以采用下面两种策略之一:阻塞或联盟。如果企业既有技术又有辅助资产,它可以将两者都保护起来。但迟早这些技术都将被模仿或过时。模仿或淘汰将企业从方格Ⅲ中推到了方格Ⅱ中(见图 5.5),企业可以利用其相关资源与其他拥有新技术的企业联盟。在技术难以模仿但其他相关资源比较容易获得的情况下(见方格Ⅳ),企业需要保护其赖以获利的技术。只有很少的企业,主要是那些利用互联网的企业,会处于方格Ⅳ中。

在这一点上,对于一个决定采取联盟、阻塞、建立风险同盟或战略同盟的企业来说,何时采用这些策略是一个很重要的决定,这个决定取决于对时机的把握。

5.2.4 确定辅助资产的方法

确定企业辅助资产的步骤:

首先,企业必须明白它所拥有的产品—市场定位,即消费者价值、范围与定位(议价能力),或者希望拥有怎样的产品—市场定位。

其次,企业必须理解其价值结构(价值链、价值网络)、技术,除了技术,企业还要确定哪些能力影响以下两点:如何向不同的市场提供合适的消费者价值;与供应商、消费者以及互补品提供商相比,还要能增强企业的地位。

最后,确定对消费者获得的价值有重要贡献的资产,以及理解这些资产能够被复制的程度。

5.3 影响商务模式演变的互联网技术特性

互联网有很多特性,但其中 10 个特性是最主要的:媒介技术、无处不在、网络外部性、分销渠道、消除时间局限、减少信息的不对称、无限虚拟容量、低成本标准、创造性破坏、减少交易成本。

5.3.1 媒介技术

互联网是一种媒介技术(Mediating Technology),它能够将相互依存的或希望相互联系的个体联系起来,这种联系可以是商家对商家(B2B)、商家对消费者(B2C)、消费者对消费者(C2C)或者消费者对商家(C2B)。它也可以在一个企业或任何其他组织机构内部连接，在这种情况下，我们称之为内部网(Intranet)。不管哪种网络，互联网都打破了时间和空间的限制，为个体之间的交流提供了巨大的便利。某些方面它类似传统经济中银行服务的技术。银行作为借入者和借出者的中介，它从一些客户手中把钱拿来再借给另一些人。某些方面互联网与印刷业、收音机和电视媒介类似，它将听众和观众与广告商联系起来。互联网的交互性赋予它一些其他媒介所不具有的独特优势，互联网连接的个体可以相互联系，既可以发送也可以接收信息，而不是一个个体只能发送而一个个体只能接收信息。最重要的是，任何连到互联网上的人都能通过它向所有人发送消息。而在其他传统媒体中，广播发送消息只是一些"经过挑选"的少数人的权力。

5.3.2　无处不在

互联网的无处不在是指互联网扩大和压缩世界的能力。位于世界上任何地方的任何人都能够通过网络让世界上其他任何地方的任何人接触到他的作品。比如说，一个位于山西平遥的农村妇女，将她开的农家乐介绍上传到网上，可以让世界上其他所有人都接触到她的农家乐。一个埃及软件开发者可以通过将他的产品上载到亚历山大网站上，把软件卖给全世界的客户。一个韩国钢铁生产者可以将他的钢材价格、用途、品质登在首尔的网站上。世界上任何人都可以应用这种网站信息发布方式。福特汽车企业可以将生产汽车所需要部件的出价发布在网站上，世界上任何供应商都可以根据出价向其提供这些部件。

互联网压缩了世界，南非的一名技术工人无须亲自到加利福尼亚就可以在硅谷工作，位于硅谷的软件开发商甚至可以从马达加斯加那么远的地方获得他所需要的编程能力。如我们看到的，这个特性对很多产业的发展都有启示。例如，它将促使更多的软件企业进入软件产业，这导致向那些拥有技术的人支付的工资将更有竞争性，而不管他们身处何地。

5.3.3　网络外部性

当某项技术或产品随着使用者的增多而不断增值时，我们说，它具有网络外部性(Network Externalities)。要理解它的含义，读者可以想象这样一种电话系统，它只与本书的作者相连。这样的系统比起与全世界相连的电话系统，用处要小得多。显然，与一个电话系统连接的人越多，它对使用者的价值越大。互联网也有这样的性质：与之连接的人越多，它的价值越大。与互联网内的某个网络连接者越多，那么这个网络的价值也越大。假如一个收藏家想要拍卖一件稀有的艺术品。因为大量的客户会产生大量的出价者，因此只有他选择的拍卖企业拥有大量的客户才能使它获得更多的价值。相反，如果他想购买一件艺术品，他仍然倾向于选择拥有大网络的企业，拍卖企业越大，能找到他要的艺术品的机会就越大。对于寻找聊天对象的人来说，网络越大，找到拥有同样品位，可以相互交流想法，甚至于进一步组成团体的聊天对象的机会就越大。由于拥有较多成员的网络具有更大的吸引力，我们可以认为大的网络获得新成员的速度将快于小的网络。就是说，网络越大，它就会变得更大。这是一种正反馈——当网络在规模上领先时，它的领先地位将不断得到加强。问题是，这种滚雪球什么时候才会停止呢？只有出现变化，特别是技术的转变使原有网络过时的时候，这种滚雪球才会停止。

对网络规模价值，人们提出了至少两种估计。鲍博·麦卡夫（Bob Metcalfe）提出了所谓麦卡夫定律（Metcalfe's Law）：网络的价值随网络拥有的成员数量的平方增加。就是说，价值是 N^2 的函数，这里 N 代表网络内成员的数量。还有人认为规模增大与网络价值随之增加是指数的关系。就是说，网络价值是 N^N 的函数。

网络外部性的现象并不限于电话系统和互联网这类网络。它还存在于这样一些产品，它们随着互补产品的增加而使得产品本身对于客户的价值不断增加。即使我们不讨论与之相连的网络，单就单独使用的电脑本身而言，就是一个很好的例子。软件对于电脑的应用非常重要，因此同一标准的电脑拥有者的数量越多，软件就越可能为这些电脑设计。而有越多的适用软件，由于使用者有更多的软件可供挑选，则这些电脑对于用户的价值越大，这样愿意为这些电脑开发软件的人的数量就越多。这导向了一个正反馈效果。我们将在后面的章节中说明企业的一个目标可以定为：在早期建立一个庞大的网络，以比较小规模的网络、更快的速度吸引用户的加入。

5.3.4 分销渠道

互联网还可以作为信息产品的分销渠道（Distribution Channel）。软件、音乐、影像、信息、电影票或飞机票、经纪服务、保险业务以及研究数据都可以通过互联网分销。当产品本身无法通过互联网分销时，产品的特性、定价、分销时间或其他关于产品的有用信息可以通过互联网传递。互联网对已有分销渠道的影响有两种：替代和扩充。当互联网用于向与旧有分销渠道相同的客户服务，而并不创造新的客户时，就会产生替代效应。旅行服务机构机票分销服务形式的更替就是一个很好的例子。人们不会仅仅因为网络售票的出现去购买机票。而另一方面，那些无法承受从股票经纪人那里购买股票的投资者，在支付较低的在线经纪费用后就可以使用互联网参与股票市场的交易。这就是扩充效应。替代效应与扩充效应经常相伴发生。一些原来从股票经纪人手里购买证券的投资者会转而使用互联网交易。

5.3.5 消除时间局限

互联网的第五个特性是它能够消除时间的局限（Time Moderation），即它能够压缩或延长时间。例如，对于一个采购时间有限的客户，他可以通过互联网从世界任何地方、一天 24 小时、一周 7 天查看和对比商品的价格和质量，这样互联网延长了时间。对一个需要租房或者订餐信息的客户来说，也可以在互联网上立即找到相关信息，大大缩短了时间。

5.3.6 减少信息的不对称

当交易的一方拥有有关交易的重要信息而另一方不拥有时，这时就产生了信息不对称（Information Asymmetry）。例如，这种信息不对称是汽车经销商的一种利润来源。他们一般知道所销售汽车的成本,而一般的购买者并不知道。互联网减少了这种信息不对称。由于能够很容易从汽车生产商的网站上获得汽车建议价格,客户可以与经销商一样具有这些销售的重要信息。

5.3.7　无限虚拟容量

30 多年以前,Intel 的高登·穆尔(Gordon Moore)预测:每 18 个月,计算机的处理能力就会加倍,而成本基本保持不变。直到 2000 年,他的预言一直被证实。这种技术的突飞猛进推动处理速度的迅速提高,同时也促进了存储和网络技术的发展。应用这些技术,互联网经常给人们无限虚拟容量(Infinite Virtual Capacity)的感觉。如果你想要购买股票或书籍,你不需要等待,供应商和零售商现在有更强的记忆能力和计算能力。因此,他们可以收集更多的客户信息,以提供个性化的服务,更好地帮助客户发现他们的需要。而像聊天室这样的实际应用,为成员们提供了无限的空间,他们任何时间都可以自由地交流。

5.3.8　低成本标准

如果企业不接受标准化,那么它们将无法利用互联网的这些特性。有两条原因使得接受标准化变得很容易。第一,也是最重要的,互联网和万维网是标准化的,对处于任何地方的任何人都开放,并且易于使用。不论使用者处于刚果丛林中还是在纽约,他们使用的都是同样的链接,看到的是全世界相同的页面。信息的传递和接收使用的是同一种协议。第二,互联网的成本比其他较早的电子沟通手段[如较早的电子数据交换(EDI)]要小得多。美国联邦政府承担了大部分互联网的开发成本。由于是标准化的,其余很多固定成本可以由数以百万计的用户共同分担。如果不是这样的标准化互联网,很多私有的网络并不互相连接,那么使用者将向很多网络缴费,而不是一个网络。那样,费用会很高。企业的投资项目必须与互联网兼容,这时的成本将比互联网不使用统一标准时高,而且不兼容的投资不能享受联邦政府的成本。

5.3.9　创造性破坏

互联网的这些特性导致很多产业中出现了约瑟夫·熊彼特(Joseph Alois Schumpeter)所说的"创造性的破坏"(Creative Destruction)浪潮。例如,报纸向读者提供评论、新闻、股票信息、天气预报、分类商业广告、求购广告和推销广告。向客户提供这些价值是需要向印刷机、分销网络、内容和品牌投资的。这些投资构成了对潜在竞争者进入的一道屏障,互联网是一种低成本标准的印刷机,同时又是一个有无限虚拟容量的分销网络,它可以接触到很大的客户群,这对报纸是难以想象的。这使得原来存在于报纸领域的进入壁垒大部分被消除了。而且,这种网络可以即时地低成本交流。这样低的进入成本、灵活性和无限的容量,使得人们无须再将评论、新闻、股票价格、天气预报、分类商业广告、求助广告和推销广告捆绑发售来获取利润。企业可以专注于其中的一部分。例如,企业可以专注于拍卖方面的需求广告。这就是对于报纸产业的创造性破坏——从老方式转变到新的更优方式。一般来说,创造性的破坏的发生有三种形式。第一,新产业诞生。Web 软件(如浏览器)或服务(如互联网服务提供商 ISP 提供的服务)提供商对互联网的发展起到了重要的推动作用。第二,互联网改变了其他产业的结构、运作和业绩,很多情况下互联网淘汰了原有竞争优势的基础。旅行、报纸和保险业在要经历创造性的破坏的众多产业中是"冰山一角"。我们将在后文看到,这些以向客户提供价值的产业受互联网的某种或某几种特性的影响而彻底改变了。第三,其他一些产业获得竞争优势的基础被扩大。像 Intel 这样一直处于半导体技术前沿的企业,互联网在全社会企业和个人间的普及大大地推动了对它的需求,使其拥有了更强大的竞争优势。

5.3.10　减少交易成本

互联网还可以减少很多产业中的交易成本——这归功于它的无处不在、分销渠道、低成本标准和减少信息不对称等特性。交易成本(Transaction Costs)包括卖者和买者搜寻产品信息的成本,协商、下单、调整和确保合同履行的成本,与买卖相关的交通运输成本。企业通常必须通过搜索找到合适的配件供应商获得它所需要的配件。购买者必须了解供应者的声誉、产品的性质和价格。销售者必须了解购买者的财务状况以及顾客具有的其他特点。购买者和销售者必须协商合同内容、签署合同、调整并保证合同的执行。所有这些活动都需要成本,互联网能够减少这些交易成本。由于购买者、销售者和产品的信息从 Web 上很容易获得,这减少了搜寻成本。互联网减少信息不对称的作用还在于合同协商、调整、保证实施的成本将大大减少。对于像软件、音乐和影像这类数字化的产品,由于它们可以通过网上传送,运输成本也可以大大减少。

5.4　互联网技术变革模型

互联网的技术特性,使依托于它的商务模式呈现出复杂多变的特征,不断变革正是商业模式保持活力的一个重要动力。归纳起来,常见的基于互联网的技术变革模型主要有五种:激进/渐进变革模型、结构创新模型、破坏性变革模型、创新增值链模型和技术生命周期。

5.4.1　激进/渐进变革模型

激进/渐进变革模型认为,有可能利用技术变革的企业类型是这种技术变革类型的函数:

$$F(技术变革)=y(能力,产品—市场定位)$$

5.4.1.1　产品市场定位观

一项新的技术变革通常可以使得以前的产品或服务不具竞争力,它或者可以提高旧有产品或服务的质量,或者使得新老产品可以共存。如果一种技术变革使得以前的产品或服务不具竞争力,那么从经济学的角度说,它就是激进的技术变革。在这种情况下,对行业中占主导地位的企业来说,因为担心其现有的产品或服务遭淘汰,它可能不愿投资这种技术升级。因此，我们可以预计，与市场中的现有企业相比，新进入者更有动机进行这种投资，他们在这种研发上成功的机会也会提高。电子收银机（EPOS）就是一个激进技术变革的例子，因为从经济学的角度说，它使得旧有的机械收银机不具竞争力。当然，在有些情况下，如果一项技术变革不会对企业的现有产品构成威胁，它也会对其进行投资。

对一项技术变革来说，如果它可以提高旧有产品的质量，或者即使它出现了，旧有产品仍有一定的竞争力，那么从经济学的角度来说，它就是一种渐进的技术创新。这种创新对现有企业的产品——市场定位不构成任何威胁，有时甚至可以说它能够加强企业的这种定位，因此在位企业有动机对这种技术升级进行投资。我们可以说，与新进入者相比，在位企业更有可能研发这种渐进的技术变革。可乐食品和无咖啡因可乐都是渐进的创新，因为它们的出现并未威胁到传统可乐的竞争力。同样，对传统的剃须刀来说，电动剃须刀也是一种渐进的创新，因为即使它出现了，前者仍有竞争力。

5.4.1.2　技术能力观

有些时候，投资于技术升级的企业却不能利用新技术生产新产品或提供新服务。这意味着，开发新技术的动机并不仅仅是利润。成功与否也是新技术利用企业现有能力（知识、技能、资产、资源）或利用与之完全不同的能力程度的函数。如果用以开发利用新技术的能力与以往的能力完全不同，从组织的角度说，这种技术变革就是激进的，或者说是竞争性破坏。例如，开发电子计算机所需要的企业能力和开发机械计算机所需要的能力就非常不同。制造机械计算机，需要齿轮、皮带、杠杆等方面的知识以及能够将它们组合起来用以计算的方法；相反，制造电子计算机则需要具有不同内核的微芯片的知识。因此，对机械计算机制造者来说，电子计算机是一种激进的技术变革（破坏性创新/颠覆性创新）。

对在位企业而言，如果它们面临激进的或竞争性破坏的技术变革，将会很难再拥有这种变革之前的竞争优势。这有几个原因。首先，为了利用原有技术创造竞争优势，在位者必定已经建立了相应的技术资产、资源和能力。同时，它可能还创造了一种文化——拥有共同的价值观（什么是重要的）和信仰（事物如何运转）的系统，它们和组织内的成员、组织结构相互作用以及制定行为标准（我们在这个范围内做事情的方式）的系统——它和技术已经融为一体。另外，每一个在位者一般都会有自己的商务模式，向其客户传递某种价值，服务特定群体的顾客，专注于某种收入来源，拥有定价战略，开发互动平台，对传统战略亦有不错的补充，这些可能让它在一定的时间内保持优势。这些能力和文化对原有的技术是一种优势，但在面临激进的技术变革的情况下，它们就是无效的，甚至阻碍企业的发展。学着用与老方法完全不同的方式做事情，首先就要求抛弃老的方法。但是，文化有时难以改变，特别是需要做大的变动更是如此。此外，为了应用原有技术而发展起来的一系列方法、组织价值、组织文化，很难在短时间内完全摒弃以跟上新进入者。其次，对在位企业里握有权力的人来说，如果他们的权力来自旧有的技术，他们就不会轻易放弃这种技术，因为放弃的同时也意味着权力的丧失。

另一方面，如果开发一项新技术需要基于企业原有的能力，我们称之为渐进的技术变革（从组织的角度说）或竞争性促进的技术变革。在这种情况下，与新进入者相比，在位者已经发展起来的一整套能力和文化建构了他们的优势,大部分技术变革都是渐进式的,在位者通常会利用这种变革来加强他们的竞争优势。

5.4.1.3 互联网技术应用带来的影响

有些行业中企业的比较优势基于信息不对称问题,因此对它们来说,互联网是一项激进的技术进步,企业的能力和产品—市场定位都有可能受到影响。在互联网开发之前,房地产开发商可以利用航空表和机票定价信息来赚取利润,旅游者一般很难得到这些信息。对于汽车交易市场而言,交易商掌握的产品质量、价格等信息远远多于消费者拥有的信息。股票经纪人可以通过其对投资的研究和对即时股票报价信息的利用,比一般的投资者做得更好。互联网的出现使得消费者能够不通过中介直接获得上述信息。如果谈判能力建立的基础是信息不对称,那么企业与其对手的谈判地位也很有可能会变化。例如,与消费者相比,汽车交易商不再拥有信息优势,因此其谈判能力也势必大打折扣。面对这样的技术变革,在决定何去何从的时候,在位者必须小心谨慎,因为他们旧有的能力很有可能会成为变革的阻力。

5.4.2 结构创新模型

为什么许多企业进行渐进式技术变革时会遇到很大的困难? 比如,施乐企业作为静电复印核心技术的发明者,仍为开发出适应普通纸张的小型复印机付出了多年的探索。AOL 在晶体管收音机各组成部分(晶体管、扩音器、扬声器)上拥有丰富的经验,但从未在这个市场上占据领导地位。2006 年 9 月,联想宣布任命前戴尔公司副总裁加里·史密斯接替高级副总裁刘军的工作,负责联想集团全球供应链。至此,包括中国区在内的联想全球供应链将全部由前戴尔高管掌控,这是联想决心在供应链领域全力追赶戴尔的信号。有数据显示,联想在供应链成本控制上还有很大的提升空间。并购 IBM 全球PC 业务之前,联想22.7天的库存天数接近全球平均水平,但戴尔中国库存天数仅为 4天。同为 PC 生产企业,为何供应链能力上差距如此明显?这主要是因为联想在结构性创新上的挑战。

5.4.2.1 结构性知识

学者 Rebecca M. Henderson 和 Kim B. Clark 认为,一般的产品都是由不同部分连接而成的,制造此类产品需要两种知识:关于部件的知识和关于部件之间联系的知识。后者将成为结构性知识(类似人的 EQ)。

结构性创新是指企业在结构性知识上的创新。结构性知识的特点有隐蔽性、与企业文化密切相关、与企业制度密切相关。

5.4.2.2 结构创新模型理论

结构创新模型认为结构性变化并非意味着关于部件的知识一成不变,正相反,结构性变化一般都是由某一部件的变化引起的。比如制造一台计算机,不仅需要关于微处理器、主存储器、二级存储器、软件以及输入/输出的知识,还需要这些部件之间如何相互作用的知识(结构性知识)。一个新的设计,如果它想利用更高速的处理器,那么它就是一个结构性创新,此时就必须考虑新处理器和计算机其他部件之间联系的变化。

5.4.2.3　互联网技术对结构性创新的影响

1）营销渠道的创新

传统经济中,汽车产业营销渠道成本占汽车销售价格的 1/3,为什么营销渠道的成本如此之高呢? 最主要的原因是行业特点造成的,即供给—推动体系。

制造商在未完全了解消费者需求的情况下生产了大量的汽车,这给销售商施加了巨大的压力。供大于求的情况下,制造商会提供很大的价格折扣,同时还会做很多促销活动。这些大大增加了营销成本。

有了互联网,企业可以更好地收集消费者的信息,以生产他们需要的汽车。这就减少了不确定折扣、促销活动以及存货的储存成本。但是,要向消费者提供他们所需要的汽车,制造商就必须有所谓的定做生产能力,这样才能依据消费者的偏好来生产。因此,尽管汽车制造商价值链中发挥不同功能的核心概念没有改变,这些功能之间的联系却发生了变化。也就是说,在制造商的价值链中,尽管促进研发(R & D)、生产、营销以及其他重要功能的核心概念没有改变,这些功能之间相互联系的知识,即如何利用互联网更有效地相互交流这一知识却发生了变化。这一产业中的结构性知识发生了变化。对那些仅仅将互联网视为一种新的销售渠道的汽车制造商来说,他们就错过了一条重要的信息来源,这一来源对其商务模式是很有帮助的。传统的企业,即使是像汽车这样的制造业,也应该调整其商务模式以利用互联网的优势。

2）企业价值链的创新

以公司 CISCO 为例,据测算,使用互联网为 CISCO 公司节约了大约 5 亿美元的成本:

(1) 消费者通过网页直接下订单;

(2) 售后支持部门通过互联网完成客户支持;

(3) 公司与消费者共享信息,扩大了产品宣传,同时为开发下一代产品提供了客户数据;

(4) 财务报表制作时间缩短了 80%;回款速度大大提高,收款期限缩短到 2 天。

像 CISCO 一样,互联网不仅为许多企业节省了成本,而且可以更好地进行生产活动,并向其顾客提供更多的价值。

5.4.3　破坏性变革模型

以哈佛大学商学院克莱顿·克里斯滕森(Clayton M. Christensen)为主要代表的创新专家,在破解"在位企业追求新增长的努力为什么会导致失败"这一著名难题时,通过对磁盘驱动器工业的案例研究,于 20 世纪 90 年代初率先提出了破坏性创新理论。1997年,克里斯滕森出版了他的代表作《创新者的窘境》。该书一出版即引起强烈反响,《福布斯》杂志曾评价道:这是一本"自我感觉良好的企业领袖看了都胆战心惊"的书。克里斯滕森也因此跻身于技术创新管理大师之列。经过十多年的潜心研究,他终于找到破解这一难题的方法,提出了一套完整的破坏性创新理论框架,而破坏性创新也因此成为技术创新研究领域的重要新范式。

5.4.3.1　破坏性变革模型的内涵

所谓破坏性创新是指通过推出一种新型的产品或者服务而创造了一个全新的市场。初始阶段，其产品往往比主流市场已定型产品的性能差，一般比较便宜，功能新颖，便于使用，这些都是新用户喜欢的特性，所以全新的市场能够开拓出来，此类创新对已经形成市场份额的在位企业具有破坏性。而随着技术的成熟，新产品将全面超过现有产品而取代现有产品，使现有产品退出市场。曾经雄霸移动通信市场的诺基亚（Nokia）、摩托罗拉（Motorola），照相机品牌柯达（Kodak）等的失败就是典型的例子。

该模型具有如下四个特点：

（1）通过引进一项新的产品或服务，它们创造了新的市场；

（2）利用新技术生产产品或提供服务的成本低于利用现有技术提供产品或服务的成本；

（3）以现有主流消费者的价值为依据，起初新产品不如现有产品，但逐渐超越现有产品，并迎合主流消费者的意愿；

（4）新技术即便是利用专利权也很难保护。

5.4.3.2　破坏性技术能力影响因素

开发破坏性技术的能力主要受如下三个方面的影响，即它们的函数：

$$y（能力）＝F（资源，过程，价值）$$

为了理解这个模型，我们考虑一个正在开发一种技术并以此向消费者提供产品的企业。它的能力，即"它能做什么，不能做什么"，是以下三个因素的函数：资源、过程和价值。所谓资源，就是企业的资产，包括产品设计、品牌、与供应商的关系、顾客、销售渠道、人力资源、工厂与设备等。过程是指："企业的雇员之间互动、协作、交流及制作制定决策的方式，由此可以将企业的资源转变成价值更高的产品或服务。"设计这样的方式是为了使任务高效率地完成，而不是如何改变它。如果必须改变，那就需要用其他的过程来促进这种改变。所谓组织的价值，是指"企业的雇员设定事物优先权标准，用它可以判断应不应该接一个订单，一个客户是否重要，一种生产新产品的技术是否可行等"。

5.4.3.3　在位企业策略

根据克里斯滕森教授的观点，如果企业的管理遇到了某一破坏性技术，就需要成立一个新的组织机构来促进他们所需要的能力的开发。

克里斯滕森给出了三个策略：

（1）在企业内部成立一个机构，这个机构具备新的研发能力；

（2）成立一个独立于企业的实体，并在这个实体里研发新的过程、价值和文化；

（3）购买另一个实体，这个实体拥有企业所需要的过程和文化，或者两者比较接近。

选择哪种策略取决于企业的价值、过程和开发破坏性技术所需要的价值、过程的差别。区别越大，企业就越应考虑购买而不是在企业内部建立一个实体。

5.4.3.4　互联网技术的破坏性创新应用

以股票经纪人行业为例，人们可以利用互联网买进或者售出股票，在互联网购买股票的成本要低于从传统经纪人那里购买的成本。开始时，通过互联网购买股票并不像从经纪人那里购买那样同时可以获得有用信息，但很快，关于企业的相关信息就可以在网上直接查询。互联网许多方面的使用是不受专利保护的,互联网上股票经纪人拥有的上述破坏性技术的特点表明,如果传统股票经纪人行业不实施上述所说的组织选择策略,它就很有可能被新进入者代替。2002 年,许多老的经纪人企业,像美林证券,这些在位企业拥有其辅助资产,如巨大的客户基础、现金、与客户的关系、品牌的名声等,依靠这些资产,它们得以研发可模仿的技术。至今,线下证券经纪已被"'互联网+'券商"全面取代。与 BAT(百度、阿里、腾讯)、新浪、网易等互联网巨擘合作,利用搜索引擎引流,抢占互联网流量入口,是当前券商获取客户的主要路径之一,包括华泰、广发、海通在内的多家券商都曾采用这一策略。更多券商则选择从垂直细分领域入手,包括金融界、同花顺、万德(Wind)资讯在内的金融门户网站及金融技术提供商向券商开放端口。以腾讯自选股为例,中山证券、国金证券、中信证券、海通证券等多家券商均与腾讯自选股的移动应用端有开户链接合作。

5.4.4　创新增值链模型

5.4.4.1　创新增值链模型理论

奥弗尔(Afuah)和巴赫兰(Bahram)提出了用创新增值链模型来解释为什么现有企业在激进式创新中比新进入企业表现出色,以及为什么它们也可能在渐进式创新中失败。探讨重点集中于创新对供应商、客户以及互补创新者的影响方面。由于创新影响了创新增值链中每一个阶段的成员,它既可能侵蚀既有厂商的能力,也可能强化创新增值链的某一个阶段成员。在创新时代,组织为了生存必须不断创新与学习,知识代替工业社会中的土地、机器、劳动力、资本等要素,成为最重要的价值来源。因此,企业经营的关键要素就是建立基于知识基础的创新能力,如何培育这种创新能力成为管理者的首要任务。组织为了培养和发挥本身的核心专长,不再企图包办一切职能和活动,更愿意与外部组织机构合作。

创新增值链模型认为,企业向其客户提供的价值不仅取决于企业本身的能力,还取决于企业的供应商、客户及互补品提供商的能力。比如,消费者从戴尔个人计算机中得到的价值不仅取决于戴尔公司的能力,还取决于英特尔,微软的能力以及使用计算机的消费者的技术。因此,面对一项技术变革,很重要的一点是,我们不仅要考虑所关注的企业,还要考虑这种变迁对供应商、客户和互补品提供商的影响。增值链模型重在研究技术变革对企业的合作竞争者——供应商,客户及互补品提供商的竞争力和能力的影响,一般来说,企业和它们既有合作又有竞争。创新增值链模型研究了技术变革对企业合作竞争者的影响,以及由这种影响导致的对所关注企业的影响。对制造商来说是渐进式的创新,对消费者和互补品提供商来说就可能是激进式的,而对供应商来说则可能也是渐进式的。比如DSK(Dvorak 简式键盘)布局,根据许多测试估计,其性能要比当前使用最多的 QWERTY式键盘布局要好 20%～40%,因此对其发明者 Dvorak 及其他打字机制造商来说可以提高其产品的性能。如果制造商想生产 DSK,他们所需要做的就是对键盘进行重新布局。但对已经熟悉使用 QWERTY 式键盘的消费者来说,这种改变会使他们以前具有的能力毫无用处,因为为了学习使用新的键盘,他们必须重新熟悉新的布局。图 5.6 给出了这种创新对创新增值链不同部分的影响。

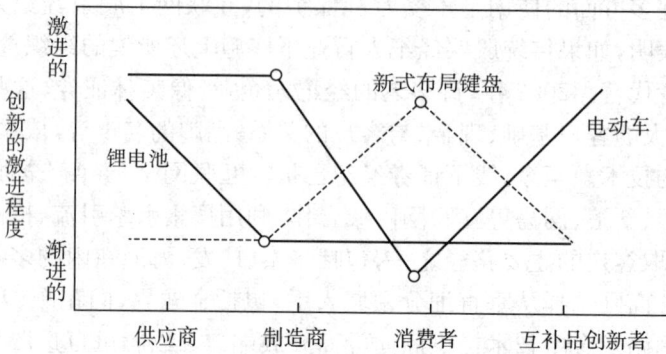

图 5.6　技术创新对合作竞争者的影响

5.4.4.2　互联网对创新增值链的影响

创新增值链模型告诉我们,对一个希望利用互联网的书籍出版商而言,他不仅要关心这项技术对其自身的影响程度,而且要注意它对其供应商、顾客和互补品提供商的影响程度。如果一个书籍出版商的战略不包括像亚马逊企业对其批发商和零售商那样的做法,它就很有可能错过重要的战略信息。

5.4.5　技术生命周期模型

5.4.5.1　技术生命周期模型理论

前述模型只考虑了一次技术变化,企业可以制订相应的策略以更好地利用它。而现实中常常是一项变革发生之后,又会有新技术产生。

技术生命周期模型是一种抽象的理论框架,用于理解技术变革带来的竞争环境的改变及技术对企业战略的重要性。如图 5.7 所示,一项技术一般会经历三个阶段:不定型期、成长期和稳定期。

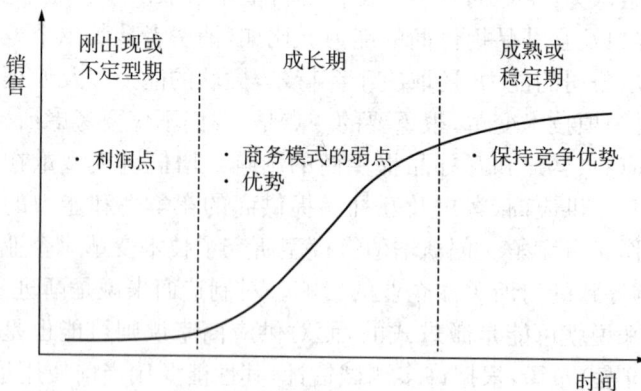

图 5.7　互联网技术生命周期

在技术的不定型期,会有大量的产品出现,同时伴随着巨大的市场不确定性。对于这些产品,企业往往无所适从,顾客也不太清楚他们对这些产品的需要目标。这时的产品质量较低,成本和价格较高,规模经济和学习效应还没有确立。这时,企业必须采取如下策略:将自己定位于价值链或价值网络中的某个环节来开发利用技术。因为向消费者提供价值和赚取潜在的利润是相互联系的,所以以利润为导向的企业家会聚集到价值链的不同环节。此时产品/服务和市场的要求也很不确定,因而失败的可能性很小。

当技术本身、市场需求、产品设计逐渐标准化、不确定性及对产品的试验和重大的变化显著减少时,技术的发展就进入了成长期。对赢得标准,或恰好拥有支持一般框架的能力的企业来说,它们此时的处境就会非常好。2002 年互联网的许多产业都进入成长期,万维网成了标准。网络产业的调整使得许多网络企业破产,或与其他企业兼并,或完全重建其商务模式。企业不断建立它们的网络,树立品牌,争夺客户,在不确定性消除之前改进它们的模式。尽管许多企业都失败了,但 eBay 等企业取得了巨大的成功,并推广了其品牌知名度。

在稳定期,产品都围绕着相同的框架和标准发展。产品区别更加明显,而不是像原来相互竞争的产品之间那样特点相近,需求增长显著放缓,而且主要来自满足替代的需要。与成长期顶峰相比,各产业中企业的数量急剧减少,以汽车产业为例,这一行业历史最多时有上千家企业,但现在只剩下 3 家。这一阶段,企业的策略应该集中于巩固现有的位置,等待下一次技术进步,再开始一个新的技术生命周期(见图 5.7)。

5.4.5.2　对互联网商务模式的影响

在探讨生命周期模型对于互联网企业战略的影响之前,我们需要注意很重要的一点,即不同的产业完成技术进步的时间是不同的。比如,计算机、收银机、计算器和手表,在新技术引进之前,它们都是机械产品或电动机械产品。对每一个产品所处的行业来说,其产品从机械式升级到电子式的时间是不同的。因此,我们也可以预计,互联网的技术生命周期会因行业的不同而不同,如骨干网供应商、内容供应商和网络提供商等,它们都具有不同的生命周期。

在技术尚未定性时,潜在的新进入者将其定位于价值网络中的某个位置,以期望获取利润。选择定位并不一定是完全科学的,但是企业可以根据下面三个因素做出更好的决策。

第一,企业必须确定自己在所选择的潜在产品市场的位置上所能够解决的产品问题,在解决这些问题中企业能够给客户带来的价值,以及要解决这样问题需要在其商务模式中增加哪些部分。第二,企业应该对产业进行分析,了解目标产业的吸引力。第三,企业应该确定自己拥有的能力以及能力的缺陷,从而设计出成功的商务模式,在每个产品市场上运作。在成长期,当主流的解决方案或设计出现的时候,企业应该重新评价它的商务模式并找到其中的优势和不足。通过这种评价,企业能够确定哪些因素应该加强,哪些因素还要建立。对于互联网,这就意味着与拥有其他相关资源或技术的企业协同。协同还需要建立一个更大的客户或社区网络。广告和其他不可逆的投资都是为了下一个生命周期中的阻塞战略做准备的。由于互联网商务模式易于模仿,企业的模式必须不断创新。亚马逊企业对其能力的不断扩张充分说明了企业是如何不断对其商务模式进行渐进式创新的。

5.5 互联网技术发展下常见商业模式变革

5.5.1 企业间电子商务(**B2B**)

B2B(Business to Business)是企业与企业之间通过互联网进行产品、服务及信息的交换。目前基于互联网的 B2B 的发展速度十分迅猛。企业间电子商务的实施将降低企业成本,同时扩大企业收入来源。企业通过与供应商建立企业间电子商务,实现网上自动采购,可以减少双方交易中投入的人力、物力和财力。另外,采购方企业可以通过整合企业内部的采购体系,统一向供应商采购,实现批量采购获取折扣。例如,沃尔玛将美国的3 000多家超市通过网络进行连接,统一采购配送,通过批量采购节省了大量的采购费用。企业通过与上游的供应商和下游的顾客建立企业间电子商务系统,实现以销定产,以产定供,实现物流的高效运转和统一,最大限度控制库存。再如戴尔公司通过允许顾客网上订货,实现企业业务流程的高效运转,大大降低库存成本。企业还可以通过与供应商和顾客建立统一的电子商务系统,实现企业的供应商与企业的顾客直接沟通和交易,减少周转环节。再如波音公司的零配件从供应商处采购,而这些零配件中大一部分是满足它的顾客航空公司维修飞机所使用。为减少中间的周转环节,波音公司通过建立电子商务网站实现波音公司的供应商与顾客之间的直接沟通,大大减少了零配件的周转时间。企业通过与潜在的客户建立网上商务关系,可以覆盖原来难以通过传统渠道覆盖的市场,增加企业的市场机会。

5.5.2 企业与客户间电子商务(**B2C**)

B2C(Business to Customer)电子商务模式一般以网络零售业为主,主要借助于 Internet 开展在线销售活动。B2C 模式是我国最早产生的电子商务模式,以 8848 网上商城正式运营为标志。B2C 即企业通过互联网为消费者提供一个新型的购物环境——网上商店,消费者通过网络购物、支付。这种模式节省了客户和企业的时间和空间,大大提高了交易效率,特别地,可节省工作忙碌的上班族的宝贵时间。B2C 的商品特征也非常明显,大部分是易于保存运输的商品,如图书、音像制品、数码类产品、玩具,等等。

天猫商城的模式就是充当商户对客户的网络销售平台,卖家可以通过该平台卖各种商品,类似于现实中的购物商场,主要是提供商家的售货平台。天猫商城不直接参与买卖过程,但是商家交易时应遵守天猫商城的规定,否则会被处罚。

5.5.3 消费者间电子商务(**C2C**)

C2C(Consumer to Consumer)模式是消费者与消费者之间的电子商务。打个比方,比如一个消费者有一台旧电脑,通过网上拍卖,卖给另外一个消费者,这种交易类型就称为 C2C 电子商务。C2C 是消费者对消费者的交易模式,其特点类似于现实商务世界中的跳蚤市场。其构成要素,除了包括买卖双方外,还包括电子交易平台供应商,也类似于现实中的跳蚤市场场地提供者和管理员。

闲鱼是一个二手交易 C2C 平台,无须经过复杂的开店流程,即将自己闲置物品拍照上传至网络,通过在线交易的方式转卖给其他用户。

5.5.4　消费者与企业间电子商务(C2B)

C2B(Consumer to Business)这一模式改变了原有生产者(企业和机构)和消费者的关系,是一种消费者贡献价值(Create Value),企业和机构消费价值(Consume Value)的形式。C2B 先由消费者需求产生而后由企业生产,即先由消费者提出需求,后由生产企业按需求组织生产。通常情况为消费者根据自身需求定制产品和价格,或主动参与产品设计、生产和定价,产品、价格等彰显消费者的个性化需求,生产企业进行定制化生产。

在海尔商城,用户可以选择电器尺寸大小、颜色、材质、外观图案等功能。海尔商城先后推出了电视的模块化定制、空调面板和冰箱的个性化定制等,并在 2013 年与天猫合作尝试了多次 C2B 定制活动,其中借助"双十一"预售定制也是其重要的盈利模式。依托大数据分析,通过分析用户的性别、年龄、区域、搜索关键词、行为偏好等属性,归纳出多类细分的用户群,并进行定向的精准营销。2014 年的财务报告显示:在海尔集团 2 007 亿元的营业额中,线上交易实现 548 亿元,同比增长 2 391%。

5.5.5　生产者与消费者间电子商务(P2C)

P2C(Production to Consumer)是指产品从生产企业直接送至消费者,中间没有任何的交易环节,是继 B2B、B2C、C2C 之后的又一个电子商务新概念。国内叫作生活服务平台。P2C 把用户日常生活中一切密切相关的服务信息,如房产、餐饮、交友、家政服务、票务、健康、医疗、保健等聚合在平台上,实现服务业的电子商务化。

中国雅虎整合口碑网、谷歌中国推出生活搜索平台都象征着 P2C 正在互联网行业逐渐兴起。尽管生活服务领域市场潜力巨大,但在互联网世界中目前尚未出现寡头分割的局面,这让互联网巨头发现转型生活服务的机会,越来越多的网站开始走向 P2C 的模式。

5.5.6　线上与线下电子商务(O2O)

O2O(Online to Offline)营销模式又称离线商务模式,是指线上营销和线上购买带动线下经营和线下消费。O2O 通过打折、提供信息、服务预订等方式,把线下商店的消息推送给互联网用户,从而将他们转换为自己的线下客户,特别适用于必须到店消费的商品和服务,比如餐饮、健身、看电影和演出、美容美发等。

美乐乐选择将线上作为根据地,吸引全国的流量,节省线下门店的租金,从而将售价降低,占据价格优势,吸引消费者。美乐乐又涉足线下体验馆,主要供线上体验作用,将线上流量转化为线下交易量。不仅作为当地城市的实景展厅,还作为小型仓库,缩短家具运输距离。另外,美乐乐还创建装修网,整合多种家居、家装资讯,细化生态链中多个消费环节。美乐乐还通过集中 SKU,把每一个产品的量加大,从而大幅降低生产成本,具有规模效应以后,不论生产,还是运输,各方面都得到了提升。美乐乐在生产与运输两个环节便获得了 20% 左右的成本优势。

5.6 典型案例：苏宁云商

5.6.1 互联网环境变化

信息技术的飞速发展、因特网的广泛应用，催生了云计算的产生。作为一种基于互联网、通过虚拟化方式共享资源的计算模式，云计算成为一种新的信息化潮流，引发了信息系统、软硬件产品、IT服务的重大变革，广泛涉及企业及个人信息应用的方方面面。而随着中国零售企业对于信息化的需求逐渐增强，云计算所带来的信息化浪潮对苏宁商业模式的市场环境影响巨大。2010年，电商如火如荼地进行，以京东和阿里巴巴为代表的互联网企业业绩直线上升，传统零售行业业绩却逐渐放缓，传统家电商苏宁同样存在类似的问题。

5.6.2 变革——渐进模型

苏宁电器，于2004年7月在深交所以"苏宁电器股份有限公司"的名称挂牌上市。企业初期经营家电行业，历经空调专营、综合电器连锁。2009年苏宁全面击败国美电器，正式成为中国零售业霸主，同年苏宁网上商城正式更名为"苏宁易购"，苏宁线上电器的销售正式成立。鉴于当时宏观环境，苏宁大部分资源仍是集中线下电器的销售。

随着线下零售业增长陷入瓶颈，2012年苏宁做出"沃尔玛＋亚马逊"战略定位，线上3 000亿元，线下3 500亿元，意图打造出与实体店面等量齐观的虚拟苏宁。2013年2月苏宁电器正式更名为"苏宁云商"，表明苏宁电器转型的决心。苏宁的线上模式是对线下模式的补充和提升，线下模式仍有其竞争力，苏宁的变革属于渐进变革模型。

5.6.3 苏宁的竞争策略

5.6.3.1 打造线上线下无缝对接的O2O业态模式

在实体店业态的选择方面，苏宁采取了"超电器化"的战略，也即苏宁开始了从专做电器改为经营百货，从"专家"变为杂家。苏宁从2012年9月开始在广州、南京、上海、北京等地建设了Expo超级店，并且这也将是苏宁未来的主力型门店。在电子商务方面，苏宁易购自2010年成立就采取了"超电器化"的做法，产品线向酒类、母婴、运动、图书等品类四处出击，库存单位已经超过100万。得天独厚的网点优势和迅猛发展的苏宁易购为苏宁云商的O2O模式提供了坚实的基础。苏宁搭建了线下连锁店面和线上电子商务两个开放平台，云平台更能为消费者提供全方位的服务，线上与线下的无缝对接给顾客带来更加丰富、便利、快捷的购物体验。苏宁已于2013年6月宣布线上线下价格统一，消费者完全可以在实体店体验产品的实际使用过程后，在实体店品类有限或者缺货时在线购买，也可以在线购买后到实体店享受一系列的购后服务。

5.6.3.2 构建新型零售生态系统的零售活动

通过云技术，苏宁将整合供应链、大数据、开放物流和金融四大平台，与供应商、消费者、中小零售商和雇员等建立新型共生关系，重塑零售生态系统。首先，针对供应商，苏宁将公开产品技术的后台管理能力,不同类型的供应商可以通过技术平台获得促销、产品、订单、配送以及结算等方面不同环节的完整信息。而建立综合、开放的金融服务平台,包括成立小额贷款企业,为供应商提供创新、便捷的金融服务产品,这都将支持供应商快速、稳定地发展。此时,苏宁与供应商之间不再是简单的买卖关系,而是形成产业链的全方位系统与多维度集成伙伴关系。第二,通过线上线下无缝对接、虚实紧密结合,消费者将获得最佳的、安全的个性化购物体验,消费者所获得的不仅仅是产品,也包括基于客户需求的各类增值服务、内容服务和解决方案。第三,针对中小零售商而言,苏宁易购于 2012 年提出了"开放平台"战略,打出"免年费、免平台使用费、免保证金"的"三免"政策吸引百货类卖家入驻,并且利用云技术为他们提供产品销售、顾客需求等各方面的信息服务。第四,针对企业员工,苏宁运用管理云,为员工个人能力的发展提供培训服务,为员工绩效提升提供知识帮助、数据帮助和技能帮助,为员工后勤的体验优化提供一站式便捷服务。通过这些服务,苏宁与员工的关系由原来的监督与被监督转变为真诚的合作关系。

【关键词】

动力机制(Dynamic Mechanism)　辅助资产(Ancillary Assets)　媒介技术(Mediating Technology)　分销渠道(Distribution Channel)　B2B(Business to Business)　B2C(Business to Customer)　C2C(Consumer to Consumer)　C2B(Consumer to Business)　P2C(Production to Consumer)　O2O(Online to Offline)　变革模型(Change Model)

思考与练习

1. 解释互联网商务模式动力机制的内涵?
2. 保存竞争优势的三类策略是什么,分别适用于什么样的企业?
3. 选择转型中的互联网企业,并分析其采用的是什么变革模型。
4. 互联网商务模式的演变过程中存在哪些代表性商务模式?
5. 人工智能平台发展趋势下的商务模式有哪些?
6. 企业的辅助资产是什么?如何确定辅助资产?
7. 辅助资产模型的战略意义是什么?
8. 互联网的十个技术特性是什么?
9. 五种互联网技术变革模型是什么?
10. 互联网背景下,常见的商业模式有哪些?请结合实例阐述。

讨论和辩论的主题

1. 选择国内一个互联网商务案例,讨论企业创新中获益的状况。
2. 讨论企业组合使用阻塞、快跑和联盟策略中应注意的问题。
3. 讨论互联网的技术特性对企业商务模式的影响。
4. 辩论激进变革模型与渐进变革模型的异同及适用场景。
5. 辩论破坏性变革模型的主要特点。

第6章 互联网商务价值结构

6.1 价值创造与组织技术

6.1.1 价值结构

一个适用的商务模式能够帮助企业实现盈利乃至长期发展,前提是这种商务模式能够带给客户所需要的价值。前面章节提到,客户价值是企业能够向客户提供其他竞争者不能提供的价值,而这种价值可以通过提供差别化或低成本的产品(服务)来实现。

一般而言,每种商务活动都有对应的价值创造方式,即商务活动的价值结构。价值结构(Value Configuration)是指企业以某种方式增加价值,使顾客愿意为这些价值付费的机制。

由于不同企业创造价值的方式不同,其价值结构也有所差异。例如,新浪网和天猫商城同属互联网商务平台,但给用户带来的价值完全不同。新浪网作为综合性门户网站,同时拥有多种商务模式,如虚拟社区、信息门户、网络广告等,是一个由多种价值结构构成的综合体。而天猫商城则仅是为商家和个人提供交易服务的第三方平台。

为阐述不同企业价值创造的方式,美国著名社会学家詹姆斯·汤普森(James Thompson)在其著作《行动中的组织》(*Organizations in Action*)中提出了价值创造的组织技术分类,包括长相关技术、集中技术和媒介技术三类。

6.1.2 价值创造的组织技术分类

6.1.2.1 长相关技术:价值链

长相关技术(Long-linked Technology),常见于具有大规模生产特点的制造业。制造业企业的生产经营活动,包括从原料的准备、加工、装配,到最终产品的产生,其各项组织活动和任务是相互联系的,是一个连续的生产过程。例如,汽车的装配过程,还有其他一系列标准化产品的连续产出过程、重复性任务的执行过程、原材料到成品的转变过程等。在生产活动过程中,企业执行的具有不同功能的组织活动就形成了企业的价值链(Value Chain)。

6.1.2.2 集中技术:价值商店

集中技术(Intensive Technology)通常用于解决非常特别且具体的问题,解决问题时对技术的选择取决于问题解决的进程,这一过程是不断重复的。解决问题的人与他们解决问题所需达到的目的之间也需要不断交流协调。查尔斯·斯戴拜尔(Charles Stabell)

和奥斯汀·杰尔斯戴德(Oystein Fjeldstad)将这种以集中技术为基础的价值结构称作价值商店(Value Shop),通常大多数服务类型产业都属于这类价值结构。

6.1.2.3　媒介技术:价值网络

媒介技术(Mediating Technology)能够提供一个平台,使多个想要交易的客户,如借入者和借出者、买者和卖者之间取得联系。因此,该技术适用于中介服务领域,由此形成的价值结构称作价值网络(Value Network)。

6.1.3　价值结构的类型

基于汤普森提出的三类组织技术,可以把经济活动中的价值结构概括为三种基本类型:价值链、价值商店和价值网络。

以下各节将对经济活动中常见的三类价值结构即价值链、价值商店和价值网络进行系统阐述。

6.2　价值链

6.2.1　价值链的活动

1985 年,迈克尔·波特教授(Michael E. Porter)在其《竞争优势》(*Competitive Advantage*)中提出了研究企业行为和指导其竞争策略的著名理论方法——价值链理论。价值链理论认为,企业的发展不仅是增加价值,更重要的是重新创造价值。企业从开始采购原材料到产出制成品再到实现对其销售,这一系列的经营活动形成了一条完整的价值链。

为了更好地分析价值的创造和增值过程,波特把企业的业务活动分为两大类:基本活动和辅助活动。企业的基本活动就是指在价值链中能直接创造价值的活动,而企业的辅助活动则是支持基本活动完成价值创造过程的业务活动(见图 6.1)。

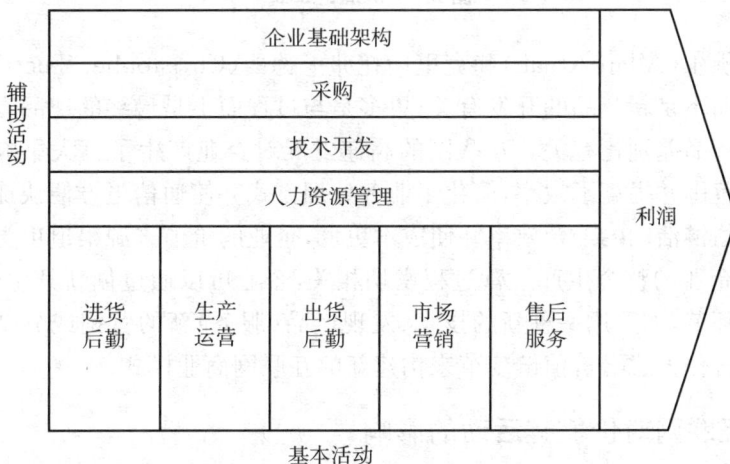

图 6.1　波特的价值链模型

以个人计算机制造商为例,其基本价值创造活动包括内部物流环节(CPU 芯片、内存、磁盘驱动器等原材料的检验,选择以及运送交货)、加工操作环节(计算机用户端部件的制造,计算机的装配,检验和调试,设备维护和车间的管理运作)、外部物流环节(订单处理和运输)、市场营销环节(广告、定价、产品推广和销售人员的管理)、售后服务环节(技术支持、服务代表、计算机修理和更新的管理)(见图 6.2)。辅助活动则包括企业基础结构设施、技术开发、人力资源管理等环节。

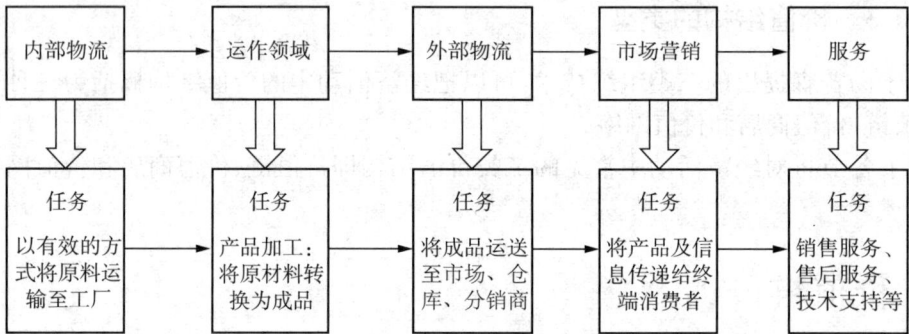

图 6.2　价值链的基本活动

实际上,不同类型的企业在价值链上都不是一个独立的个体,在进行价值创造活动时,企业必须与供应商、客户和相关产业内的其他参与者及时协调、沟通,而价值链上的企业也都有自己的价值结构,因此,在关注单个企业的价值结构时更需要考虑相关产业的价值链系统(见图 6.3)。

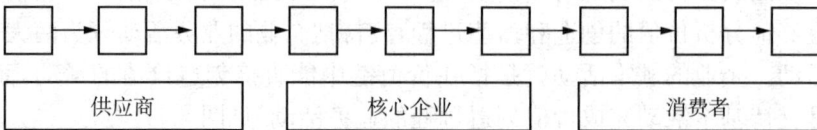

图 6.3　价值链系统

阿兰·奥佛尔(Allan Afuah)和克里斯托弗·德西(Christopher Tucci)认为,价值链更多是与效率而不是新产品的开发有关;更多是与过程而不是最终的产品有关;更多是与低成本而不是产品差别化有关。互联网的高速发展对企业产生了巨大影响,它扩大了企业信息采集的范围并提高了效率,简化了业务处理方式并使通信更方便快捷,这些都提高了传统企业价值链活动的经营效率并使成本更低,企业的价值来源渠道也更多样化。

价值链与企业的整个生产经营过程密切相关,企业可以通过创新其生产经营过程中的某个或某些环节,如采用一种新的技术、发现产品(服务)新的营销或分销方式、与合作伙伴创造新型合作方式等价值链变革来构建新的互联网商业模式。

6.2.2　互联网对价值链活动的影响

保罗·蒂姆斯(Paul Timmers)最早尝试对互联网时代商务活动的不同形式进行分类,并提出了一个衡量互联网对价值链影响的标准尺度。概括而言,互联网对价值链活动的主要影响体现为如下方面。

6.2.2.1　媒介技术特性

互联网与客户的联系能够使企业从终端用户那里获得很多有用的信息。就是说，一个访问量很大的公共站点能够使市场营销和销售部门直接与下游企业（直接客户）和最终用户（最后的使用者）取得联系。这种双向信息交流是与市场营销的双重任务相适应的：通过深入了解最终用户，企业市场营销部门能够准确地评估市场需求。同样地，刺激分销渠道的下游企业或客户的需求也将变得更容易。例如，亚马逊获取客户反馈的方法通常是电子邮件和在线调查。客户可以在电子邮件中写下自己的购物体验，并对企业提出意见和建议。亚马逊对客户反馈邮件的处理非常迅速，一方面，可以针对客户购物中遇到的问题提供完善的售后服务，从而维护客户满意度并使他们成为长期用户；另一方面，可以获取大量有用的市场信息，包括市场的发展趋势，不同群体的购物偏好等，这些都是企业做出市场决策的重要依据。

6.2.2.2　无处不在、消除时间局限和分销渠道

互联网商务最显著的特点是它消除了地理范围的局限。地区性企业无须将组织机构扩展到全国或全球就可以向区域外的客户提供服务。例如，亚马逊首先在图书销售领域开辟了互联网商务的全新阵地。在互联网上提供自己的产品目录，等待来自世界各地的订单进行配送。在图书零售领域获得了巨大成功后，亚马逊进一步拓宽了经营范围，涉及音像制品、家居用品、电子产品、食品、服装等领域。除了带来足不出户的便利，互联网还能够让客户体验到在其居住地难以购买的产品或服务。特别是针对具有个性化需求的客户，互联网商务能够极大地满足他们的消费需求。例如，近年中国刮起的"海淘"热，以年轻客户群体为主，他们追求新颖、时尚和品牌，乐于通过亚马逊、eBay 直接购买来自世界各地的产品。

互联网使企业拥有了覆盖更大市场的能力，加上能够消除时间局限，它影响了原来的供应链，使企业的原料输入、分配生产和远程测试有了更大的选择余地。这对软件产业尤其有利，分布在美国、欧洲和印度不同国家的团队可以灵活地衔接工作时间，企业可以全天候地进行软件生产。信息、软件和内容也可以及时地发送出去，这对原有价值链中的外部物流环节有重要影响。例如，微软、甲骨文、SAP 等企业早已开始让客户从互联网上直接下载它们的软件产品，而不再将存储产品的磁盘或 CD 送到客户手中。这使得公司消除了生产、存储磁盘以及运输成本。节约下来的成本可以进一步转移到客户手中，使产品的价格相应下降、质量更优。绝大多数主要的唱片品牌，包括 Capital Records 和索尼，也早已开始通过互联网发售音乐产品，这大概是对网上传播 MP3 等其他格式音乐的反应。然而，如果这些大的唱片公司不通过反盗版的数字水印或其他方法来控制互联网上这些音乐产品的传播，它们用其智力财产获取利润的能力将不复存在。因此，这种即时传送也是有利有弊，仍需要企业结合自身情况予以应用。

6.2.2.3　信息不对称和交易费用

互联网对价值链最主要和最有利的影响是，通过直接订货，生产商可以直接将产品运送到客户手中，这样便降低了库存。互联网对各种价值链都有这种影响。减少中介（Disintermediation）的概念预示了数字时代这种影响和改变的不可避免。这里减少中介所蕴

含的概念直接来源于前面提到的价值链系统。

首先需要区分下游客户以及最终用户。在很多案例中,下游客户与最终用户是不同的。那么,为什么上游企业需要首先与下游客户(而不是最终用户)进行交易呢?首先,上游企业拥有生产能力,但并不具备较强的市场营销能力。而下游客户(一般指分销商)可以向多个生产商发出订单,它有较大的仓库和较强的分销能力;其次,上游企业通常难以投入足够的时间、精力和资金去调查其他较遥远的地方,而下游客户却对某些地区非常熟悉。由此可见,上游企业看中的是下游客户丰富的营销资源和成熟的营销能力,这也成为交易的契机。

减少中介的概念是上游企业将"抛开"下游客户直接向最终客户销售。为什么上游企业要这样做呢?一个原因是,分销商有可能放弃上游企业而转到其他利润更高的价值链中去。另一个原因是,分销商通常通过收取佣金或抽取一定利润率提高上游企业产品的出售价格,由于最终用户需要支付更高的价格,这便降低了他们对产品的需求。

最著名的减少中介的例子无疑是亚马逊书店。它取消了各个层次的中间商,通过自己的网站直接向客户销售书籍。戴尔电脑公司,将它著名的"直接方式"带到互联网上,"戴尔在线"同样取消了分销商和零售商。客户可以直接向戴尔购买产品,这样减少了中间商造成的差价,并使得销售渠道的存货保持在较低的水平上。此外,这还使得由这种渠道提供的电脑相比戴尔竞争者的产品更加紧随潮流,从而避免了新的电脑芯片或其他更好的部件出现后,原有产品的滞销问题。

6.2.2.4 可利用性和无线虚拟容量

对于大多数信息密集型企业,计算机技术的进步以及互联网提供的更大的客户基础,使企业可以进行比过去规模大得多的运作。无论是国外的亚马逊、苹果,还是国内的阿里巴巴、华为、京东,现在都将经营范围覆盖到全世界多个地区,并在为争取更广阔的市场而努力。

综上,对于价值链类型的企业,互联网主要影响其价值链主要活动中的市场营销和销售环节,这种影响将会引发价值链其他部分的重要变革。

6.2.3　虚拟价值链

随着信息和智力资本在生产过程中的重要性不断提高,新兴企业开始利用信息资源为客户提供产品和创造价值。1995 年,杰弗里·雷鲍特(Jeffrey F. Rayport)和约翰·斯维奥克拉(John J. Sviolda)提出了虚拟价值链的概念。他们认为,任何一个企业都是在两个不同的世界中进行竞争,一个是物质资源管理人员可感知的物质世界,称之为"市场场所";另一个是由信息构成的虚拟世界,称之为"市场空间"。前者通过"物理价值链"(Physical Value Chain, PVC),即面向传统的物质资源进行采购、生产、销售等传统经营活动,为顾客提供有形的产品或具体的服务;而后者通过"虚拟价值链"(Virtual Value Chain, VVC),即面向信息资源的加工和利用为顾客创造无形的产品或服务。企业在虚拟世界的价值创造活动导致了电子商务的产生。虚拟价值链类似于传统价值链,也由两种价值活动所组成:基本信息增长活动和附加价值活动。基本信息增值活动是企业在虚拟空间中创造价值的基本活动,包括网上供货管理、虚拟生产、网上库存管理、网络营销和在线服务等;附加价值活动作用于基本价值活动信息增值部分的各个环节,包括信息技术平台、智力资本、第三方物流、技术研发等。图 6.4 展示了虚拟价值链的一般模型。

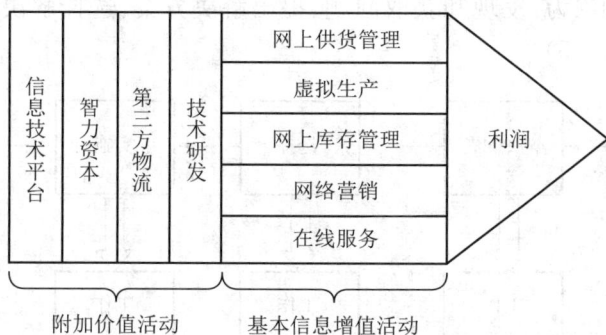

图 6.4 虚拟价值链一般模型

6.3 价值商店

6.3.1 价值商店的活动

汤普森所提出的集中技术,其本质是为客户提供一种系统解决方案,企业必须与客户保持经常性交流,在整个过程中深度挖掘其真实需求,从而针对客户的特殊需求提出解决方案。因此,价值商店创造价值的活动不同于价值链,它使服务与顾客需求相适应,使服务个性化,而不是像价值链中致力于产品的大规模生产和销售。这种区别非常关键:服务提供商必须能不断地提供新的解决方案,而不是用一成不变的方案向客户提供服务。

价值商店结构最典型的例子是旅行社。例如,当客户与某旅行社签订合同后,旅行社就需要在服务的全程中不断与顾客交流从而明确客户的需求。它需要根据客户出游的目的推荐不同的目的地,如果客户想要观光,可能会推荐云南、苏杭、五岳等风景名胜区;针对以红色旅游为目的的客户,井冈山、白洋淀、西柏坡就可能是备选地。确定了目的地后,还要根据客户的偏好及预算确定出行方式。此外,旅途中还要根据客户的需求安排住宿、餐饮、娱乐项目并满足客户的临时性需求。因此,只有准确判断客户的真实需要,才能提供让人满意的解决方案。

另一个典型的价值商店的例子是雅虎。从搜索引擎开始,雅虎提供了万维网上大量站点的分类。为了吸引更多访问者,雅虎开始寻找其他服务来满足不同群体的需求。首先,开发了 my.yahoo.com,它是最早提供个性化内容服务的网页之一,访问者可以根据自己的兴趣爱好自行定制浏览内容。然后,它们又开通了免费的电子邮件和网上传呼服务。虽然未定位于某个特定客户群,但这就是一种价值商店的逻辑。使用这种价值逻辑,公司不断地寻求能够向客户提供的价值,并以较快的反应开展服务。要区分价值商店和价值链,可以通过时间跨度。对于价值链,寻找到一种解决方案并将其最终商业化需要几年时间;而价值商店中,这一过程可能只需要几个小时。

通过前面的两个例子,不难发现价值商店型企业主要将精力集中于不断解决问题。

也就是说,企业集中注意力发现客户的需要,并根据这种需要有针对性地设计一种方法传递价值。必要的话,还要不断重复这一过程,直到客户满意。斯戴拜尔和杰尔斯戴德将价值商店的主要活动抽象为:发现和获取问题、提出解决方案、选择解决方案、实施解决方案、控制和评估(见图6.5)。

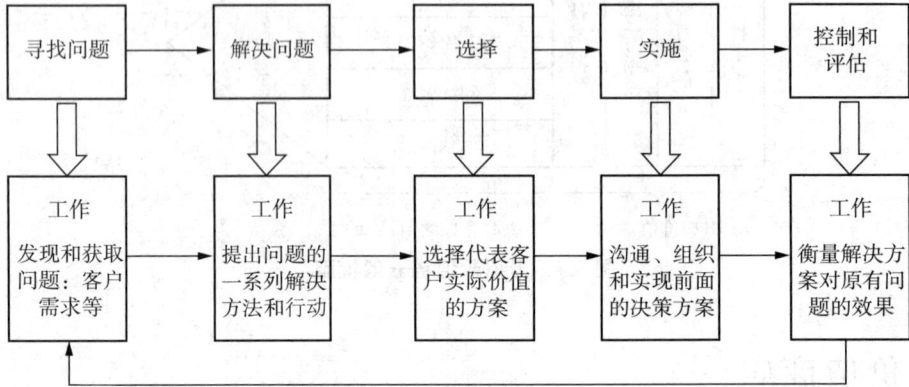

图 6.5　价值商店的主要活动

6.3.1.1　发现和获取问题

首先,企业需要与客户一同确定问题,了解用户需求的特点,这是为客户提供个性化服务的基本前提。只有与客户积极沟通,才能深入了解客户,明确问题解决的关键。因此,许多企业长期与客户保持密切联系,跟踪他们的需求变化,从而为改变自身服务提供依据。

6.3.1.2　提出解决方案

在充分了解客户的需求并认真进行分析之后,企业提出一系列解决问题的想法和行动计划。

6.3.1.3　选择解决方案

选择解决方案就是要在各种方案中进行选择。这项活动不需要花费太多时间和精力,但它是决定客户价值大小的最重要活动。价值商店与其他价值结构相比,一个重要的区别就是服务提供商与客户之间信息的不对称。通常来说,服务提供商拥有信息或专有技术,客户却很难获取。以医院为例,医生掌握着疾病诊疗的医学知识,医院则拥有实施治疗的各项资源,这些都是大部分病人无法掌握的。因此,对解决方案的选择代表了客户所获得的实际价值。

6.3.1.4　实施解决方案

客户选择了解决方案后,服务提供商就需要按照合约提供相应的服务。通常情况下,在实施过程中会出现各种变化:客户有可能改变最初的需求并提出了新的希望,或者是服务提供商在实施中碰到了之前没有预料到的困难。这时需要服务提供商和客户共同商议,制定临时解决方案。

6.3.1.5　控制和评估

控制和评估活动包括监控并衡量方案对原有问题的解决效果是否达到了目标。这种反馈使我们又回到了第一步——发现和获取新的问题。首先,如果发现解决方案不合适或没有效果,需要反馈为什么它是不合适的,然后重新开始提出解决方案的过程。其次,如果解决方案非常成功,企业可以扩展延伸解决问题的过程,一并解决与之前所解决问题有关的或以之为基础的其他问题。

6.3.2 互联网对价值商店活动的影响

6.3.2.1 无处不在、消除时间局限和分销渠道

能够向距离较远的地方提供服务是互联网时代价值商店的一项重要变化。显然,像理发这样的服务还只能向区域内的客户提供,但是其他服务已经可以向更广阔的地区延伸了。这些服务包括账单支付、咨询服务、旅行服务代理、房地产代理服务、法律服务、建筑设计、工程设计甚至医疗服务。这种地理上的延伸对价值商店取向的企业来说不仅是一种机遇,也是一种威胁。更广阔的地域使得企业可以向更多的人提供服务,但是,它也将面对来自远距离之外的竞争。

对于问题解决方案所需要的人力物力,互联网能够促进一些有益的合作以解决投入的数量问题。解决问题的能力可以通过两种方式获得提高。第一种是集体决策中的合作。例如,IBM 公司的 Lotus Notes 平台能够让地理上非常分散的决策参与者通过互联网输入信息,这比过去大家实际聚在一起参加讨论的人多出许多,而且它能够让参与者进行一种更高层次的头脑风暴和方案选择,从而得出更多的备选方案。第二种可以提高决策能力的方式是个体决策。过去决策者需要通过单独研究信息进行决策,而现在决策者可以通过互联网获取各种信息资源。例如,一个艺术评论家可以很容易地通过互联网查到某个艺术作品最新的拍卖价格,这在过去是非常费时费钱的。然而,以上两种互联网所带来便利的弊端是信息的过载。决策者们一旦有所疏忽,决策的质量就会下降。此外,决策者还必须确认网上获得资源的可靠性。上面例子中的艺术评论家,除非他亲自参加过网站的主要拍卖活动,否则网站上的价格总有可能是不正确的,或者所拍卖的作品根本就不是他所关注的艺术家的作品。

有些服务可以将互联网当作传送媒介。微信的语音和视频通话就是一个典型例子。用户可以通过微信和任何好友进行实时通话。这种便捷的服务使得人与人的物理距离不再是沟通障碍,从而无须拨打昂贵的长途电话,这使服务提供商拥有了一种新的传递服务的方式。除了上面的通信服务,对于其他以信息为基础的服务,这种传递服务的方式都是非常有效的。

6.3.2.2 信息不对称

信息不对称是价值商店存在的基础,价值商店的根本就是解决客户不能解决的问题。因此,互联网带来了一种对价值商店核心根本的威胁。由于在线信息量的不断增长,用户可以自行查询信息并解决问题,传统的价值商店型企业现在正面临激烈的竞争。但是这并不意味着咨询公司、建筑事务所或其他服务型企业将不复存在。凭借长期积累的信誉、可靠的信息获取渠道以及个性化选择,许多用户仍然愿意选择这类专业服务。然而,以信息为基础的价值商店业务将会遇到互联网广泛而全面知识的强大竞争。相比不可述信

息,那些基于可述信息不对称的业务更是如此。

6.3.2.3 可扩展性和无限虚拟容量

互联网的一大优势是它能够及时地向很多客户提供服务,特别是那些信息密集型的服务。过去企业向客户提供服务的数量和质量受其所雇人数的限制。现在,企业能够同时在线为数以万计的客户提供服务,服务能力大大提升。例如,世界各地的银行都开通了网上银行服务,能够受理用户绝大多数的业务请求,包括转账汇款、投资理财、网点预约等。

互联网的另一大优势是,它能把最基本的信息提供给客户,而又不需要客户代表的介入,而且这种信息的提供是及时的、低成本的。显然,价值商店是这种优势的主要获益者。企业能够将信息储存在服务器中,在客户提出需求时,这些信息可以立刻发送给他们。例如,航空公司除了向旅客提供运费、航班时刻的信息,还可以将飞行状况、机舱布局、座位位置及其他更多情况都放在其网站上。旅客在发送请求后能够立刻得到回应,从而决定是否购票。然而,这种方法不利的一面是,随着服务提供商规模的不断扩大,竞争获胜的企业将会变得越来越大,而那些较小的、缺乏竞争力的企业将会发现自己面临的竞争压力不断增加。这对那些多年来在一个相对稳定的市场上较为舒适的环境下运作的小企业来说是一个潜在的危险。

综上,互联网对价值商店的绝大多数活动都有影响。这些变化对以信息为基础的价值商店不一定都是有利的。然而,大数据和云计算的发展给了这类企业一个新的发展机遇,要在相关产业取得一席之地,就需要凭借更加先进、专业的技术提供更高质量的服务。互联网消除了过去人们想要获取信息的层层障碍,从而能够自行解决许多问题。但随之带来的信息爆炸、信息过载等一系列问题给价值商店型的企业提供了更多的发展机会,鼓励它们推出更加个性化、高水平的服务。

6.4 价值网络

6.4.1 价值网络的组成

6.4.1.1 价值网络的概念

1998 年,Mercer 咨询公司的著名顾问亚德里安·斯莱沃斯基(Adrian Slywotzky)在《利润区》(*The Profit Zone*)一书首次提出价值网(Value Net)的观念。他指出,面对顾客需求的增加、互联网的冲击以及市场的高度竞争,企业应该改变事业设计,将传统的供应链转变为价值网。之后,波特对价值网的含义做了进一步的发展,从微观经营层面对价值网的作用进行了阐述。在《价值网》一书中,他指出价值网是一种新的业务模式,将顾客日益提高的苛刻要求与灵活有效、低成本的制造相连接,采用数字信息快速配送产品,避开了代价高昂的分销层;将合作的提供商连接在一起,以便交付定制解决方案;将运营设计提升到战略水平,以适应不断发生的变化。

价值网络源于价值链,但是又不同于价值链,价值网络是信息时代产生的新业务模型。表 6.1 说明了价值链和价值网络的区别。在网络经济环境下,价值创造过程从单一的链式过程转变为一个强调以客户的需求为核心,注重实现所有价值网络上企业的合作共赢为特点的价值创造体系,即为价值网络。随着经济社会发展的不断成熟和市场环境的不断变化,价值网络中的主体也在不断增多,使得价值网络呈现出越来越复杂的特点。

表 6.1　价值链与价值网络的区别

	价值链	价值网络
商业结构	单一的线性关系	复杂的交互网络
商业逻辑	客户被动接受	客户主动参与
价值主体	核心企业、单一企业主体	网络上所有合作成员企业
核心价值	以企业为核心	以客户需求为核心
数字化依赖程度	较低	较高
价值创造过程	资源分配可能存在不均	网络上所有成员企业合作共赢

6.4.1.2　价值网络的内部结构

价值网络是信息文明时代企业的核心竞争体系,一个基本的价值网络通常由三个核心要素、一个价值逻辑和一个关系机制组成。三个核心要素,即客户、主体企业和关联协作组织。当企业组建自己的价值网络时,它充当着"带头大哥"的角色,它就是这个价值网络的主体企业或核心企业,承担着价值网络的运营和管理。当企业在价值网络中组织经营或开发新的价值时,需要与供应链上的各方协同合作,其他利益相关者应该为主体企业提供必要的资源保障,它们构成了关联协作组织,这些关联协作组织与企业共同构成价值网络的实体部分。而价值网络始终是面向客户的,客户是建立价值网络的基础,也是整个价值网络中最重要的角色。

价值网络中的主体企业和关联协作组织处于一个非线性的价值体系中,要吸引更多参与者加入网络,就必须拥有一个富有竞争力的价值创造方式。价值网络中的价值生产量只有对客户、供应伙伴、股东以及其他利益相关者构成强烈的吸引,才能保持良好持久的合作关系。价值创造方式的基础是核心价值逻辑,这也是价值网络最难复制的部分。以前,合作企业之间都在考虑如何从彼此的利润空间中寻找到可以迫使对方出让给自己更多的利润。而价值网络的核心价值逻辑正是让企业用合作代替竞争,把原来从关系中寻找利润的视角放宽到寻找更广阔的利润空间上。简单来说,核心价值逻辑就是要让价值网络的关联方知道,他们的收益来自何方,来自什么样的方式,他们的盈利模式是什么,他们要为客户提供些什么?

价值网络中各成员之间的合作,实际上是一种基于价值的合作方式,这与传统的企业合作方式有极大的差别。如果说以前企业之间是点与点或面与面的接触,现在则是通过一定的机制进行接触。价值网络中各成员之间的价值交换活动的流程和制度通常被称为"界面机制",它规定了价值网络各方的合作方式和价值交换模式。这种动态的、非点面关系的"界面"将主体企业、关联协作组织和客户很好地链接起来，形成基于核心价值逻辑和价值实现方式的完整价值网络。

6.4.1.3 价值网络的特点

1）客户价值是核心

把客户看作价值的共同创造者，即价值流动由客户开始，把客户纳入价值创造体系中，并把他们的要求作为企业活动和企业价值获得的最终决定因素。企业可以及时捕捉客户的真实需求，并通过数字化方式传递给其他关联协作组织。将客户纳入企业价值创造体系中，可以不断为企业发展提出新的要求，有助于企业明确竞争优势动态演化的趋势。

2）主体企业是价值中枢

主体企业不仅是价值网络形成的主要动力，而且可以整合其他关联协作组织创造的价值，并最终影响价值创造的方式和价值传递的机制。市场与客户需求等信息是激活价值网络的关键，主体企业的作用在于敏锐地发现有关客户群的需求，并把这些信息及时、准确地反馈给网络中的生产商和供应商，使得网络中每个参与者都能够贴近客户，从而对市场现状及其变化迅速做出响应。

3）数字化的关系网络是支撑体系

数字化的关系网络可以迅速地协调主体企业、客户以及各关联协作组织的种种活动，并以最快的速度和最有效的方式来满足网络成员的各项需求。此外，当某个企业不能充分利用自己积累的经验、技术和人才，或是缺乏这些资源时，也可以通过建立网络关系来实现企业间的资源共享，相互弥补资源的不足。

4）具有核心能力的生产厂商、供应商是微观基础

价值网络的整体竞争力来自网络成员之间的协同运作，这种协同运作强调网络中的企业要集中精力和各种资源高质量地完成自身主导的相关工作。具有核心能力的生产商、供应商是保证价值网络正常运转的微观基础。

6.4.2 价值网络的主要活动

一个典型的例子是我国最大的第三方在线旅游交易平台——携程网。作为中介商，携程与全世界多家航空公司、酒店建立了长期的合作关系，并通过自己的平台发布这些航班、酒店信息，从而为出行者提供多样选择。传统的旅行社由于地理位置限制，通常只能处理少量的客户。携程则是借助互联网吸引庞大的客户群，并通过向大量的客户收取较低的佣金而获利。过去，客户需要亲自到旅行代理机构门店预订机票，不仅价格昂贵，而且选择余地少。现在，他们只需动动手指，通过手机、平板或个人电脑就可以准确获取机票和酒店信息。此外，携程也开始与各地景点、银行、汽车租赁公司合作，启动了囊括景点门票、外币兑换、异地用车等更加多元化的业务，旨在为用户提供全方位的出行服务。

与价值链型企业不同的是，价值网络型企业不用注重商品生产、采购、营销、销售、物流等环节，但是为了保持或者获得竞争优势，必须注意以下几项活动，如图 6.6 所示。

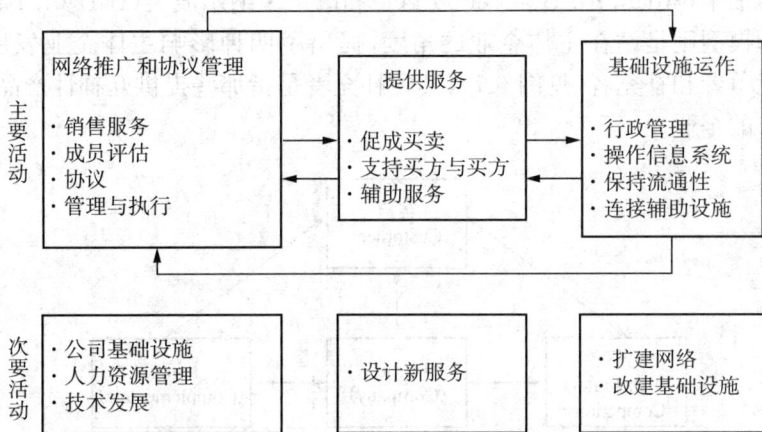

图 6.6 价值网络的主要活动和次要活动

6.4.2.1 网络推广和协议管理

这种活动包括建立和推广网络、争取客户的进入以及管理提供服务的协议。协议管理包括为接触的建立、维持和终结所提供的其计划内的各种服务。这种活动与价值链中的营销有所不同,主体企业会积极地选择客户加入它的价值网络。当承担的义务等级提高时,协议建立的过程和协议本身的复杂性也会随之提高。

6.4.2.2 提供服务

提供服务包括主体企业将网络中的各个角色连接起来,然后向他们收取连接的费用,包括建立直接接触和非直接接触。前者需要主体企业实时跟踪用户的使用情况(流量和使用时间),从而确定用户需要支付的费用。后者仅仅是在收到买卖双方的交易请求时确认是否让其连入网络,并从中收取一定的佣金。同时,主体企业还可以向参与者收取额外费用帮助其进行推广。天猫商城首页的广告每天都在变化,根据买家的浏览、搜索记录也会向其推荐相关产品。一个完整的价值网络需要主体企业与各参与成员进行不断的沟通、协调。作为网络的建立者,主体企业有权决定网络运行的规则和发展方向,各参与者在从网络中获利的同时,应当遵守与核心企业签订的合约准则,从而保障网络的正常运行。

6.4.2.3 基础设施运作

主体企业的另一项重要任务是保证支持网络运行的基础设施良好运作,从而能够保证随时向下一个客户提供服务。不同类型的网络需要提供不同的基础设施,对于网络零售的第三方服务提供商,主体企业的主要任务是维持网络平台的稳定运行,即时响应买卖双方的服务请求。对于通信服务提供商,主要设备是交换机和分销中心;对于金融服务提供商,分支营业所、金融资产或交易场地是主要的运作中心。

6.4.3 价值网络的实施与构建

6.4.3.1 价值网模型

上一节提到,一个价值网络包含三个核心要素:客户、主体企业和关联协作组织。而亚当·布兰德伯格(Adam M. Brandenburger)和巴里·纳尔波夫(Barry J. Nalebuff)提出的价值网管理模型则是站在主体企业的角度,提出了四种影响主体企业发展的要素:客户、供应者、竞争者和补充者(见图 6.7),其中补充者是指那些提供互补性产品而不是竞争性产品和服务的企业。

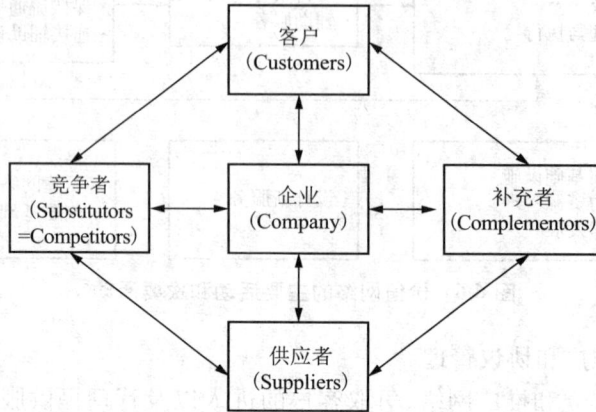

图 6.7　Brandenburge 等人提出的价值网管理模型

6.4.3.2　价值网络的实施——PARTS

用价值网定义所有的参与者,分析其与竞争者、供应商、客户和互补者的互动型关系,寻找合作与竞争的机会。在此基础上,改变构成商业博弈的竞争合作 5 大战略要素,即参与者(Participators)、增值价值(Added Values)、规则(Rules)、战术(Tactics)、范围(Scope),简称 PARTS。

1) 参与者

合作竞争中最重要的概念是参与者。根据布兰德伯格和纳尔波夫提出的价值网管理模型,这些参与者包括客户、供应商、竞争者,还有辅助者。

按照被动的博弈思维方式,参与者所参与的博弈一经确定便不可更改,参与者的角色、相互间的关系就固定下来,他们要做的只是研究如何完成博弈的过程以获得最大的收益。在价值网络中,这种思维定式应该被打破,必须认识到企业运营博弈中参与者的角色不是固定不变的,有时通过改变参与者来改变博弈是一种聪明的举动,当然也包括改变自己。企业可以考虑成为参与者或引入其他参与者。表 6.2 列出了引入四种参与者的常用方式。

表 6.2　参与者的引入方式

	客　户	供应商	互补者	竞争者
方式	培育市场; 为新客户支付报酬(免费尝试,赠阅报刊,免费电子信箱); 确定互补品,刺激互补品的消费,成为自己的客户	为新供应商支付报酬; 建立购买联合体以成为大买家,吸引更多的供应商; 后向联合——成为自己的供应商	帮助客户成立购买联盟,以购买更多的互补品; 支付报酬使互补者进入市场; 成为自己的互补者(全系列经营互补产品、捆绑销售、交叉补贴)	将技术进行许可生产,以放弃垄断; 创造新的供货源以鼓励客户采用你的技术; 在企业内部促进竞争

2) 增值价值

当某个企业处在行业中时,行业所表现出来的规模和价值,减去该企业退出后行业的规模和价值,其差值就是增值价值。它表明每个参与者都会给博弈带来价值,一般情况下,每个参与者在博弈中所获得的价值不可能超过它本身的附加值。因此,企业要在博弈中获得更大价值,就必须增加附加值的价值,或者降低其他参与者的附加值。

3) 规则

在经营活动中,没有通用的规则,参与者往往是根据惯例、合同或法律来制定参与规则。有时规则是极其重要的,甚至会完全改变参与的结果。

4) 战术

当不同的人用不同的观念看待同一件事的时候,不同观念对事物的结果有很大的影响。因此,观念本身就是合作竞争思想的基本要素之一。改变一下参与者的观念,那么就一定会改变其行动。用来改变参与者观念的方法,我们称为战术。

5) 范围

范围是用来描述参与者对其经营活动范围的定义。尽管人们分析与认识各个参与活动时将它们独立起来,但各个参与活动必然是相关联的。为了理解各个参与活动的发展方向与结果,需要考虑这些关联。

PARTS 中的任何一个要素,都能形成多个不同的博弈,从而保证 PARTS 不会失去任何机会,不断产生新战略。经过分析和比较各种博弈的结果,确定适应商业环境的合作竞争战略。通过实施,最终实现扩大商业机会和共同发展的战略目标。成功企业的运营策略是从正确评估这些要素开始的,并且能够改变其中的一种或几种。

6.4.4　互联网对价值网络的影响

6.4.4.1　网络外部性

网络外部性是互联网对价值网络影响最大的特征。有证据表明,网络外部性这一特性促成了大量互联网中介的出现。网络的规模是用户评价一个价值网络所提供业务价值大小的最重要标准。一家没有借出者、只有借入者的银行经营不会持久。一个只与一家经销商相连的旧车服务机构对于潜在的购买者来说用处很小。同样地,如果一个音乐推销商只有三个客户,那么无论多么努力地推销,其唱片销量都不可能太高。这是一个正循环,较大的网络吸引更多的用户,而更多的客户反过来又使网络变得更大。例如,不仅汽车的购买者不愿购买网络规模较小的经销商的汽车,而且其他经销商也不愿意与只有少量客户的经销商签订合同。与此相反,经销商与客户构成的较大的网络促使更多的客户希望使用这种服务,更多的经销商也希望参与到网络中来。这会导致价值网络性的业务出现一种"从众"的行为。开始可能会有好几家企业提供类似的中介服务,最后由于企业的战略、机遇或其他因素,有一家或少数几家企业的网络规模领先了一小步。这种情况一旦发生,人们就会涌向较大规模的网络,使得其他规模较小的竞争对手失去客户。因此,利用各种方法扩大网络的规模对中介来说是极为重要的。

6.4.4.2　无处不在和消除时间局限

互联网扩大了价值网络的地理覆盖范围,在较大的地理范围内拥有客户会促进用户数量增长得更快。因此，原来局限于一个较小地区的收费业务（其网络成长速度也很慢）现在开始免费向其他地区扩张以获得更快的成长速度。在这样的趋势下，原来竞争较弱、一直成长缓慢的网络会在几个月内甚至几个星期内迅速成长起来或迅速衰败下去。

6.4.4.3　可扩展性和无线虚拟容量

基础设施的运作使得价值网络形成更大的规模，而扩大的规模是企业创造价值的主要手段。互联网不仅可以使价值网络延伸到更广阔的地理范围，不断增长的计算和处理能力也使得企业能够向更多的客户提供服务。

6.4.5　三种价值结构的比较

表 6.3 从竞争环境、营销方式、运营成本、盈利要素以及价值保护 5 个角度对本章所介绍的三种价值结构予以对比。

综上，价值链是适用于绝大多数生产或产品导向行业的一种价值结构（或价值创造逻辑）。随着互联网和数字经济的不断发展，公司需要引入其他模式改进它的价值创造过程，来保持竞争优势。

价值链注重的是效率、过程以及降低成本。价值商店是根据客户的需要提供个性化服务，其存在的基础就是不断地解决问题，尤其是那些客户不能解决的问题。对于价值商店型的企业，互联网使它们拥有更多信息，能够在更广阔的地域上通过新的服务发送渠道或机制进行更大规模的运作。价值网络则强调企业之间变竞争为合作，共同为客户创造价值。对于价值网络型的企业，互联网使它们的网络规模更大、地域覆盖范围更广、网络外部性的效果发挥得更快。

6.5　典型案例

6.5.1　难以模仿的 App Store

6.5.1.1　App Store 概述

App Store 是苹果公司基于 iPhone 的软件应用商店（也应用到其他苹果产品中），也就是第三方程序的应用平台。它是苹果公司开创的一个让网络与手机相融合的新型经营模式。

2008 年 3 月 6 日，苹果对外发布了针对 iPhone 的应用开发包（SDK），可以免费下载，以便第三方应用开发人员开发针对 iPhone 及 iTouch 的应用软件。不到一周时间，3 月 12 日，苹果宣布已获得超过 100 000 次的下载。三个月后，这一数字上升至 250 000 次。一直以来，苹果公司推出的产品在技术上都保持一定的封闭性，比如当年的 Mac。此次推出 SDK 可以说是前所未有的开放之举。继 SDK 推出之后，同年 7 月 11 日，苹果 App Store 正式上线。7 月 14 日，App Store 中可供下载的应用已达 800 个，下载量达到 1 千万次。在 App Store 获得巨大成功之后，包括微软、谷歌、中国移动等公司也开展了应用程序商店业务。

表 6.3　价值链、价值商店、价值网络的比较

盈利模式		价值链模式		价值商店模式	价值网络模式
		制造商	网络零售		
竞争环境	竞争结构	主要压力来自传统市场中的竞争对手	主要压力来自现有网络竞争对手及传统零售商	主要压力来自本行业的竞争对手	主要压力来自潜在进入者和传统中介经纪商的转型及正反
	关键驱动因素	减少分销渠道及降低成本	高效管理和降低成本	信息不对称	网络规模效应及反馈
营销方式		传统营销方式为主	网络广告、低价促销、口碑营销等	不同细分市场采取相应营销方式	"外推"+"内拉",需要时同积累
运营成本		有所降低	初期固定投入及运营成本高,随规模扩大呈现边际成本效益	初期投入成本低,运营成本高,人力成本高	吸引双边用户费用高,运营成本低
盈利要素	价值对象	与传统市场用户一致	细分市场的用户或大众	细分市场的用户	多边平台或多边市场的细分用户
	价值主张	与传统市场本质无差别,但有个别可定制产品	低价、便利、可用的有形产品或无形产品	满足客户从未感受或体验过的全新需求和服务,通常与技术有关	符合消费者需求的有形产品或无形产品
	价值创造	原料采购,设计和制造产品,网络直销,售后服务	采购、仓储、营销、订单处理、物流运输、客户服务等	发现问题、提出解决方案、选择方案、执行方案、评估方案	网络推广和接触管理、提供服务、基础设施运作
	价值收入	产品销售、售后服务以及交易成本的降低	产品销售、平台使用费及经纪费用	专业信息服务、增值服务	使用费、佣金、增值服务
	资源能力	以传统资源为依托,实力雄厚,竞争优势明显	IT系统、仓储物流体系、专业技术人才	客户服务体系、专业知识	规模效应,先占优势
价值保护	持久性	联合策略,阻塞策略	联合策略,阻塞策略	快跑策略	联合策略,阻塞策略

6.5.1.2 App Store 的价值结构

App Store 打破了传统的由卖方主导软件销售模式,创新性地提出了开发者定价、苹果公司平台销售、开发者和苹果公司共同享有利益的商业模式。其中,苹果公司占主导地位,负责 SDK 开发包的发布、终端的更新换代、程序的审核发布和电子商务网站的运作;开发者则是开发软件并提交苹果公司审核,决定程序销售价格,并根据程序下载量获取利润;消费者的下载和购买决定着 App Store 的发展。图 6.8 展示了 App Store 的价值链活动,苹果公司和开发者的利润分成分别为 30% 和 70%,而对开发者的利润分成也是所有应用程序商店中最高的,苹果公司对开发者利润分成的重视,极大地促进了开发者对完善程序的积极性。而开发者对程序的精益求精又满足了消费者需求,从而稳固了客户对苹果公司产品的忠诚度。由此,开发者、苹果公司、客户达到了一个三赢的局面。由于 App Store 含有大量的免费软件,所以支付并不是一个必需的过程,免费软件的存在也吸引了一部分消费者体验 App Store。

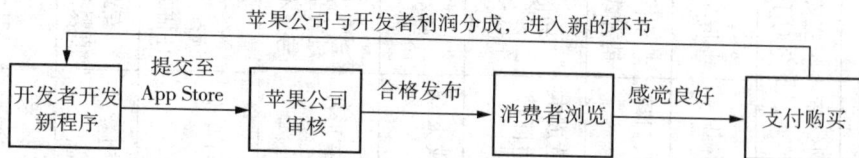

图 6.8　App Store 的工作流程

6.5.1.3 App Store 的独特性

在苹果公司推出 App Store 之后,凭借较高的盈利效率和独特的战略定位,众多厂商纷纷开始模仿 App Store,推出了自己的应用程序商店。美国著名管理学家杰伊·巴尼(Jay B. Barney)提出模仿企业的形式可分为直接复制和替代,而影响企业资源难以模仿的因素主要有特定的历史条件、因果不明、社会复杂性和专利权。结合商业模式分析和模仿理论,下面讨论 App Store 商业模式的不可模仿性。

目前市场上的应用程序商店可分为两种,一种是基于自有操作系统的应用程序商店(直接复制),如谷歌的安卓市场;也有通过电信运营商的优势资源替代自有操作系统技术优势资源的应用程序商店,电信运营商的优势在于其广泛的客户群体和通信网络,如AT & T的应用程序商店、中国电信的天翼空间、中国联通的沃商城等。如果采用直接复制,显然需要开发一个优秀的自有操作系统;如果采用替代模仿,则需要有广泛的客户群体和通信网络优势。所以无论是直接复制或者替代的模仿,均有一定的模仿壁垒。所有的应用程序商店都可以模仿苹果公司 App Store 业务流程,但苹果公司的 App Store 商业模式的难以模仿性体现为其资源难以被模仿,如表 6.4 所示。

App Store 资源的难以复制性,是 App Store 这一商业模式难以被复制的根本。App Store 的品质管理和产品创新是苹果公司产品差别化的重要原因,苹果公司的产品差别化,也使得 App Store 这种商业模式难以复制。

表 6.4　App Store 难以模仿的资源特性

来　源	说　明
特定的历史条件	先发优势：App Store 是应用程序商店中的第一家； 路径依赖：苹果公司一贯优秀的工业设计基础和出色的研发团队
起因模糊	无法界定的促进 App Store 成功运营的因素，使得竞争对手难以模仿
社会复杂性	组织的外部优势：在客户群体中的声誉、客户忠诚度等； 组织的内部优势：人力资源政策、员工忠诚度等
专利权	App Store 和苹果公司手持设备的专利权在一定时期内限制其他企业的模仿

6.5.2　小米公司价值网的成功构建

6.5.2.1　小米公司简介

小米集团（简称：小米）正式成立于 2010 年 4 月，是一家以手机、智能硬件和物联网平台为核心的互联网企业。2011 年 8 月，小米手机正式发布，开创了基于互联网销售渠道的高组态、低售价的智能手机销售模式。在此后的发展过程中，小米通过与其生态链企业的研发与合作，逐步覆盖了包括智能手机、小米手环、小米电视等多种智能化的消费电子产品，其产品类型涵盖智能硬件、教育、游戏、社交网络、文化娱乐等多个领域（见图 6.9）。小米拥有其直接控股或间接控股的生态链企业将近 400 家，并通过其独特的价值网，于 2019 年首次入选世界 500 强。

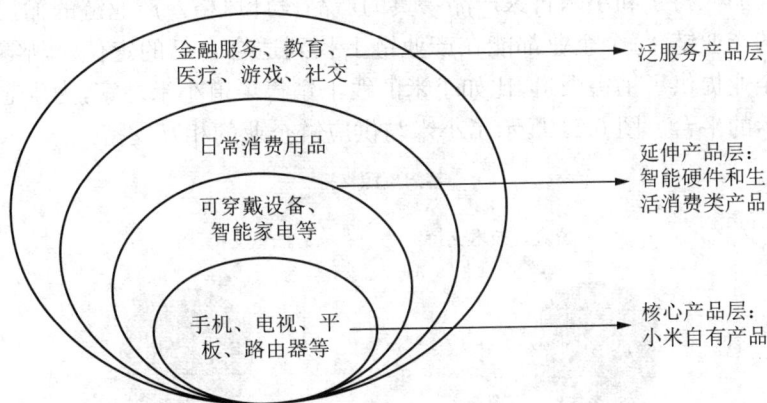

图 6.9　小米产品覆盖领域

6.5.2.2　小米的价值网络

小米的价值网络包含了顾客、零件供应商、代工厂、生态链企业、线下门店和物流公司等（见图 6.10）。小米自品牌诞生以来，一直追求极致的性价比，把企业重心放到了用户认可度上面。基于此，小米创建了小米社区，邀请粉丝对产品进行测评并收集用户的改进建议，让用户参与到产品的设计中来，通过引导顾客参与到价值网中，实现了企业与客户的面对面沟通和交流，从而实现了网络中的互动反馈。小米通过聚焦线上渠道和粉丝经济来推动销售，成功构建了从发现消费者需求到完成消费者需求的完整移动闭环。

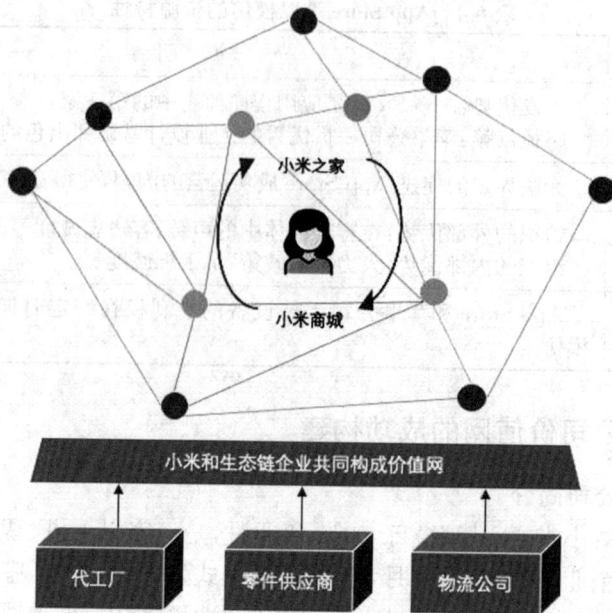

图 6.10　小米的价值网络

2013 年年底小米开启生态链计划,广泛投资孵化生态链企业。小米对于生态链上企业的投资既包括商业模式、品牌、用户,也包括工业设计、产业链、新零售渠道。品牌的输出让生态链企业借助小米品牌迅速获得消费者的信任,打开了市场。工业设计资源的输出让生态链产品保持了和小米自家产品一贯的产品设计风格。产业链的输出让生态链企业组成完整的产业链,每个企业都能在产业链上找到适合自己的定位。新零售渠道的输出为生态链企业提供了销售渠道,比如小米的线下销售渠道小米之家,为生态链企业的产品提供了展示的平台。图 6.11 展示了小米与供应链企业的相互支持。

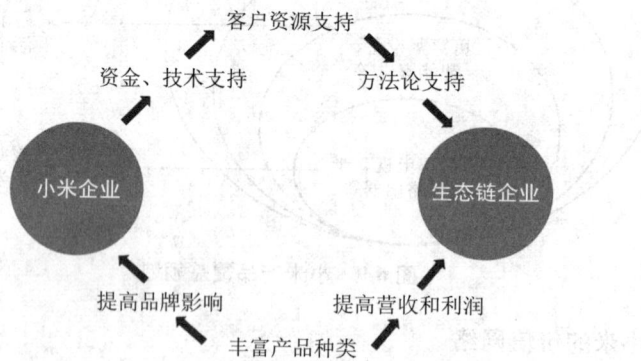

图 6.11　小米与供应链的相互支持

6.5.2.3　小米成功模式的启示

企业的价值网络处于不断的动态演变过程中,企业在发展过程中的不同阶段需要不断调整自身的发展策略,不断促进价值网络模式的更新。当企业刚成立时,价值网络仍处于探索阶段,企业需要分析自身的核心优势和产品定位,不断调整生产经营决策;当企业处于发展扩张阶段,企业更需要深入了解市场和客户的反馈,通过提供精细化的产品和服务去迎合客户需要,通过与客户的双向沟通,基于数据信息的支撑,推动生产的信息化和智能化;当企业处于转型深化阶段,企业需要充分利用前期已经积累的大量资源,推动价值网络中的成员不断推陈出新,增强价值网络的韧性。在价值网络的动态发展过程中,企业需要坚持拥抱市场,面向客户的原则,通过对目标用户的分析,不断创新产品,根据市场环境调整经营模式,有效利用价值网络中其他企业的资源,在保持现有业务产品优势的基础上,积极拓展周边产品,完善产业链,形成价值网络中的生态产品群,从而稳固企业自身在市场中的竞争地位。

数字经济的不断发展,不仅为企业扩大客户资源,更为企业开拓出更强大的价值创造能力提供了可能。小米通过将合作企业、顾客都纳入价值网络中,并通过数字化建设将彼此之间的关系变得更加紧密,不仅更好地满足了用户个性化的需求,更增强了企业的价值创造能力。构建一个良性循环的数字化价值网络,使企业得以持续的成长,使网络中的各企业能紧密配合、融合创新,充分发挥各自的核心能力,从而使各方都受益。

【关键词】

虚拟价值链(Virtual Value Chain)　价值网(Value Net)　价值商店(Value Shop)

思考与练习

1. 企业为什么要选择最合适的价值结构?

2. 对每一种价值结构,试举一个企业的例子,并说明所举出的例子为什么是这种价值架构。

3. 你在问题 2 中举出的企业是如何获利的? 它们各自的核心能力是什么? 它们还可能衍生出哪些能力,为什么?

4. 试着以一个价值网络的主体企业为中心,画出它的网络图,并分析这个网络是如何运转的。

5. 企业需要具备哪些要素和前提,以构建一个良性循环的价值网络?

6. 以小米的成功模式为出发点,思考乐视为什么最后走向了破产。

7. 假设你是小米的经营管理人员,对于生态链上的企业,如何把握其产品质量,如何确保他们的产品与小米的价值理念相同?

讨论与辩论主题

1. 小米的互联网营销模式成功之后,带动了以锤子手机、一加手机等一系列生产高性价比手机厂商的快速发展,你认为他们超越小米了吗? 如果没有,小米的核心竞争力是什么? 如果有,他们的成功有哪些值得借鉴的经验?

2. 讨论价值网模型与“五力”模型的异同。

3. 一般而言,平台被认为是价值网络模型的应用场景,如何理解平台的“溢出价值”?

第7章 互联网商务模式的评价方法

互联网商务模式对企业的生存与发展意义重大,企业对商务模式做出抉择时,需要知道哪种商务模式最适合自身的发展。对竞争者的分析也需要对其商务模式进行比较。那么,如何评价和比较不同商务模式的优劣呢?本章将分别阐述层次要素评价方法和评级体系方法两种常见的互联网商务模式评价方法。

7.1 层次要素评价方法

选择合适的商业模式意味着实现利润的最大化,经济学的利润表达公式为:

$$利润 = \prod = (P - Vc)Q - Fc$$

式中,P 表示每单位产品的价格;Vc 表示每单位可变成本;Q 表示销售量;Fc 表示初始投资或固定成本。

从这个关系式中,可以看出,知道了利润率、市场份额和收入增长后,可以对利润进行预测。这些都受商务模式的各个部分和连接环节的驱动。所以,对互联网商务模式的评价可以从三个层次衡量:对盈利性的衡量、对利润预测因素的衡量和对商务模式各个部分对赢利的贡献的衡量(见表 7.1)。

表 7.1 商务模式评价的层次

层次一	对盈利性衡量 • 收入 • 现金流		
层次二	对利润预测因素的衡量 • 利润率 • 市场份额 • 年收入增长率		
层次三	对商务模式各个部分的衡量		
	• 定位 • 客户价值 • 客户范围 • 定价	• 收入来源 • 关联活动 • 实现 • 能力	• 持久性 • 成本结构

7.1.1　对盈利性的衡量

商务模式的最终目的是为了获取利润,因此,评价一个商务模式的好坏最直接的办法是将它与竞争者商务模式的盈利性进行比较。有很多办法可以衡量盈利性(Profitability Measures)。由于分析家在进行商务评价的时候经常使用收入和现金流,此处也可以采用这两个办法。如果一家公司的收入或现金流比它的竞争者好,那么我们说这家公司拥有竞争优势。从这一意义上说明这家公司拥有较好的商务模式。使用盈利性对商务模式进行评价的问题是,很多公司的商务模式不是固定不变的,特别是那些初创的公司,虽然沿着这条道路发展下去今后可能盈利,但现在还没有盈利。而且,今天盈利的公司有可能有一个较差的商务模式,这种商务模式对利润的影响还没有充分表现出来。这两种原因使得我们必须寻找更深入的评价手段。

7.1.2　对利润预测因素的衡量

利润率、市场占有率和收入的增长率对于以知识为基础的产品来说是很好的利润预测手段(Profitability Predictor Measures),可以利用它们来评价互联网商务模式。步骤是,比较公司与其他竞争者的利润率、市场占有率和收入的增长率。同样,如果在这些衡量中公司的得分比其他竞争者高,那么它就拥有竞争优势。由于这些利润预测手段依赖于商务模式各个部分及其连接环节,因此商务模式中可能或者有些部分对利润率、市场份额和收入增长率的影响还没有体现出来,所以,接下来就要衡量商务模式的其他部分。

7.1.3　对商业模式各组成要素的衡量

一个商业模式必须回答这样几个问题:向客户提供什么价值? 如何提供价值? 如何保持竞争优势等。Afuah 和 Tucci 将评价商业模式的关键因素总结为:客户价值、客户范围、定价、收入来源、关联活动、实现、能力、可持续性。对商业模式的评价即为围绕上述关键因素回答一系列待解决的问题,并给出对应的评价等级。表 7.2 列举了商业模式的各重要组成部分及待回答的问题,其中评价等级 H 代表高,L 代表低。

表 7.2　商业模式的评价

商业模式组成要素	商业模式需要解决的问题	互联网商业模式需要解决的问题	评　价
客户价值	公司提供的客户价值是否与其竞争者的相异? 如果不是,公司提供的价值水平是否比竞争者提供的高? 公司提供的客户价值的增长速度是否比竞争者的速度快	互联网能够为客户提供哪些独特的产品或服务? 互联网能否使公司为客户解决由此产生的一系列问题	H/L
客户范围	市场的成长速度是否较快? 公司在各个市场的份额是否相对竞争者要高? 产品受替代侵蚀的潜在威胁是否较大? 如果是,从哪些方面代替侵蚀	互联网能够使公司接触到哪些范围内的客户? 互联网是否改变了原有的产品和服务	

续　表

商业模式组成要素	商业模式需要解决的问题	互联网商业模式需要解决的问题	评　价
定价	公司对所提供的价值的定价是否合适	互联网如何使产品和服务的定价有所不同	
收入来源	每个收入来源的利润率和市场份额是否较高？每种收入来源的利润率和市场份额是否在不断增加？公司每种收入来源中提供的价值是否是独特的	有了互联网后收入来源产生了哪些变化？有哪些新的收入来源	
关联活动	这些活动的范围是：是否与客户价值和客户范围一致？是否相互支持？是否利用了行业成功的驱动因素？是否与公司具有的独特能力相适应？是否使所处行业对公司更有吸引力	有了互联网后公司还必须进行哪些新的活动？互联网可以如何帮助提高原有活动的水平	H/L
实现	团队的水平是否很高	互联网对公司的战略、结构、机制、人员和环境有什么影响	
能力	公司有哪些能力：是否独特？是否难以模仿？是否能够向其他产品市场扩展	公司需要哪些新的能力？	
可持续性	公司是否能够保持并扩大它在行业中的领先优势	互联网的出现使得公司的持久性加强还是削弱了？公司怎样才能利用互联网带来的有利因素呢	

7.2　评价体系方法

7.2.1　确定评价指标的原则

(1) 目的性。互联网商务模式评价目的是提高互联网商务的效益,促进行业、企业互联网商务健康地发展,有利于提高行业、企业信息化水平与效益。

(2) 科学性、系统性。评价内容要科学、全面。要从互联网商务模式成熟度、创新度、互联网商务应用覆盖率、互联网商务功能与效益几个方面,评估模式的有效性和功能完善性。

(3) 实用性、可操作性。评价指标要便于采集数据,方便使用。实际选择评价指标及标准时,要注意依据行业类型、企业规模等诸多因素加以选择,适当进行增减。

(4) 定性与定量相结合。定性分析评价与量化指标测度评价结合。根据指标的类型选择定性与定量相结合的方法。

7.2.2　商务模式的评价指标

7.2.2.1　商务模式成熟度

(1) 商品(服务)的特性、质量、差异性。测定商品(服务)的特性、质量、差异性是否贴合市场的需要以及其性价比。

(2) 功能完整性、覆盖率、前台功能、后台功能。前台功能主要包括商品目录及分类搜索、商品展示、会员注册、购物导航、订单流程、支付流程、认证功能、客户信息反馈与沟通渠道等;后台功能主要包括商品管理、订单处理(业务流程处理)、账户管理、模板管理、内容管理、送货管理、商务同盟管理、客户资料管理等。商务功能覆盖率是指功能涵盖前台和后台功能的程度,反映出互联网商务在核心业务中应用的比例。

(3) 商务模式的有效性包括市场占有率、用户数量增长率、用户满意度等。其中,对客户满意度提升作用包括企业用户满意度提升作用,商务模式运行一个年度企业用户满意度提升率。

(4) 企业(政府)内部领导、管理层、职工对模式的满意度。

(5) 对企业(政府)服务质量的提升作用,包括投诉降低率、客户(民众)响应时间降低率、客户忠诚度提升率等。

7.2.2.2　商务模式创新度

(1) 业务创新。与原有的商务、业务模式比较有哪些创新,网上增加哪些新的业务和服务,包含观念、服务内容的创新;业务流程改革再造、优化;手段、方法创新,是否提出应用新业务、新任务、新思路、新方案。

(2) 技术创新。IT 应用系统创新度反映 IT 应用系统创新的程度,系统解决方案、系统结构创新;软硬件设备开发、应用软件创新;系统集成创新。

(3) 管理创新。组织机构集中、分散与扁平化;盈利模式的创新,经营管理改革范围,资源管理集中化,知识管理、创新能力(IT 对主营业务、工艺、产品的创新能力)的提高度。

(4) 营销创新。营销策略、销售模式、营销模式推广力度:① 商务网站链接率,链接网站的数量;② 采用组合营销手段;③ 媒体影响力,广告投放量,媒体曝光率。

7.2.2.3　应用广度和深度

(1) 应用广度。通过互联网商务模式进行的采购活动、销售活动、交易活动占企业全部采购活动、销售活动、交易活动的比重;网上签约率、成交的合同金额,包括网上支付及网下支付的交易额。

(2) 应用深度,指网上信息流、资金流、物流集成化程度。初级应用:网上仅有信息流,发布商品信息、洽谈、促销,开展非支付型互联网商务;中级应用:网上有信息流、资金流,实现网上交易与网上支付,开展支付型互联网商务;高级应用:网上有信息流、资金流、物流,上下游企业应用集成,开展协同商务。

7.2.2.4　绩效评估法

(1) 社会效益评价指标。行业贡献与服务影响,对上下游商务合作伙伴的带动作用,对上下游商务伙伴推广普及互联网商务的影响力;区域贡献与服务影响,对本地区推广普及互联网商务的促进能力;对本地区吸引外资增长的促进能力。

（2）经济效益评价指标。成本降低率，指对比一个会计年度，商务模式实施前后商务活动的成本降低之比例；收益增长率，指对比商务模式实施前后一个会计年度商务活动所创收入增长之比例；资金周转率提高率，指对比一个会计年度，商务模式实施后比实施前每年资金周转次数增长之比例；周期回报率，指在对应的一个会计年度内，商务模式及网站总投入的收益率；投入与产出比，指在对应的一个会计年度内，商务模式总投入（含货币资金、货物折合资金、人力折合资金）与总收入之比；初始投资回收期，指从投资互联网商务开始，经过多长时间收回总投资。

7.2.3 评价指标体系的建立

7.2.3.1 层次分析法确定权重

层次分析法（Analytic Hierarchy Process，AHP），是美国学者托马斯·塞蒂（T. L.Saaty）于 20 世纪 80 年代提出的一种有关多方案或多目标的层次权重分析方法。这一方法的最大特点是将与决策相关的目标、准则等分层次，并在层次的基础上对不同元素赋以不同权重，从而将定性与定量相结合，按照思维和心理规律将决策层次化和数量化。

层次分析法的操作步骤大体可分为：建立层次模型、构造判断矩阵、层次单排序、一致性检验、层次总排序。其中，后三步根据需要将逐层进行。

在分析目标问题之后，便可对与目标相关的因素自上而下加以分层。之后，可对各个元素进行两两比较，构建 n 阶矩阵 A。

$$A = \begin{bmatrix} a_{11} & \cdots & a_{1n} \\ \vdots & \ddots & \vdots \\ a_{n1} & \cdots & a_{nn} \end{bmatrix}$$

式中，a_{ij} 代表因素 A_i 与因素 A_j 相比的相对重要程度，以 1～9 为划分范围，1 代表两个元素相比，因素 A_i 与因素 A_j 同样重要；9 代表两个元素相比，因素 A_i 与因素 A_j 相比极端重要。

接下来进行层次单排序，先对一个层次进行权重的赋予。这个阶段需要计算出矩阵 A 的最大特征根以及和其对应的归一后的特征向量，用方根法、和法、幂法等方法。

之后便是对矩阵一致性的检验过程，避免出现 A_1 比 A_2 重要，A_2 比 A_3 重要，A_3 又比 A_1 重要的矛盾。一致性检验是查看构建的矩阵 A 是否足够趋近于一致。

当我们对互联网商务模式进行评价的时候，可以通过专家调查法对我们所确定的指标中的各个因素的重要性进行两两对比，从而得到比较数据，依据层次分析法即可逐级确定各要素的权重。

7.2.3.2 建立评价指标体系

依据上文述说的商务模式评价指标，可以建立由 4 个一级指标、11 个二级指标、31 个三级指标的互联网商务模式评价指标体系（见表 7.3）。利用专家的知识、经验和分析判断能力，参照各评价指标的标准，通过分析，由 31 个三级指标及相关权重计算 11 个二级指标；由二级指标和相关权重计算 4 个一级指标；由 4 个一级指标和相关权重计算出总分，即互联网商务模式指数，形成对互联网商务模式的综合评价。

$$E = \sum (I_i * W_i)$$

式中，I_i 表示具体某个指标的得分，W_i 表示权重。权重系数可以根据行业、地区特点进行调整。

表 7.3　互联网商务评价指标体系

一级评价指标	Wi₁	二级评价指标	Wi₂	三级评价指标	Wi₃
商务模式成熟度	20	商品(服务)特征	6	商品(服务)的特点、差异性，市场契合度	2
				商品(服务)的质量	2
				商品(服务)的性价比	2
		功能完整性	6	前台功能	3
				后台功能	3
		商务模式有效性	8	商品市场占有率	2.5
				用户数量及增长率	2.5
				客户满意度提升作用	1
				领导、职工满意度提升作用	1
				服务质量提升作用	1
商务模式创新度	30	业务创新	8	业务创新	8
		技术创新	6	系统解决方案	2
				软硬件设备创新	2
				系统集成创新	2
		管理创新	8	组织机构扁平化	3
				资源管理集中化	5
		营销创新	8	营销策略	4
				销售模式	4
应用水平	20	应用广度	10	互联网商务采购率与销售率	5
				互联网商务交易率	5
		应用深度	10	网上信息发布、洽谈	3
				网上交易与网上支付	3
				信息流、资金流、物流集成	4
商务模式绩效	30	社会效益	10	行业影响力	3
				上下游企业联动能力	2
				吸引外资贡献	5
		经济效益	20	成本降低率	4
				收益增长率	8
				资金周转率提高率	4
				投资回报率	4

基于定性定量评价方法的核心思想,结合不同行业、不同地区的特点,可以对评价指标体系的指标选取、权重确定、计分方法等环节,进行符合实际情况的调整,从而使互联网商务模式的评价更具有针对性和实用性。

当然,在对互联网商务模式的评价过程中,最重要的事情不是评价互联网商务模式的好和坏,而是认清其好坏的原因。只有这样,模式中好的部分和连接环节才能得到加强,差的地方才能得到改进。在竞争者分析中,重要的不在于发现竞争者的商务模式与我们相比的优劣,而是要发现哪些地方以及为什么比我们好或者差。

7.3　典型案例

7.3.1　Juniper Networks 创始期的商务模式评价

7.3.1.1　Juniper 的发展历史

Juniper 建立于 1995 年,由施乐 Palo Alto 研究中心首席科学家普拉迪普·辛德胡(Pradeep Sindhu)创办。目标是发展互联网潜在的网络技术。从 KPC & B 公司那里获得初始种子基金,辛德胡马上引进了该行业顶级人才来创办 Juniper。这些人物包括 Sun Microsystems 的主要服务器设计师林科斯(Liencres)和 MCI 通讯的网络设计师丹尼斯·弗格森(Ferguson)。

1996 年 2 月,在公司初始融资 200 万的情况下,公司正式成立。在此之后,辛德胡认为有必要引入一个有经验的人来帮助发展公司的战略和商务模式。1996 年 4 月,数据转换制造商 Strata Com 公司的前副总裁,40 多岁的思科特·克林恩斯(Kriens)出任 Juniper 的 CIO,这样使得辛德胡可以专心做 CTO。

7.3.1.2　Juniper 的公司战略

Juniper 的目标很简单,就是构建高端设备,用其向最大的互联网中枢传输信息。由于 CISCO 主要集中于企业市场,Juniper 决定通过集中于大的电话公司和 ISP 运营商,避免与路由器巨人 CISCO 直接竞争。尽管如此,Juniper 面临着很大的挑战,它需要从头开发一种产品。另外,互联网业的快速发展不会宽恕任何人的错误:辛德胡和克林恩斯相信只有一个机会使互联网服务提供者们相信他们的产品比竞争者好。

尽管面临许多挑战,克林恩斯相信向 CISCO 挑战的环境已经成熟。如果开发一个可行的路由器产品,该行业主要的参与者会欢迎 Juniper,因为他们要注意避免过度依赖同一个供应商。根据在 Strata Com 工作时获得的改革战略,克林恩斯向企业寻求资本投资于 Juniper 技术的开发,这些企业都是 Juniper 的潜在客户。1997 年 9 月 2 日,互联网和电信行业的主要公司包括 3Com、Lucent Tech、Ericsson 和 Worldcom/UUNet,它们向 Juniper 投资 4 亿美元,并为未来的风险提供资金。与自己的资本合伙人等合作分销合同的策略使 Juniper 得以持续致力于产品开发。这些合作既是交易又是与顾客之间通信的通道,这些客户同时也是投资者(比如 UUNet),也有分销合同渠道。另外,Juniper 产品的制造是外包的。例如 ASIC 产品是外包给 IBM 的,早期路由器产品是外包给 Solectron

的。这些资源策略很快使得 Juniper 成为员工个人收入最高的企业之一。

7.3.1.3　Juniper 初始的成功

1998 年 9 月,Juniper 推出了第一代产品:35 英寸高、19 英寸宽的 M40 互联网骨干路由器。M40 象征着核心路由器的一大进步:

(1) 比市场领先者 CISCO 的市面路由器在速度上快 10 倍;

(2) 硬件和软件技术进行了很大的拓展;

(3) 开发了一个革新的软件路由信息包——JUNOS,它使所用的进程是两个分开的发射目的和数据路由功能,使得两个进程可以同时进行;

(4) 有了更快的速度,JUNOS 还增加了稳定性,核心路由器的关键品质保障了巨大的流量,为用户带来了巨额收入;

(5) 作为最好的改进,JUNOS 是第一个允许部件"热插拔"和软件更新的软件系统,克服了 ROUTER 不关机不能维护的缺点。

M40 获得了很大的成功,很快在互联网业流行起来。到 1998 年年底,Juniper 已从核心路由器市场获得了 7% 的市场份额。1999 年每季度保持 90% 的增长率,年底销售额达到 10.26 亿美元,市场份额上升到 17%。而 CISCO 的市场份额从之前的 91% 下降到了 80%。

虽然夺取了 CISCO 的市场份额,但克林恩斯仍然表示不会直接与 CISCO 进行竞争,而是集两个公司之力扩大市场规模,这样两者都有大量的空间。1999 年 6 月,克林恩斯将公司公开上市,公司 IPO 的每股价格为 34 美元,第一天以近 100 美元的价格收盘,在 5 个月内上升到 304 美元。

Juniper 的成功很大程度上归功于严格致力于产品开发,将制造与分销外包的策略。Juniper 的技术也是其获得成功的关键。到目前为止,Juniper 仍然延续着比 CISCO 及其他竞争对手提前 6 个月的产品研发速度。

7.3.1.4　Juniper 赢得市场份额

为了赢得更多的市场份额,Juniper 加快了自己的动作,向市场投放了 M20 路由器。这是一种小版本的互联网络路由器,是为互联网的边缘(终端使用者)和小一些的网络种的高速链接而设计的。这一产品开始了一个交互的产品周期,这个周期可以代表 Juniper 的商务模式策略:M40 加强了互联网的核心,反过来又增加了边缘的负担;M20 解救了边缘,使核心有了更多的需求,迫使核心路由器升级。

2000 年延续了这一产品的发展进程,随着 M160 核心路由器的发售,它能够管理互联网 100 亿 Bps 的流量,如表 7.4 所示。

Juniper 继续推出更有力的路由器,逐渐步入占有互联网产业企业主要市场份额的道路。尽管 Juniper 一半的收入来源于四个最主要的客户,它并没有停止扩展自己的客户群,2000 年第三季度的客户数从 113 增加到 136,2000 年第三季度获得了 24% 的市场份额。

表7.4 Juniper 的产品售价及速度

产 品	目标市场	发布日期	大致销售价格 (单位:千美元)	速度(Gbps)
M40	核心	1998.9.16	400	40
M20	边缘	1999.12.7	100	20
M160	核心	2000.4.28	800	160
M5	边缘	2000.9.9	20	5
M10	边缘	2000.9.9	20	10

随着2000年即将结束,克林恩斯发现自己处于一个令人羡慕的位置。公司在短短两年的时间内获得了核心路由器市场1/4的份额,而行业分析家认为Juniper的技术无论在潜力上还是实际上都领先对手6个月。Juniper的收入情况如表7.5所示。

表7.5 Juniper 收入报表概要(单位:千美元)

	2000 年	1999 年	1998 年	1997 年
净收入	673 501	102 606	3 807	—
收入成本	237 554	45 272	4 416	—
总利润(损失)	435 947	57 334	(609)	—

7.3.1.5 Juniper 的竞争者

Juniper的成功是建立在CISCO和行业中其他竞争者的代价上的。到2000年,核心路由器市场已处于CISCO-Juniper双寡头垄断,如表7.6所示。

表7.6 核心路由器市场份额

	98Q3	98Q4	99Q1	99Q2	99Q3	99Q4	00Q1	00Q2
CISCO	91%	87%	85%	82%	83%	80%	81%	75%
Juniper	0%	7%	12%	14%	16%	17%	18%	24%
Lucent	9%	6%	3%	2%	1%	1%	0%	0%
Nortel	0%	0%	0%	2%	1%	2%	1%	0%

虽然已经取得了两分天下的优势,但是Juniper仍然不得不面对一些问题:由于技术上的快速进步和潜在竞争者的冲击,Juniper不能肯定自己的技术优势还能持续多久。互联网产业的淘金热会结束吗? Juniper还能站稳吗? 它的商务模式好吗? 它选择进入路由器市场的策略正确吗? CISCO会如何反应?

我们将使用全部三个评价量度(利益率量度、利益率预测量度和商务模型成分量度)来评价Juniper网络的商务模式以决定其可行性。此外,将对其市场进行波特五力分析。

1）对盈利性的评价方法

与公司竞争者的商务模式盈利性进行比较。Juniper 在建立后的第 4 年就开始盈利，预计在 2000 年年底净收入为 1.62 亿美元。这与同期互联网泡沫破灭带来的成千上万公司的损失相比是显著的。企业的现金储备也有 5 亿美元。

2）对利润预测因素的评价方法

与公司竞争者的利润率、市场占有率和收入增长率进行比较。到 2000 年 11 月，M40 推出后两年，Juniper 在核心路由器市场赢得了 24% 的份额。到 2000 年 9 月，9 个月的边际利润率为 64%。

3）对商务模型组成部分的衡量

Juniper 商务模型成分的评测在表 7.7 中有所总结。

表 7.7　评价 Juniper 网络的商务模式：成分量度

成　分	评　测	等　级
定位	Juniper 在 2000 年的 ISP 运营商级路由器的定位是成功的，并预计未来更有吸引力	高
消费者价值	Juniper 在速度和更新上都比思科好，而这在此行业中是关键的。M40 比竞争者思科的产品速度快 10 倍。思科没有热点交换。Juniper 的路由器在 2000 年是产业中技术最先进的	高
范围	2000 年 Juniper 核心路由器的增长速度为 53%，边缘路由器的增长速度为 208%，拥有的市场份额增长到 24%	高
定价	如果思科和 Juniper 产品的价格是可比的，Juniper 的性价比一定更高，因为它的产品比思科的要快得多，并且拥有热点交换这一思科没有的重要性能	高
收入来源	Juniper 收入的两个主要来源是核心与边缘路由器产品的销售。它在核心和边缘路由器市场的利润与市场份额都很高。1999 年至 2000 年，利润与市场份额都在增长。Juniper 的路由器比思科的速度快并且拥有热点转换，而这是思科所没有的	高
关联活动	Juniper 专注于产品开发与革新，这进一步加强了它所提供的高度产品差异，Juniper 将制造外包给 IBM 和 Solectron，将一些销售活动外包给 Alcatel 和 Nortel。为核心与边缘路由器开发替代性产品的周期，并将技术推向了另一个极限	高
实现	管理团队添加了遗传的混合。一个有声望的 VC 企业的投资，增加了 Juniper 的可信性。这样的可信性可以在资源有限的市场上吸引顶级的人才，还可以吸引更多的资金。Juniper 的时间选择是正确的：它在消费者渴望拥有另一种选择的时候进入了这个行业	高
能力	顶级的产品技术让它可以提供最好的服务和热点转换。私有的路由软件，JUNOS。2000 年，Juniper 有被模仿的可能。性能潜力对于其他产品市场的定位是可以延伸的	高

续　表

成　分	评　测	等　级
持久性	并没有长时间拥有很高的市场占有率。更高的市场份额是容易被攻击的。但是,Juniper 将管理、存货和协作结合起来以维持自己的优势。 • 不断革新; • 与 IBM 等合作; • 与客户合作; • 独有软件 JUNOS; • 大部分收入来源于 4 个主要消费者,产品生命周期短,有风险	中
成本结构	Juniper 和思科 2000 年的成本机构是可比的,尽管前者并没有思科的规模经济	低

7.3.1.6　Juniper 的波特五力分析

对企业路由器市场的波特五力分析表明,这个行业既不会在 2000 年具有吸引力,将来也不能保证具有吸引力(见表 7.8)。市场的成长只是吸引力的一个因素,但市场中的出色表现,不仅需要技术,而且需要充足的资产。可见,Juniper 要在这个市场中争取优势,需要把握如下方面:辅助资产上需要可靠的合作伙伴;销售力、服务网络上寻找可靠的合作伙伴;专心于自身独特的技术。

表 7.8　企业路由器市场的波特五力分析

五　力	2000 年间	影　响	长　期	影　响
供方力量	很多 ASIC 芯片供应商	低	很多 ASIC 芯片供应商	低
需方力量	很多企业,很多产品供选择	高	很多企业,很多产品供选择	高
竞争者	很多企业,很多产品供选择。企业间在价格与服务上进行竞争。CISCO 已经主导这个市场	高	当市场成熟时,企业的数量会少些	中
潜在的进入者	进入障碍低	高	进入障碍低,但会随时间增长	中
替代品	淘汰的(电信)运营商级路由器可做替代品	高	淘汰的(电信)运营商级路由器可做替代品。新技术可能产生更多替代品	低
结　论	没有吸引力的市场		没有吸引力的市场	

7.3.2　某农产品企业的商务模式评价

7.3.2.1　某农产品企业业务简介

该农产品企业是广大消费者广为认可的高端农产品品牌,地理位置优越,以油鸡为主题,销售产品主要以鸡蛋和鸡肉为主,同时配以板栗、苹果、小米、蜂蜜等作为季节性辅助销售产品。公司的品牌定位为高端食品品牌,主要瞄准的是北上广深等一线城市的消费人群。

7.3.2.2　层次分析法确定指标体系权重

数据收集采用专家调查法,即请 12 位在电子商务、零售和农产品等方面的专家将指标体系中的各个因素的重要性做两两比对,从而得到比较数据。

利用层次分析法为各个指标计算权重过后,得到最终的评价指标体系,如表 7.9 所示。

表 7.9　某农产品企业 O2O 电子商务模式完整评价指标体系

一级指标名称	一级指标权重	二级指标名称	二级指标权重
财务指标	0.408	营业收入增长率	0.637
		成本费用利润率	0.258
		库存周转率	0.105
客户指标	0.165	客户满意度	0.258
		市场份额	0.105
		活跃客户比例	0.637
内部经营指标	0.375	引流比率	0.068
		精准化营销比率	0.363
		准时交货率	0.028
		线上线下信息化对接程度	0.16
		农产品标准化程度	0.063
		农产品追溯程度	0.16
		冷链实施程度	0.16
学习创新指标	0.052	员工满意度	0.105
		研发费用比例	0.637
		新产品研发周期	0.258

7.3.2.3　模糊综合评价法计算分值

模糊综合评价基于模糊数学和隶属度理论将定性问题转化为定量问题,可用于为受多种因素影响的对象或目标确定综合性的评价。模糊综合评价非常适合那些较为难以量化的非确定性的问题。模糊综合评价计算方法中包含以下几个基本元素:因素集合 F、评价集合 M 和单因素评价矩阵 E。

首先,确定评价集合 M,令 $M=\{$很好,较好,一般,较差,很差$\}$。其次,确定各个指标相对于评价集合的隶属度,本文采用专家调查法,即请 12 位在电子商务、零售和农产品等方面的专家参照上述企业各指标数据,来对每个指标的效果加以衡量,从评价集合中的 5 个评价中选取一个。将专家的评价结果汇总后,再对每个指标的评价取平均,从而得到评

价矩阵 E,如表 7.10 所示。

表 7.10 某农产品企业 O2O 电子商务模式的模糊综合评价集合隶属度

一级指标名称	一级指标权重	二级指标名称	二级指标权重	评价集合				
				很好	较好	一般	较差	很差
财务指标	0.408	营业收入增长率	0.637	0.000	0.167	0.667	0.167	0.000
		成本费用利润率	0.258	0.167	0.167	0.500	0.167	0.000
		库存周转率	0.105	0.000	0.333	0.500	0.167	0.000
客户指标	0.165	客户满意度	0.258	0.000	0.167	0.500	0.167	0.167
		市场份额	0.105	0.167	0.667	0.167	0.000	0.000
		活跃客户比例	0.637	0.167	0.333	0.333	0.167	0.000
内部经营指标	0.375	引流比率	0.068	0.000	0.000	0.167	0.500	0.333
		精准化营销比率	0.363	0.000	0.000	0.000	0.333	0.667
		准时交货率	0.028	0.500	0.333	0.167	0.000	0.000
		线上线下信息化对接程度	0.160	0.000	0.000	0.167	0.500	0.333
		农产品标准化程度	0.063	0.000	0.167	0.500	0.167	0.167
		农产品追溯程度	0.160	0.167	0.167	0.500	0.167	0.000
		冷链实施程度	0.160	0.167	0.333	0.333	0.167	0.000
学习创新指标	0.052	员工满意度	0.105	0.000	0.333	0.333	0.167	0.167
		研发费用比例	0.637	0.167	0.333	0.333	0.167	0.000
		新产品研发周期	0.258	0.167	0.333	0.333	0.167	0.000

接下来,计算各级指标的隶属度 Ai,因 $Ai=(I)i-Ei$,则对于一级指标中的财务指标,有:

$$A_1 = w_1 * E_1 = (0.063\ 7, 0.258, 0.105) \begin{bmatrix} 0.000 & 0.167 & 0.667 & 0.167 & 0.000 \\ 0.167 & 0.167 & 0.500 & 0.167 & 0.000 \\ 0.000 & 0.333 & 0.500 & 0.167 & 0.000 \end{bmatrix}$$

$$= (0.043, 0.184, 0.606, 0167, 0.000)$$

同理可得一级指标中的客户指标、内部经营指标以及学习创新指标隶属度:

$A_2 = (0.124, 0.325, 0.359, 0.149, 0.043)$

$A_3 = (0.067, 0.100, 0.207, 0.298, 0.328)$

$A_4 = (0.149, 0.333, 0.333, 0.167, 0.017)$

最后，计算某农产品企业 O2O 电子商务模式评价相对于评价集合的隶属度：

$$A = w * E = (0.408, 0.165, 0.375, 0.052) \begin{bmatrix} 0.043 & 0.184 & 0.606 & 0.167 & 0.000 \\ 0.124 & 0.325 & 0.359 & 0.149 & 0.043 \\ 0.067 & 0.100 & 0.027 & 0.298 & 0.328 \\ 0.149 & 0.333 & 0.333 & 0.167 & 0.017 \end{bmatrix}$$

$$= (0.071, 0.183, 0.401, 0.213, 0.131)$$

于是，根据隶属度最大原则，评价相对于评价集合隶属度中最大值为 0.401，对应于评价集合中的"一般"，排名第二的隶属度值为 0.213，对应于评价集合中的"较差"，即某农产品企业 O2O 电子商务模式的评价结果为一般偏下。其中，四个一级指标财务指标、客户指标、内部经营指标以及学习创新指标的对应于评价集合中隶属度分别为"一般""一般""很差""一般"。某农产品企业自身对于公司 O2O 电子商务的评价也是公司的 O2O 仅仅处于模式的初期，一切以探索为主，想要将 O2O 电子商务做出一个完善的模式，依然有很长的路要走。因而，该 O2O 电子商务模式评价指标体系的实证研究与某农产品企业对于自身的 O2O 定位结果一致。

【关键词】

层次分析法（Analytic Hierarchy Process）　模糊综合评价法（Fuzzy Comprehension Evaluation Method）

思考与练习

1. 为什么要对互联网商务模式进行评价？
2. 层次要素评价方法主要有哪几个层次？每个层次的评价要素有哪些？
3. 自选一家互联网公司，结合表 7.2 的评价方法，对商务模式各个部分进行衡量评价。
4. 简述指标体系评价方法的评价流程。
5. 对互联网商务模式评价中，我们得到的最重要信息是什么？
6. 有兴趣的同学请课后自学模糊综合评价法。

讨论与辩论主题

1. 讨论层次分析法分别有哪些优、缺点。
2. Junifer 成功应用了哪些策略与 Cisco 进行竞争？

第8章 初创互联网企业的融资和估值

8.1 企业的生命周期与利润收回方法

8.1.1 企业的生命周期

世界上任何事物的发展都存在着生命周期,企业也不例外。所谓"企业的生命周期",是指企业诞生、成长、壮大、衰退甚至死亡的过程。自20世纪50年代以来,许多学者对企业生命周期理论开始关注,并从不同视角对其进行了考察和研究。

8.1.1.1 企业生命周期理论的发展历程

20世纪50年代,马森·海尔瑞(Mason Haire)首先提出可以用生物学中的"生命周期"观点来看待企业,认为企业的发展也符合生物学中的成长曲线。20世纪60年代开始,学者们对于企业生命周期理论的研究比前一阶段更为深入,对企业生命周期的特性进行了系统研究。20世纪70年代到80年代,学者们在对企业生命周期理论研究的基础上,纷纷提出了一些企业成长模型,开始注重用模型来研究企业的生命周期,主要代表人物为伊查克·爱迪思(Ichak Adizes)。20世纪90年代至20世纪末,在西方学者对企业生命周期研究的基础上,以陈佳贵和李业为代表的我国学者又对其进行了修正和标引。21世纪以来,企业生命周期理论不断得以延伸和拓展,并逐步趋向完善。

8.1.1.2 企业生命周期理论

伊查克·爱迪思(Ichak Adizes)可以算是企业生命周期理论中最有代表性的人物之一。他在《企业生命周期》(*Corporate Lifecycles*)一书中,把企业成长过程分为孕育期、婴儿期、学步期、青春期、盛年前期、盛年后期、贵族期、官僚初期、官僚期以及死亡期共十个阶段(见图8.1),认为企业成长的每个阶段都可以通过灵活性和可控性两个指标来体现。

初创企业,充满灵活性,做出变革相对容易,但可控性较差,行为难以预测;而当企业进入老化期,企业对行为的控制力较强,但缺乏灵活性,直到最终走向死亡。因为企业在不同的发展阶段,呈现出不同的发展特点,因而在不同阶段有不同的融资方式和估值方式。本章将以初创互联网企业为研究对象,侧重研究其融资方式和估值方法。

8.1.2 利润收回方法

企业的最终目的是获利,如果企业的某种业务具备获利的条件,那么其建立者经常需要决定在什么时候收取他的那部分利润。对此,他们通常面临三个选择:

(1)继续经营获得企业全部生命周期内的利润,如当当网。亚马逊意欲收购当当,并希望以此借道进入中国。开出的具体条件是：1.5 亿美元收购当当网 70％至 90％股权，在掌控绝对控股权的同时，保留李国庆、俞渝等原有的管理团队。2004 年 8 月初，当当网联合总裁对此做出了回应："在当当网年销售额达到 10 亿元之前，我们还是希望自己来掌控。"

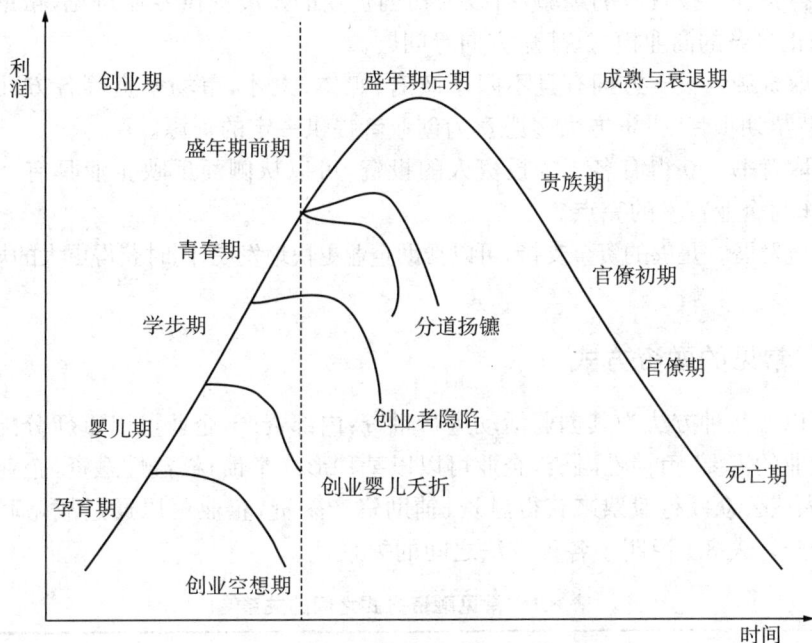

图 8.1　企业生命周期的十个阶段

（2）将企业全部或部分转卖给其他投资机构，如易趣、卓越。亚马逊宣布它已签署最终协议收购注册于英属维尔京群岛的卓越有限公司，这次交易价值约为 7 500 万美元。在符合成交条件的情况下，并购于 2004 年第三季度完成。卓越网被亚马逊以 7 500 万美元收购，标志着外资对中国互联网行业的第二轮收购进一步扩大。

（3）目前最流行的做法是通过首次公开发行上市（Initial Public Offering，IPO）将企业的股份卖给公众，如 CISCO、Netease、Sina。思科股票于 1990 年 2 月 16 日初次公开发行；2002 年 6 月 30 日，网易在美国 NASDAQ 挂牌上市，上市当天即跌破发行价，网易成为第一支首发日即跌破发行价的中国网络股；2000 年 4 月 13 日，新浪网股票开始上市交易，股票代码为"SINA"。新浪上市当天，全部的市值大约在 7 亿美元左右，王志东的财富曾经达到 1 200 万美元（约 1.1 亿元人民币）。

8.2　初创企业的融资

8.2.1　融资的原因

企业需要进行融资的原因繁多。初创企业可以通过融资获得强有力的资金支持，是进行融资最直接的原因。但是，融资不单单是为了企业的生存，更是为了企业的长远发展，所以在企业产生新一个周期的财务计划时，可以优先考虑进行融资，而不是自己承担。融资除了可以帮助初创企业获得资金，更可以使初创企业获得其他方面的支持。企业选择进行融资的具体原因如下：

（1）获得指导。投资方的经验，可以为初创企业的发展提供专业意见，帮助企业更好地规划和修正自身的商业模式、战略方向等问题。

（2）获取资源。投资方拥有且不限于政府、媒体、人才、市场渠道等各方面的珍贵资源，为了扶持早期项目，投资方大多愿意为创业者提供一定的资源。

（3）获取背书。获得有名望的投资人的投资，可以从侧面反映企业具有一定的发展前景，可以作为企业宣发的亮点。

（4）加速发展。足够的资金支持，可以帮助企业更快地发展，同时获得更大的规避风险的实力。

8.2.2 常见的融资方式

企业可以有几种方法为其创业活动进行融资：内部资产，企业可以重新分配已有的资源来满足创业的需要；负债性融资，企业可以以某种形式举债；权益性融资，企业向风险资本公司、个人或公众发行股票来获得融资；辅助资产融资，企业可以通过战略联盟或并购获得辅助资产。表8.1说明了各种方法之间的关系。

表8.1 常见融资方式之间的关系

收入 － 支出 ＝ 净收入

留存收益期初余额 ＋ 净收入 － 股利 ＝ 留存收益期末余额

资产 ＝ 负债 ＋ 实收资本 ＋ 留存收益
资产 ＝ 负债 ＋ 股东权益

有形资产：	无形资产：	负债：	股东权益：
现金	客户关系	应付账款	普通股
可销证券	分销渠道	应付票据	发行给风险投资家
应收账款	品牌声誉	应付利息	发行给公众
应收票据	专利权	应付所得税	优先股
应收利息	版权	预收账款	留存收益
存货	商标	预收租金	库存款
预付款项		应付抵押	
土地		应付债券	
建筑物		资本化的租约	
设备		递延所得税	
已租物品			

8.2.2.1 内部资产

公司有一些内部来源可以为其创业活动融资。第一，企业可以利用留存收益。留存收益来自企业取得的利润减去公司向股东配发的股利。因此，非常盈利的企业不需要寻求外部融资。第二,企业可以使用现存的资产,将原来用于其他项目的资源转而用于创业活动。

8.2.2.2　债务性融资

债务性融资构成负债,企业要按期偿还约定的本息,债权人一般不参与企业的经营决策,对资金的运用也没有决策权,因而债务性融资可以较好地保证创业者对企业的控制权。负债融资的问题是,提供融资的人往往需要公司提供一些实物资产作为抵押物——这些往往不存在于初创企业中。它们的资产通常都是无形的,大部分是智力资产,这些不足以作为银行的抵押物。

(1) 银行贷款:银行是企业最主要的融资渠道。按资金性质,分为流动资金贷款、固定资产贷款和专项贷款三类。专项贷款通常有特定的用途,其贷款利率一般比较优惠,贷款分为信用贷款、担保贷款和票据贴现。

(2) 债券融资:企业债券,也称公司债券,是企业依照法定程序发行、约定在一定期限内还本付息的有价证券,表示发债企业和投资人之间是一种债权债务关系。债券持有人不参与企业的经营管理,但有权按期收回约定的本息。在企业破产清算时,债权人优先于股东享有对企业剩余财产的索取权。企业债券与股票一样,同属有价证券,可以自由转让。

阅读材料:

负债融资的偿债能力与筹资风险分析

举债经营是现代企业广泛采用的经营方式。任何一个正常经营的企业,或多或少都存在一定的负债。这样不仅可以解决企业经营资金紧张的问题,而且可以使企业资金来源呈现多元化趋势。适度的负债经营,也会使企业更加注重合理运用资金,提高资金使用效果,创造更多的经济效益。

1. 负债融资的优点

负债融资是与普通股融资性质不同的融资方式,与后者相比,负债融资具有以下优点:

(1) 负债融资所筹资金是企业的负债而非资本金。债权人一般只有优先于股东获取利息和收回本金的权利,不能分享企业剩余利润,也没有企业经营管理的表决权,因而不会改变或分散企业的控制权力结构。

(2) 负债融资成本低。企业取得贷款或发行债券,利率是固定的,到期还本付息。发行股票筹资,股东因投资风险大,要求的报酬率就高。

(3) 负债融资可为投资所有者带来杠杆效应并具有节税功能。杠杆效应主要体现在降低资金成本及提高权益资本收益率等方面;节税功能反映为负债利息计入财务费用抵扣应税所得额,从而相对减少应纳所得税。在息税前利润大于负债成本的前提下,负债额度越大,节税作用越明显。

(4) 负债融资速度快,容易取得,且富有弹性;企业需要资金时借入,资金充裕时归还,非常灵活。

2. 负债经营与偿债能力分析

（1）短期偿债能力分析。通常使用的指标有流动比率、速动比率和现金比率。

① 流动比率是流动资产与流动负债的比率。一般情况下，流动比率越高，反映企业短期偿债能力越强，债权人的权益越有保证。按照西方企业的长期经验，一般认为2∶1的比例比较适宜。

② 速动比率是企业速动资产与流动负债的比率。速动比率更能准确地反映企业的短期偿债能力。根据经验，速动比率以1∶1较为合适。过低，说明企业的偿债能力存在问题；过高，则说明企业会因拥有过多的货币性资产而失去一些有利的投资和获利机会。

③ 现金比率是企业现金类资产与流动负债的比率。现金比率能反映企业的直接支付能力。一般情况下，企业不可能也无必要保留过多的现金类资产。

（2）长期偿债能力分析。评价企业长期偿债能力，从偿债的义务看，包括按期支付利息和到期偿还本金两个方面；从偿债资金来源看，应是企业经营所得的利润，因为在正常生产经营的情况下，企业不可能依靠变卖资产还债，只能依靠实现利润来偿还债务。反映企业长期偿债能力的指标有负债比率、负债与股东权益比率、利息保障倍数。

① 负债比率是企业负债总额对资产总额的比率。这一比率越小，表明企业的长期偿债能力越强。此项比率较大，从企业所有者来说，是利用较少量的自有资本，形成较多的生产经营用资产，不仅扩大了生产经营规模，还可以利用财务杠杆，得到较多的投资利润。但如这一比率过大，则表明企业的债务负担过重，企业的资金实力不强，偿债能力缺乏保证，对债权人不利。

② 负债与股东权益比率又称产权比率，是负债总额与所有者权益之间的比率。它反映企业投资者权益对债权人权益的保障程度。这一比率越低，表明债权人权益的保障程度越高，承担的风险越小。

③ 利息保障倍数是指企业的息税前利润与利息费用的比率。倍数越大，说明企业支付利息费用的能力越强。

3. 坚持适度负债，降低筹资风险的措施

（1）所谓适度负债就是按需举债，量力而行，不超过自身的偿债能力举债。

（2）充分考虑筹资风险。在进行资本结构决策时要充分应用稳健性原则，估计未来各种不确定因素对企业获利水平可能产生的不利影响，尽量使企业总价值最高、资本成本最低。企业应充分分析自己的营运能力、盈利能力，选择经济效益好的项目。只有在能使收益率大于贷款利率的前提下才举债筹资。

（3）追求负债经营的效益性，进一步深化经济体制改革。企业应充分重视科学技术对经济发展的推动作用，加强企业内部管理，优化企业组织结构，采取必要措施加速资金周转，提高资金使用效益。

8.2.2.3 权益性融资

权益性融资构成了企业的自有资金，投资者有权参与企业的经营决策，有权获得企业的红利，但无权撤退资金。权益性融资的主要实现方式是通过股票融资。

股票具有永久性,无到期日,不需归还,没有还本付息的压力等特点,因而筹资风险较小。股票市场可促进企业转换经营机制,真正成为自主经营、自负盈亏、自我发展、自我约束的法人实体和市场竞争主体。同时,股票市场为资产重组提供了广阔的舞台,能优化企业组织结构,提高企业的整合能力。

通过股票融资(Equity Financing),企业可以将其股票销售给投资者换取企业所需要的资金。图 8.2 说明了股票市场的组成和它们之间的关系。股票可以通过股票交易所向公众发行,如纳斯达克(NASDAQ)或伦敦股票交易所。第一次发行的时候,称作首次公开发行上市。对于 20 世纪 90 年代末大部分初创的互联网企业来说,这是它们最常用的融资方式。

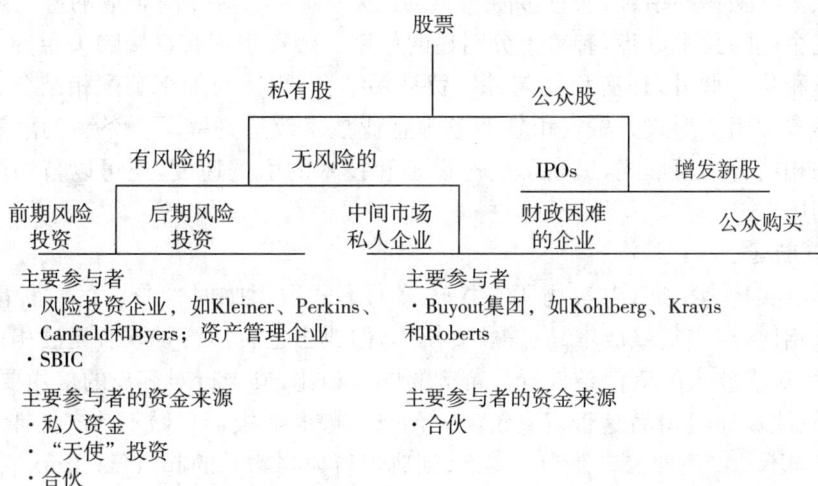

图 8.2　股权的各个组成部分

对于很多产品尚未通过实践检验的初创企业来说,私有的股票投资企业最有可能是它们股票的购买者。私有股票投资有风险投资和无风险投资两种。风险股票是初创企业在其较早的发展阶段内发行的。作为交换,风险资本(Venture Equity)企业拥有了初创企业部分所有权,而它们为初创企业提供融资。风险资本企业主要的动机是在初创企业首次发行上市时(IPO)套取现金回报。而公开发行上市也就表示初创的企业已经证明了自己发展的动力机制足以使其走向公众。风险资本企业不仅提供所需的资金,它们还可以提供管理专家,这对初创企业是非常重要的。一些风险资本企业有一个由它们投资的企业组成的网络,这些企业可以成为初创企业第一批客户或供应商。这些无形的帮助对初创企业的生存是极为重要的。

利用风险资本最主要的缺点是,这样会使得初创企业将其大部分控制权转移到风险资本企业手中。风险资本企业用来进行融资的资金可以是它们自有的,或者是其负有有限责任的合伙人的。在美国,风险资本还可以来自小型投资企业(Small Business Investment Corporation,SBIC)。它们都是一些私有企业,并且拥有小型商务管理部门颁发的向风险企业提供融资的许可证。为鼓励它们提供这些风险贷款,联邦政府对 SBIC 实施减税政策。它们可以向小型企业管理局(SBA)贷款。

8.2.2.4 辅助资产融资

辅助资产对于企业从创新中盈利极为重要,然而,不幸的是,绝大部分初创企业都缺乏这些资产,且这些辅助资产都难以复制或替代。例如,一家初创的 Web 广告公司很难复制传统企业经过数十年经营而成的与财富 500 强企业客户的关系。从风险资本企业和银行借来的钱不能立刻买到这些关系。要获得这些辅助资产的一种有效的办法是与拥有这些辅助资产的所有者组成某种形式的战略联盟或收购其所有者,甚至可以让这些辅助资产所有者收购自己。

8.2.2.5 其他融资方式

1)融资租赁

通过融资与融物的结合,兼具金融与贸易的双重职能,对提高企业的筹资融资效益,推动与促进企业的技术进步,有着十分明显的作用。融资租赁有直接购买租赁、售出后回租以及杠杆租赁。此外,还有租赁与补偿贸易相结合、租赁与加工装配相结合、租赁与包销相结合等多种租赁形式。融资租赁业务为企业技术改造开辟了一条新的融资渠道,采取融资融物相结合的新形式,提高了生产设备和技术的引进速度,还可以节约资金使用,提高资金利用率。

2)典当融资

典当是以实物为抵押,以实物所有权转移的形式取得临时性贷款的一种融资方式。与银行贷款相比,典当贷款成本高、贷款规模小,但典当也有银行贷款所无法相比的优势。首先,与银行对借款人的资信条件近乎苛刻的要求相比,典当行对客户的信用要求几乎为零,典当行只注重典当物品是否货真价实。而且一般商业银行只做不动产抵押,而典当行则可以动产与不动产质押二者兼为。其次,到典当行典当物品的起点低,千元、百元的物品都可以当。与银行相反,典当行更注重对个人客户和中小企业服务。第三,与银行贷款手续繁杂、审批周期长相比,典当贷款手续十分简便,大多立等可取,即使是不动产抵押,也比银行要便捷许多。第四,客户向银行借款时,贷款的用途不能超越银行指定的范围。而典当行则不问贷款的用途,资金使用起来十分自由。周而复始,大大提高了资金使用率。

8.2.3 融资的阶段

企业进行融资的阶段总体来说可以按照企业成长的周期进行划分,一个项目完整的投资过程可以包括且不局限于种子轮、天使轮、Pre - A 轮、A 轮、A＋轮、B 轮、C 轮……Pre - IPO、IPO 阶段。在种子轮,企业的项目可能只是一个 idea;到天使轮,项目有了一个基本的雏形,由 idea 发展为 demo,此时,天使投资(Angel Investment,AI)介入,通常发生于企业的初创和起步期,企业的发展尚在摸索阶段,因此天使投资很多都是基于对创业者及创业团队的信任而进行投资的,在这个环节,团队的能力是 AI 考察的重点;X 轮融资,通常发生在初创企业的项目已经由 demo 发展为 product 的阶段,此时项目已基本步入正轨,以投资顺序依次称为 A 轮(也可能出现 Pre - A 轮、A＋轮等附加轮次)、B 轮、C 轮等,风险投资(Venture Capital,VC)通常发生在本阶段,此时企业处于步入正轨的早期,项目已经有了一定的发展,VC 的介入,对于企业提升估值,扩大市场都是大有裨益的,在这个环节,VC 较为看重项目的长期发展及赢利能力;Pre - IPO 阶段通常发生在企业发展到较为成熟的阶段,私募基金(Private Equity,PE)大多在此时介入,其投资金额较大,一般投资后项目在 2 至 3 年内会完成上市,PE 看重的是项目的短期赢利能力,即项目能否快速进行 IPO 以便 PE 退出得到回报;投资银行(Investment Banking,IB),也就是平时所说的投行,通常在企业准备进行 IPO 的阶段介入,帮助企业顺利上市,并在企业上市之后获取一定金额的手续费作为报酬。

阅读材料:

天使投资初创企业融资新渠道

1. 何谓天使投资

天使投资是权益资本投资的一种形式,指具有一定净财富的有钱人,对具有巨大发展潜力的初创企业进行早期的直接投资,属于一种自发而又分散的民间投资方式。天使投资一词源于纽约百老汇,特指富人出资资助一些具有社会意义演出的公益行为。对于那些充满理想的演员来说,这些赞助者就像天使一样从天而降,使他们的美好理想变为现实。

后来,天使投资被引申为一种对高风险、高收益的新兴企业的早期投资。相应地,这些进行投资的富人就被称为投资天使、商业天使、天使投资者或天使投资家。那些用于投资的资本就叫天使资本。

2. 天使投资存在已久

其实,在天使投资这一概念出现以前,天使投资作为一种投资方式早就存在于经济生活中了。1903 年,福特汽车公司就接受了天使投资。

到了 20 世纪 70 年代,以美国越战退役老兵为典型代表的一部分富人,不希望让已有财富坐吃山空,便把财富中的一小部分投资于高成长性的初创企业。为了更好地交换投资信息,交流投资经验,他们便约同三五知己,组成俱乐部,定期或不定期地举行各种交流活动,以便获取更多的投资机会。

目前,虽然国人对天使投资这一概念还比较陌生,但是,天使投资这种投资方式在国内早已存在。在清朝末年,一代巨贾胡雪岩开办阜康钱庄时,就得益于王有龄五千两银子的早期投资。就本质而言,这五千两银子就是天使投资。但是,天使投资在国内并没有形成强大的投资群体,投资天使多为创业者的亲戚朋友,天使投资文化并未形成。

3. 天使投资有别于风险投资

就形式而言,天使投资与风险投资有很多共同之处:都是对新兴的具有巨大增长潜力的企业进行权益资本投资;都是对高风险、高收益项目的早期投资;同是长期的增值性投资,投资的目的都是从投资资本增值中获取利润;投资模式都是以资本形式投入,以资本形式退出。所以,天使投资是广义的风险投资,是非正规风险投资。

但是,天使投资与狭义的风险投资,即机构风险投资有着本质的区别:

(1) 就金融性质而言,风险投资是介于直接金融与间接金融之间的一种金融运作模式。与间接金融不同,它直接投资于企业,却与原始意义上的直接金融不同,它的资金来源于其他投资者。天使投资则是用自己的资金投资于企业,属于直接金融。在这一问题上,天使投资与风险投资有着本质的区别。

(2) 从资金所有权、管理权的分离程度看,天使投资与风险投资也有着明显的区别。天使投资者管理自己的投资,风险投资家则替资金所有者管理投资。

(3) 在投资阶段、投资规模、投资成本等方面,天使投资与风险投资均有不同。天使投资一般投资于企业的早期或种子期,投资规模相对较小,投资决策快、费用低;风险投资则多投资于企业的扩张期或成长期,投资规模相对较大,投资决策慢、费用高。

4. 初创企业的资金困局

初创企业成立初期,需要添置设备,购买原材料,支付租金和工资,现金不断流出。与此同时,由于产品质量尚未稳定、市场销售渠道不畅等原因,现金回笼不足以补偿现金流出,企业经营往往出现困难。

以前,初创企业要突破这种困局,主要寄希望于银行贷款、风险投资或创业板上市筹资。但是,由于初创企业没有足够的抵押品,要取得银行贷款非常困难;风险投资数量有限而且要求苛刻,初创企业真正得到投资的项目不多;境内创业板迟迟不开,一些初创企业有一种梦想破灭的感觉。其实,就算境内开办创业板,其服务对象主要是扩张期和成长期的企业,大部分初创企业根本达不到上市的条件。

5. 另辟新径可解困局

其实,面对庞大的民间闲散资金,初创企业要解开资金困局,应该拓宽筹资渠道,充分利用民间资本。天使投资隐藏于民间资本之中,它们数目众多、数额巨大,可以大大地满足初创企业的资金需要。

据统计,目前美国的天使投资家约有 260 万人,活跃的天使投资家约有 30 万人。不管是投资规模还是项目数量,天使投资都远远超过风险投资。天使投资资金总规模是风险投资的 2~5 倍,由于每笔投资规模较小,天使投资的投资项目总数更是风险投资的 20~50 倍。

在我国,个人储蓄余额超过 8 万亿元,有余钱进行投资的富人不少。以珠江三角洲为例,改革开放初期得风气之先,赚到几千万甚至上亿元家财而现在正为资金寻找出路的富人不在少数。在这些高收入人士和有大量存量家财的人士当中,就有很多潜在的天使投资者。其投资额和投资项目数量都将远远超过风险投资。只要充分利用这些潜在的天使投资,初创企业发展初期的资金瓶颈问题,就可望得到缓解。

6. 取得天使投资的技巧

初创企业需要寻找投资天使时,往往碰到一个问题:大多数富人不愿意露富。创业者很难确切知道到底谁有钱,谁愿意投资。要解决这个难题,创业者就要改变思路,把苦于找不到天使投资变为让天使投资找上门。创业者可以把需要融资的信息通过报纸、杂志或者互联网传递出去,也可以把企业资料存放在天使投资服务网站,让天使投资者自动上门。所以,让投资者知道初创企业有融资需要是成功取得天使投资的第一关键。

成功的第二个关键是让投资天使了解初创企业的投资价值。这就需要有一份出色的《商业计划书》。在计划书里,你必须告诉投资者:我生产什么产品?有什么样的管理团队?如何赚钱?能赚多少钱?为什么能赚那么多钱?企业成功以后投资者通过什么方式来分享成果?凡是与企业经营管理有关的主要方面都必须涉及。因为投资者投资的是企业而不是产品。

　　融资成功的第三个关键是设计一套科学合理的交易结构,对那些可能长远影响投资者和创业者利益的各种问题,事先设计好解决方案,利用法律条文做出明确规定,以减少因信息不对称和社会信用缺失而对投资天使产生不利影响。在初创企业融资交易中,因信息不对称和社会信用缺失,投资方明显地处于不利地位。初创企业要融资成功,设计一套科学合理的交易结构至关重要。

8.3　IPO

8.3.1　IPO 的概念

首次公开发行上市(Initial Public Offerings,IPO),是指企业通过证券交易所首次公开向投资者增发股票,以期募集用于企业发展资金的过程。

8.3.2　IPO 的过程

　　如图 8.3 所示,进行 IPO 是从建立一个有前景的企业开始,然后企业需要找到一家证券承销商,通常为投资银行,如高盛(Goldman Sachs)、所罗门兄弟(Salomon Brothers)或摩根士丹利(Morgan Stanley,NYSE:MS)等。由投资银行确定企业的价值、需要公开发行股票的数量、发行的时间以及每股价格。投资银行必须向证券交易委员会(SEC)提交一份发行申请,具体说明发行企业的业务以及其他法律程序要求的内容。申请之后是一段冷却期(Cooling off Period),这段时期内 SEC 要确认信息披露是否完全。当 SEC 对申请感到满意后,企业就获得了上市发行的许可。由于从获得许可的当天开始,企业就可以进行它的 IPO,因此一般称这一天为有效日。在等待 SEC 批准的期间内,投资银行通常需要努力激发投资者对发行企业的兴趣。投资者兴趣的大小对于发行企业股票价格的确定是一个重要的决定因素。每一个投资者,通常都是对发行企业感兴趣的一个集团,会在企业公开发行上市的时候认购一定数量的股票。

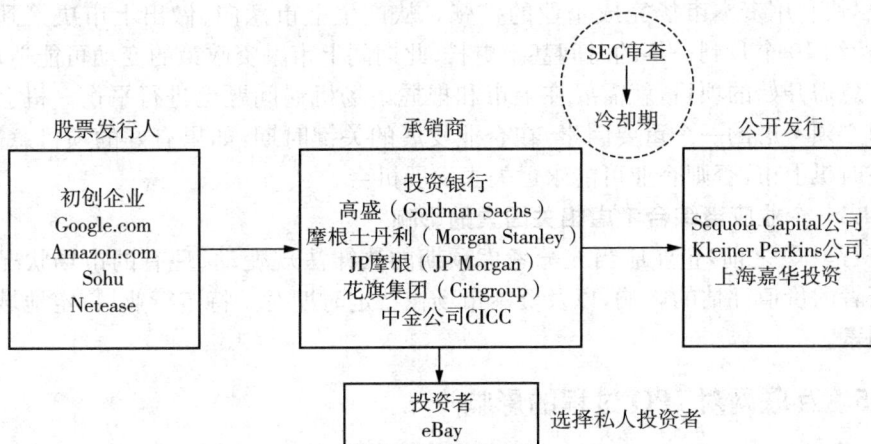

图 8.3　IPO 的过程

8.3.3 企业做出 IPO 决策的原因

8.3.3.1 上市以满足内部驱动

（1）个人财富的快速增长与积累；

（2）降低资金的使用成本；

（3）提升企业的市场形象、竞争力、知名度和可信度，更加有效地开拓市场，取得快速发展；

（4）企业能通过并购快速成长；

（5）企业可通过增发股票，取得更多的资金；

（6）企业能够利用股权的方式吸引、奖励与挽留人才；

（7）完善企业结构、管理体制、财务制度等。

8.3.3.2 上市以应对外部挑战

（1）市场开拓、扩大经营规模或范围急需资金，但借款成本过高或规模不敷使用；

（2）技术、产品发展到一定阶段后，遇到瓶颈，亟须深化出新；

（3）面临管理层面、资源层面的发展瓶颈，欲引进具有说服力和整合力资源的战略合作伙伴，同时引进先进的管理经验，达到优势互补，增强企业综合竞争力，提升企业的价值，令企业快速成长。

8.3.4 关于 IPO 时机的选择

8.3.4.1 企业需要结合行业周期对自身的前景做出判断

处于行业快速增长、市场有较大扩容空间的企业会较为适合走向上市之路，而处于行业顶峰或是衰退期的企业则不适合。上市需要有新的增长点，有好的前景预期。对企业前景的判断包括对产品系列、产品结构、市场状况、财务状况以及未来几年发展预期的分析。从工作上，企业在内部要衡量财务资料、组织架构、风险控制的准备情况，在外部应了解市场趋势以及从专业顾问处取得详细建议。

8.3.4.2 企业要充分考虑机会成本

上市是企业扩大融资面，创新制度平台的重要途径。处于高速发展期的企业应当把握时机，尽快利用资本市场完成企业的扩张。从产生上市意向、做出上市决策到择机上市，要花费约 10 个月到一年的时间甚至更长，此期间上市融资政策的变动可能造成影响。如企业有急需开始的项目，就需要在上市和把握市场机遇问题上进行平衡。机会成本是企业上市必须考虑的一个重要因素，在企业发展的关键时期，如果有好的项目急需资金，就要抓住时机上市，否则企业可能永远失去发展机会。

8.3.4.3 企业应当综合考虑相关因素的影响

在进行 IPO 之前，企业应当充分考虑预期的法律法规变动、现有的市场状况对分析师和投资者的价值评估的影响，以及资本市场在特定时期对于特定行业、特定地域的投资能力等因素。

8.3.5 互联网对 IPO 过程的影响

从技术的角度讲，初创的企业可以公开上市直接销售它们的股票。而它们选择投资银行的主要原因之一是投资银行与客户有良好的关系,它们拥有对企业业务定价的经验和信息,并能够使投资者对发行企业产生兴趣,而初创的企业通常不具备这些条件。因此,投资银行就成为发行企业和投资者的中介。而互联网使投资银行的这些优势对发行公司不再那么重要。现在初创企业可以直接把创办计划书放到互联网上,而不是在向大众公布之前,只发给那些经过筛选出来的保证以某一价格购买的投资者。股票发行可以不经过投资银行,而通过互联网在一家互联网拍卖间里以拍卖的形式进行。

8.3.6　上市的不利影响

8.3.6.1　成功上市后的不利影响

(1) 在上市后,由于出让股份使得企业的创建人和原始股东的持股比例相对减少,可能导致其决策控制力降低;

(2) 上市企业每年在年度审计、申报、股东大会、金融公关等方面需投入较大的人力物力;

(3) 出于市场对上市企业的期望,企业需保证始终维持较高的增长率,一旦增速放缓,业绩不佳,导致企业股价长期徘徊不前,将会影响企业的进一步融资能力;

(4) 企业成功上市后,前期投资方为可能为确保其资本收益率最大而尽早退出。

8.3.6.2　上市失败后的不利影响

上市过程中,企业对内要进行重大的股权结构重组,组织结构调整乃至业务整合,对外支付中介机构费用,这些工作将耗费管理层大量时间和精力。

企业不得不详细描述盈利模型、历史沿革、法律状况、财务资料、披露各项风险因素、重大关联交易,如果不能成功上市,则通常意味着这些内容中存在重大障碍,无疑会影响外部投资者对于企业的信息,即使企业再次尝试上市,也较难在短期内重新取得投资者的充分信任。

8.4　对初创企业的估值

8.4.1　基本概念

融资估值分为融资前估值(Pre-money Valuation)和融资后估值(Post-money Valuation)。

$$融资后估值＝融资前估值＋本轮融资金额$$
$$投资人所占股份比例＝投资金额÷融资后估值$$

期权池:在融资前为未来引进高级人才而预留的一部分股份,用于激励员工。期权池的预留股份,投资方一般不愿意被稀释,而由创始团队承担。在未发放前,一般可以由创始团队代持。

8.4.2　估值方法

目前常见的估值方法主要有相对估值法、绝对估值法、可比交易法和资产法。其中,相对估值法和绝对估值法的应用类型最多,使用范围最广。各估值方法的具体计算方式及使用范围分析如下。

8.4.2.1 相对估值法

1) PE 法(市盈率)

市盈率(Price Earnings Ratio,P/E Ratio)也称"本益比""股价收益比率"或"市价盈利比率"(简称市盈率)。市盈率是最常用来评估股价水平是否合理的指标之一。市盈率是某种股票每股市价与每股盈利的比率。市场广泛谈及的市盈率通常指的是静态市盈率,通常用来作为比较不同价格的股票是否被高估或者低估的指标。用市盈率衡量一家企业股票的质地时,并非总是准确的。一般认为,如果一家企业股票的市盈率过高,那么该股票的价格具有泡沫,价值被高估。当一家企业增长迅速以及未来的业绩增长非常看好时,利用市盈率比较不同股票的投资价值时,这些股票必须属于同一个行业,因为此时企业的每股收益比较接近,相互比较才有效。

$$PE=每股价格\div每股收益(EPS)=投资总金额\div年度净利率$$
$$企业价值=市盈率\times股数$$

(1) 适用范围:

① 周期性较弱,盈利相对稳定的企业。

② 成熟的企业与行业,已达到一定规模,发展速度相对稳定。

③ 应用于企业之间的比较。

(2) 不适用范围:

① 周期性较强的企业。

② 初创企业早期,尚未实现盈利,或发展速度较快。

③ 项目性较强的企业(利润由相对独立的项目决定,而非重复性业务)。

④ 无可比公司或行业。

⑤ 多元化经营或多业务企业。

2) PB 法(市净率)

市净率指的是每股股价与每股净资产的比率。市净率可用于股票投资分析,一般来说市净率较低的股票,投资价值较高;相反,则投资价值较低。但在判断投资价值时,还要考虑当时的市场环境以及公司经营情况、盈利能力等因素。

$$PB=每股价格\div每股净资产$$

(1) 适用范围:

① 拥有大量净资产。

② 账面价值较为稳定、流动资产较高的企业(如银行、保险)。

(2) 不适用范围:

① 账面价值不断重置,成本变动较快的企业。

② 固定资产较少、无形资产较多的企业(如软件行业)。

3) PS 法(市销率)

市销率(Price-to-Sales,PS)越低,说明该企业股票目前的投资价值越大。收入分析是评估企业经营前景至关重要的一步。没有销售,就不可能有收益。这也是最近两年在国际资本市场新兴起来的市场比率,主要用于创业板的企业或高科技企业。在 NASDAQ 市场上市的企业不要求有盈利业绩,因此无法用市盈率对股票投资的价值或风险进行判断,而用该指标进行评判。

$$PS=每股价格÷每股销售额=投资总金额÷年度总销售额$$

适用范围:电商(早期销售额可能快速增长,但利润不一定高,甚至为负)。

4) PEG 法(修正市盈率)

修正市盈率,就是用最新公布的季度收益,修正为年收益,使用动态的最新价计算出来的。

$$PEG =市盈率÷收入增长$$

$$=可比企业平均市盈率÷(可比企业平均预期增长率×100)$$

$$目标企业的价值=PEG×目标企业增长率×100×目标企业净利润$$

$$目标企业每股价值=PEG×目标企业增长率×100×目标企业每股净利$$

该方法是在 PE 法的基础上发展而来的,弥补了 PE 法对企业动态成长性估计的不足,如果股利支付率与股权资本这两个因素相似,而增长率差距较大,则必须排除增长率对市盈率的影响,即对市盈率进行修正。PEG 法相较于 PE 法,更能清楚地反映企业的增长。

传统上,PEG 率小于 1 时,该企业(或者股票、项目)的发展前景是乐观的,可以进行投资。PEG 法使用的前提是企业要连续盈利,不连续则无效。

四种相对估值法的优缺点对比如表 8.2 所示。

表 8.2　四种相对估值法的优缺点对比

估值方法	优　点	缺　点
P/E 法 (市盈率法)	1. 计算市盈率的数据容易取得,并且计算简单; 2. 市盈率把价格和收益联系起来,直观地反映投入和产出的关系; 3. 市盈率涵盖了风险补偿率、增长率、股利支付率的影响,具有很高的综合性	1. 如果收益是负值,市盈率就失去了意义; 2. 市盈率还受到整个经济景气程度的影响。在整个经济繁荣时市盈率上升,整个经济衰退时,市盈率下降
P/B 法 (市净率法)	1. 净利为负值的企业不能用市盈率进行估价,而市净率极少为负值,可用于大多数企业; 2. 净资产账面价值的数据容易取得,并且容易理解; 3. 净资产账面价值比净利稳定,也不像利润那样经常被人为操纵	1. 账面价值受会计政策选择的影响,如果各企业执行不同的跨段标准或会计政策,市净率会失去可比性; 2. 固定资产很少的服务性企业和高科技企业,净资产与企业价值的关系不大,市净率失去意义
P/S 法 (市销率法)	1. 销售收入最稳定,波动性小,并且销售收入不受公司折旧、存贷、非经常性收支的影响,不像利润一样易操控; 2. 收入不会出现负值,不会出现没有意义的情况,即使净利润为负也可用	1. 无法反映企业的成本控制能力,没有反映不同企业成本结构的不同; 2. 销售收入的高增长并不一定意味着盈利和现金流的增长
PEG 法 (修正市盈率法)	1. 能够将市盈率和企业业绩成长性对比来看,其中的关键是要对企业的业绩做出准确的预期; 2. 弥补了 PE 法对企业动态成长性估计的不足	1. 与 P/E 法具有类似的不足; 2. 企业盈利增长率的估计不一定准确; 3. 前提是连续盈利,不连续则没有意义

8.4.2.2 绝对估值法

1) CF 法(现金流)

(1) 企业的价值计算公式如下:

$$V = C_0 + C_1/(1+r_k) + C_2/(1+r_k)^2 + \cdots + C_n/(1+r_k)^n$$
$$= \sum_{t=0}^{t=n} C_t/(1+r_k)^t$$

式中,C_t 是时间 t 的自由现金流;r_k 是企业的资本的机会成本,也称折现率。

(2) 自由现金流(Free Cash Flow)。企业在 t 时期的自由现金流为 C_t:

$$C_t = 现金收入(来自损益表) - 现金投资(来自资产负债表)$$
$$= 经营收入 - 营业税 + 折旧 + 非现金支出 - t \text{ 时期内营运资本增加}$$
$$= (流动资产 - 流动负债) - t \text{ 时期内用于投资的现金支出}$$

式中,经营收入、营业税、折旧、非现金支出来自企业损益表,其他来自资产负债表。

(3) 折现率(Discount Rate)。折现率 r_k 是企业资本的机会成本,是企业投资相同风险项目所获得的预期收益率,反映企业的系统风险和不能分散掉的风险。

可以用资本资产定价模型(Capital Asset Pricing Model,CAPM)进行估计:

$$r_k = r_f + \beta_i(r_m - r_f)$$

即折现率等于无风险利率 r_f,如可用基准债券的利率代替,加上一个风险升水(Risk Premium)。

风险升水(Risk Premium)等于系统风险(Systematic Risk),或企业/业务的 β_i 系数与市场收益率 r_m 与无风险收益率 r_f 之差的乘积。

企业 β 系数值是企业面对的风险与总体市场风险的比值。例如,公司 β 系数值为 3.0,即说明公司所面临的风险是总体市场风险的 3 倍。

2) DCF 法(现金流折现率)

$$PV = CF_1/(1+k) + CF_2/(1+k)^2 + \cdots + [TCF/(k-g)]/(1+k)^{n-1}$$

PV 为现值;CF_i 为现金流;K 为贴现率;TCF 为现金流终值;g 为增长率预测值;n 为折现年限。

(1) 优点:

① 涵盖更完整的评估模型,框架最严谨、最科学;

② 考虑角度全面,充分考虑企业的成长性、营利性、资金成本、规模效益等;

③ 利于对企业深入了解。

(2) 缺点:

① 花费时间长;

② 对历史数据的质量要求高;

③ 需要进行大量的假设,导致结果存在高度的主观性和不确定性;

④ 复杂的计算模式与过程。

(3) 适用范围:

DCF 法是 D 轮到 Pre-IPO 的后期融资过程中较为合理和严谨的估值方法,但是在 A 轮或者早期互联网企业融资中不适合。

8.4.2.3　可比交易法

可比交易法:根据市场上类似产品的估值比较,如市场占有率、用户数等。但是这种方法对于初创企业较为危险,因为互联网独大才是赢家,风险投资者不愿意投给跟随者。

8.4.2.4　资产法

适合资源型企业,往往导致估值偏低,不太适合互联网企业。

根据不同行业的发展特点,应当选择上述不同的估值方法进行,以便更为准确地进行估值。对传统行业企业,VC 会优先考虑 DCF、P/E;对高新技术企业,VC 则普遍首选 P/E。就不同投资阶段以及不同财务状况而言,如果被投资企业正处于早中期发展阶段并且尚未实现盈利,那么 VC、PE 较多使用 P/S、P/B。如果已经实现盈利,则更多使用 P/E、DCF 和 PEG。如果被投资企业已经处于中后期发展阶段,此时企业往往已经实现盈利,而且各方面发展都已经比较成熟、IPO 预期也较为强烈,此时 VC 较为普遍使用的是 P/E 和 DCF。非上市企业,尤其是初创企业的估值是一个独特的、挑战性强的工作,过程和方法通常是科学性和灵活性相结合(见表 8.3)。

表 8.3　分行业的估值方法选择

行　业	主要估值方法	补充估值方法
高新技术行业	P/E	PEG、P/S、DCF
传统行业	DCF、P/E	P/B、P/S、PEG
商业零售业	P/S	DCF

8.4.3　风险投资的决策过程

任何定量评价模型均是建立在“历史将会重演”的假设基础上,以确定的过去类推不确定的将来,以同行业的平均指标来估算特定的企业价值,但是,每一个企业都是独一无二的,在风险投资领域中尤其如此。因此构建风险投资项目的价值评估体系将使评估过程更为规范。风险投资公司每天都会面对大量有待评估的项目,不可能对每个项目都投入大量的时间和精力去进行详细的评估。风险投资家往往会用很短的时间淘汰大部分项目,对于那些看上去很不错的项目就可以进入评价程序。

首先,对手头的项目采用综合指标法进行评估,这样得出被评估项目的综合评分值后,既可以看到单个项目的得分情况,又可以进行横向比较,根据各个风险项目得分情况的不同,就会有一个比较结果。根据综合指标法的分析结果,风险投资公司认为值得继续考察的项目就可以进入下一轮评估。

第二轮评估可以采用比率估价模型,包括市盈率估价法。经过市盈率估价法的评估,我们就可以得到风险企业价值的具体数值,这就为风险投资公司提供了更详细的参考依据。

第三轮评估也就是详细评估,可以采用两种方法,净现金流现值法或者实物期权法。

决定采用哪一种方法，一定要考虑到二者的区别。区别在于它们对信息的假设不同：折现现金流法是基于完全信息假设，而实物期权方法则客观地处理了不完全信息。实物期权是一种信息工具，它提高了管理者获取和加工信息的能力，它的价值从本质上说来自它获取和加工的信息的价值，这使它更好地适应了新经济的特点。总的来说，折现现金流法适用于风险小的投资项目，而实物期权法能够在一定程度上屏蔽投资项目的风险，并且从风险中发现和创造价值，所以它更适用于高风险的项目。

经过三轮评估，风险投资公司对风险投资项目会有一个相当清醒的认识，对于风险企业的经营模式和投资价值也都会有清晰的理解，这就为风险投资公司进入风险企业打下了良好的基础。在种种不确定的因素中，只有一件事是肯定的，即风险投资家所设立的投资评价体系是建立在客观的信息和对面临风险的主观判断基础上的。在风险投资评价过程中，风险投资家经常面临一些从未见过的、革命性的产品、服务，对它们进行精确的定量评价显然是不可能的。

在这种情况下，在运用事先设定的评估标准对大量的投资项目进行筛选之后，风险投资家只能运用他们的知识、经验、信息网络甚至灵感做出最终的评价，而这种评价是综合性的、模糊的而又不遵循固定的模式。所以，成功的风险投资项目评价是理性和感性的完美组合，只有科学的、严密的评价体系再加上时间和经验的积累才能保证它的成功。

8.4.4　项目评价指标体系

国外形成了完整的风险投资评估指标体系，美国圣塔克拉拉大学的 Tyebjee 和 Bruno 两位教授在 1983 年调查了 90 家风险投资公司，获得了风险投资公司在对风险企业评估时考虑的 23 个因素，最终根据实际操作中的主要环节分析了影响投资决策的 16 个主要因素，分成四类：市场吸引力、产品差异度、对环境威胁的抵制能力和管理能力。

（1）市场吸引力：市场规模、市场需求、市场增长潜力、进入市场的渠道；

（2）产品差异度：产品唯一性、技术能力、利润边际、产品的专利化程度；

（3）对威胁的抵抗能力：防止竞争者进入的能力、防止产品老化的能力、风险防范的能力、经济周期抵抗能力；

（4）管理能力：管理技能、市场营销能力、财务技能、企业家风范。

市场吸引力和产品差异度主要决定了风险项目的期望回报率，并且市场吸引作用要强于产品差异度；管理能力和对环境威胁的抵制能力主要决定了风险项目的可预见风险，管理能力影响大于对环境威胁的抵制能力。期望回报和可预见风险决定了最终的投资决策。

8.5　互联网企业的估值

传统估值方法对于初创互联网企业并不完全适用。以 P/E、P/B 为代表的相对估值法不适用于互联网企业的原因主要有：第一，互联网产业发展周期短，企业更迭快，可比较对象少；第二，多数互联网企业盈利性弱，且变化幅度较大，因此初期 P/E 显得极高，而增长到达拐点之后，业绩增速将呈现大幅增加；第三，财务报表上的资产反映不了现实情况，互联网企业是轻资产企业，P/B 会极高，但大多数互联网企业真正重要的资产是包括团队和用户在内的智力资本。同样，以 DCF 为代表的绝对估值法也不完全适用于互联网企业，主要原因是互联网企业难以对其未来现金流状况进行预测。

根据互联网企业的特点，适用于互联网企业的估值方法分述如下。

8.5.1　定性＋定量方法

通过定性、定量相结合的方法对初创互联网企业进行估值，主要涉及如下指标：
(1) 定性指标：商业模式、发展阶段、变现模式；
(2) 定量指标：用户数、节点距离、变现能力、垄断溢价。

8.5.2　定量分析

估值公式如下：

$$V = K \times P \times N^2 \div R^2$$

式中，V 是互联网企业的价值；K 是变现能力；P 是溢价率系数（取决于企业在行业中的地位，即市场占有率，其中马太效应使得领先者有溢价，赢者通吃）；N 是网络的用户数，其中用户为王，包括用户数量及单用户价值，影响力最大；R 是网络节点之间的距离，由科技进步和基础设施建设等外生因素和网络的内容、商业模式等内生因素共同决定。

8.5.2.1　用户为王

梅尔卡夫定律：网络的价值与联网的设备数量的平方成正比。

梅尔卡夫定律认为互联网的价值在于将节点连接起来。而节点越多，潜在存在的连接数越多。如果节点数是 N，其中存在的连接数可能是 $N \times (N-1)$，即 N^2 这一数量级。网络的价值与节点的平方成正比。腾讯和 Facebook 的收入都和其用户数的平方成正比，从而使梅尔卡夫定律得到较好的验证（见图 8.4）。

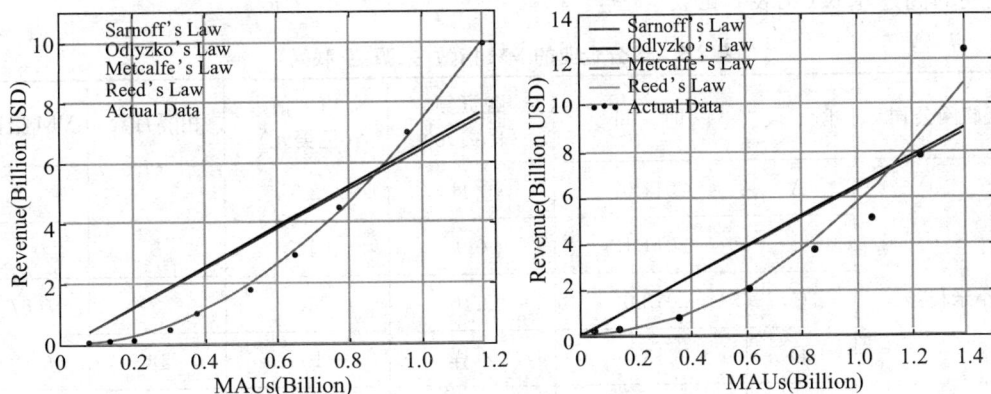

图 8.4　腾讯和 Facebook 的数据证明梅尔卡夫定律

8.5.2.2 减少间距

曾李青定律:网络的价值不仅和节点数有关,也和节点之间的距离有关(见表8.4)。

影响网络节点间距的因素既有外生因素又有内生因素。对于互联网企业来说,内生的因素包括网络的内容(数量和质量)、网络的连通度,这是由网络自身的商业模式和运营情况所决定的。网络中信息质量越高、数量越多、高连通度节点越多,则网络节点的"距离"就越近,网络的价值就越大。

表 8.4　节点距离的影响因素

分　类	影响因素	方　向	案　例
外生	网络速度提升	减少距离	宽带网络普及、4G 代替 3G
	用户界面改善	减少距离	iPhone 等大屏触摸智能手机普及
内生	内容数量提升	减少距离	多媒体技术应用
	网络连通度提升	减少距离	网络核心节点加入

8.5.3　按生命周期划分估值方式

互联网企业在不同时期的现金流替代指标不同,企业在概念期和导入期,可以使用非财务指标代替现金流,主要有客户、市场空间、市场占有率以及数据量等;在成长期和成熟期,则可以使用财务指标,主要有业绩增速、回报率、收入和净利润等。

8.5.3.1　概念期

$$VM\ 指数＝本轮投资前估值÷前轮投资后估值÷两轮之间间隔月数$$

VM 指数绝对不能超过 1,原则上也不应超过 0.5,一旦超过,投资人就会自我怀疑,犹豫不决,并拖延交割时间以便可以多观察一到两个月的数据,同时在其他条款上制定更为苛刻的条件。当然,不能排除有特殊情况导致 VM 指数超过 0.5,如果融资企业在两轮之间有特别爆炸式的增长或者严重影响企业未来预期的标志事件,两轮投资期间一直保持超预期的高速增长(见表8.5)。

表 8.5　部分企业的 VM 指数(来源:互联网)

互联网公司	阶段	时　间	融资额 (亿美元)	市　值 (亿美元)	相隔月数	VM 指数
小米科技	A	2011.07	0.41	2.5		
	B	2011.12	0.9	10	5	0.8
	C	2012.06	2.16	40	6	0.67
	D	2013.09	不详	100	14	0.18
	E	2014.12	11	450	16	0.28

互联网公司	阶　段	时　间	融资额 （亿美元）	市　值 （亿美元）	相隔月数	VM 指数
百度	A	1999.12	0.012	0.04		
	B	2000.09	0.1	0.25	9	0.69
	C	2004.06	0.15	2	45	0.18
饿了么	C	2013.11	0.25	1	10	
	D	2014.05	0.8	5	6	0.83
	E	2015.01	3.5	10	8	0.25
滴滴打车	B	2013.04	0.15	0.8	4	
	C	2014.01	1	5	9	0.69
	D	2014.12	7	35	11	0.64
锤子科技	A	2013.05	0.7 亿元人民币	4.7 亿元人民币		
	B	2014.04	2 亿元人民币	10 亿元人民币	11	0.19

8.5.3.2　导入期

互联网企业导入期的估值核心在于市场空间及客户流,此外,企业价值与客户互动也在一定程度上影响导入期的互联网企业估值。

1) 市场空间预测

市场空间的预测主要由以下三个方面构成:① 市场容量及变化,包括消费者购买力预测、预测购买力投向、预测商品需求的变化及其发展趋势等;② 预测市场价格的变化;③ 预测生产发展及其变化趋势。

基于市场空间的预测方法,对上述类型的互联网企业的市场空间估计如图 8.5 所示。互联网能源是互联网和新能源技术相融合的全新的能源生态系统。它具有"五化"的特征:能源结构生态化、市场主体多元化、能源商品标准化、能源物流智能化及能源交易自由多边化。基于能源本身的市场需求,注定互联网能源的市场空间的规模将非常可观。互联网医疗,是互联网在医疗行业的新应用,其包括了以互联网为载体和技术手段的健康教育、医疗信息查询、电子健康档案、疾病风险评估、在线疾病咨询、电子处方、远程会诊及远程治疗和康复等多种形式的健康医疗服务。如果能解决相关技术问题,搭建良性的医患桥梁,市场空间也不可小视。互联网金融是指传统金融机构与互联网企业利用互联网技术和信息通信技术实现资金融通、支付、投资和信息中介服务的新型金融业务模式。目前,互联网金融已经有了一定的发展,市场空间还将有更大的扩展空间。互联网物流是通过网上采购和配销,使企业更加准确和全面地把握消费者的需要,在实现基于顾客订货的生产方式的同时减少库存,降低沟通成本和顾客支持成本,增强销售渠道开发能力的新型物流方式。随着物联网的不断发展和普及,互联网物流还将进一步发展。

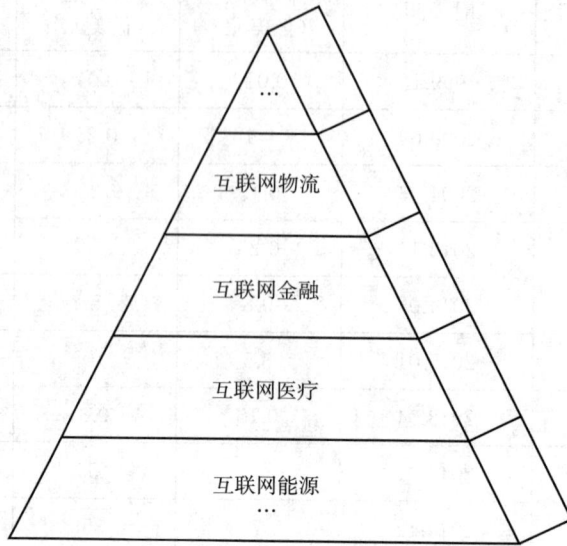

图 8.5 市场空间预测

2) 客户流:具有"4V"特征

衡量互联网企业的客户流主要有四个指标(见图 8.6),且与大数据的"4V"特征近似,分别是客户群的规模(Volume)、客户群扩张的速度(Velocity)、客户群构成的多样性(Variety)以及客户群的价值(Value)组成。

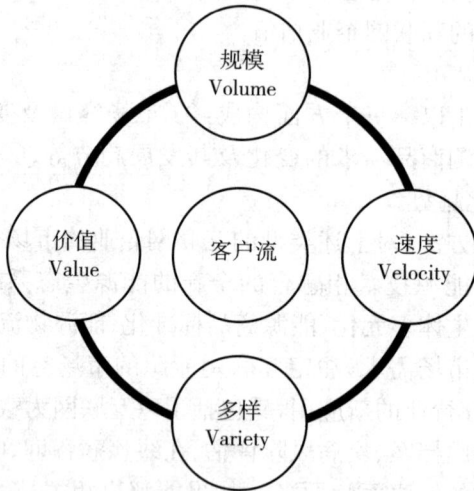

图 8.6 客户流特征

3) 企业价值与客户互动

APRU 值(每用户平均收入,Average Revenue Per User)=总收入÷用户数,同时互联网的网络效应、规模经济效应会使得 APRU 值会随着用户数的增加而增加。互联网客户估值要素如图 8.7 所示。

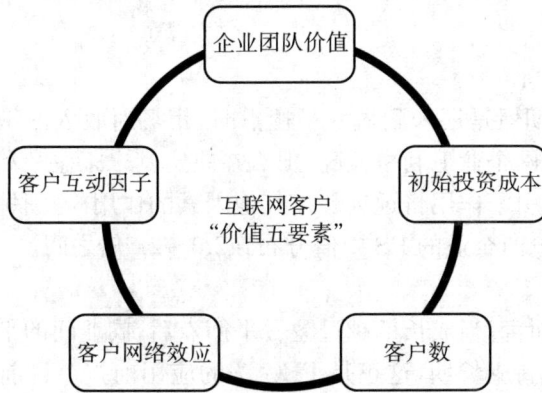

图 8.7 互联网客户估值要素

4）改进 DEVA 估值法

处在导入期的企业价值与客户数不是简单的线性关系（网络效应），可以使用改进的 DEVA 法进行估值。该方法考虑了客户间互动对创造价值的影响，如图 8.8 所示。

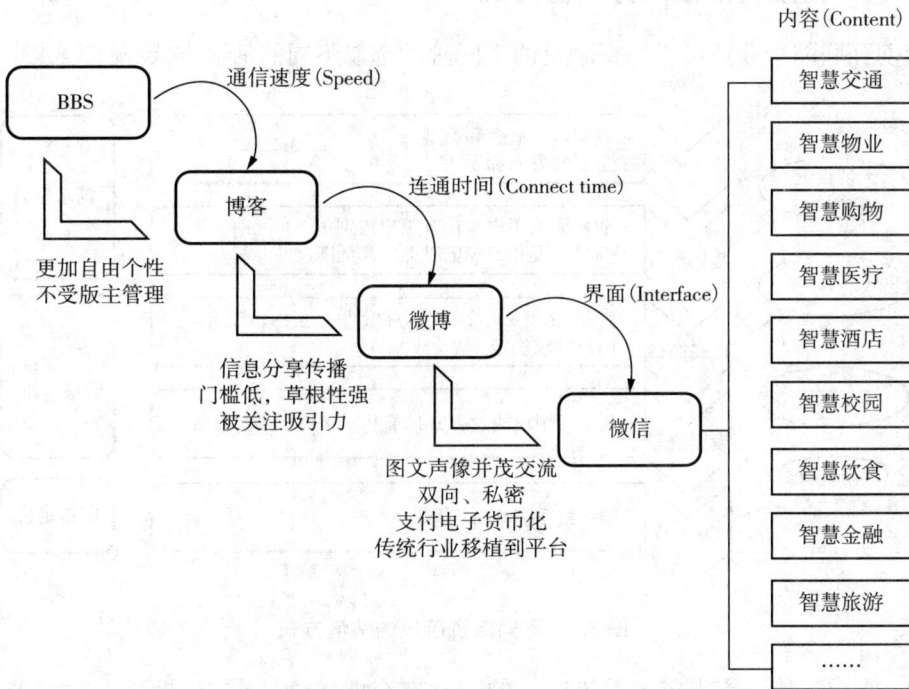

图 8.8 客户间互动将再次创造价值

$$V = f(T, M, C, R) = T \times M \times C^2 \div R^2$$

式中，T 为创业团队价值因子；M 为单体投入的初始资本；C 为客户数量；R 为网络节点之间的距离（客户间互动因子）。

客户流的"4V"特征，决定了互联网价值与通信速度、界面、内容、互动有很大关系，网络效应以非线性、多元化、立体性的加速度在提升，所以客户间的互动将再次创造价值（曾李青定律)。

8.5.3.3　成长期

1）未达到盈亏平衡点

当企业处于成长期但是还未到盈亏平衡点时,市场对收入的敏感性明显强于对利润的敏感性。另外,互联网企业毛利率偏高,那么在决定其未来盈利和现金流增长的各个驱动因素中,营收的增长引擎作用将远远超过其他因素的作用。互联网企业的 PS 中值通常分布在 2～5 倍之间,电商企业的 PS 中值分布在2.0～2.5倍之间。

2）超过盈亏平衡点

对于互联网企业而言,当成长期越过盈亏平衡点后,同业间的平均利润率不再有可参照性,企业进入持续的高成长期,这正是 PEG 法的应用前提。目前,美国、中国的互联网企业的 PEG 中值大约是 2 倍和 1.5 倍。

8.5.3.4　成熟期

当互联网企业发展进入成熟期后,周期性降低,企业盈利能力明显增强,且变化幅度降低,可以通过传统的 PE 法、PB 法等估值方法进行估值。

8.5.4　按融资阶段划分估值方式

初创互联网企业还可以根据融资的不同阶段选取不同的估值方式(见图 8.9)。

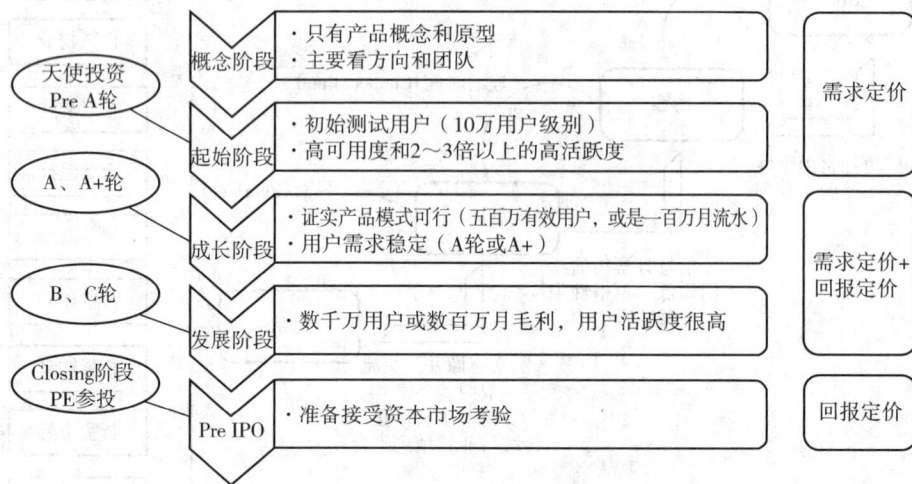

图 8.9　不同融资阶段的估值方式

（1）需求定价。需求定价需要考虑的因素有企业的切实需求,投资人能够带来的价值和市场类似企业的融资情况。

（2）回报定价。企业的产品将来能够在市场现有类型的产品中处于何种地位,上市后的估值有多少,该企业成功发展壮大的风险多大,再乘以一个风险的折扣和需要的回报倍数,这就是回报定价法。上文提到的 DCF 法和 PE 法都属于回报定价的一种。

回报定价的现估值＝最终估值×达到预期估值的风险系数×时间风险系数折扣×

市场风险系数折扣×经营风险或团队风险系数折扣等÷回报倍数

8.6　初创互联网企业其他估值项目

8.6.1　对尚未营利业务的估值

8.6.1.1　公司和产业替代法

在公司和产业替代法中,通过使用近似市盈率对公司每股价格进行估计——使用那些分析人员认为能够代表待估公司的产业和公司的市盈率。亨瑞·布拉吉特（Henry Blodget）1998 年对 Amazon.com 股票估价时详细地说明了这种方法。

阅读材料:

对收入为负的公司股价的估计

我们从亚马逊目标市场的规模开始,它的目标市场是世界范围内的图书、音乐和影像市场,大约 1 000 亿美元规模。那么,亚马逊能够从中分到多少呢? 布拉吉特选择了一个与亚马逊类似的替代企业,即在这些领域中处于领先的 Wal-Mart 公司,它是打折销售商中的领先者,它占有这个市场 10% 的份额。由于亚马逊不断增加它的产品数量,他认为亚马逊能够在未来 5 年内占有 10% 的份额是合理的。这样亚马逊将有 100 亿美元的年收入。然后,他提出了这样的疑问,亚马逊的利润率将是多少呢? 传统零售商一般净收益率为 1% 到 4%。但是,布拉吉特相信,通过减少店面租金支出、低库存、雇用较少的员工,亚马逊能够获得比现有的零售商高的利润率。他认为亚马逊的净收益率与戴尔公司相近——7%。因此,100 亿美元的 7% 是 7 亿美元净收入。最后一个问题是,市场确定的亚马逊的市盈率是多少呢? 一般来说,市场对于低成长的企业的市盈率评价为 10,而对高成长的企业的市税率确定为 75 左右。这就是说,如果认为亚马逊是低成长的企业,它的市场价值将为 70 亿美元,每股 44 美元(拆分后)。而把亚马逊当作高成长的企业,它的市场价值将为 530 亿美元,每股 332 美元。对比这些假设,亚马逊现在的市场价值为 250 亿美元,每股 160 美元看起来是合理的。

8.6.1.2　商务模式法:收入和现金流发生链

运用这种方法不用去找替代的企业和产业,我们可以通过企业的商务模式发现一些企业未来收入的预测因素。在探讨商务模式的定价部分时,我们说明了拥有较高初始投资,而可变成本相对较低的企业如何定价——这种企业可能在产品或技术的发展早期大量赔钱,但将来会有巨大盈利。我们认为,预测这些企业将来是否能够盈利的因素有利润率、市场占有率和每股年收入增长。如果一家初创企业并不盈利,对其利润/现金流发生链的上面一些环节的衡量可以帮助我们估计它的每股价格。

1) 盈利预测因素的衡量

由于利润率、市场占有率和每股年收入的增长是对未来利润非常好的预测因素。我们可以使用价格/利润率比率、价格/市场份额比率和价格/每股年收入增长率之比,而不是市盈率(P/E)或价格/收入增长率之比来确定公司每股价格。他们的计算使用与 P/E 和 PEG 类似。例如,如果一家新的互联网服务提供商(ISP)将要上市,我们知道最近其他上市的 ISP 公司,则可以通过比较它与替代公司的利润率、市场占有率或每股年收入增长率确定其股票价格。

2）商务模式中其他可以用于估价的部分

如果利润率、市场份额和每股年收入增长率不能获得数据,我们可以使用商务模式中其他驱动企业盈利的部分作为估价的依据。比如说,在对 ISP 估价时,可以将用户数量、网络规模、所提供内容的质量和数量、系统使用的方便程度以及对人力资源的管理等作为衡量的标准。再比如,对生物技术的初创企业,拥有专利的数量或员工中拥有博士学位的研究人员的数量等都可以作为衡量公司估价的标准。

8.6.2 对智力资本的估值

如果一家拥有三条主要生产线的企业将要解体,那么你可以对每一条生产线进行估价,因为要对每条生产线未来的收入和自由现金流进行估计。现在我们假设一个关键人物威胁要离开初创的企业。那么,他对企业的价值是多少? 企业的客户网络、回头客、专利以及著作权的价值是多少? 即使对于一个已经上市且拥有稳定现金流或收入的企业来说,对这样的“资产”估价仍有很多问题。对这些无形资产的估价正在变得越来越重要。尤其处在知识经济中,它导致了我们下面将要定义的“智力资本”概念的诞生。介绍新概念之前,我们先来考虑一下尽管简单但很有用的资产负债表的等量关系式:

$$资产＝负债＋股东权益$$

由此推出:

$$资产－负债＝账面价值＝股东权益$$

这一等式的一种解释是,如果企业即将关门,留给股东的是资产减去负债的部分——账面价值(Book Value)。然而,在做出关门决策之前,如果企业的股东售出他们手中的股票,他们得到的是企业的市场价值(Market Value,发行在外的股票数乘以每股价格)。这说明企业的市场价值应该接近账面价值。然而,实际上互联网企业账面价值与市场价值的差距很大。

账面价值与市场价值之间的差距说明,这些企业中有一些非账面资产的东西,使投资者相信,这些东西能够产生自由现金流或收入。理解这个差距为什么如此重要呢? 因为,由于这个差距的重要性,管理者需要对它进行管理和控制。这个差距称作智力资本,包括以下几种内素:① 使实物资产增值的部分或无形资产,如专利权、交易秘密、商标;② 人力资本——那些能够使资产转化为客户需要的产品或服务的员工;③ 企业在所从事产业中所处的位置,由于这种位置,企业可以比其他企业收益高;④ 企业独有的难以模仿或替代的资源或能力,它是企业优势的来源,它使企业能够持续盈利;⑤ 知识,不管是蕴藏在员工头脑中还是以其他形式储存在其他设备中,还是蕴含在组织日常工作中,它都能够使企业向客户提供比其竞争者更好的价值。只要这种知识难以抄袭、复制或替代,它就将给企业带来持久的竞争优势。

我们可以将智力资本分为三部分:智力财产、人力资本和组织性资本。这种分类基于知识蕴含地点的不同，以及它们转化为客户价值的方式的不同。理解了智力资本的组成以及它们对企业市场价值的贡献，可以使我们确定它们的价值，如人力资本，某个关键人物对公司的价值。

8.6.2.1　智力财产

智力财产部分指那些以某种编码形式存在的，企业拥有其所有权的智力财产，包括专利权、著作权、商标、品牌、数据库、工程图纸、合同、交易秘密、公司文件以及其他无形资产，如信誉、网络规模、客户关系及一些特殊的经营执照。这些是企业需要保护，不让其他企业获得的东西。智力财产得到保护、难以复制或替代的程度决定了企业基于这些智力财产的服务和产品盈利的程度。

8.6.2.2　人力资本

智力财产本身不能给企业带来竞争优势。它还需要员工的技能、专有技术、经验和能力来创造智力财产或使用它为客户送去更好的价值。它还需要人力资本（Human Capital）中蕴含于员工头脑中的专业知识，如一名顶尖结构化学专家所拥有的知识。由于人力资本代表了企业执行增值活动（完成所有活动）的能力，因此理查德·霍（Richard Hall）称其为"动"的因素。

8.6.2.3　组织性资本

智力财产和人力资本还不足以使企业获得竞争优势。例如，电脑缓存的专利和获诺贝尔奖的专家自己并不能使企业获得竞争优势。是企业内外的因素使企业将其智力财产和人力资本转化为客户价值，并不断培养发展更多的智力财产。由于没有更好的名字，我们暂且称这些因素为组织性资本（Organizational Capital）。企业内部的组织性资本有企业的结构、系统、战略、人员以及文化。他们利用这种文化来创造、协调和整合蕴藏在每个员工身上的知识和技能，借此企业可以继续创造智力财产，并将这些智力财产转化为客户需要的产品。例如，有些项目管理结构适合环境变化不快、期限较短的任务，而有些产业中，必须拥有重量级项目管理者，其项目的业绩才能比其他项目好。在另一些产业中，企业培养出的文化——对组织中的人、组织结构和产生人们行为规范的机制产生影响的人们共同拥有的价值观（什么是重要的）和信仰（各种事情如何操作）组成的系统——可以称为竞争优势的来源。有时，企业外部的因素对企业创新能力也非常重要。例如，在某一地区通过自有系统提供金融服务支持并从创新中获得回报的企业，它具有能够忍受失败的公司文化。合适的供应商、客户、合作者、竞争者、各个大学、其他研究机构以及一些有用的政府政策，都有助于企业智力财产的创造，有利于将这些智力财产转化为新产品。

8.7　典型案例

8.7.1　京东上市融资案例分析

8.7.1.1　企业简介

根据第三方市场研究公司艾瑞咨询的数据，京东是中国最大的自营式电商企业，2013年在中国自营式电商市场的占有率为 46.5%。

京东为消费者提供愉悦的在线购物体验。通过内容丰富、人性化的网站(www.jd.com)和移动客户端,京东以富有竞争力的价格,提供具有丰富品类及卓越品质的商品和服务,并且以快速可靠的方式送达消费者。另外,京东还为第三方卖家提供在线销售平台和物流等一系列增值服务。

京东提供13大类约4 020万SKUs的丰富商品,品类包括计算机、手机及其他数码产品、家电、汽车配件、服装与鞋类、奢侈品、家居与家庭用品、化妆品与其他个人护理用品、食品与营养品、书籍、电子图书、音乐、电影与其他媒体产品、母婴用品与玩具、体育与健身器材以及虚拟商品(如国内机票、酒店预订等)。

至2014年3月,京东建立了7大物流中心,在全国36座城市建立了86个仓库。同时,还在全国495座城市拥有1 620个配送站和214个自提点。凭借超过20 000人的专业配送队伍,京东能够为消费者提供一系列专业服务,如211限时达、次日达、夜间配和三小时极速达,GIS包裹实时追踪、售后100分、快速退换货以及家电上门安装等服务,保障用户享受到卓越、全面的物流配送和完整的"端对端"购物体验。

京东是一家技术驱动的公司,从成立伊始就投入巨资开发完善可靠、能够不断升级、以电商应用服务为核心的自有技术平台。京东不断增强公司的技术平台实力,以便更好地提升内部运营效率,同时为合作伙伴提供卓越服务。

8.7.1.2　股权结构

1998年6月18日,刘强东在北京中关村创业,成立京东公司。

2004年1月京东涉足电子商务领域,正式开通京东多媒体网。

为引入国外资本,2006年11月,360buy Jingdong Inc.在英属维京群岛成立,2014年1月,360buy Jingdong Inc.修改公司注册地为开曼群岛,并将公司名称变更为360buy Jingdong Inc.。

2007年4月,中国全资子公司北京京东世纪贸易有限公司(Beijing Jingdong Century Trade Co., Ltd.,京东世纪)成立,京东原有公司的中国业务逐渐割接到京东世纪,京东世纪及其子公司在中国从事批发和零售销售、快递服务、研发、金融和互联网。

2007年4月,成立北京京东360电子商务有限公司(Beijing Jingdong 360Degree E-Commerce Co., Ltd.,京东360),通过一系列协议,京东世纪实现对京东360的控制。京东360持有中国ICP牌照,并运营www.jd.com网站。2012年10月,京东360通过其全资子公司收购获得在线支付许可,并提供在线支付服务。

2010年9月,江苏扬州电子商务有限公司(Jiangsu Yuanzhou E-Commerce Co., Ltd.,江苏扬州)成立,通过一系列协议实现京东世纪对江苏扬州电子商务有限公司的控制,江苏扬州电子商务有限公司主要销售书籍及音像制品。

2011年4月,全资中国子公司Shanghai Shengdayuan Information Technology Co., Ltd.,成立,主要经营京东在线市场业务。

2012年4月,全资中国子公司天津星东有限公司(Tianjin Star East Corporation Limited,星东)成立,主要提供仓储及相关服务。

2012年8月,全资中国子公司Beijing Jingbangda Trade Co., Ltd.成立,主要提供快递服务。

2014年1月,JD.com香港国际有限公司(JD.com International Limited)在香港成立,该公司为中间控股公司,100%拥有京东世纪股权。

2014年3月,获得腾讯拍拍和QQ在线网购市场100%的收入及上海易迅网9.9%的股份、物流及相关资产,同时与腾讯签署了一份为期5年的战略合作协议和8年的竞业禁止协议。

8.7.1.3 融资情况

表8.8 京东融资情况

时　间	投资方	融资额度
2007年8月	今日资本	1 000万美元
2009年1月	今日资本、雄牛资本及亚洲著名投资银行家梁伯韬的私人公司投资	融资2 100万美元
2011年4月	俄罗斯DST、老虎基金等共6家基金和个人融资	共计15亿美元
2012年11月	加拿大安大略教师退休基金、老虎基金	4亿美元
2013年2月	加拿大安大略教师退休基金、Kingdom Holding Company等	7亿美元

2014年5月25日,京东发行价19美元。按此计算,京东市值260亿美元,成为仅次于腾讯、百度的中国第三大互联网上市公司。京东商城登陆纳斯达克首日开盘21.75美元,较19美元的发行价上涨14.5%,报收于20.90美元,较发行价上涨10%。

京东此次共发售93 685 620股美国存托凭证(American Depositary Receipts,ADR),代表187 371 240股A类普通股,每份ADS代表1/2股A类股票。上市时刘强东持有京东18.8%的股份,与Max Smart Limited(18.8%,刘强东是该公司的唯一股东和董事)一起为最大股东,老虎基金持有18.1%的股份,Huang River Investment Limited(腾讯控股)持有14.3%的股份。同百度类似,每份A类优先股只有1个投票权,每份B类优先股拥有20个投票权。B类股可以随时转换为A类股,A类股不能任意转换为B股。

8.7.2 基于乐视网融资策略的分析

乐视网信息技术(北京)股份有限公司(简称"乐视网")成立于2004年11月,于2010年8月12日在中国创业板上市。乐视网是唯一一家在我国国内上市的视频网站,也是全球第一家上市的视频网站。

乐视在发展过程中,针对不同阶段的发展需求所采用的融资模式主要有如下几种。

8.7.2.1 私募股权融资模式

成立于2004年的乐视在初创期的融资来源主要是贾跃亭投入的自有资金。在2010年IPO之前,乐视获得过唯一一次私募股权融资。此次私募股权融资累计出资5 280万元人民币认缴乐视传媒952.38万元注册资本。

8.7.2.2 首次公开发行

2010年8月12日乐视网在深交所创业板挂牌上市,以每股29.2元的价格发行股票2 500万股,共募得7.3亿元。根据公告显示,本次募集资金将用于互联网视频基础及应用平台改造升级项目，超募资金用于设备的投资和支付部分影视剧的网络版权费用，节余募集资金及利息收入永久补充流动资金、3G 手机流媒体电视应用平台改造升级项目、研发中心扩建项目、偿还部分银行贷款、服务器托管、购买电影电视剧版权、联合投资摄制等。

8.7.2.3 定向增发

乐视网成功的定增一共有三次，分别是在 2013 年进行的两次和 2015 年的一次。2013 年，为了完成对花儿影视和乐视新媒体的收购，乐视网以现金和发行股份相结合的方式购买花儿影视 100％的股权，以发行股份的方式购买乐视新媒体 99.5％的股权，并募集配套资金，交易总额为 15.98 亿元。募集配套资金中 27 000 万元将用于本次交易的现金对价支付，其余部分用于并购完成后的业务整合并补充公司流动资金。2016 年以每股45.01 元的发行价格，向 4 家特定发行对象非公开发行股票 106 642 968 股，募资总额为48 亿元。根据定增公告，募集资金将用于视频内容资源库建设项目、平台应用技术研发项目、品牌营销体系建设项目。

8.7.2.4 发债融资

乐视网一共五次通过发行债券融资，2012 年至 2013 年单次发债规模为 2 亿元，三次累计融资 6 亿元。2015 年的两次发债，融资规模上升至 9.3 亿和 10 亿。

8.7.2.5 间接融资

总的比例来看，间接融资在乐视网的整个融资中所占比例不到三成，但是从 2010 年至今乐视网每年都有新增借款，按筹措现金流算累计超过 250 亿元。根据 wind 统计，2010 年起，乐视网每年新增借款规模持续上升，分别为 2.04 亿元、4.42 亿元、7.83 亿元、13.50 亿元、26.61 亿元、90 亿元、60 亿元。乐视网累计新增短期借款 25.6 亿元，累计新增长期借款 34.4 亿元。虽然无法得知每笔借款的详细情况，但是根据年报数据可以看出短期借款中以保证借款和信用借款为主，长期借款中以保证借款为主，在 2016 年还出现质押借款的情况。结合相关报道，借款大多来自贾跃亭和贾跃芳的无偿借款、银行借款等。

然而，从 2014 年开始乐视网出现明显的经营亏损，其营业收入几乎不能覆盖其营业总成本，净利润大幅下跌。虽然从总量上看，2014 年的营业总收入高达 68 亿元，接近2013 年营业总收入的三倍，但是其营业成本也迅速增长到 67.7 亿元。由于成本控制的缺乏，乐视网在 2014 年的净利润仅有 1.2 亿元。在 2016 年乐视网年报上披露终端业务成本高达 140 亿元，而终端业务收入仅有 101 亿元，说明在终端业务上的亏损就接近 40 亿元，最终通过广告、会员服务、版权分销等获得的收益不得不被用以填补亏损，这样的经营情况下给乐视网的资金链带来极大压力，这个阶段乐视网的融资规模也大幅增长。2014—2016 年乐视网的资产负债率持续走高，甚至在 2015 年高达 78％。如此高的资产负债率加剧了乐视网资金链的脆弱程度。据 wind 统计，贾跃亭、贾跃芳两人对乐视网股票的质押次数合计 38 次之多，截至 2018 年 1 月 1 日，被用以质押的股权占全部自由流通股比例高达 46％。频繁地使用其所拥有的乐视网股票进行质押、解押向证券、信托等金融机构借入资金，这样的杠杆资金受股价下跌影响极大，一旦股价跌至股票质押时约定的警戒线，资金借出方就会强制平仓。这样反馈给市场更多的消极信号，更加加剧了乐视网股价的波动，也影响了公司的稳健经营，带来极大风险。

【关键词】

融资模式(Financing Model) 资本预算(Capital Budgeting) 兼并与收购(Mergers and Acquisitions) 资产配置(Asset Allocation) 投资回报率(Return on Investment) 企业融资(Corporate Valuations)

思考与练习

1. 互联网企业常见的融资方式有哪些?

2. 互联网企业进行 IPO 融资需要经过哪几个过程?

3. 互联网企业 IPO 对企业产生哪些方面的影响? 从有利和不利两个方面阐述。

4. 应考虑哪些指标来分析企业的短期偿债能力和长期偿债能力?

5. 互联网企业选择融资策略的时候需要考虑哪些因素?

6. 互联网企业处于不同生命周期时,应该选择何种估值方式?

讨论与辩论主题

1. 讨论国内有哪些金融机构可以帮助互联网企业进行 IPO 融资。

2. 对于互联网企业,进行 IPO 融资的优势有哪些? 说明筹措的资金可以用在企业的哪些经营领域,并给出实际的企业案例。

3. 使用定性和定量结合的方法对一个现实的互联网企业进行估值。

4. 基于乐视网的案例,结合已有的公开数据,分析其出现资金链断裂的原因包括哪些方面。

第9章　互联网商务环境分析

9.1　环境对企业业绩的影响

企业所处的环境不仅决定了它的业绩水平,还影响了其商务模式。本章我们将探讨环境对企业商务模式和盈利能力的影响。特别地,我们将探讨互联网发展对企业的竞争环境和宏观环境的影响,以及这些影响对商务模式的重要性。

如图 9.1 所示,商务模式是在特定的环境中被设计和执行的,同时又受互联网等技术变革的影响。对企业的业绩产生影响的环境有两种:第一种是产业或竞争环境,包括供应商、客户、配套产品或服务提供商、竞争对手、替代品以及潜在的新进入者,它们都会与企业发生各种关系。第二种是宏观环境,包括地区或中央政府和其他机构制定的政策,各种产业的企业都必须在这种环境下运作。培养对企业所处的商业环境的深入理解,有助于构建更强大、更具竞争力的商业模式。

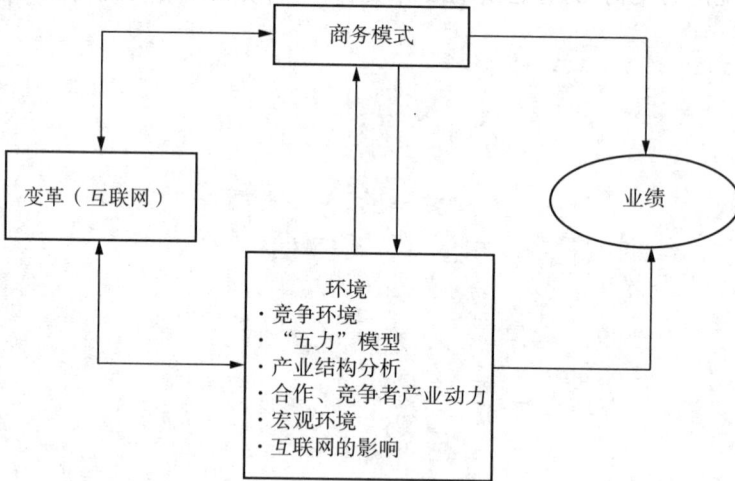

图 9.1　环境的作用

9.2　环境因素

在日益复杂的经济环境(如网络化商业模式)、更多不确定性(如技术创新)和严重的市场混乱(如经济危机、革命性的价值主张)下,持续的环境审视比以往更为重要。理解商业环境的变化趋势也能帮助我们更有效地适应不断变化的外部因素。

9.2.1　竞争环境

对于一个盈利的行业,企业可以向客户提供价值远超过成本的产品或服务。但是迈克尔·波特指出,有五种力量——供应商的讨价还价能力、购买者的讨价还价能力、潜在进入者的威胁、现有竞争者之间的竞争程度和替代产品的威胁——可以削弱企业的盈利能力(参见第 2 章)。我们可以通过考虑下面等式所描述的简单关系,来理解波特的"五力"对企业盈利能力的影响。下方等式表示,企业的利润等于企业与客户交换它们所提供的产品或服务获取的收入减去提供这些产品或服务的成本。

$$利润 = 收入 - 成本 = P(Q) \times Q(P) - C(Q)$$

如果供应商在行业中具有较高的讨价还价能力,迫使供货价格较高,那么企业的成本将上升,相对利润就会下降。如果这些供应商不是涨价,而是提供质量较低的产品,那么企业就要因向顾客提供劣质产品而面临销售困境,甚至倒闭。这些使企业减少了产品的加价空间,必须花费更多资金提高产品质量。无论是上述哪种情况,这个行业的利润都将减少。

强大的客户对企业的盈利性有类似影响。它们可以迫使销售价格降低,并让企业提供更高质量的产品。较低的价格和较高的质量都使得企业的盈利降低。潜在进入者进入的威胁使得企业不得不将产品的售价降低。它们还必须采取措施,建立起进入壁垒防止其他企业进入,或使自己的产品差别化。现有企业要么通过提高产品质量,要么通过削减成本来降低价格,否则销量和利润将会受到不利影响。如果一个行业中的供应商和购买者的讨价还价能力很强、竞争对手实力很强、随时有新的有力的进入者进入、替代品威胁巨大,则这个行业缺乏吸引力,因为这样的产业利润很低。

9.2.2　宏观环境

企业、供应商、客户和配套产品服务提供商并不是在真空中运行,它们都处在由政府政策和法律法规、社会结构、技术环境、人口结构和自然环境等组成的大环境中,这些因素直接影响了产业环境。政策紧缩和放松可以增强或削弱进入壁垒,并由此增加或减少企业的盈利。例如,通过颁发有限数量的出租车执照,在一个城市中可以设置出租车市场的产业壁垒,从而保护并控制出租车拥有者的盈利。尽管政府并不直接创造新的产业,但它的角色依然极为重要。使用电脑长大的人把电脑当作自己社会生活和工作的一部分,这部分人数的增加意味着他们对电脑有不同的期望和偏好,从而意味着有很多机会创造出不同的依赖于电脑的产业。而以互联网为基础的网络经济飞速发展的当下,互联网市场日益庞大,用户人数接连攀升,由此带动了像天猫、阿里巴巴、沃尔玛等不同商业模式的蓬勃发展。此外国内和国际经济因素,如利率、汇率、就业情况、收入水平和劳动生产率等都影响着产业。

9.2.3　战略环境

企业战略环境包括政治经济环境、技术环境、行业市场环境等,是指对当前企业经营与前途具有战略性影响的变量，它包括外部战略环境和内部战略环境。按照企业竞争战略的完整概念，战略应是一个企业"能够做的"（组织的强项和弱项）和"可能做的"（环境的机会和威胁）之间的有机组合。

SWOT（Strengths Weaknesses Opportunities Threats）分析方法是哈佛商学院的肯尼思·安德鲁斯（Kenneth R. Andrews）于 1971 年在其《企业战略概念》（*The Concept of Corporate Strategy*）一书中首次提出的，是竞争情报活动中常用的一种方法。所谓 SWOT 分析，就是将企业内外部环境各方面条件进行综合和概括，分析企业内部优势因素（Strengths）、劣势因素（Weaknesses）、外部机会因素（Opportunities）和威胁因素（Threats），在此基础上，将企业内部的资源因素与外部因素造成的机会与风险进行合理、有效的匹配，从而制订良好的战略，以掌握外部机会规避威胁。SWOT 采用的理论模型如图 9.2 所示。

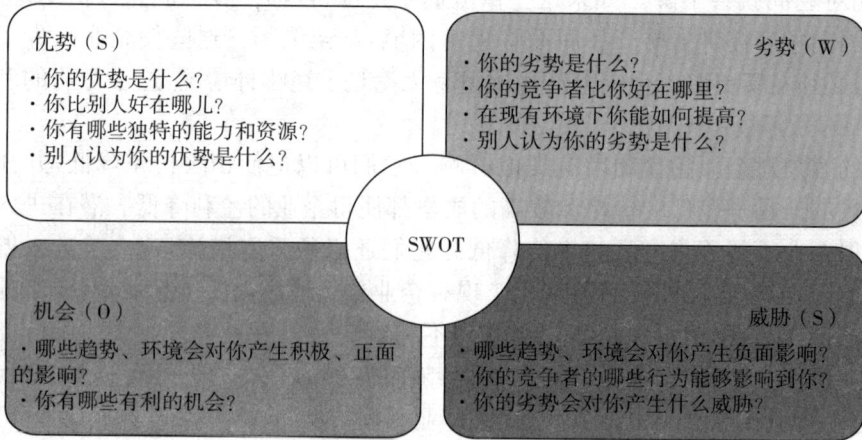

优势（S）
·你的优势是什么？
·你比别人好在哪儿？
·你有哪些独特的能力和资源？
·别人认为你的优势是什么？

劣势（W）
·你的劣势是什么？
·你的竞争者比你好在哪里？
·在现有环境下你能如何提高？
·别人认为你的劣势是什么？

SWOT

机会（O）
·哪些趋势、环境会对你产生积极、正面的影响？
·你有哪些有利的机会？

威胁（S）
·哪些趋势、环境会对你产生负面影响？
·你的竞争者的哪些行为能够影响到你？
·你的劣势会对你产生什么威胁？

图 9.2　SWOT 模型

9.2.3.1　企业内部优势（Strengths）

企业内部优势（S）是指一个企业超越其竞争对手的能力，或者指企业所特有的能提高企业竞争力的东西。例如，当两个企业处在同一市场或者说它们都有能力向同一顾客群体提供产品和服务时，如果其中一个企业有更高的盈利率或盈利潜力，那么我们就认为这个企业比另外一个企业更具有竞争优势。竞争优势可以是以下几个方面。

（1）技术技能优势：独特的生产技术，低成本生产方法，领先的革新能力，雄厚的技术实力，完善的质量控制体系，丰富的营销经验，上乘的客户服务，卓越的大规模采购技能；

（2）有形资产优势：先进的生产流水线，现代化车间和设备，拥有丰富的自然资源储备，吸引人的不动产地点，充足的资金，完备的资料信息；

（3）无形资产优势：优秀的品牌形象，良好的商业信用，积极进取的企业文化；

（4）人力资源优势：关键领域拥有专长的职员，积极上进的职员，很强的组织学习能力，丰富的经验；

（5）组织体系优势：高质量的控制体系，完善的信息管理系统，忠诚的客户群，强大的融资能力；

(6) 竞争能力优势：产品开发周期短，强大的经销商网络，与供应商良好的伙伴关系，对市场环境变化的灵敏反应，市场份额的领导地位。

9.2.3.2 企业内部劣势（Weaknesses）

企业内部劣势（W）是指企业缺少或做得不好的东西，或指某种会使企业处于劣势的条件。可能导致内部劣势的因素有三个。

(1) 缺乏具有竞争意义的技能技术；

(2) 缺乏有竞争力的有形资产、无形资产、人力资源、组织资产；

(3) 关键领域里的竞争能力正在丧失。

9.2.3.3 外部机会（Opportunities）

市场机会是影响企业战略的重大因素。企业管理者应当确认每一个机会，评价每一个机会的成长和利润前景，选取那些可与企业财务和组织资源匹配、使企业获得的竞争优势的潜力最大的最佳机会。潜在的发展机会可能是：

(1) 客户群的扩大趋势或产品细分市场；

(2) 技能技术向新产品新业务转移，为更大客户群服务；

(3) 前向或后向整合；

(4) 市场进入壁垒降低；

(5) 获得并购竞争对手的能力；

(6) 市场需求增长强劲，可快速扩张；

(7) 出现向其他地理区域扩张，扩大市场份额的机会。

9.2.3.4 外部威胁（Threats）

在企业的外部环境中，总是存在某些对企业的盈利能力和市场地位构成威胁的因素。企业管理者应当及时确认危及企业未来利益的威胁，做出评价并采取相应的战略行动来抵消或减轻它们所产生的影响。企业的外部威胁可能是：

(1) 出现将进入市场的强大的新竞争对手；

(2) 替代品抢占企业销售额；

(3) 主要产品市场增长率下降；

(4) 汇率和外贸政策的不利变动；

(5) 人口特征、社会消费方式的不利变动；

(6) 客户或供应商的谈判能力提高；

(7) 市场需求减少；

(8) 容易受到经济萧条和业务周期的冲击。

从整体上看，SWOT 可以分为两部分：第一部分为 SW，主要用来分析内部条件，着眼于企业自身的实力及其与竞争对手的比较；第二部分为 OT，主要用来分析外部条件，将注意力放在外部环境的变化及对企业的可能影响上。在分析时，应把所有的内部因素（优劣势）集中在一起，然后用外部的力量来对这些因素进行评估。利用这种方法找出对企业有利的、值得发扬的因素，以及不利的、要避开的东西，发现存在的问题，找到解决办法，并明确以后的发展方向。

根据这个分析，可以将问题按轻重缓急分类，明确哪些是目前急需解决的问题，哪些是可以稍微拖后一点儿的事情,哪些属于战略目标上的障碍,哪些属于战术上的问题,并将这些研究对象列举出来,依照矩阵形式排列,然后用系统分析的思想,把各种因素相互匹配起来加以分析,从中得出一系列相应的结论,而结论通常带有一定的决策性,最大的现实意义在于帮助分析形势,在项目论证、企业战略制定、年度经营计划分析时,为企业做出较正确的决策和规划提供结构性方法论支持。另外,因为其简单易于推广,通过几次练习后,就有望成为团队共知的方法工具,用同样的结构和方法论更能促成团队思考决策的同频率,比较利于做出科学统一的决策。

9.3 产业结构分析

在竞争日趋激烈的环境下,最有效的战略模式是竞争战略(Competitive Strategy)。形成竞争战略的实质就是使一个企业与其环境建立起联系。

尽管相关环境的范围广阔,包含经济因素、社会因素等,但企业环境的最关键部分就是企业投入竞争的一个或几个产业。

产业结构(产业内部力量)强烈地影响着竞争规则的确立以及潜在的可供企业选择的战略。产业外部力量主要在相对意义上有显著作用,因为外部作用力通常影响着产业内部所有企业。因此,企业的竞争能力关键在于这些企业对外部影响的应变能力。

9.3.1 互联网对产业环境的影响

互联网为企业提供了一个虚拟世界,在这个世界中,许多战略理论建立的基础发生了重大的变化,引发了我们对其的重新思考,下面我们可以用波特的五力模型来讨论互联网对产业盈利性的影响,如图 9.3 所示。

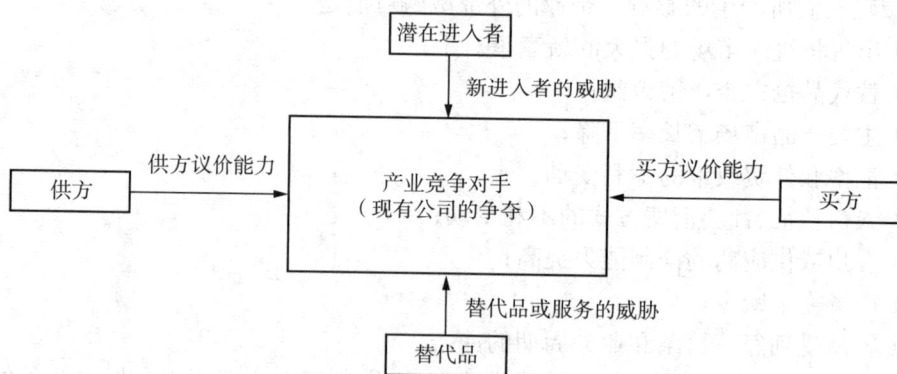

图 9.3 "波特五力"模型

9.3.1.1 供应商

如前所述,产业中的供应商可能力量很强,它通过提高价格或降低产品质量迫使产业的利润下降。这种力量的来源之一是供应商对企业产品、价格和成本信息的了解,而其他人是不了解这些信息的。企业对其供应商和它所购买的产品越了解,在砍价中就越占据有利位置。由于互联网消除了企业和供应商之间信息不对称的情况,更多的人可以了解到产品本身及其价格的信息,这样就平衡了企业和供应商之间在讨价还价能力上的差距。例如,通过浏览众多供应商的网站,要购买汽车的人可以获得很多关于汽车本身、价格以及融资服务的详细信息——这些信息曾经是汽车经销商主要的实力来源。其结果是企业对其供应商有了更强的讨价还价能力。互联网分销渠道的特性意味着相较于互联网出现之前,会有更多的供应商与企业接触,而其跨地区性使得企业通过网络寻找新的供应商的成本人为降低,使其不必依赖于现有的供应商。例如,现在的软件开发商可以绕开电脑经销商直接将它们的产品放在网上。这种特性有效地增加了供应商的数量,赋予了企业(客户)更高的讨价还价能力。互联网无处不在的特性有双重的效果。一方面,它使得在某一地区的企业不用像互联网出现之前那样过分依赖当地的供应商,企业可以向全世界的供应商询价;另一方面,它还使得供应商可以将它们的产品卖给世界范围内更多的企业。

9.3.1.2　客户

互联网给予了企业更大向其供应商讨价还价的能力,与此相同,客户主要通过压价与要求提供较高的产品或服务质量的方式,来获得更多的利益。然而,互联网媒介技术的特性使企业与客户之间的关系不仅仅具有供应商和企业之间的关系的特点。媒介技术使得企业拥有不止一种客户,他们通过媒介相互关联,信用卡连接了商家和持卡人;计算机操作系统连接了硬件生产商、应用开发商和用户;报纸连接了读者和广告商;家用视频游戏机连接了游戏开发商和游戏玩家,从而创造了一个多边平台。另外,网络外部性也说明对某些应用活动,由于网络越大,客户转而选择其他网络的可能性越小,因此拥有较大网络的企业会拥有较强的讨价还价能力。

9.3.1.3　同业竞争者的竞争程度

大部分行业中的企业,相互之间的利益都是紧密联系在一起的,作为企业整体战略一部分的各企业竞争战略,其目标都在于使得自己的企业获得领先竞争对手的优势,所以,在实施中就必然会产生冲突与对抗现象,这些冲突与对抗就构成了现有企业之间的竞争。现有企业之间的竞争常常表现在价格、广告、产品介绍、售后服务等方面,其竞争强度与许多因素有关。

一般来说,出现下述情况将意味着行业中现有企业之间竞争的加剧:行业进入障碍较低,势均力敌的竞争对手较多,竞争参与者范围广泛;市场趋于成熟,产品需求增长缓慢;竞争者企图采用降价等手段促销;竞争者提供几乎相同的产品或服务,用户转换成本很低;一个战略行动如果取得成功,其收入相当可观;行业外部实力强大的企业在接收了行业中实力薄弱企业后,发起进攻性行动,结果使得刚被接收的企业成为市场的主要竞争者;退出障碍较高,即退出竞争要比继续参与竞争代价更高。在这里,退出障碍主要受经济、战略、感情以及社会政治关系等方面考虑的影响,具体包括资产的专用性、退出的固定费用、战略上的相互牵制、情绪上的难以接受、政府和社会的各种限制等。

我们知道现有企业之间激烈的竞争可能导致价格大战的发生,使价格大大下降,或导致广告和促销大战发生,使成本提高。这两种情况都会降低企业所在行业的利润。对很多产品来说,互联网的产生意味着更多的竞争。为什么?要回答这个问题,我们先来看一看图书零售业。一家地区的图书销售商在过去的传统经济中只需面对同城或临近城市书店的竞争。有了互联网,由于这一地区的顾客可以从不断增加的网络销售商手中购买,因此它面临的竞争对手的数量会迅速增加。

互联网无处不在的特性有两种相反的影响,一方面,竞争者来自全世界任何地方,这使得竞争对手大大增加;另一方面,市场也扩展到了全世界,它减少了竞争,因为这时大家有"一张更大的饼"可以分享。

9.3.1.4　潜在进入者的威胁

潜在进入者在给行业带来新生产能力、新资源的同时,希望在已被现有企业瓜分完毕的市场中赢得一席之地,这才有可能与现有企业发生原材料与市场份额的竞争,最终导致行业中现有企业盈利水平降低,或者迫使企业花费资金阻止它们进入,这也会使企业现有的利润降低。严重的话还有可能危及这些企业的生存。潜在进入者威胁的严重程度取决于两方面的因素,这就是进入新领域的障碍大小与预期现有企业对于进入者的反应情况。如果潜在的进入者对现有的企业、它们的产品、成本和价格知之甚少,那么对现有的企业来说,会降低进入的威胁。如果潜在的进入者相信它们进入后会获利,那么它们就会进入这一产业。做出这一决定需要了解现有企业的成本和价格。互联网向这些潜在的进入者提供了这些信息,因此现有企业所面临的进入威胁就会增大,进而降低了它们的盈利性。互联网可以作为某些产品的分销渠道这一现象也使得新进入的威胁增大。例如,在出现互联网之前,软件开发商并不能在电脑和软件零售商那里获得属于自己的货架。有了互联网,所有的软件开发商要做的就是开发软件,然后将它放在网上供客户下载。这使得能够进入该产业的企业增加了。由于互联网无处不在的特性,一家位于巴黎的企业可以向位于东京的客户销售软件,这也使得进入的威胁增加了。

最后,由于互联网低门槛的特性,对于那些进入壁垒依赖于某种形式的媒介技术的产业来说,进入的威胁将大大增加。这些产业涉及长途电话服务、报纸、电视、广播以及金融服务等。

9.3.1.5　替代品的威胁

替代的产品或服务通过向购买者提供其他的选择减少了对原有产品的需求。由于互联网提供了更多的关于价格、替代品的特性以及它对原有产品的替代程度的信息,使得客户更容易找到并使用这些替代品,因此替代的可能性增加了。由于替代品生产者的侵入,使得现有企业必须提高产品质量、通过降低成本来降低售价或者使其产品具有特色,否则其销量与利润增长的目标就有可能受挫。可以通过互联网分销的替代品对企业原有产品的威胁更大。由于来自全世界各地的替代品都可以参与竞争,无处不在的特性也使得产品有了更多的替代品。

9.3.1.6　互补品提供商

互补品提供商是为某种产品生产提供配套产品和服务的企业。例如,应用软件是操作系统的互补产品,Windows 生产的企业通过鼓励其他应用软件厂商开发基于此平台上的程序,大力地发展了 DOS、Windows 的互补产品——与 DOS、Windows 兼容的应用软件,随着此类应用软件数量的增加,该企业的操作系统对顾客的价值也在不断提高。

这些力量汇聚起来决定着该产业的最终利润潜力。这里利润潜力是以长期投资回报来衡量的,不是所有产业都有相同的潜力。最终利润潜力会随着这种合力的变化而发生根本性变化;这些作用力随产业不同而强度不同。在那些作用力强度大的产业,如轮胎、造纸和钢铁等,没有一个企业能赚取超常收益。而在强度缓和的产业,如油田设备及服务设施、化妆品及卫生用品,获取高利润是不足为奇的。

9.3.2　产业竞争力分析

一个产业是由一群相近替代产品的企业组成的。这里我们假设产业的界限已经划分开了。"完全竞争"保底收益或"竞争平衡"保底收益或"自由市场"收益,即产业竞争不断将投资资本收益率压低到竞争平衡保底收益水平,这一水平就是经济学家所谓的"完全竞争"保底收益。

而"完全竞争"保底收益的衡量是用政府长期债券的收益加上对投资损失风险的补偿来估算的。企业退出是投资者们无法长期接受比"完全竞争"保底收益更低的收益,他们可以选择其他产业投资或者被排挤出去。企业进入则是高于"完全竞争"保底收益的产业将刺激该产业的资本输入,表现为新的企业进入或者对原有竞争者追加投资。

9.3.2.1　进入威胁

进入威胁是指一个产业加入了新对手,这些新对手往往引进新的业务能力,具有夺取市场份额的欲望,也常常带来可观的资源。他们是进入产业中的新的竞争者、"入侵者"。新竞争者进入,其结果可能使产业中的价格被压低或导致守成者的成本上升,利润率下降。造成进入威胁的潜在竞争对手并非只是新建企业,还可能是有一些企业从其他市场通过兼并扩张进入某产业,它们通常用自己的资源对该产业造成冲击。

企业进入某行业的途径包括投资新的企业或兼并其他企业。新办的企业进入,如当当、华为、港湾、戴尔;兼并进入,如海尔、Amazon、eBay、阿里巴巴。

进入威胁的大小取决于进入壁垒和守成者反击的决心,主要存在 7 种壁垒源。

1）规模经济

规模经济表现为在一定时期内产品的单位成本随总产量的增加而降低。规模经济的存在阻碍了对产业的入侵,入侵者将面临两类风险:大规模生产承担原有企业强烈抵制的风险;小规模生产则必然会因为产品成本居高不下而处于劣势,这两种情况都是进入者所不愿意的。规模经济存在于企业经营的各个环节:制造、采购、研究与开发（R&D）、市场营销、售后服务、销售能力的利用及分销等方面。例如,施乐（Xerox）和通用电器（GE）就曾沮丧地发现:生产、研发、市场开发与服务方面的规模经济是进入计算机主机行业的关键壁垒。但是,Juniper 却成功地利用产品、营销、服务外包进入了路由器行业。

2）产品差异化

产品差异化意味着现有企业由于过去的广告、顾客服务、产品特色或由于第一个进入该产业而获得商标信誉及顾客忠诚度而具有的优势。产品差异化建立了进入壁垒,迫使外部进入者耗费巨资去征服现有用户的忠实性而由此造成某种障碍。而且又在同一市场上使本企业与其他企业区别开来,以产品差异化为争夺市场竞争的有利地位。

3）资本需求

竞争需要大量投资构成进入壁垒,特别是高风险或不可回收的前期广告、研究与开发等以及生产设施、顾客信用、库存、启动亏损等都需要资本。进入的高风险所形成的壁垒,构成了产业中现有企业的优势。例如,德国汽车制造商推出的一种租车概念"随租随行"通过出租汽车而不是销售汽车的形式增大对流动资金的需求量而建立了进入壁垒。

4）转换成本

转换成本的存在构成一种进入壁垒,即客户由从原供应商处采购产品转换到另一供应商那里时所遇到的一次性成本。转换成本包括雇员重新培训成本、新的辅助设备成本、检测考核新资源所需的时间及成本,由于依赖供应方产品支持而产生的对技术帮助的需要、产品重新设计,甚至包括中断老关系所需付出的心理代价。新进入者必须面对这些成本的付出。

5)获得分销渠道

新进入者需要有足够的渠道以确保其产品的分销,这一要求也构成进入壁垒。

在某种程度上,产品的理想分销渠道已为原有的企业所占有,新的企业必须通过压价、协同分担广告费用等方法促使分销渠道接受其产品,这些方法的采用均以降低利润为代价。

6)与规模无关的成本劣势

已立足企业具有一些潜在进入者无法比拟的成本优势:专有的产品技术,专利、保密等方法独享其使用权,原材料优势,地点优势,政府补贴,学习或者经验曲线,这些都使原有企业的成本降低而形成优势。

7)政府政策

政府能够限制甚至封锁对某产业的进入,如许可证制度、信贷政策、税收政策等。进入壁垒有以下几种特点:

(1)进入壁垒随上面的条件不断变化。

(2)尽管有时进入壁垒变化的范围大大超出企业所掌握的范围,但企业的战略决策仍然能产生重要的影响。

(3)有一些企业可能因具有某些资源或者技能,使它们在克服壁垒进入某个产业时所付出的成本比其他企业少。

潜在进入者对于现有竞争对手的反击预期也将对进入的威胁产生影响。

强烈报复可能性的条件有四条:对进入者用于报复的历史;已立足企业具有相当充实的资源条件进行反击,包括富裕的现金、剩余的借贷能力、过剩的生产能力,或者在顾客以及销售渠道方面很强的杠杆;已立足并深陷该产业,并且在该产业中使用流动性很低的资产;产业发展缓慢,吸收新企业的能力受限。

9.3.2.2 现有竞争对手间争夺的剧烈程度

影响现有竞争对手争夺激烈程度的因素包括众多或势均力敌的竞争对手,产业增长缓慢,高固定成本和高库存成本,差异化或转换成本欠缺,大幅度增容,高额战略利益,退出壁垒大——专用性资产、退出的固定成本、内部战略联系、感情障碍、政府及社会约束。竞争的常用战术有价格战、广告战、产品引进、增加顾客服务及保修业务。最典型的竞争形式为价格战。同时,它也是最不稳定的竞争模式,一般地说,价格竞争较为激烈,特别是竞争双方轮番降价,经常造成两败俱伤,从而有可能导致整个行业的受损。较好的竞争形式为广告战。广告战最可能扩大需求或提高产品差异化水平,从而使产业中所有企业受益,如淘宝和易趣。

9.3.2.3 替代产品的压力

广义上看,一个产业的所有企业都与生产替代品的产业竞争。替代品设置了产业中企业可谋取利润的定价上限,从而限制了一个产业的潜在收益。认识替代品可以寻找能够实现本产业产品同样功能的其他产品。有些产业做到这点并不容易,比如证券经纪人正日益严重受到替代者的威胁,包括不动产、保险业、货币市场基金以及其他个人资本投资方式。应当予以极大重视的替代品有:具有改善产品价格—性能比的产品;由盈利性很高的产业生产的产品。

9.3.2.4　客户价格谈判实力

客户的产业竞争手段是压低价格、要求较高的产品质量或索取更多的服务项目,并且从竞争者彼此对立的状态中获利。

客户的谈判实力可以表现为:相对于卖方的销售力量而言,购买是大批量和集中进行的;客户从产业中购买的产品占其成本或购买数额相当大的比例;从产业中购买标准的或非差异性产品;客户转换成本低;客户盈利低;客户有采取后向一体化的选择,比如通用汽车;产品对客户产品的质量及服务无重大影响;购买者掌握充分的信息。

9.3.2.5　供应商价格谈判实力

供应商可以通过提价或降低所购产品或服务的质量的威胁来向某个产业的企业施加压力。供应商实力强劲有以下几个特征:供应商产业由几个企业支配,且其集中化的程度比客户产业高;供应商在向某产业销售中不必与替代品竞争;该产业并非供应商的主要客户;供应商产品是客户业务的主要投入品;供应商集团的产品已差异化或已转换成本;供应商集团表现出前向一体化的现实威胁。

产业结构分析可以深入表面现象之后分析竞争压力的来源,使企业适当定位,针对现有竞争作用力结构提供最佳防卫;通过战略性行动影响竞争作用力的平衡,从而改善企业的相对处境;预测竞争对手作用力的深层次因素的变迁,并做出相应的反应,在竞争对手察觉之前,通过选择适应于新竞争环境的战略,取得先动优势等作用。

9.4　合作/竞争者和产业动力机制

9.4.1　合作/竞争者

企业及其合作/竞争者——直接竞争对手、供应商、客户、辅助产品服务提供商和潜在进入者,企业必须与它们竞争或合作,我们对它们的讨论并没有真正客观地评价这些合作/竞争者对企业利用互联网的促进作用。首先,客户所感觉到的价值很难分清哪一部分是企业提供的,哪一部分是供应商、客户或辅助产品服务提供商提供的。我们看一看各种流行有趣的互联网游戏,这些游戏之所以有趣,是因为 ISP(互联网服务提供商)的门户站点、"最后一公里"服务提供商的连入家庭的网络速度、骨干网路提供商的网络运营,还是游戏设计者的设计? 我们要指出的是,价值是所有的参与者共同传送到客户那里的。因此,产业分析中还应该包括对产业中主要的供应商、客户和配套辅助产品服务提供商的分析。对客户和供应商进行分析的时候,不能只注意它们对企业的讨价还价能力,还应注意到它们是有可能有兴趣与企业进行合作的。2013 年,金山选择和腾讯合作也是看中了腾讯庞大的用户,可以更好地推广其产品和服务。

9.4.2　产业动力机制和发展

在五力产业分析中,我们预测互联网对竞争和产业的盈利性的影响时,假定这些产业是静止的。然而,由于重要技术的不断进步(如互联网),竞争者的相互竞争,争夺优势求生的过程是一个动态的过程。随着产业的发展,产业结构和行为都在不断地发生变化。

进入和退出某一产业的企业数量紧随技术的发展变化,在技术发展的早期,风险投资和其他投资者愿意对它投资,创业者希望抓住这个技术带来的机遇,利用基于这种技术的产品和服务,趁技术尚处在模糊阶段,有大量新进入者而鲜有失败者时去争取优势。例如,20 世纪 90 年代末,大量的风险资本和创业者都瞄准了互联网,仅 ISP 行业就吸引了成百上千个新进入者。在增长期,企业进行标准上的竞争,建立与客户的关系,建立品牌忠诚度并争夺市场份额。对于绝大部分互联网初创企业来说,这意味着需要争取用户,建立大规模的网上社区,赢得"注意占有率",树立自己的品牌。同时,客户也正在"发现"他们的需要。最后,某些产品/服务的设计成为主流的设计。一些企业被迫退出,其他企业纷纷进行合并,随着技术发展进入一个稳定阶段,仍生存着的企业数量大大下降。直到 2000 年,互联网还没有达到产业的成熟期。

例子:

汽车产业的发展为我们勾勒出了未来互联网的发展以及众多产业利用互联网的情况。19 世纪 90 年代到 20 世纪 30 年代,汽车产业发展的早期,美国有将近 2 000 家企业进入了这一行业。就如同 2000 年这一大潮的代名词是".com"一样,那时的代名词是"汽车"。而在 2000 年,美国只有两家主要的汽车企业(由于克莱斯勒企业与戴姆勒・奔驰企业合并为戴姆勒-克莱斯勒企业,因此它被看作一家德国企业)。在互联网的成熟期,以互联网为基础的企业会比 2000 年少得多。

9.5 宏观环境

在 9.2.2 中,我们对宏观环境的内涵做了初步介绍,本节我们将从更具体的角度来讨论企业发展与其所处宏观环境的关系。我们认为这些环境因素有四类:① 提供融资支持并对创新给予回报的机制;② 可以容忍失败的文化;③ 相关产业、大学和其他研究机构的存在;④ 政府的政策。

9.5.1 融资支持和回报:IPO 和风险资本

即使在互联网时代,我们仍然需要讨论资金的问题。互联网的活动需要融资。很多创业者或雇员都由于对未来收入的预期而受到互联网的吸引。因此,一个能够提供融资和回报的环境将有利于互联网行业的发展。我们首先从回报机制谈起,它随国家的不同而不同。例如,在美国,对创新的回报数量是一个天文数字。这些回报来自不同形式。首先,首次公开发行上市(IPO),企业可以向公众出售自己的股票。经过几年的工作,在一天之内,创业者就可以成为亿万富翁,而企业中其他人也可以使他们的财富变成几百万美元。企业还可以将企业中有创业概念的部分分拆上市来提高企业的股价。对这种回报的预期可以作为开创新的互联网业务、激励员工努力工作的绝佳的动力。从 IPO 及其一系列的股票估价中获得的资金可以成为企业一个非常有价值的短期战略目标。就如同网景企业的创立者、前任主席詹姆斯・克拉克(James H. Clark)解释的那样:"没有 IPO,你就没有这些初创的企业。IPO 为这些梦想的实现提供了动力。没有它你就会死。"互联网企业，如 Amazon.com 和其他企业，在 IPO 的时候甚至还没有盈利。不幸的是，不是所有的宏观环境都提供了这样的回报和融资的来源。例如，在日本，企业必须出示最近几年的盈利状况才能在国内的场外市场（OTC）挂牌交易。这个过程需要花费 10 年，而在美国 5 年以内就可以完成，在 1998 年和 1999 年这一过程甚至更短。

风险资本的获得部分原因是有融资回报预期的结果。获得风险资本的支持对于互联网行业来说是非常重要的。银行和其他融资来源一般认为这些项目风险太高，因此不愿提供融资，而风险资本允许企业去大胆地追求新的想法。一些创业者使用个人和家庭的储蓄或从朋友那里借钱来对其创新融资，同样是因为拥有对回报的预期。对回报的这种预期与风险资本的结合使更多的人可以探索创新的想法。很多已经很成功的人通常都会对其他寻求创新的活动再投资。

9.5.2　容忍失败的文化

很多初创的企业不会得到 IPO 的机会，或者在 IPO 之后就失败了。这样的失败并没有阻止创业者和为创新融资的风险资本的脚步，这其中有很多原因。首先，那些失败者从失败的过程中学到了很多东西，这会使下一次成功的机会增加。它们所获得的能力可以用于进行其他创新。即使它们所学到的东西与下一次创新毫无关系，它也是有用的。其次，风险资本企业在找到降低风险的办法（如通过向初创企业提供管理专家咨询等）之前，已经看到了很多失败。而且，有一些风险资本来自已经成功的创业者，他们都经历过失败。在欧洲，破产法是非常严厉的，失败的创业者被打上了失败的烙印。而在硅谷，"破产被看作勇敢的象征——一块战斗留下的伤疤"。通常，在美国纽约的硅街或加利福尼亚的硅谷，企业都把这种情况看作常有的事。

9.5.3　相关产业、大学和其他研究机构的存在

环境是一种重要的创新来源。人与人之间的交流是不可述的知识，市场是最好的传递方式，区域环境是创新很好的来源，它可以帮助地区内的企业更好地认识到可能的创新。相关产业的存在就是一个例子，与供应商和创新的配套产品和服务提供商毗邻可以增加企业利用它们产生的新想法和机会。Amazon.com 的创始人杰夫·贝索斯就将企业迁移到了西部，那里有众多的电脑软件开发商，同时也与图书分销商临近。

与大学和其他研究机构邻近从两方面有助于创新。首先，这些机构培训了人员，可以使他们继续投入原来的工作或创立自己的企业。Yahoo! 的创始人是斯坦福大学的毕业生，网景的创始人是伊利诺伊大学的学生。这种例子不胜枚举。其次，以基础研究为内容的学术出版物经常可以促进企业向某一应用领域投资。

9.5.4　政府政策

最后，政府在创造有利于创新环境的工作中直接或间接地扮演了非常重要的角色。直接的作用是，政府可以资助国家卫生部或国防部的研究。互联网本身就是源于国防部的 DARPA（美国国防部高级研究计划局）工程。更重要的是，政府资助计算机科学和通

信网络研究,培养出成千上万的计算机科学和电子工程方面的专家,现在他们占据了互联网行业中的很多重要职位。

政府的间接作用表现在规制和税收方面。较低的资本利得税或其他规制措施使得企业能够保留更多的收入,从而可以对创新投入更多。对电子商务征税将会对互联网产生重大影响。其他的规制措施也是极为重要的。例如,实行网络实名制,以法律形式来保障互联网对经济发展的促进作用,这关系到中国对经济发展机遇的把握,也关系到中国如何利用高科技创造后发优势,进行产业创新,保护知识创新。

9.6 典型案例

9.6.1 沃尔玛

9.6.1.1 诞生与发展

Internet 技术飞速发展,随之而来的是电子商务的飞速发展,许多传统企业的产品都采取通过互联网促进销售,取得了良好的收益,给企业带来巨大成功。网络经济时代开始慢慢降临人类社会,沃尔玛的营销模式也随之发生着变化。

沃尔玛是由美国零售业的传奇人物山姆·沃尔顿(Sam Walton)于 1962 年在阿肯色州成立的。他在该州班顿威尔镇开办了店名为"5～10 美分"的廉价商店,当时只是一家名不见经传的小企业,随后他开办了第一家连锁商店,开始了扩张的步伐。经过近 50 年的发展,沃尔玛企业目前已经成为美国最大的私人雇主和世界上最大的连锁零售商。该企业在 15 个国家开设了超过 8 000 家商场,下设 53 个品牌,每周为客户和会员提供服务超过 2 亿次。从全球企业发展历史上来看,沃尔玛的成功创造了服务业的伟大奇迹。

9.6.1.2 影响沃尔玛营销模式的因素

互联网的飞速发展带动沃尔玛营销模式的变革和战略性的转变,比如管理思想、决策方法、营销方式等。可能对营销模式产生营销的因素有很多,既包括积极的,也包括消极的,此处将其分为三大类:宏观环境影响因素、市场影响因素、企业自身影响因素。这三类因素对于互联网商务环境下沃尔玛营销模式的形成和发展都存在着非常重要的作用,互联网商务营销模式的物质技术基础是信息技术、经济环境;企业和广大消费者选择其的原因和动力是需求和效益;对互联网商务的形成和发展具有指引作用和保证作用的是社会文化、政治和法律因素;企业因素也是影响其是否采取互联网商务模式的重要因素(见图 9.4)。

9.6.1.3 新的挑战

网络的普及和人们消费习惯的变化,使企业对信息资源进行即时共享,信息的传递不再受时间、地域的阻隔。在线零售店在此基础上得到发展,很大程度上提高了企业的生产经营效率,同时大大降低了经营管理和贸易流程中的各项成本。例如,在利润丰厚的家电、办公和娱乐产品市场,亚马逊已经超越了很多巨头位列第二,这种蔓延会威胁到沃尔玛的生存。随即,亚马逊股价也涨,其市值已超亿美元,超过了沃尔玛一半。在这种情况下,沃尔玛如何应对,想必大家都很好奇。

图中内容：

```
              政策因素
              经济因素
            社会文化因素
            信息技术因素
              法律因素
              ……                      电子商务环境
                                        下沃尔玛营销
  需求因素                               模式的变革
  价格因素
  效益因素
 现存竞争因素
潜在进入者因素
   ……

            人才影响因素
            实力影响因素
            管理影响因素
            商品影响因素
```

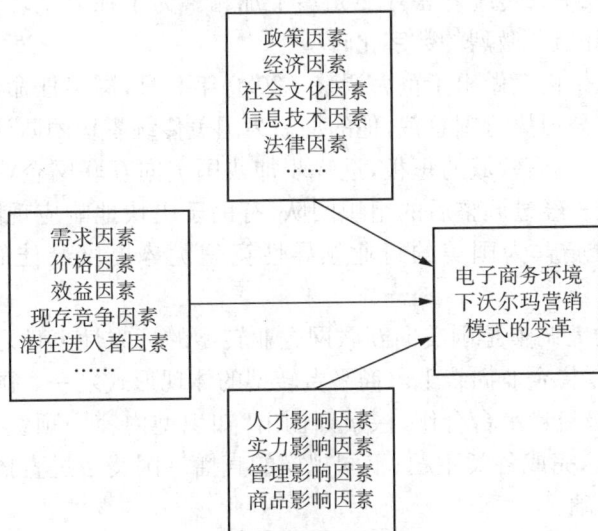

9.4 影响沃尔玛商务模式的因素

9.6.1.4 沃尔玛的应对

现有竞争者之间经常采用的竞争手段有价格战、广告战、引进产品及增加对消费者的服务和保修。然而作为传统零售业的"巨擘",沃尔玛拥有众多的分支机构、完善的配送系统、遍布全球的商品供应商、数量庞大的客户群体以及较为完备的信息管理体系,这些对新兴的网络零售商而言可望而不可即的优势,恰恰是沃尔玛在电子商务发展中的"夺命暗器"。基于其所拥有的独特条件和优势,沃尔玛从以下五个方面采取了适合自身发展的电子商务策略,逐步扫除障碍,成为零售业电子商务发展的新"霸主":

(1) 为客户提供海量商品的购买选择;

(2) 将成本优势回馈给广大客户;

(3) 为客户提供全方位的购物信息服务;

(4) 免除客户对商品不满意的后顾之忧;

(5) "以客户为本"的安全与隐私保护政策。

经过几十年的成长,沃尔玛已经形成自己明确的价值观和企业文化。实践告诉我们,电子商务对传统零售商而言并不仅仅是冲击而已,很大程度上可以说是传统零售商转型升级的一次重要机会。当前我国有不少的传统零售商对电子商务的快速兴起可谓又恨又怕,对如何部署电子商务的发展策略一筹莫展。从大的发展趋势来看,无论是客户的需求还是市场的竞争,开展电子商务业务都是大多数传统零售商必须做出的选择,如果不能及早进行相应的部署,就会越来越陷入被动,甚至会在不远的将来陷入绝境。

9.6.2 国美电器:复杂环境下的激烈转型

近年来,随着信息技术对传统零售企业商业模式的冲击,国美在向互联网企业转型的过程中步伐趋于缓慢,在营业额上落后于阿里、京东、苏宁,且原有的高管团队主要是传统零售出身,先天性缺乏移动互联网、电商行业的基因。2020 年年初,新冠疫情暴发,我国宏观经济持续低迷,线下的传统零售业更是雪上加霜。为了在复杂环境下提升企业效率和竞争力,国美电器开启了激烈的数字化转型。

国美首先在组织架构上做出了重大调整。2020年9月,国美任命原百度高级副总裁海龙为国美零售控股公司执行副总裁,他的加盟为国美传统零售团队注入新鲜血液,弥补了国美在移动互联网、电商领域的短板,进一步加快国美向互联网企业转型的进程,从而实现数字化转型升级。经过调整后的组织团队,有助于更快地响应现阶段的市场竞争需要,形成内部的协同创新,为国美的行业领导性竞争优势提供最佳的业务支持和组织配套。

除了组织架构的大调整是国美向互联网企业转型的标志性事件之外,国美频繁的直播带货,也是从传统零售企业向线上电商平台转型的体现形式之一。国美与央视新闻、央视网、浙江卫视等顶级流量平台合作,探索开创出"知识型内容+顶级IP+场景"兼具的品质带货直播新模式,完成各类主题、不同规模的直播。国美通过直播带货的长尾效应,为企业互联网化打基础。

企业的长远发展要以商业模式和战略方向为主。为了适应零售行业及消费者需求的不断变化,国美在完成了从提供产品到提供生活方式的第一阶段的"家·生活"战略后,第二阶段"家·生活"战略开启:构建以线上平台为主,线上/线下双平台+自营/第三方外部供应链的两轴驱动、四轮互动"社交+商务+分享"的国美生态圈,打破边界,从电器、家装、家居、百货向更大范围拓展,满足用户全方位需求,打造出以用户思维、平台思维和科技思维为导向的新国美,意味着国美彻底从原来线下实体门店转为线上销售,为转型互联网电商企业向前跃进了一大步。

国美依靠自身优势资源与国内同行积极开展战略合作。国美自身在大家电领域的采购、物流、销售、配送方面具有强大的供应链优势,京东是互联网自营电商的代表,拥有成熟的采购、销售、物流体系,而拼多多是移动互联网时代社交电商的代表,国美已经与京东、拼多多达成了资本联盟,国美在加强自身互联网化、电商思维模式的同时,也把完善成熟的供应链体系开放给京东、拼多多,通过完全开放的方式将平台优势最大化。

2021年,全国工商联正式发布了2020年中国民营企业500强榜单。国美位列中国民营企业500强第八位,并且在该榜单上名次不断提升,稳居前十。这证明了国美作为主流的民营企业,通过植入互联网基因,实现100%线上交易,积极推动"家·生活"战略转型,国美完成大变脸,从传统的零售企业彻底转型互联网电商企业,迈入高速增长通道。

【关键词】

商业环境(Business Environment) 宏观环境(Macro Environment) 产业结构(Industrial Structure) 产业壁垒(Industrial Barrier) 产品差异化(Product Differentiation) 竞争战略(Competitive Strategy)

思考与练习

1. 影响企业业绩的环境因素包括哪些?
2. 企业战略环境包括哪些?

3. 对于一个产业而言,什么是进入威胁? 影响因素包括哪些?

4. 描述产业发展的动力机制。

5. 描述企业发展与其所处宏观环境的关系。

6. 什么是企业内部优势,具体包括哪些方面?

7. 什么是企业外部机会,具体包括哪些方面?

8. 什么是企业外部威胁,具体包括哪些方面?

9. 什么是企业内部劣势,具体包括哪些方面?

10. 如何进行产业竞争力分析?

讨论与辩论主题

1. 讨论理解商业环境变化的重要性。

2. 讨论波特五力对企业盈利能力的影响。

3. 讨论互联网对产业环境的影响。

4. 辩论商业合作与竞争之间的关系。

5. 辩论市场"无形的手"和政府"有形的手"在产业发展中的作用。

第10章 互联网商务战略与管理

10.1 战略与战略管理

10.1.1 战略的概念

战略的含义非常丰富,在国外文献中尚没有达成共识。代表性定义如下:

肯尼斯·安德鲁斯(K. Andrews)认为确定或反映组织的目标、意图等的决策;规定组织从事的业务或服务范围的决策;确定组织将要或想要成为何种经济或人力组织的决策;关于将要为其股东或托管人、员工、客户和社会所做的经济或非经济贡献的决策。

鲁姆斯·奎因(J. B. Quinn)认为战略是一种模式或计划,它将一个组织的主要目的、政策与活动按照一定的顺序结合成一个紧密的整体。一个完善的战略有助于组织根据自己的优势和劣势、环境中的预期变化以及竞争对手可能采取的行动合理地配置自己的资源。

伊戈尔·安索夫(H. I. Ansoff)认为组织在制订战略时,有必要先确定自己的经营性质。企业无论怎样确定自己的经营性质,目前的产品和市场与未来的产品和市场之间都存在着一种内在的联系,这种联系是"共同的经营主线"。通过分析企业的"共同的经营主线"可把握企业的方向,同时企业也可以正确地运用这条主线,恰当地掌握自己内部管理的情况。经济发展的现实对管理学家和经理人提出了客观的要求,即企业的战略必须一方面能够指导企业的生产经营活动,一方面能够为企业的发展提供空间。

企业战略则是对企业各种战略的统称,其中既包括竞争战略,也包括营销战略、发展战略、品牌战略、融资战略、技术开发战略、人才开发战略、资源开发战略,等等。企业战略虽然有很多种,但基本属性是相同的,都是对企业整体性、长期性、基本性问题的谋划。

10.1.2 战略管理过程

一般来说,战略管理包含三个关键要素:战略分析——了解组织所处的环境和相对竞争地位;战略选择——战略制定、评价和选择;战略实施——采取措施使战略发挥作用。图 10.1 是战略管理过程及主要组成要素示意图,它给出了战略管理过程的大致构架,可以作为理解战略管理过程的向导。

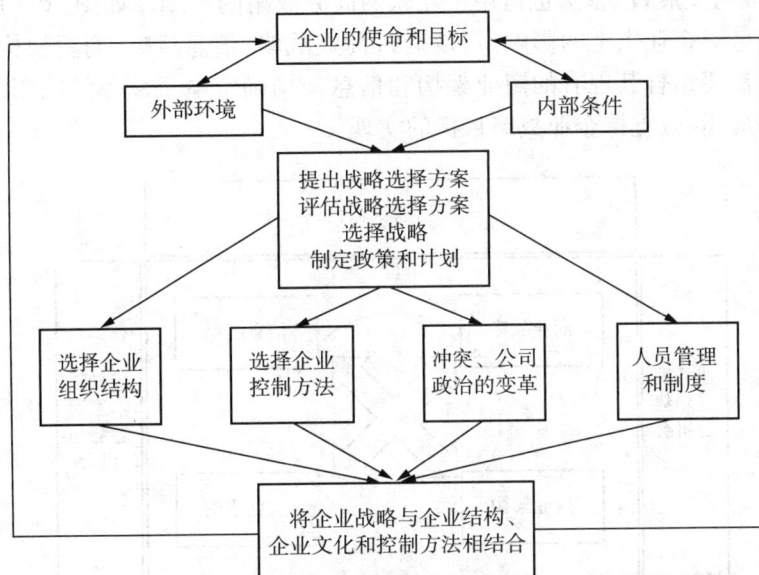

图 10.1　战略管理过程

战略管理是一个循环往复的过程(见图 10.2),而不是一次性的工作,要不断监控和评价战略的实施过程,修正原来的分析、选择与实施工作,企业战略的规划和实现就是建立在这一过程上的。

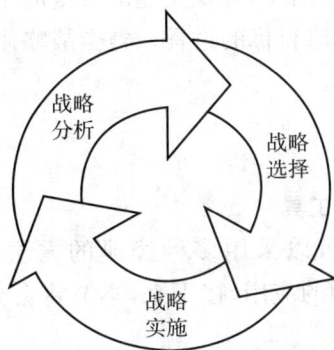

图 10.2　战略管理循环往复的过程

10.2　战略规划与实现

不同的战略规划方法有着不同的应用环境,考虑到互联网电子商务战略与企业整体战略的紧密相关性,这里引用 Floris P.C. van Hooft 和 Robert A. Stegwee 提出的基本联合规划模型进行分析。该模型最初应用在电子商务领域,描述的是电子商务战略规划方法。该方法的过程是企业首先鉴别电子商务对企业所处行业的影响,然后分析企业目前的竞争状态,同时结合 IT 发展的新趋势分析电子商务将如何影响企业的未来发展。由于结合了 IT 行业的发展,该方法也适用于互联网商务战略的规划。如图 10.3 所示,图中的圆代表电子商务对企业未来的影响,可以通过商业战略、信息战略、商业架构和信息架构来实现。企业需要结合其现有的商业架构和信息架构确定电子商务的应用范围,建立恰当的电子商务应用,以支持企业战略目标的实现。

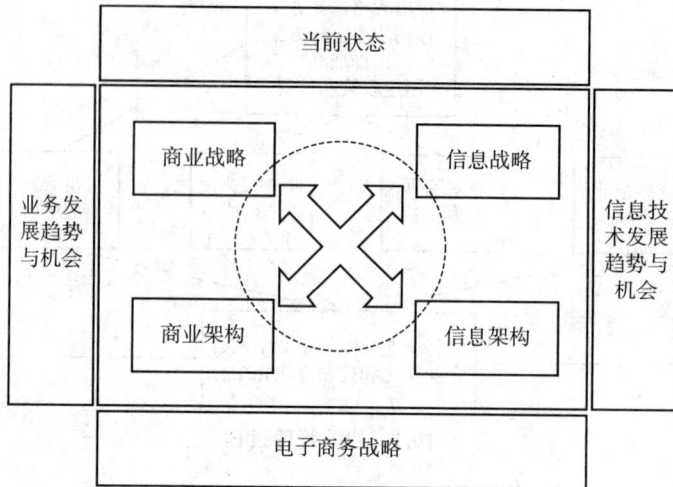

图 10.3 电子商务战略规划方法

互联网商务战略规划的目的就是从帮助企业实施已有的经营战略和竞争战略或形成新的经营战略和竞争战略的角度出发,寻找企业的关键应用领域,确定互联网商务的合理应用模式,以实现企业的经营战略目标的过程。整个战略规划过程分为三个阶段:战略分析、战略选择和战略实施与控制。

10.2.1 战略分析

10.2.1.1 常用的战略分析工具

企业在进行战略分析时,可以采用多种经典的方法,在前面几个章节中,已经涉及 SWOT 分析和波特五力模型的应用,接下来,本节将会介绍另外几种常用的战略分析方法。

1) 新 7S 原则

新 7S 原则是企业竞争理论研究学者达·维尼(Richard A. D'Aveni)于 20 世纪 90 年代提出来的。美国管理大师达·维尼在研究竞争环境变化过程中短期竞争优势和持久竞争优势的关系时,提出了超强竞争理论(Hypercompetition)。他认为,今天的企业处在超强竞争的环境下,这是一种优势迅速崛起并迅速消失的环境,不是一家或几家企业就可以建立起永恒的竞争优势(因为每次的企业互动都会改变竞争的本质),而是必须通过一连串短暂的行动来建立一系列暂时的竞争优势,而每一项行动又必须通过一连串短暂的行动来建立一系列暂时的竞争优势,而每一个行动又必须结合竞争对手的特点来策划和评判。战略目标将是打破现状,而不是建立稳定和平衡。在此基础上,新 7S 模式是透过市场的破坏,发现并建立暂时的优势,维持企业的动能。

7S 是在企业内各个方面之间创造静态的战略搭配,新 7S 模型强调的则是以对长期的动态战略互动的了解为基础,达到四个主要目标:一是破坏现状;二是创造暂时的优势;三是掌握先机;四是维持优势。

这里的"7S"指的是:

(1) 更高的股东满意度(Stokeholder Satisfaction)。这里的"股东"是一个十分广泛的概念,即客户的概念,包括过去企业最重视的股东、市场导向管理中迅速得到重视的客户以及近几年人本管理的主角即员工。

(2) 战略预测(Strategic Soothsaying)。要做到客户满意,企业就必须用到战略预测。了解市场和技术的未来演变,就能看清下一个优势会出现在哪里,从而率先创造出新的机会。

(3) 速度定位(Speed)。在如今超强竞争环境下,企业成功与否在于能否创造出一系列的暂时优势,所以企业快速从一个优势转移到另一个优势的能力非常重要。速度让企业可以捕捉需求、设法破坏现状、瓦解竞争对手的优势,并在竞争对手采取行动之前就创造出新的优势。

(4) 出其不意的定位(Surprise)。经营者们要做的工作,是探寻价值创新的道路,而较少去控制和管理现有的业务运作。

(5) 改变竞争规则(Shifting the Rules Against the Competition)。改变竞争规则可以打破产业中既有的观念和标准模式。亦步亦趋,被动应战,常常得不到好的效果。

(6) 告示战略意图(Signaling Strategic Intent)。向公众及产业内同行公布你的战略意图和未来行动,有助于告诫竞争对手,不要侵入你的市场领域;同时,还可以在客户中有效地形成"占位效应",即有购买意图的客户会等待告示企业的该种产品研制生产出来后再购买,而不去购买市场上已有的其他企业的同类产品。

(7) 同时的、一连串的战略出击(Simultaneous and Sequential Strategic Thrusts)。仅有静态的能力,或是仅有优良的资源都是不够的,资源需要有效地加以运用。企业战略成功的关键在于将知识和能力妥善运用,以一连串的行动夺取胜利,并将优势迅速移到不同的市场。

其中前两个 S,即更高股东满意度和战略预测,在于建立一种愿景,打破市场现状。它包括确立目标、制定企业打破现状的战略、找出企业打破某一市场所必需的核心能力。接下来的两个 S 是速度和出其不意,二者着眼于多种关键能力,可用来采取一系列行动以图打破现状。最后三个 S 即改变竞争规则、宣示战略意图和同时发起持续不断的策略冲击,主要是超强竞争环境中打破市场现状的战术和行动。

新 7S 模型是以破坏性的快速制胜方式来表现的,如图 10.4 所示,它分为三个部分。

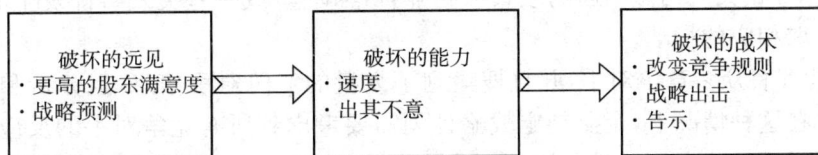

破坏的远见	破坏的能力	破坏的战术
·更高的股东满意度	·速度	·改变竞争规则
·战略预测	·出其不意	·战略出击
		·告示

图 10.4　新 7S 原则

（1）"破坏的远见"。在超强竞争环境下，企业必须不断地打破现状，向客户提供比对手更好的服务，以占据优势。创造更高的股东满意度是目的，战略预测则是寻找并制造破坏机会的方法。

（2）"破坏的能力"。在组织中建立快速行动能力，才能将破坏变成现实；建立让对手惊奇的能力，增强破坏的力量。

（3）"破坏的战术"。改变动态竞争中的规则，利用告示作为影响未来的动态策略互动，实施战略出击是动态竞争攻防的方法。

2）战争游戏法

商业上的模拟战争游戏来自军事上的战争游戏。早在古希腊甚至更早，军事将领们就利用模拟的战争游戏来研究战场上复杂多变的战争形势，以便为不可预测的变化做好准备。1811 年，波斯人引入了三维"战争游戏板"，从而使游戏更加真实。战争游戏法在太平洋海战和海湾战争中都有应用。美国在对海地的军事入侵之前，也曾通过战争游戏检验其可行性。

由于商业竞争的加剧，战争游戏法在 20 世纪 80 年代中期也被引入企业管理领域。它是企业竞争情报工作的有效分析和预测方法之一，也是企业制定竞争战略、评估战略结果的最有效工具之一。现在，阿尔卡特（Alcatel）、美国运通（American Express）、亚美泰（Ameritech）等企业都在运用战争游戏法来分析企业竞争环境，预测竞争趋势和评估战略计划。

（1）目标。战争游戏法的目标是提高一个企业获胜的比率，无论这个企业是推出新产品，进入特殊市场，还是实施具体的战略。战争游戏法通过收集商业和市场信息，聚集领导小组以为企业开发未来的获胜战略提供智力支持。具体来讲，战争游戏法的目标体现在以下几方面：

① 在纷繁复杂的竞争环境中，有效地认清竞争趋势，使企业做出更好的决定；

② 能够有效地评估企业的战略计划，帮助企业建立竞争优势；

③ 通过模拟商业战争游戏，为应对竞争对手新的竞争策略做好充分准备，并做出最佳反应；

④ 能够更多地了解竞争对手、客户及其他相关机构；

⑤ 可以增强企业内部的团队协作，帮助建立学习型组织。

（2）适用范围。在一定范围内，战争游戏法能够最有效地帮助企业分析和预测竞争形势，建立企业竞争优势。企业竞争情报的分析方法很多，每一种方法都有其适用的范围，战争游戏法也是如此。

① 竞争对手的行动与市场及其他不可控因素高度相关。当市场出现新的需求，政府、行业协会等相关机构做出新的政策或行业标准调整，或一些突发事件发生时，竞争对手会立即采取相应的行动。

② 企业拥有众多竞争对手，并且搜集到了大量的竞争对手信息，但分析和预测工作很难进行。在这种情况下，企业制定战略计划需要考虑到所有竞争对手的反应。企业拥有许多竞争对手的信息但缺乏有效的互动性分析和预测方法，往往会顾此失彼，击败了一个竞争对手，却为另外的竞争对手提供了机会。

③ 竞争对手实施的策略意图不明确,企业需要理解竞争对手的目的。在这种情况下,竞争对手可能声东击西,阻碍企业相应对策的制定。企业通过战争游戏法,可以有效地分析出竞争对手的真实意图,并且做出最佳反应。

④ 企业所处环境有太多的未知因素,需要考虑的问题太多,企业无法把握所有这些因素的交互作用。例如,企业正面临着新的竞争形势或一个主要的、新的、直接的竞争对手,尤其是不按传统规律行事的对手,企业往往无法把握新的情况或不熟悉的对手,战争游戏法则可以为企业决策提供支持。

⑤ 企业面临的环境正在发生变化,而且企业原有的战略已经陈旧,不能起作用,但企业决策者迟迟不能形成新战略导向的关键性一致意见。这种情况有可能是企业决策者还沉浸在过去的成绩里,决策小组因以往的胜利而自满、骄傲和过于自信,没有意识到企业的战略已经不再适用。或者,由于决策者意见出现分歧,不能达成战略制定的一致性意见。

(3) 主要步骤。内容介绍如下:战争游戏法是商业环境下角色扮演的模拟过程。通常,战争游戏法包括代表市场或用户、竞争对手以及一系列其他不可控因素或组织的小组。一个战争游戏包括几轮,每一轮都代表企业计划中一个特定时段或阶段。为了反映现实状况,所有的小组要同时进行游戏,然而这些小组可能没有获得企业竞争对手当前计划做的和正在做的全部信息,或者不可控因素正在发生的事情的全部信息。只有一轮游戏完成后,当所有的小组都与这轮战争中代表其他因素的小组互动行为结合在一起时,每一个小组才能看到他们的决定和行为产生的效果。

一个商业战争游戏项目就好像一座冰山:明显的部分(实施这一游戏本身)仅占到所有成果的 10%左右,不明显的成果包括设计、开发战争游戏以及战争游戏的后续报告等却占到了 90%左右。战争游戏专家 Jay Kurtz 在他的研究中,描绘了典型的战争游戏法从准备到实施的主要步骤,如图 10.5 所示。

通常,当企业决策者或高级管理负责人发现企业发展面临重要的问题或情况时,而这些重要的问题或情况正好与战争游戏法适用的范围相吻合,他们就会优先选择战争游戏法,这样一个战争游戏项目就会开始。面对企业的重要问题或情况,决策者或高级管理者必须对这一状况具有强烈而且足够的兴趣,同时,坚信一旦企业采取一些做法就可以应付这一状况并能够得到商机。当然,决策者或高级管理者也必须认为,商业战争游戏法是针对这一问题的最好方法。如果他们对战争游戏法是否合适还不能确定,那么,具有相关经验的竞争情报专家能够提供指导意见,专家可以告诉你战争游戏法是否是最佳方法,或者是否应该召开情景规划会议或其他形式的规划讨论会。

下一个步骤包括战争游戏说明以及召开会议。在这一步骤中,企业领导、竞争情报专家及其他人要明确这一游戏的具体目的,并且对将要得到什么样的成果达成一致意见。他们通过说明以下内容,明确这一游戏的范围:市场、客户或其他焦点战场;解决商业或产品面临问题的方针;战争游戏法的时间范围,如它将覆盖的时间段;游戏中需要有代表竞争对手及其他组织的一些小组;关键问题或者需要结合起来的其他不可控因素。

在这个会议中,还需要制订设计战争游戏、开展行动及后续工作的时间表,并且需要列出参与人员的初步名单。而且,需要负责人批准这次战争游戏法的细节计划和预算。

```
                    ┌─────────────────────┐
                    │   问题、需求或想法   │
                    └─────────────────────┘
                              │
                  ┌───────────────────────────┐
        否        │   商业战争游戏是合适的方法吗 │      不知道
      ┌───────────│                           │──────────┐
      │           └───────────────────────────┘          │
      │                      │ 是                         │
┌───────────────┐  ┌─────────────────────┐        ┌───────────┐
│ 选择或创建其他方法 │  │ 战争游戏法说明以及召开会议 │        │   咨询    │
└───────────────┘  └─────────────────────┘        └───────────┘
                              │
                   ┌─────────────────────┐
                   │  战争游戏的计划和预算  │
                   └─────────────────────┘
                              │
                   ┌─────────────────────┐
                   │        赞成          │
                   └─────────────────────┘
                              │
                   ┌─────────────────────┐
                   │    战争游戏设计会议    │
                   └─────────────────────┘
                              │
                   ┌─────────────────────┐
                   │     战争游戏设计      │
                   └─────────────────────┘
                              │
   ┌──────────────────────────────────────────────────────┐
   │ ┌────────┐ ┌────────┐ ┌──────────┐ ┌────────┐         │
   │ │确定和建议│ │市场和竞争│ │准备战争游戏所│ │管理和后勤│         │
   │ │ 参与者  │ │  研究   │ │需的所有材料 │ │  安排   │         │
   │ └────────┘ └────────┘ └──────────┘ └────────┘         │
   │               战争游戏开发的活动                        │
   └──────────────────────────────────────────────────────┘
                              │
                        ┌──────────┐
                        │  排练、预演 │
                        └──────────┘
                              │
   ┌──────────────────────────────────────────────────────┐
   │   ┌────────┐                      ┌────────┐          │
   │   │ 市场小组 │                      │本企业小组│          │
   │   └────────┘                      └────────┘          │
   │ ┌────────┐      ┌────────┐      ┌──────────┐          │
   │ │百搭牌小组│ ←→  │ 帮助小组 │ ←→  │ 竞争对手小组 │          │
   │ └────────┘      └────────┘      └──────────┘          │
   │   ┌────────┐                      ┌────────┐          │
   │   │ 仲裁小组 │                      │  X小组  │          │
   │   └────────┘                      └────────┘          │
   └──────────────────────────────────────────────────────┘
                              │
                        ┌──────────┐
                        │ 行动后的报告 │
                        └──────────┘
                              │
                       ┌────────────┐
                       │ 决策者听取汇报 │
                       └────────────┘
```

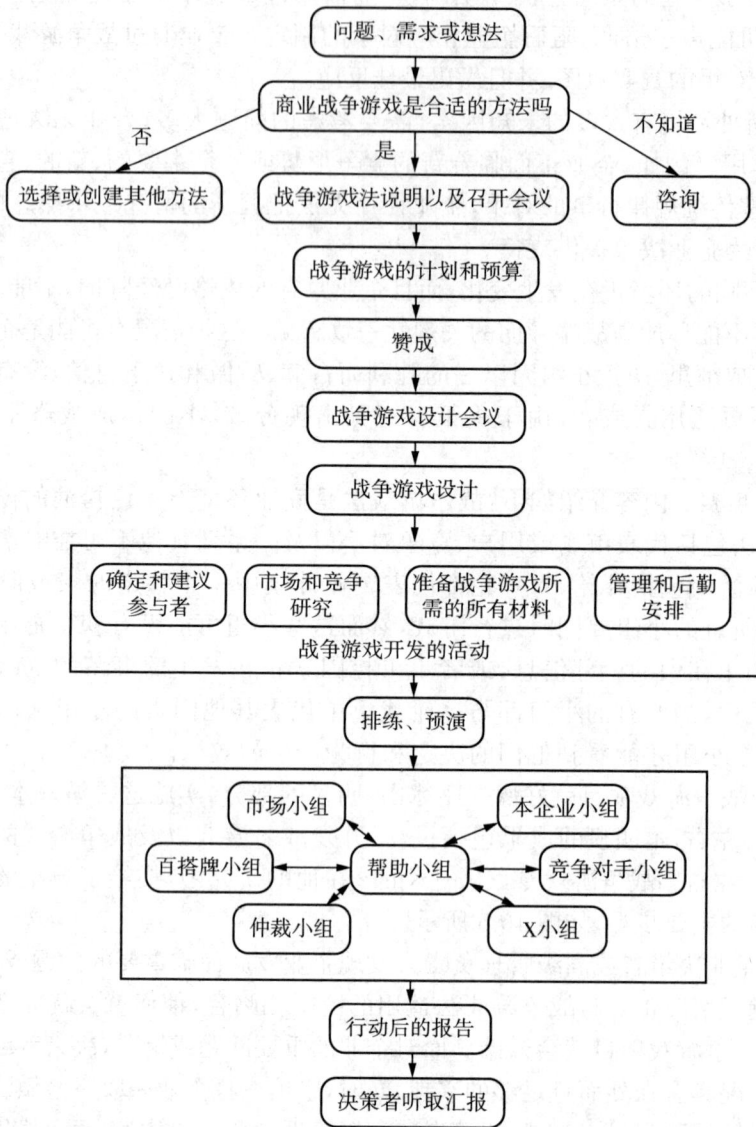

图 10.5　战争游戏法

典型的战争游戏小组由几类小组组成:市场小组、竞争对手小组、百搭牌小组、X 小组、仲裁小组、帮助小组和本企业小组。

市场小组代表企业的客户和前景,将如何影响企业的行动,这一行动是企业小组与竞争对手小组及其他组织小组的互动中采取的。这个小组在每一轮游戏结束时,都要按照企业和竞争对手互动情节的发展,来确定企业市场份额的增减。本企业小组代表本企业的立场,而每一个主要的竞争对手小组都代表在此次游戏阶段遇到的一个企业或一些重要企业中的一个。

百搭牌小组代表潜在的、未来的竞争对手,这一竞争对手现在不存在,但几年以后会进入或者改变市场。

X 小组扮演经济组织、政府、调节者、中间人或其他影响市场、企业和企业竞争者的组织。

仲裁小组负责协调,它确保所有其他小组按约定规则进行游戏。它解决本企业小组和竞争对手小组间的争端,管理本企业小组和竞争对手小组可能应用的策略,评价合并或兼并的可行性和影响,以及观察和评论各小组的动态。在极端情况下,这一小组可以安排人员从一个小组转换到另一个小组。它也能够决定每一轮结束时,本企业小组和竞争对手小组相关资源的增加或损失,以及市场对本企业小组和竞争对手小组的反作用。这一小组中的人员必须是受尊敬的人,而且必须知识渊博且在战争游戏中没有针对特定结果的具体偏见。

帮助小组不在战争游戏中扮演角色,但它提供必要的确保战争游戏整体取得胜利的配置设计、规则、过程和工具等。它也要捕捉战争游戏所有重要的产物,并用于准备行动后的报告。依据不同战争游戏的目的和范围,还可以增加一些代表某些渠道(不同于终端用户市场)的小组,如战略性合作者、媒体和大股东。除了仲裁小组外,每一个小组需要4~6 个参与者。仲裁小组只需要 2~4 人就可以很好地工作。

3) 战略十步骤系统

战略管理十步骤系统是有助于企业从受众的角度发现市场的一种工具,十步骤系统模型每一部分的内容自成体系,具体内容如下:

(1) 企业理念。

企业理念是企业的"基本法"。成功的企业都拥有强大的企业文化和形成文化的企业理念,这一理念是企业员工和市场都熟知的。这正是奠定企业长期发展的基础,因为企业理念是"战略的战略"。

(2) 环境分析。

环境的变化不仅带来风险,更提供了巨大的机会,它对企业的成功有决定性的影响。连续的监控趋势为及早发现风险和机会提供可能,并以此提高成功率。

(3) 竞争控制。

只有拥有运转良好的信息系统,不断地收集竞争者的信息,才有可能使企业具备长期御敌和持续盈利的能力,所以市场营销不仅仅是客户至上。

(4) 客户分析。

谁能长期为客户提供更好的问题解决方案,谁就能真正在市场中长久地立足。从这个意义上讲,客户分析的核心是:寻找至关重要的、尚未解决或尚未得到很好解决的问题。成功的企业能系统地掌握市场和客户的潜在利益,以此获取大量具体的、可直接运用的信息,从而了解市场中最重要的潜在利益——客户。客户分析不断深入,外部的市场数据分析随之结束。为了能够制定成功的市场营销战略,企业的强项和弱项必须与市场现有条件相适应。

(5) 自身状况分析。

运用正确的战略,大部分问题会迎刃而解;而运用错误的战略则不可能成功。企业的强项和弱项分别在哪里? 有哪些潜力? 机遇和风险又在哪里?

（6）潜力分析。

运用一系列的方法，帮助企业明确在市场中的定位。能够利用企业在市场中的明确定位，如建立市场中的行动路线，从而形成企业在市场中的权能，这是企业成功的决定性因素。利用战略性的定位，可以分析市场未来发展方向的前提条件。在现状分析的基础上，研究市场中至关重要的因素，以进一步研究战略性的潜在成功机会，从而可以制定确保成功的市场营销战略。

（7）目标描述。

确立战略的具体目标，是企业成功的一个必要前提。书面的、具体的、理由充分的目标，可以帮助企业轻松地确定一个明确的发展方向。无论如何，如果只将目标和战略停留在口头上，那么只有极个别的人能将这些计划和方案付诸实施。

（8）视觉化/工作程序化。

企业展示视觉化交流与工作程序化是必要的，当代研究成果表明，这是一条行之有效的、明智的交流方法。

（9）市场营销战略。

在对数据和方案进行处理的基础上，企业就可以有步骤地制定市场营销计划。首先要确定市场营销的年度计划，制定大量的具体措施，帮助企业在短期内有效地实施战略方案。就像生产战略、公共关系战略和采购战略一样，企业在销售战略上也要制定具体的措施，这些措施应当是连贯的，而且能支持企业的长远目标及发展战略。

（10）市场营销控制。

这里是整套方案的终结点。借助于一个在理想状态下可自我控制的带反馈的回路模式，企业就可以执行长期的成功发展战略。成功的企业，都能长期地把精力集中于市场中强大的未被满足的需求，并且自动释放出自身强大的潜能。

10.2.1.2 竞争优势分析

上一节中讨论了战略分析的常用工具，下面将进一步分析企业面对互联网技术表现出来的特点及新进入企业的特点和面临的竞争环境，了解企业自身的竞争优势。

1）现有企业

现有企业是该产业中互联网时代以前成立的企业，它们还可以称为传统企业或遗留下来的企业。2000年的大部分企业都属于这一类型。它们中很多正在绞尽脑汁应对互联网带来的一些问题。作为产业中已有的企业，它们在成功接受互联网以及管理者驾驭这种重大变化的能力方面有其自身的优势和劣势。

（1）现有企业的优势：

① 辅助性资产。现有企业也有一些优势。要从技术中获得利润还需要辅助资产，如品牌、分销渠道、客户关系、重要的客户、市场营销、生产、仓库货架及与供应商的关系，等等，很多现有的企业都拥有这些辅助资产。尽管互联网会使其中一部分过时，或变成障碍，但仍然有很多可以在初期起到辅助作用。这些可以用于从互联网中获利的辅助资产对于现有企业来说是重要的资产。这些资产难以被新进入者获得。现有企业的高级管理者可以凭借这些资产赶上或超过那些先发的新进入者。在进行并购和战略联盟的活动中，有用的辅助资产是已有企业高级管理者在谈判桌上的重要砝码。

②　互联网技术的易模仿性。互联网模式中总有一部分或全部是非常容易被模仿和超越的。如果技术易于复制且辅助资产非常重要而且难以获得,那么辅助资产的拥有者往往能从技术中获利。因此在那些现有企业拥有辅助资产而互联网技术易于复制的产业中,现有企业将具有优势。

（2）现有企业的潜在劣势:

现有企业的一些特点使得它们在面对互联网的时候特别容易受到新进入者的冲击。在互联网出现之前,这些特点能够为现有企业很好地服务。但是,现在这些特点变得毫无用处或者成了它们前进的绊脚石。如果现有的企业在面对互联网的时候想要保持竞争优势,那么它们必须特别注意这些由优势转变而成的障碍,并且要找到克服它们的办法。

①　主流管理逻辑。每个管理者都会为决策带来各种意见、信念以及关于企业目标的市场假设。这一系列的意见、假设和信念就是管理者的管理逻辑(Managerial Logic)。管理逻辑决定了管理者搜寻信息的范围和解决问题的框架。管理者根据企业的战略、系统、技术水平、组织结构、文化和过去成功的经验,会形成一种主流管理逻辑(Dominant Managerial Logic)。在稳定环境中,这是一个非常有竞争力的武器。然而,在面临根本性变革时,主流管理逻辑可能会造成非常不利的结果。

②　能力陷阱。能力陷阱(Competency Trap),指不能抛开过去做事的成功方法去寻找新的方法。能力陷阱与主流管理逻辑关系密切。根本性的技术变革可能推翻原来的整个商务模式,但主流逻辑的障碍往往很难尽快采用这种变革。比如由于老物流系统的存在,建立新物流系统往往比较困难。国际成功企业往往采用岗位轮换、外脑引进等方式突破能力陷阱的局限。

③　对自相残杀和丧失收入的恐惧。互联网经常使得企业已有的产品/服务失去竞争力。新产品比原有的产品提供了更好的客户价值。提供这些新产品意味着购买原有产品的客户减少,新产品将与原有产品"自相残杀"。害怕与已有产品"自相残杀"经常使企业接受那些新技术的进程非常缓慢。然而,越来越多的管理者已经开始认识到,如果企业不进行"自相残杀",其他企业也会使它们进入这一过程,这样它们不仅会失去原有产品/服务的收入,同时也丧失了新产品/服务带来的收入。

④　渠道冲突(Channel Conflict)。互联网使得一些已有的分销渠道和销售技术过时。这种情况下,由于现有的销售人员和分销商不愿看到收入流向新的分销渠道,他们便极力反对并阻止企业使用新渠道,因此渠道冲突经常发生。例如,康柏公司尝试重点通过互联网直接向客户销售,而不再过分依赖经销商,PC 经销商对康柏像戴尔电脑公司那样直接向客户销售的决定表示了极力反对。在万维网和互联网成为分销渠道之前,康柏与经销商的关系在帮助其登上个人电脑制造业的顶峰中起了非常重大的作用。互联网不仅从根本上削弱了这种关系,而且使这种关系成为进一步发展的障碍。当美林公司决定提供在线经纪服务的时候,它自己的营销人员也是极力反对,并最终使这项业务从企业分离出去。

⑤　合作/竞争者力量(Co-operator Power)。企业需要与客户、供应商和互补产品服务提供商合作或者竞争。而它们在企业成功接受互联网的过程中也起着一定的作用。如果客户不想要新技术,那么较早接受互联网将会有较大风险。如果客户是强有力的,而且

是企业收入的主要来源,那么企业必须倾听他们的意见以努力满足需要。然而,过多地听取有实力客户的意见对企业接受新技术也是有害的。同样可以想象,在供应商和企业的关系中,供应商起支配作用时,如果企业过于向供应商倾斜,也会导致企业没有向互联网投资的兴趣,这对企业接受新技术也是有害的。同理,互补产品服务提供商也拥有这样的力量。

⑥ 感情眷恋。很多高级管理者都是凭借其在新技术或商务模式的创新和商业化中做出的有价值贡献而获得提升的。一些情况下,企业的竞争优势也依赖于这种机制。不管哪种情况,当面对互联网的根本性变革,那些曾经使他们得到提升的技术被取代时,这些管理者会对原有的技术有很强的感情眷恋,这会使他们延缓接受互联网。例如,英特尔的一些管理者就不希望淘汰 DRAM(Dynamic Random Access Memory)业务去专心于微处理器的生产,他们对英特尔发明并从中获取大量金钱的 DRAM 还有感情上的留恋。

(3) 克服劣势。

① 来源混合。建立包容性组织文化,接受不同文化背景的员工。3M 公司允许其员工花 15% 的时间去做他们想做的事情,只要这些事情与产品有关。如果员工有好的想法,应当给予他们实现的机会。

② 实体分离。一种避免主流管理逻辑、感情眷恋、合作/竞争者力量和能力陷阱的途径是,建立一个在组织上和实际运作上与已有企业相互分离,但仍然属于企业的独立单位。另一个办法是在此基础上进一步设立一家分离的初创企业。分离的企业会吸引更多精英,他们向往在一个初创企业中的创业环境中工作,希望能够获得未来可能的 IPO 回报。而且,由于在 20 世纪 90 年代末到 2000 年中对".com"公司和传统企业估价的巨大差异,还会使这些分离的实体能够通过 IPO 获得更多更廉价的资本。对于高级管理者来说,应当考虑的是将互联网单位置于企业内部还是将其剥离成为一个独立的企业。嘉信理财公司先建立了一个独立的单位,然后将它吸收到企业内部。通用电力公司决定让它自己的各个单位相互竞争。GE 公司认为互联网单位与其他传统部门的报酬体制没有什么不同。有些公司与风险资本公司建立了合资公司,风险资本公司不仅提供了融资,还提供了一些必要的支持。宝洁公司与风险资本公司建立了合资公司,从而建立了 Reflect. com 向客户直接提供艺术作品。

2) 新进入企业

新进入者有两类:以互联网为基础、新进入市场的企业,它们在互联网诞生之前是不存在的;那些使用互联网进入现有其他市场的企业。

(1) 新进入者的优势:

① 没有传统的惯性。新进入者没有已有企业那么多障碍:没有主流管理逻辑,没有能力陷阱,没有分销渠道冲突,不用担心自相残杀,没有对老技术的感情眷恋,没有合作/竞争者力量。因此,它们能够更快、更容易地接受新技术。

② 股权资产。20 世纪 90 年代到 2000 年上半年,市场对纯互联网企业的估价比传统企业要高得多,它们是否值这个价格还有待于进一步讨论。但这种高估价成为新进入者重要的资本来源,传统企业不具备这一优势。这种估价的相对差距与熊彼特的"创造性的破坏"的理念相吻合。面对互联网技术的更迭,新企业出现的浪潮是以大量老企业被淘汰

为代价的。

③ 对精英的吸引力。由于受到股票期权和未来可能从 IPO 获得巨大回报的吸引,受过良好教育的年轻精英们宁愿为初创企业工作也不愿去传统企业。20 世纪 90 年代末到 2000 年年初,年轻的精英们发现亚马逊比 Borders 更有吸引力。由于认为在 Akamai Technologies、Vertical Net 或 Commerce One 能够比在格特或通用汽车公司学到的东西多,大学毕业生都选择去这些初创的企业。很多大学生更偏好初创企业,那里有更好的创业环境,并且可以提供更多学习的机会。

(2) 新进入者的劣势:

新进入者通常缺乏必要的辅助资产,不得不从零开始积累。一些互补资产,如品牌的建立,其代价是非常昂贵的,而且容易被遗忘。1999 年,很多".com"公司将从风险资本那里得来的资金中的 70% 花费在了市场营销上。另一个劣势是它们的技术非常易于被模仿。因此,新进入者难以保持对现有企业的领先,这使得新进入者需要发展它们的互补资产,而不是依赖早期的技术领先。

(3) 克服劣势。

由于大部分商务模式或其中某些部分易于模仿,企业需要重点采取快跑策略。企业可以在竞争对手赶上或超过自己之前对自己的商务模式不断创新,甚至重新进行设计。由于商务模式的核心是企业拥有的独特能力,因此企业应该注意建立一些延伸能力,使企业能够向不同的客户提供更好或不同的价值,从而创造更多的收入和利润。尽管直到 2000 年年初还没有盈利,亚马逊却很好地延伸了他们的能力。有了销售图书、音乐和影像的能力,亚马逊建立销售玩具能力的成本相对一个与亚马逊有同样规模的新进入者进入玩具零售市场的成本要低得多。

(4) 新进入企业与现有企业的竞赛。

新进入者将不断冲击市场,它们会与现有企业展开各种竞赛:新进入者拥有技术,努力尽快获得辅助资产。而现有企业拥有很多辅助资产,它们必须开发相应的技术。新进入者的高级管理者的责任是决定什么时候及怎样取得辅助资产。如果新进入者想要开发自己的互补资产而不是与其他拥有这些互补资产的企业联盟,那么它必须趁早开始。特别是像网络规模和品牌声誉这样对先入者来说非常重要的互补资产更要如此。如果新进入者想要与拥有这些资产的企业联盟,那么必须选择恰当的时机。如果企业行动得太早,那些现有企业尚未理解新技术的价值时,其自身所存在的主流逻辑将会是一个棘手的问题。如果等待时间过长,那些现有企业可能已经开发了自己的技术,就不再需要这些新进入者了。

10.2.2　战略选择

通过上述分析,企业了解到自己在行业中所处的位置,面临着很多可供选择的战略。比如,AOL 发现要成功保持其付费用户模式必须提供更多的内容;Amazon 可能会发现,它销售图书的能力可以扩展到销售音乐、影视、电子产品、家用设备等。

企业需要在总体、业务单位和职能三个层次上选择合适的战略,以下将重点介绍业务单位战略(即竞争战略)的选择,为企业战略选择提供思路。

10.2.2.1　罗伯茨—拜瑞模型

当企业想要达到某一目标而又缺乏相应的能力时，可以说企业存在能力缺口（Capabi-lities Gap）。要弥补这个缺口，企业通常需要决定是依靠自身发展这些能力，还是从企业外部获得这些能力。E. B. Roberts 和 C.A. Berry 建立了一个模型（见图 10.6），它可以用于指导管理者如何获得这些他们所需要的能力。

	已有的技术	新的熟悉的技术	新的不熟悉的技术
新的不熟悉的市场	合资公司	合资公司 教育性收购	风险资本 教育性收购
新的熟悉的市场	互联网市场 能力 发展 并购	互联网企业 并购 发行许可证	风险资本 教育性收购
已有的市场	互联网发展 （并购）	互联网市场 能力 发展 并购 发放许可证	战略联合

图 10.6　罗伯茨—拜瑞模型

向客户提供新的价值或要在产品市场上达到一个新的位置通常需要技术和市场两方面能力。企业对技术和市场越不熟悉，越需要一段建立相应能力的艰苦时期，因此它们失败的风险就越大。由于这些能力需要花费时间去建立，那么与另一个拥有这些能力的企业合作可能是更好的选择。换句话说，企业选择获取这些所需能力的方式取决于企业对技术和市场的熟悉程度。Roberts 和 Berry 探讨了以下一些获取新能力的方法：内部开发、并购、取得许可、另立独资公司、成立合资公司、利用风险资本和教育性收购。

如果企业对市场和技术很熟悉，而且企业有能力做这些事情，那么最好在内部开发和创新。如果市场是全新的，但企业拥有技术，企业也可以采取内部开发的策略，因为企业已经拥有了技术能力，只是需要在其基础之上建立市场能力。Amazon.com 从图书、音乐和影像向玩具、拍卖和电子产品的扩张就是一个很好的例子。当技术虽是新的，企业却非常熟悉，而市场又是已有的市场的时候，企业也可以采取类似的策略。就是说，由于可以在已有的基础上开发，企业也可以在其内部开发技术。在这两种情况下，企业可以购买或得到其他人的许可获得技术，因为企业拥有较强的吸收能力来消化这些新事物。

当企业对技术相当熟悉而市场对于企业来说是新的且不大熟悉的时候，合资企业是一个非常好的方法。为什么？因为在合资企业中，两个或更多的企业建立一个它们共同拥有的但又与自己分离的实体，这样可以使它们所拥有的能力汇聚到一起来实现它们共同的目标。这样，一家熟悉技术但不熟悉市场的企业可以与其他熟悉市场的企业建立一个合资公司，有了其他企业的互补能力，它们可以更早地向市场提供客户价值，同时它们还可以互相学习，获得并加强它们缺乏的能力。

当市场和技术都是新的但企业都比较熟悉时，企业可以用其他方法，如成立独资公司、并购和取得许可等。对于独资公司，企业以其内部力量设立一个独立的实体来开发新的产品,这时企业通常会雇用一些具有创业精神的人。企业还可以收购其他拥有所需能力的企业,这样可以使企业立刻获得所需要的能力,还可以向收购过来的企业学习以获得新的能力。除了收购企业外,还可以争取其他企业生产某种产品的许可。

当技术和市场都是新的且企业都不太熟悉的时候,其所需要的能力与已有的能力不同。Roberts 和 Berry 认为这时应该使用风险资本和教育性收购的办法。对于风险资本,企业可以对一家年轻的但拥有所需能力(通常是技术性的)的企业进行少量的投资。不管怎样,通过初创企业,进行投资的企业获得了一个学习技术和市场的窗口。教育性收购(Educational Acquisition)是这样的收购,其目的只是为了从中学习,而不是将被收购企业当作能够辅助业务的企业。这是一个逆序的过程——先收购,再解析,然后从中学习。

10.2.2.2 "战略钟"

1) 三种基本战略

对于竞争战略,从最广泛的意义上,波特归纳总结了三种具有内部一致性的基本战略,即成本领先战略、差异化战略和集中化战略,它们是企业获得竞争优势的基本途径和手段。

三种竞争战略之间的关系可由图 10.7 表示,可以看出,在三种基本战略中,成本领先战略和差异化战略是基本战略的基础,它们是一对"对偶"的战略,而集中化战略不过是将这两种战略运用在一个特定的细分市场而已。

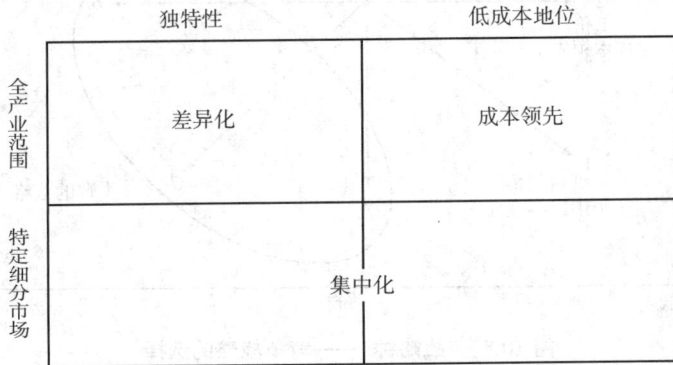

图 10.7　三种基本战略

(1) 成本领先战略。

成本领先战略是指企业通过在内部加强成本控制,在研究开发、生产、销售、服务和广告等领域把成本降到最低限度,成为产业中的成本领先者的战略。按照波特的思想,成本领先战略应该体现为产品相对于竞争对手而言的低价格。但是,成本领先并不意味着仅仅获得短期成本优势或者仅仅是削减成本,它是一个"可持续成本领先"的概念,即企业通过其低成本地位来获得持久的竞争优势。

(2) 差异化战略。

差异化战略是指企业向客户提供的产品和服务在产业范围独具特色,这种特色可以给产品带来额外的加价。如果一个企业的产品或服务的溢出价格超过其因独特性所增加的成本,那么,拥有这种差异化的企业将获得竞争优势。

（3）集中化战略。

集中化战略针是指对某一特定购买群体、产品细分市场或区域市场,采用成本领先或产品差异化来获得竞争优势的战略。集中化战略可分为两类:集中成本领先战略和集中差异战略。

2)"战略钟"的运用。

当企业试图用基本竞争战略来解决企业实际战略选择时,企业遇到的实际情况会更为复杂,并不能简单地归纳为应该采取哪一种基本战略。克利夫·鲍曼(Cliff Bowman)将这些问题收入一个体系内,并称这一体系为"战略钟"。

如图10.8所示,将产品的价格作为横坐标,将客户对产品认可的价值作为纵坐标,然后将企业可能的竞争战略选择在这一平面上用8种途径表现出来。

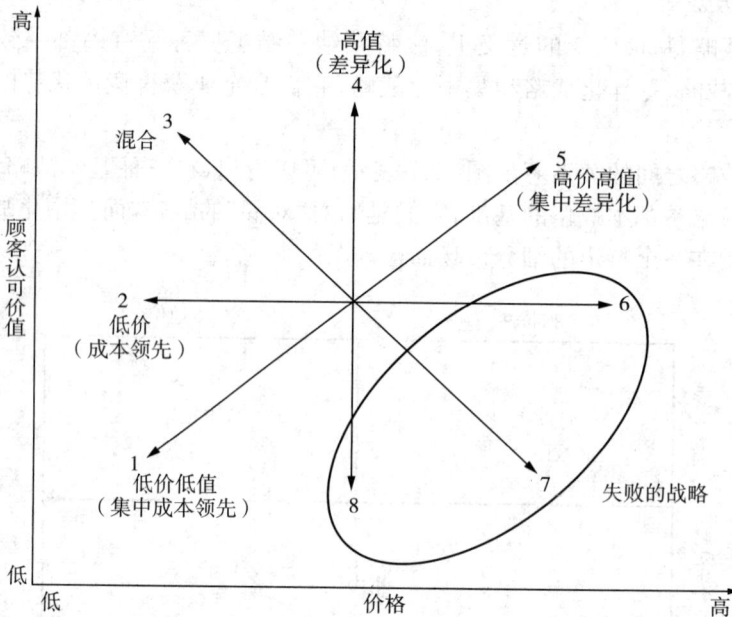

图10.8 "战略钟"——竞争战略的选择

（1）成本领先战略。

成本领先战略包括途径1和途径2,可以大致分为两个层次,一是低价低值战略(途径1),二是低价战略(途径2)。低价低值途径看似没有意思,却有很多企业按这一路线经营得很成功。企业关注的是对价格非常敏感的细分市场,在这些细分市场中,虽然客户认识到产品或服务的质量很低,但他们买不起或不愿买更好质量的商品。低价低值战略是一种很有生命力的战略,尤其是面对收入水平比较低的消费群体。途径1可以看成一种集中成本领先战略。途径2则是企业寻求成本领先战略市场用的典型途径,即在降低价格的同时,努力保持产品或服务的质量不变。

（2）差异化战略。

差异化战略包括途径4和途径5。可以大致分为两个层次,一是高价值战略(途径4),二是高值高价战略(途径5)。途径4是企业广泛使用的战略,即以相同或略高于竞争者的价格向客户提供高于竞争对手的客户认可价值；途径 5 则是以特别高的价格为客户提供更高的认可价值，这种战略在面对高收入消费群体时很有效，因为产品或服务的价格本身也是消费者经济实力的象征。途径 5 可以看成一种集中差异化战略。

（3）混合战略。

混合战略指途径 3。在某些情况下，企业可以为客户提供更高的认可价值，并获得成本优势，这与波特原来的设想有所不同。在波特与英国最大的百货超市连锁店 Sainsbury 公司经理 David Sainsbury 讨论基本战略问题时，Sainsbury 认为，只关心价格或只关心质量的消费者只是非常小的一部分，大多数人既关心价格也关心质量。所以应该在成本领先战略和差异化战略之间探讨这样一种战略，即注重价格和质量的中间范围。

从理论角度看，以下一些因素会使一个企业同时获得两种优势：

提供高质量产品的企业会增加市场份额，而这又会因规模经济而降低平均成本。其结果是，企业可同时在该产业取得高质量和低成本的定位。

质量产品的累积经验降低成本的速度比低质量产品快。其原因与下面的事实有关，即生产工人必须更留心产品的生产，这又会因经验曲线而降低平均成本。

注重提高生产效率可以在高质量产品的生产过程中降低成本。例如，全面质量管理（TQM）运动的全部推动力就是使企业改进生产过程，在提高产品质量 B 的同时降低平均成本 C。

（4）失败的战略。

途径 6、途径 7 和途径 8 一般情况下是可能导致企业失败的战略。途径 6 提高价格，但不为客户提供更高的认可价值。途径 7 是途径 6 更危险的延伸，降低产品或服务的客户认可价值，同时却在提高相应的价格。除非企业处于垄断地位，否则不可能维持这样的战略。途径 8 在保持价格不变的同时降低客户认可的价值。这同样是一种危险的战略。虽然它具有一定的隐蔽性，在短期内不被那些消费层次较低的客户所察觉，但是这种战略是不能持久的，因为有竞争对手提供的优质产品作为参照，客户很快就会辨别出产品的优劣。

10.2.3　战略实施与控制

10.2.3.1　战略实施条件

决定企业向哪个方向发展和如何达到目标是一件事，而实现这些决定又是另一件事。这里我们可以应用探讨商务模式的实现对谈到的战略、结构、机制、人员和环境（S3PE）框架进行分析。

1）员工的需要和 S3PE 相互适应

互联网是关于信息和知识的技术，那些拥有这些信息和知识的人是极为重要的。在设计组织战略、结构和机制使 S3PE 更好更适应的时候，企业需要较多地了解哪些因素能够使人们努力工作。显然，一般来说，员工们想要企业的股票期权；而那些软件工程师可能会希望在他们设计的软件中体现出他们的名字，不管是软件名称还是什么其他形式，这样可以使他们的朋友或亲属在获得这些软件时，能够了解他们在开发这些软件时确实起了很重要的作用。而当每个人都想要股票期权的时候，管理者要怎样做呢？关键是需要了解每个员工,这样才能决定他们每个人应该向谁负责,如何衡量他们的业绩,如何对他们的业绩支付报酬,以及应该在一天中哪段时间内交给他们的工作最多。

2) 实际靠近

互联网很多特性使得在很多活动中距离已经不再是限制条件了。然而高级管理者在规划组织的时候,要牢记有些交流还是需要在人与人之间实际进行,而不是通过网络,这是非常重要的。有些不可述的知识是难以转化为互联网所能够传递的形式的。例如,在医药行业,医生可以将对某种新药的检验信息发送到网站上与其他医生共享,这样可以增加检验的效率和速度,使食品和药品监管部门更快地批准新药的市场化,还可以增加新药专利权期间内的利润。然而,互联网不能代替一些非正式场合下的信息交流,如在停车场、自助餐厅或走廊中对医药研究进行非常重要的交流。实际靠近对这样的 R&D 活动极为重要。人们都有感情,即使有了可以用于交易的网站能够直接见到客户,实际靠近仍然是非常重要的。

10.2.3.2　战略控制方法

战略控制主要是指在企业经营战略的实施过程中,检查企业为达到目标所进行的各项活动的进展情况,评价实施企业战略后的企业绩效,把它与既定的战略目标与绩效标准相比较,发现战略差距,分析产生偏差的原因,纠正偏差,使企业战略的实施更好地与企业当前所处的内外环境、企业目标协调一致,使企业战略得以实现。在经典的战略控制方法中,平衡计分卡运用得较为广泛。

平衡计分卡(The Balanced Score Card,BSC),就是根据企业组织的战略要求而精心设计的指标体系。按照罗伯特·卡普兰(Robert S. Kaplan)和大卫·诺顿(David P. Norton)的观点:"平衡计分卡是一种绩效管理的工具。它将企业战略目标逐层分解转化为各种具体的相互平衡的绩效考核指标体系,并对这些指标的实现状况进行不同时段的考核,从而为企业战略目标的完成建立起可靠的执行基础。"

它是一种平衡四个不同角度的衡量方法。具体而言,平衡计分卡平衡了短期与长期业绩、外部与内部的业绩、财务与非财务业绩以及不同利益相关者的角度(包括财务角度、客户角度、内部流程角度和创新与学习角度)。图 10.9 是对这种衡量方法的应用实例。

1) 财务角度

平衡计分卡在财务角度中包含了股东的价值。企业需要股东提供风险资本,也同样需要客户购买产品和服务以及需要员工生产这些产品和服务。财务角度主要关注股东对企业的看法以及企业的财务目标。用来评估这些目标是否已达到的方式主要是考察管理层过去的行为以及行为导致的财务上的结果,通常包括利润、销售增长率、投资回报率以及现金流。

2) 客户角度

企业的平衡计分最典型的客户角度通常包括定义目标市场和扩大关键细分市场的市场份额。客户角度的目标和指标可以包括目标市场的销售额以及客户保留率、新客户开发率、客户满意度和盈利率。卡普兰和诺顿把这些称为滞后指标。他们建议经理人要明确对客户提供的价值定位。在明确价值定位的过程中,卡普兰和诺顿定义了几个与客户满意度有关的驱动指标:时间、质量、价格、可选性、客户关系和企业形象。他们把这些称为潜在的领先指标,领先指标的设定取决于企业的战略和对目标市场的价值定位。在开发平衡计分卡时,需要考虑到这些领先指标。

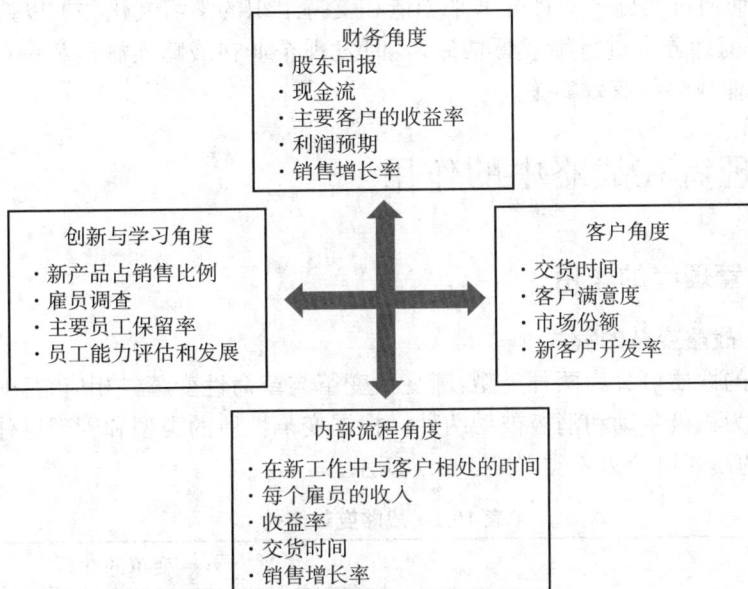

图 10.9　平衡计分卡实例

高级管理层在设计企业的平衡计分卡的客户目标时要考虑如下三个关键问题:

(1) 对目标市场提供的价值定位是什么?

(2) 哪些目标最清楚地反映了对客户的承诺?

(3) 如果成功兑现了这些承诺,在客户获取率、客户保留率、客户满意度和盈利率这几个方面会取得什么样的绩效?

3) 内部流程角度

内部流程角度包括一些驱动目标,它们能够使企业更加专注于客户的满意度,并通过开发新产品和改善客户服务来提高生产力、效率与产品周期。至于重点要放在哪些方面或制订哪些目标,必须以企业战略和价值定位为依据。

高级管理层在设计企业的平衡计分卡的业务流程时要考虑以下两个关键问题:

(1) 要在哪些流程上表现优异才能成功实施企业战略?

(2) 要在哪些流程上表现优异才能实现关键的财务和客户目标?

4) 创新与学习角度

创新与学习角度对任何企业能否成功执行战略都起到了举足轻重的作用。平衡计分卡能否成功运用的关键就是能否把企业战略和这个角度很好地衔接起来。很多企业对人力资源投入了很多精力,但它们没能将企业战略与组织的学习和成长衔接起来。

高级管理层在设计企业的平衡计分卡的学习和成长目标时要考虑以下三个关键问题:

(1) 经理(和员工)要提高哪些关键能力才能改进核心流程,达到客户和财务目标从而成功执行企业战略?

（2）如何通过改善业务流程，提高员工团队合作、解决问题的能力以及工作主动性来提高员工的积极性和建立有效的组织文化，从而成功地执行企业战略？

（3）应如何通过实施平衡计分卡来创造和支持组织的学习文化并加以持续运用？

在运用平衡计分卡进行绩效评估后，及时发现企业在战略实施过程中的偏差并纠正偏差以保证企业战略的有效实施。

10.3　管理者在战略中的作用

10.3.1　管理者的作用

10.3.1.1　战略变革的模式

战略变革的性质可分为两种类型：渐变性变革与革命性变革。相应地，对变革的管理方法也可以分为积极主动和消极被动两种。根据变革性质的类型和管理层作用的不同组合，战略变革的模式可分为 4 类，如表 10.1 所示。

表 10.1　战略变革模式

		变革的性质	
		渐变性	革命性
管理层的作用	主动	协调	计划
	被动	接受	迫使

（1）协调。当管理层的作用是主动的，而变革的性质是渐变性的，该种变革是一个协调的变革。

（2）计划。当管理层的作用是主动的，而变革的性质是革命性的，该种变革是一个计划的变革。

（3）接受。当管理层的作用是被动的，而变革的性质是渐变性的，该种变革是一个被动接受的变革。

（4）迫使。当管理层的作用是被动的，而变革的性质是革命性的，该种变革是一个被迫进行的变革。

10.3.1.2　管理层推进变革的方式

（1）高级管理层是变革的战略家并决定应该做什么。变革的支持者需要极力拥护战略高端的变革，而只有在高级管理层认为需要变革的时候才会发生。这个角色对将要进行的变革有一个清晰的了解。

（2）指定一个代理人来掌握变革。高级管理层通常有三种作用：① 如果变革激化了代理人和企业中利益团体之间的矛盾，高级管理者应当支持代理人；② 审议和监控变革的进程；③ 签署和批准变革，并保证将它们公开。

（3）变革代理人必须赢得关键部门管理人员的支持。因为变革需要后者在他们的部门中介绍和执行这些变革。变革的支持者应当提供建议和信息，以及不再接受旧模式的证据。

（4）变革代理人应督促各管理人员立即行动起来，并给予后者必要的支持。部门管理人员应当保证变革在其管理领域有效地执行。如果变革涉及对客户服务方式的变化，每名责任人员都应当确保变革程序是有效的。

应该认识到，成功的变革不仅仅来自上述内容。中级和低级的管理人员是变革的接受者，是由他们来执行新的方法。然而，他们本身也是变革代理人，有着各自的责任领域，他们必须保证某个部分的变革过程的成功实施。

10.3.2 管理者的角色

高级管理者通常具有以下几种个人角色：思想者、控制者、领导者、开拓者、监护者和实干者。其中有些特点是高级管理者需要具备的。

思想者即体现高级管理者建立企业愿景，引导企业文化的作用；领导者表现在高级管理者带领企业朝着目标前进，面对成绩不骄傲，面对挑战不退缩；开拓者表明高级管理者能突破能力陷阱，不断发现变化，适应变化，制造变化；实干者则要求高级管理者具有实干精神，能将愿景与计划付诸实践的能力。

下面集中讨论其中两种非常重要的特点：开拓者和监护者。在产品以知识为基础的企业中，力量把握在那些拥有知识的人手中——他们未必是管理者。上面那些特征对骨干领导和企业力量的转变趋势是非常重要的。因此，管理者更应该是知识交流的推动者，而不是资源的控制者。推动还意味着要对企业和它的商务模式非常清楚。开拓者和监护者在这方面都做得很好。

10.3.2.1 开拓者

开拓者（Champions）是这样一些人——有时可以称为监护者、传道者或创业者，他们拥有一个想法（他们自己的或其他人的），然后尽其所能去追求成功。在这个过程中，他的位置、声誉和威信都面临风险。他们积极地推广这些想法或商务模式，促使其他人使他们拥有和自己一样的看法。Amazon.com 的杰夫·贝索斯就是一个 20 世纪 90 年代末和 2000 年年初的开拓者。开拓者必须能够了解整个价值结构，因此，他们需要具有"T"技能（"T"技能是指在某一方面有较深的专有技能，在其他方面也有足够广博的知识，能够看到各方面之间的联系）。特别是对互联网这种根本性变革，除了要反驳各种反对意见，开拓者还要表达和推广自己对于技术的看法。他们都产生于各级组织中，由于他们是"开拓者"，他们从不会被雇用甚至奴役去做某件事，而是去做自己追求的事情。通过不断交流他们对于可能创新的看法，开拓者可以做大量的工作来帮助组织更好地理解创新背后的规律。高级管理者可以从这些特征中获得收益。

10.3.2.2 监护者

管理者的另一个角色是监护者（Sponsor），也被称为教练或良师益友。监护者是高层的管理者，他们向创新者提供背后的支持、资源的取得和为防止政治对手发难向创新者提供保护。提供这种支持和保护有两个目的：首先，如在传统企业接受互联网的情况中，这种支持向那些反对互联网的政治对手发出了一个信号，告诉他们，他们的行动正在妨碍高层管理者和监护者的行动。第二，这种支持向开拓者和其他关键的人物提供了保证，告诉他们，他们的创新得到了高层管理者的支持。克莱勒斯的前任 CEO Lee Laocccoca 就是企业新产品小货车的监护者。福特主管卡车经营的副总裁 Edward Hagenlocker 支持并推动了一项设计全新的新车型方式,从而帮助福特的卡车(如 F-150),取得了成功。

10.4　典型案例

10.4.1　奇虎360——免费策略捅破行业规则

奇虎360科技有限公司由周鸿祎创立于2005年9月,是中国领先的主营安全领域的互联网服务公司,旗下有奇虎网、360安全卫士、360杀毒、360浏览器(安全与极速)、360手机助手、360搜索等多项业务。曾先后获得过鼎晖创投、红杉资本、高原资本、红点投资、Matrix、IDG 等风险投资商总额高达数千万美元的联合投资。2011年3月30日奇虎360公司正式在纽约证券交易所挂牌交易,证券代码为"QIHU"。

奇虎360创立时,国内杀毒软件市场基本被金山和瑞星两大巨头瓜分,360要想突破两家公司的包围,必须采取与之不同的战略,定位不同的市场。奇虎360在2006年时分析市场需求时认为:"大部分中国网民的电脑都是"裸奔"的,电脑里面系统漏洞和应用程序的漏洞是不打补丁的,并且这些网民有免费安全上网的需求。"在这一认知下,奇虎360采取了差异化战略,具体如表10.2所示,在产品和目标市场方面,当金山和瑞星争相争取为一部分付费用户提供杀毒软件服务时,360依靠免费争取到了剩下的很大一部分网民,并用免费建立产业进入壁垒,防止潜在竞争者进入。奇虎360用免费政策和高用户友好性很快抓住了用户,同时利用宣传让用户认识到上网安全的重要性,以此来吸引用户,由此打开了产品的渠道通路。其次,获得较高用户使用率后,如大多数互联网企业一样,广告自然就成了企业收入的一大来源。然后360众多以安全为"卖点"的平台产品,诸如360软件管家、360手机助手、360安全主页等,自然成了很多软件开发商宣传的阵地,如此一来收取的手续自然又是一笔不小的利润,其盈利模式如图10.10所示。

表 10.2　360 商务模式要素

关键要素	传统的运营模式(卖软件)	360 的商业模式(卖广告)
产品	杀毒软件	杀毒软件的注意力,导航网站的增值服务
目标市场	10%左右的付费互联网用户	80%左右的免费互联网用户
渠道通路	自销、代理商	网站下载
客户关系	交易型,依靠广告	口碑传播
核心资源	研发人员、销售人员	研发人员
核心能力	销售能力	销售能力、研发能力
合作伙伴	杀毒软件供应商	广告主、应用软件厂商
收入来源	软件销售收入	广告收入、增值服务收入
成本结构	研发投入、销售费用	研发投入

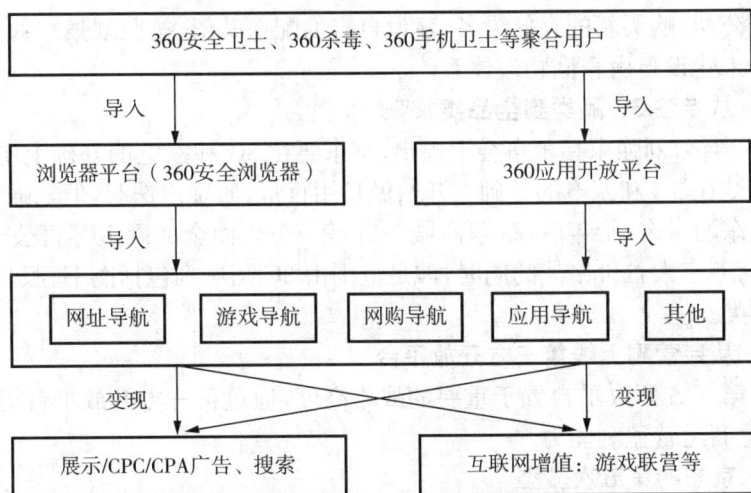

图 10.10　360 盈利模式图

此外,传统的杀毒软件企业自己研发和销售,重要的合作伙伴是分销商,而奇虎 360 的重要合作伙伴则是广告主以及为其提供技术和资金支持的客户企业。奇虎 360 的免费策略,大幅度降低了企业自身的单位营销成本,因为免费帮其赢取了更多的口碑,节省了传统杀毒软件用来投放广告的资金。当 360 浏览器占据了相当一部分市场份额时,奇虎 360 已经具有了一定的市场垄断性,对广告主具有一定的控制力,掌握了定价权,因此其广告收入可以稳定上升,进而又可以加大产品的研发力度,给用户更好的体验,形成一个有益的循环。显然,奇虎 360 当时采取的差异化战略是成功的,以后企业的发展会如何,仍需根据实际情况采取不同的战略。

10.4.2　京东的五次业务战略调整

目前京东是中国最大的自营式电商企业,2014 年 5 月 22 日,京东集团正式在纳斯达克挂牌,市值为 340 亿美元,成为仅次于阿里巴巴、腾讯、百度的中国第四家互联网上市公司。京东发展至今已经经历了五次业务战略调整。

10.4.2.1　从线下到线上

1998 年,刘强东只用不到 2 万元在中关村租了一个柜台,成立京东公司,公司代理销售光磁产品,并在短短两年内成为全国最具影响力的光磁产品代理商。2004 年,非典刚过,中国电子商务尚处于萌芽时刻,刘强东毅然关掉盈利的 12 家线下实体门店,彻底转型做电商,当年销售仅 1 000 万元。经过 9 年发展,至 2012 年销售额达 733 亿元,销售额年复合增速为 204％,其高成长性显而易见。

10.4.2.2　从使用第三方物流到自建物流

在配送方面,京东初期只通过邮局邮寄货物,在用户的要求和提醒下,京东才开始与圆通等快递公司合作,大大提高了配送的速度。但到了 2007 年 6 月,京东的日订单量超过 3 000 个,月销售额达到了 3 000 万元,第三方快递公司的时效性和服务品质又成了新的瓶颈,客户屡有投诉。2007 年 8 月,京东在北京、上海、广州三地建立自己的配送队伍,其余地方继续采用第三方快递。2009 年年初,京东融资的 2 100 万美元中有 70％用于成立控股物流子公司,购买新的仓储设备,建设自有的配送队伍,按照刘强东的规划,京东要投资百亿资金来建设自由仓储物流体系。

10.4.2.3 从专注 3C 品类到全品类扩张

2008 年下半年,刘强东在董事会上提出,京东要在 3C 和家电的基础上增加日用百货商品。京东商城在 3C 和家电的基础上开始做日用百货,质疑声迭起,但刘强东十分坚持,他相信那是京东的未来,十年后,京东商城一定是一个大而全的网上零售公司,在与传统零售巨头国美、苏宁大打价格战的同时,涉足范围由 3C 拓展到包括图书、服装在内的多种业务再到全品类。

10.4.2.4 从自营到上线第三方开放平台

刘强东把第三方开放平台置于重要的战略高度,通过第三方开放平台提高京东的交易总额,提高电商运营盈利能力。

10.4.2.5 京东的第五次转型

现在京东开始第五次转型及优化完善供应链,实现全面扩张和整体升级,打造一个全新的综合型电商帝国。

【关键词】

战略管理(Strategic Management) 超强竞争理论(Hypercompetition) 战争游戏法(Wargaming) 能力陷阱(Competency Trap) 成本领先战略(Overall Cost Leadership) 差异化战略(Differentiation Strategy)

思考与练习

1. 什么是企业战略? 企业战略包括哪些内容?
2. 战略管理的过程包含哪几个方面?
3. 战略选择的基本类型有哪些?
4. 互联网商务如何进行战略规划?
5. 常用的战略分析工具有哪些?
6. 新 7s 原则的主要内容是什么?
7. 战争游戏法的实施步骤是什么?
8. 现有企业和新进入企业的优劣势体现哪些方面?
9. 三种竞争战略之间的关系是什么?
10. 管理者在战略中的作用和角色是什么?

讨论与辩论主题

1. 选择国内一个互联网商务案例,运用平衡记分卡法对其进行战略控制。
2. 选择国内一个互联网商务案例,运用罗伯茨—拜瑞模型分析其如何获取能力。
3. 通过现实案例说明互联网如何帮助企业在市场上获取竞争优势,可以从两个方面进行阐述:成本领先战略;差异化战略。
4. 辩论互联网对企业合作竞争关系的影响。
5. 辩论不同竞争战略如何应用到价值链活动中。

第 11 章　互联网商务模式案例

本章选取了 10 个当前各个行业领域的互联网商务模式案例,每个案例都颇具特色,既包含传统行业在"互联网+"的新模式,也有基于新兴技术的全新商务活动。对这些案例进行分析,有助于读者更加深入地理解不同互联网商务模式的核心内容,激发读者发散思维,创造更加符合"互联网+"时代的商务模式。

案例 1　"裂帛"价值链的塑造路径

"裂帛"是北京心物裂帛电子商务股份有限公司的原创女装品牌,创立于 2006 年,是知名的中国民族风原创设计师品牌。裂帛从 2011 年开始进行企业价值链整合重塑,自主研发价值链信息系统,并通过采集、储存、挖掘和分析全价值链数据辅助公司决策和部门沟通。目前,裂帛自主研发价值链管理系统已成为公司可持续发展的强力支撑。

1. 裂帛价值链支撑体系

2013 年以来,电子商务行业发展趋于平缓,如何更有效地控制产品研发的精准度、有效控制费用与成本、进行精细化的电子商务运营成为行业普遍关注的焦点。

为更好地解决上述问题,裂帛构建了覆盖全部业务流程的价值链支撑体系,如图 11.1 所示,中间层为覆盖公司全部业务的价值链系统,包括 SRM(Supplier Relationship Management,供应商关系管理系统)、SCM(Supply Chain Management,供应链管理系统)、ERP(Enterprise Resource Planning,企业资源计划)、BI(Business Intelligence,商务智能)和其他业务支撑系统。其中 ERP 又由 OMS(Order Management System,订单管理系统)、WMS(Warehouse Management System,仓储管理系统)和 FMS(Finance Management System,财务管理系统)组成。

整个价值链系统的核心由三部分组成,分别为 ERP 订单、仓储与财务管理、SCM 研发生产与供应商协同、BI 电子商务运营及数据分析。价值链系统通过中间层多平台接口与各大电子商务平台进行数据交换,通过自主研发的 B2C 官网及手机 App 应用程序与用户进行信息交互。价值链系统、电子商务平台与用户服务系统等产生了大量的异构、多类型数据,数据服务层则负责对这些实时数据进行处理分析。

2. 裂帛价值链整合塑造路径

归纳而言,裂帛价值链整合塑造路径包括三步工作:首先,构建了覆盖企业整体业务的运营管理信息系统,使公司全部业务基于信息系统实现自动化运行,提高业务处理效率;其次,以管理信息系统为基础,通过整理采集到的内部数据和外部数据,建立数据仓库,并运用大数据技术和方法优化价值链重要环节;最后,在内部价值链整合重塑的基础上,进行价值链横向拓展和纵向延伸,构建具有裂帛特色的价值链体系。图 11.2 为裂帛价值链整合重塑路径图。

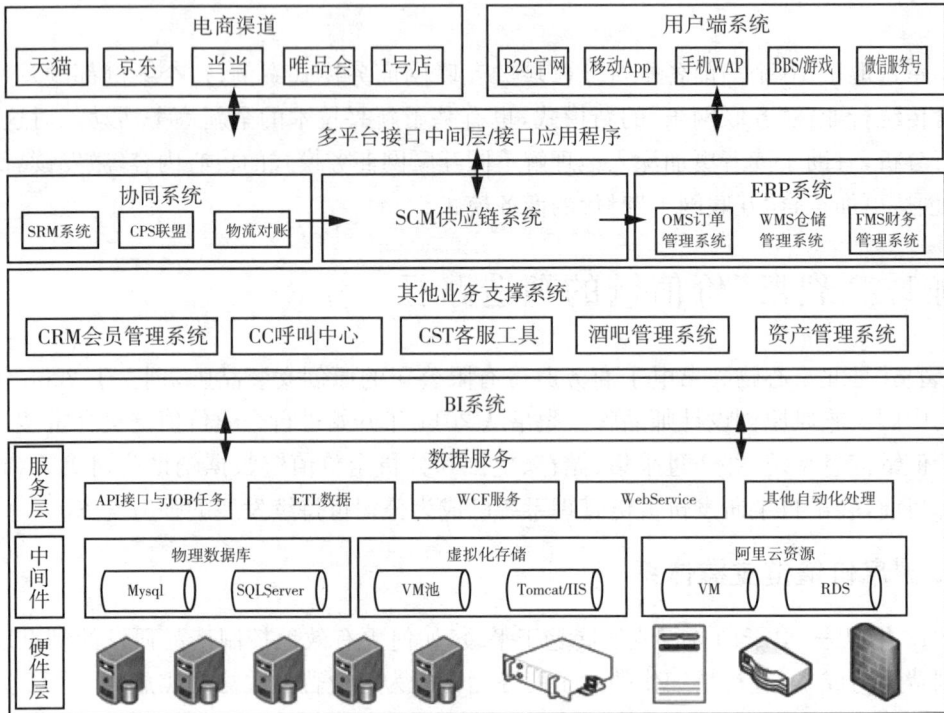

图 11.1　裂帛价值链支撑系统

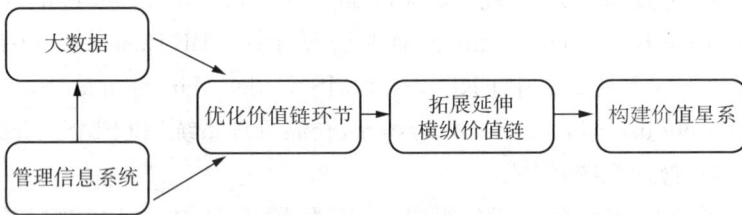

图 11.2　裂帛价值链整合重塑路径

3. 裂帛价值链的大数据"基因"

在大数据时代,电子商务逐渐进入依靠大数据驱动增长的发展阶段,掌控大数据资源并将其转化为企业价值已成为重塑企业核心竞争力的战略抉择。裂帛借力大数据促进业务模式优化升级、充分挖掘业务流程和决策过程中的潜在价值、有效节省经营成本,在激烈的市场竞争中赢得了优势。

　　裂帛基于大数据对价值链进行整合重塑,极大地增加了企业价值。图 11.3 为裂帛整合重塑之后的价值链,由"信息流""产品流"和"资金流"三部分组成。其中产品流是传统价值链的升级,是在传统价值链基础上通过自主研发业务管理系统进行运营,简化了流程,提高了效率。而资金流则是通过 FMS 管理,加快了多品牌多店铺的收入确认速度,使得财务管理自动化、系统化。在产品流的基础上,通过云计算搭建私有云平台,利用大数据的存储分类分析等技术,提取、转换和装载产品流数据,转化为裂帛新的信息流价值链。信息流与产品流一一对应,经过数据挖掘和分析,实现了在系统运营基础上的数据运营管理。具备电子商务运营管理功能的 BI 系统成为公司数据运营管理的载体和平台。产品流上每一个价值链环节产生的数据,都可以产生信息流上多个分析结果。

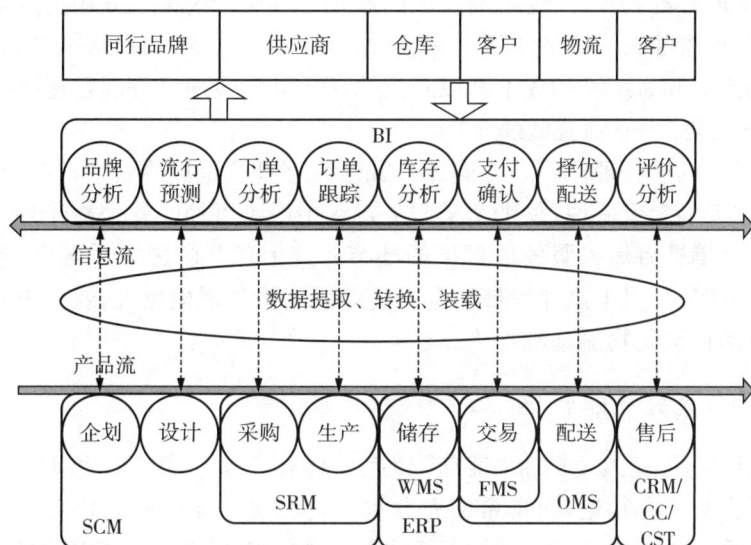

图 11.3　裂帛价值链

　　在裂帛实现产品流到信息流的升级、信息流的双向多维流通以及价值链的整合重塑过程中,大数据技术的应用起到了核心和关键作用。而基于大数据形成的"三流"体系,不仅是裂帛传统价值链的延伸,更是裂帛价值链的核心竞争力和战略增值点。

案例 2　"菜鸟"网络

1. "菜鸟"物流横空出世

　　2008 年淘宝首次推出"双十一"购物节,如今已发展成为全行业共同参与的一个节日。"双十一"的电商大战亦是物流大战,这也已成为电商和物流公司的大难题。值得一提的是,通过大数据提高物流效率是近几年来的新趋势。在这样的背景下,阿里巴巴携手银泰百货、复星等组建的合资公司"菜鸟"物流网正式成立并在 2013 年的"双十一"中闪亮登场,各方宣布分两期共出资逾 3 000 亿元,力图打造一个遍布全国的超级物流网。

"菜鸟"物流一经推出,便引起了全社会的高度关注。一方面是社会对其寄予了很大期待;另一方面,"菜鸟"物流这一名字本身就极具宣传效应。对此,分析人士指出,"菜鸟"将充分利用大数据,为商家提供物流状况的实时信息,无论对物流行业还是整个新兴服务业的发展都有着现实而长远的意义。

2. 诞生背景

1)传统物流的困境

电子商务发展迅猛,快递业务量呈爆发式增长,现有物流模式的弊端逐渐显现。电商与物流密不可分,电商的发展带来了大幅增长的快递业务量。但目前物流业的发展速度明显跟不上电子商务的脚步,成为电商发展的瓶颈。利用传统第三方物流的电商,如淘宝卖家等无法有效地管控物流服务质量;一些有雄厚资金实力的,如京东等电商巨头建设自营物流,但前期投资和后期维护成本高以及无法深入县乡级地区等问题逐渐凸显。

2)"最后一公里"——物流瓶颈

历年"双十一"的爆仓现象就是物流环节"最后一公里"短板的缩影。对于与第三方物流合作的淘宝和天猫卖家来说,整个交易服务过程中最不可控的就是物流环节,尤其是配送环节,而配送是消费者体验服务最直接的环节。这个环节的服务质量会直接影响消费者对卖家服务的印象。当下高速发展的电子商务急需构建规模更大、效率更高、网络更完善、服务更优质的社会化物流基础设施。

3. "菜鸟"物流究竟是什么

以上讲了这么多,有人要问那"菜鸟"到底要做什么呢?菜鸟网络 CEO 沈国军说,"'菜鸟'网络不会自己办物流,而是希望充分利用自身优势支持国内物流企业的发展,为物流行业提供更优质、高效和智能的服务",并表示中国智能骨干网要在物流的基础上搭建一套开放、共享、社会化的基础设施平台。据悉,中国智能骨干网体系,将通过自建、共建、合作、改造等多种模式,最终促使建立社会化资源高效协同机制,提升中国社会化物流服务品质。

简单来说,"菜鸟"物流的主要工作就是买地、建仓储、跟政府谈判。目的是服务物流企业,降低物流企业成本,让物流企业更好地专注服务。"菜鸟"模式的物流,并不是我们传统意义上的物流,它不会涉及物流的具体运营,而更像是一个在互联网世界里的物流方案规划者。作为物流的整合者和提供者,它更强调的是网络的构建,而不是物流的具体操作。

4. 曲折前行

尽管有这么多的有利因素,但"菜鸟"物流的发展并不是一帆风顺的,在历经两次投资失败,阿里物流才变身为"菜鸟"。

1)投资入股

2010 年 3 月,阿里巴巴集团入股星晨急便;同年 7 月,又投资百世物流,可以说 2010 年是阿里巴巴集团在物流领域狂飙突进的一年。但"投资"这一模式效果并不显著,星晨急便于 2012 年 3 月 4 日宣布倒闭,而百世物流则发展成为一家物流解决方案提供商,由合作伙伴演变成了竞争对手。两次投资入股成为阿里集团的败笔。

2）转而结盟

投资不成，第二次探索的模式是"结盟"。2013 年，京东、凡客递交"快递业务经营许可证"申请，吹响了进军物流行业的号角；国内快递行业巨头顺丰则开始进军电商领域，该公司旗下的电商网站"顺丰优选"正式上线。相互依存的两个行业互相在对方领域渗透对方的领域被视为理所当然。在渗透成为趋势时，阿里旗下的淘宝与天猫却加快了结盟的步伐，2011 年淘宝宣布结盟第三方物流服务供应商。2012 年 5 月，天猫又与包括邮政在内的九大物流商进行结盟，合作伙伴秉承"开放、协同、分享"的原则，来共同打造支撑电子商务发展的现代物流体系。

3）发展现状

"菜鸟"物流成立之初，并不是所有业内人士都看好。因为在此之前星晨急便的倒闭成为一次失败经历。其中暴露出来的人才匮乏、物流系统紊乱等一系列问题使物流建设面临重大压力。而"菜鸟"物流是一个更加浩大的工程，不仅涉及物流，还有技术和信息等，等于难上加难。同时由于它的形式是与各种专业企业进行合作，统筹企业之间的利益关系是个难题。即使建立起完整物流园区，如何说服商户将货物存入园区实现统一管理也是个问题。往年的"双十一"活动都有爆仓的现象，但在 2015 年的"双十一"新闻中并没有对这一现象的报道，据统计平均发货时间为 1.5 天，可见"菜鸟"物流在其中发挥了举足轻重的作用，优势也逐渐显现出来。虽然建设"菜鸟"物流投资回报期长，至少要 5～8 年才能看到成效，但总体上来说，"菜鸟"网络的发展在曲折中前进。

5．"菜鸟"物流的特别之处

"菜鸟"网络创建之初就定下了几个核心目标：

（1）24 小时送货到达；

（2）全国 8 个核心节点建设；

（3）开放、共享、社会化的基础设施平台。

这样讲，大家可能还不是太明白，下面以图 11.4 为大家展示一下"菜鸟"网络的非凡之处。

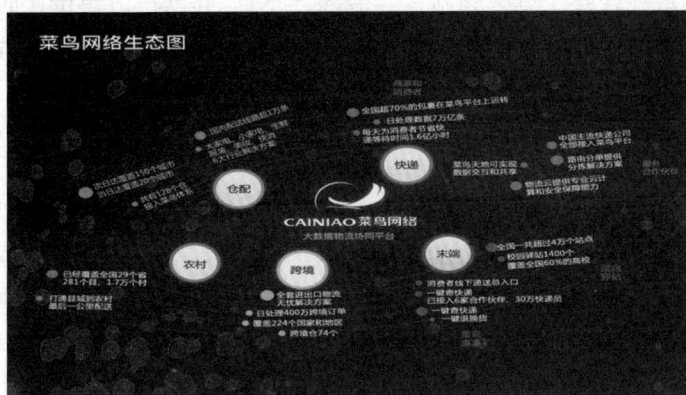

图 11.4 菜鸟网络生态圈

菜鸟物流成立之时给自己定位是利用大数据优势打造平台,不做快递。也就是说"菜鸟"自己只负责搭建基础设施、提供信息系统和服务标准,邀请合作伙伴接入,但各个环节的具体服务仍由合作伙伴来完成。这样就建立了一个如图 11.4 所示的生态圈。建立物流平台,将货物交由这个平台,根据物流大数据平台的供需预测进行库存分配,统一管理和配送,让技术企业的加入弥补传统物流企业存在的信息化水平不高的问题,可以让传统物流企业在第四方物流平台得到进一步发展。菜鸟物流能整合快递企业的资源,为快递企业提供信息和技术支持,提高业务优势,促进进一步发展。

有了平台还不够,大家都知道"菜鸟"网络建立以前,所有卖家都是从自己仓库发货的,效率低且资源浪费,而"菜鸟"网络建立以后,卖家将使用"菜鸟"网络分布在全国各地的仓库,统一发货。因此就不难理解"菜鸟"做的最引人关注的事情——拿地建仓。但这么"重"的做法只是第一步。据"菜鸟"副总裁透露,"菜鸟"现阶段主要在包括北上广深在内的全国 8 个关键节点拿地建仓,面积皆为 10 万平方米以上,其他仓库则由仓储合作伙伴提供。目前,"菜鸟"在国内已经有 128 个仓库,近 200 万平方米。未来,"菜鸟"还会更多地整合闲置的小型社会仓储资源,将网的分层做得更密。

"菜鸟"物流的建立使仓储成本降低成为可能。一方面,将货物存储到集中的物流园区进行统一管理不仅节省了企业在仓储方面的人力、物力、财力支出,还节约了社会资源。另一方面,"菜鸟"物流不仅是一个物流平台,也是一个信息数据平台,通过物流大数据的分析可以对产品需求进行预测,让产品提前分配到配送仓库,如此当消费者下单后,配送仓库就能及时反应,配送货物,提升物流效率,减轻对物流运力的负担,使消费者体会到更高速更高质的物流服务,而且随着统仓统配在其他类目的发展和普及,24 小时送达已经不是问题。

此外,"菜鸟"物流不仅仅停留在提高物流运转效率上,还注重追求提升服务质量。整个交易服务过程中最不可控的就是物流环节,尤其是配送环节,而配送是消费者体验服务最直接的环节。社区范围内的投递是物流链路中最接近消费者的环节,直接影响到用户的最终体验。但传统的投递方式难以面对消费者端的多样化需求和多种突发状况,这"最后一公里"的物流投递成本不可避免地会上升。

因此,"菜鸟"也必须介入物流的末端,建一个能够更接近消费者的末端网络。目前,这个网络的主要承载者是"菜鸟"驿站。一方面,"菜鸟"驿站可以提供代收包裹服务,避免用户不在家时带来的落地配时间成本的上升,类似自提柜的作用。另一方面,"菜鸟"驿站还可以替快递公司揽件,整合零散的寄件需求,提高快递公司的揽件效率。目前"菜鸟"驿站的布点主要在社区和高校里,总量达到 4 万个左右,其包含诸多服务,这些相较于传统物流都代表着质的飞跃。

6. "菜鸟"物流的优势分析

1）大物流

"菜鸟"物流一经推出,其名字已吸引了社会的普遍关注。一方面,这名字虽低调但仍不乏吸引力,极具宣传效应;另一方面反映了我国目前物流行业的现状。我国加入 WTO 后,国外物流巨头纷纷进入中国物流市场,这些巨头都拥有巨大的资产,如 UPS 如今已发展到拥有 360 亿美元资产的大公司,联邦快递的总资产达到了 327.29 亿美元,相比这些国际巨头,我国拥有 10 亿美元规模的物流公司都很罕见,与进入我国的那些国际物流巨头相比实属菜鸟。"菜鸟"低调的同时,却尽显奢华、有内涵的本色,打造大物流是其发展方向。"菜鸟"网络首期计划投资 1 000 亿元,在 5~8 年内共投资 3 000 亿元人民币,用来构建一个"24 小时内货物运抵国内任何地区、支撑日均 300 亿元的巨量网络零售额"的全国性超级物流网。

2)智能化

"菜鸟"物流体系由"天网+地网"构成,网购买家看到的可能仅仅是"地网"中快递这一末端物流服务,而这一物流服务背后涉及诸多物流活动,如果没有物流信息化平台的协同,单靠快递公司肯定是无法实现物流服务的。"菜鸟"网络的主要目的是提供标准和仓储、干线运输等社会资源可自由接入的平台,构建"天网+地网"无缝融合。天网由天猫负责,提供与各大物流快递公司对接数据平台负责线上交易的信息处理服务工作;地网又称"菜鸟"或"中国智能物流骨干网"(CSN),也就是在线上交易过后,线下落地的一切运营服务都在这张网上。"智能"则是指实现高效、协同、可视、数据化的物流供应链运营。智能物流网建成、打通,可能导致全国大中小型电商和快递业都需要依托此平台来发展,将对整个电商业和物流业带来巨大的变革。

3)专业化

"菜鸟"物流成立之时的定位是利用大数据优势打造平台,不做快递,但智能骨干网可能会影响或改变当今所有快递公司的商业模式。

7."菜鸟"物流背后的猜想

"前辈"或将使用"菜鸟"渠道。

短期来看,从物流角度来说,与天猫签约的快递企业现在都是"菜鸟"的师父,可等几年后"菜鸟"物流网规模渐具,中国邮政等前辈说不定会反过来利用"菜鸟"完善的物流网络送报纸和书信。

从具体业务层面来看,"菜鸟"物流网的经营范围要比普通物流公司大得多——除了普通物流业务,还包括物联网技术支持、客户数据分析、与物流相关的投资咨询和企业管理服务等。有业内人士分析,未来通过"菜鸟"物流网传递产品是这样一个流程:产品从生产线上下来,就打上"菜鸟"物流网的电子身份证(二维码、条形码、无线射频识别码等),然后进入仓储中心,消费者通过天猫、淘宝,甚至当当、国美在线、海尔商城等网购渠道选取商品,利用支付宝付款,货品从仓储出发,通过干线运输、配送中心、小区配送员等最终到达消费者手中。

与京东的自建物流不同,"菜鸟"物流网充分利用社会资源,拉入国内各大物流企业,甚至整合进铁路、公路、航空等公共渠道,让无数的商品以最便捷的方式、最快的速度抵达购买者手中。

8. 最后留给我们的疑问

我们需要反思一下,如果阿里巴巴开始踏足销售,那 B2C 平台阿里巴巴,C2C 平台淘宝，其中卖家的核心竞争力又在什么地方？是依靠前端的整合营销服务，还是看谁做得满意度高，创新力强？在线下，有时间、空间的隔离，在线上，有搜索引擎，有导购、点评和信用统计，而消费者在切换选择卖家的时候，不需要任何成本，那么，卖家的差异竞争到底在哪里？在卖家差异性被无限降低的时候，卖家以何种理由来存在，如果卖家无法存在，那阿里巴巴的立足根本在哪里，阿里巴巴又因何存在？

案例3　互联网医疗：由互联网思维引发的医疗革命

互联网医疗是互联网在医疗行业的新应用，包括了以互联网为技术手段和传播载体的远程医疗、电子处方、在线疾病咨询、疾病风险评估、医疗信息查询等医疗健康服务。通过采用互联网医疗，个体的健康信息采集、监控等均可以通过穿戴智能医疗设备轻松实现，与个体监控相关的信息也不再局限在医院和病历上，而是可以自由地获得、上传与分享，让位于不同国家和地区的医生更方便地为患者会诊。

1. 国内外互联网医疗的盈利模式

国外的互联网医疗软件企业一般通过向药企、医生、保险公司收费作为自身的收入来源，包括 Epocrates、ZocDoc、WellDoc 等。而互联网医疗硬件类企业则主要通过向医院和用户收费，如 Vocera 公司向医院提供移动通信设备，ZEO 则是向用户提供可以监测心率、饮食、运动、睡眠等生理参数的腕带和头贴作为价值主张。

我国的互联网医疗企业在吸取国外模式的基础上，也做出了适应性调整，其中最有代表性的两个企业分别是春雨医生和丁香园。前者的主要盈利模式是向用户收取咨询会员费，后者则是面向不同群体的多元盈利模式。

2. 春雨医生："自查＋轻问诊"模式

在国内市场，2011 年成立的春雨移动健康已成为目前最大的移动医患对接平台。为了给每位用户提供更优质、经济、便捷的医疗健康信息服务，春雨推出了专业手机应用掌上医生，它为手机用户免费提供"自查＋轻问诊"模式。

其中春雨医生免费为用户提供了图文、语音、电话等多种方式进行健康咨询，并由二甲、三甲公立医院主治医师以上资格的医生在 3 分钟内为用户进行专业解答。而春雨医生的自我诊断功能支持多种查询方式，用户可自行查询疾病、药品和不适症状。而在自我诊断的背后，囊括了最全面的药品库和化验检查库、美国 CDC 40 万样本库、医院药店地理数据库和春雨多年以来积累的超千万交互数据库。为了保证自我诊断的精准度，春雨医生还采用了智能革新算法。该算法支持多症状查询和查询疾病发生概率。春雨医生还采用了流数据健康管理技术，对多来源数据进行采集并以可视化的表现形式，将用户的运动、饮食、体重、血压、血糖等多种人体数据进行全方位汇总，让用户随时随地了解自身的健康状况。

从有流量、没用户的门户网站，到有用户、低效率的内向性终端，再到有用户、高效率的外向性终端，互联网医疗经历了三代改革，而春雨正是新一代的外向性终端，实现了医疗资源最大限度的外向性释放。

而春雨采用的"自查＋问诊"模式,也是导致其迅速发展的重要推手,因为这种模式同时满足了患者自我诊疗需求,医院筛选病人的要求与第三方对渠道、数据的需求。

1）患者自我诊疗需求

由于患有同种病症的患者提出的问题多数相同,因而拥有世界上最全的移动疾病数据库的春雨医生推出了"症状自查"服务。在大数据基础上为用户提供诊疗建议,从而满足了患者的浅层自我诊疗需求。在这项服务中,春雨的边际成本几乎为零。

2）医院筛选病人的要求

在春雨平台提问的患者中,30％～40％的用户并不需要去医院就诊,在移动端就可以解决。也就是说,春雨医生的应用有效减少了去医院就诊的患者数量,从而缓解了医疗资源的紧缺,在一定程度上满足了医院筛选病人的要求。

3）第三方对渠道、数据的需求

基于庞大的用户规模和问题,春雨医生平台积累了大量的用户数据,在这个流量为王的时代,手握大数据的春雨可以与产业链上下端的很多机构实现合作,包括药店、医生、可穿戴设备公司、保险公司、健康管理机构等。

基于移动互联网的"轻问诊"服务,是春雨医生构筑新型医患关系的切入点,而通过会员包月、定向咨询等方式春雨医生医患关系的雏形也已经建立。2015 年开始,春雨医生定位于全面建立能够维持医患之间长期持续的强关系的私人医生服务。

对春雨医生来说,建立私人医生服务为基础的强医患关系有一个重要的考虑,即帮助用户更了解自己的健康情况,长期为用户提供有关药品和保健品消费方面的指导和决策。根据春雨医生的大数据,在用户每天提出的数万个问题中,40％都有药品消费的需求。因此,春雨医生希望做的不只是流量的融合,而是能够获得黏性更高的用户,为用户提供健康咨询以及药品购买等一连串服务。

基于用户电子健康档案的大数据,可以解决用户的回访问题,也能够比较精确地分析用户的消费行为。通过用户的行为记录,后台的大数据能够持续更新,从而勾勒出用户医疗需求方面的变化。因此,春雨医生除了能够帮助用户分析自己的身体健康外,还可以解决用户购买药物问题。

2015 年 2 月 10 日,春雨医生"私人医生干预指导下的服务电商"新模式正式发布。该模式以私人医生服务为基础,其服务的具体内容除了涉及电子健康档案、在线咨询等互联网医疗服务外,还包括药品、保健用品等的销售。

对于春雨医生来说,"私人医生干预指导下的服务电商"模式颠覆了医药电商以流量为中心的传统模式,使得医生在药品采购流程中的决策价值得到了更充分的发挥,提高了医药用品的持续购买频率;对用户来说,以医患强关系为纽带的服务型电商模式,大幅度降低了购买药物的成本。因此,春雨医生迈出的商业化的第一步,有利于建立良性的药品电商生态。

由于相关政策的落实仍不完善,加之处于模式推出的初级阶段,因此,春雨医生服务电商的第一款产品是安全性最高的育儿包——春雨妈咪宝盒。

3. 丁香园：多元盈利的医疗信息综合平台

丁香园成立于 2002 年 5 月，成立的初衷在于为医学研究人员和义务工作者等提供专业的信息检索网站。经过十余年的发展，目前丁香园已经拥有丁香医生、用药助手、丁香客、丁香通等多种不同的产品。

从最初丁香园的定位就可以看出其在整个医疗行业的高度，而且凭借多年积累的用户和获得的口碑，丁香园所获得的也是行业中最优质的资源。目前，丁香园的产品已经涉及门户、论坛、数据库和 App，其面对的受众也已经从专业的医生、医学研究人员、医疗机构，扩展到了患者和医药公司，等等。可以说，丁香园的产业链顶层布局已经基本完成，如图 11.5 所示。

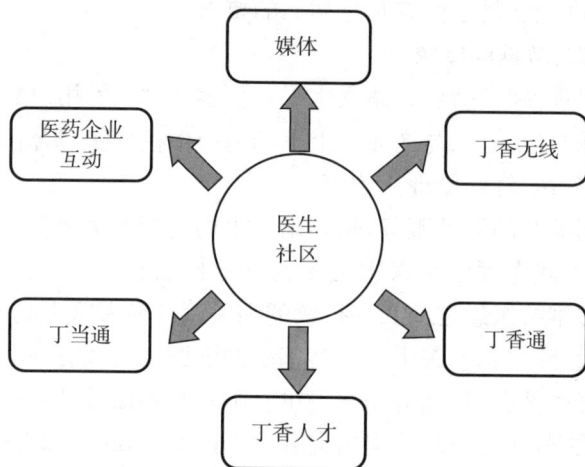

图 11.5 丁香园产业链的顶层布局

然而在丁香园创立初期，创始人李天天并没有将它推向市场，而是专注于医药专业网站的建设。正是这份坚持，让很多医疗界的忠实用户看到了丁香园的希望。CEO 张进之前是浙江某大型公立医院神经内科的一名医生，每天下班回家后，他都会坐在电脑前，跟丁香园论坛里的同行交流某种疾病的治疗方案。这个网站对生物医学的学生、医生，都有巨大的吸引力：不需要忍受漫天广告和推广，能找到一切和生物医药产业有关的资讯、话题和工作学习上的解决办法。创始人李天天的这份对理想主义的坚持使得非常小众的医药专业网站丁香园一直幸运地生存着。2005 年 3 月，张进做出一个决定——投身丁香园。丁香园的两个创始人也是医学背景出身——李天天毕业于哈尔滨医科大学，周树忠从事过多年的医药研发。除了有一腔热情想做好这个项目之外，三个人对这个网站的商业模式、如何赚钱一直没有太明确的想法。想要有所突破，必须商业化，但这与纯粹的专业性学术论坛有着天然的矛盾。丁香园从一开始就立足于学术，才吸引到一大批活跃用户，尤其是医生群体。在丁香园上，一个好帖常常可以得到上千条跟帖，几乎条条都是非常有价值的想法和解决方案。而那些一贯习惯于探讨纯粹的医学、医疗话题的医生，最不喜欢看到的就是满眼商业广告和营销推广。对丁香园来说，商业化的方式充满了风险，一旦摧毁了学术形象就等于失去了一切。于是，三个人开始逐个拜访资深版主们进行沟通，试图让他们接受转型并为丁香园未来的发展方向出谋划策。最终的结论是，"丁香园进行有限的区隔化商业运营"。

从 2006 年开始，丁香园决定坚持把论坛和子网站分开运营，也逐步建立起多元盈利模式。一方面，他们通过关键词数据分析发现，"招聘""实验试剂"两个方向的关键词搜索最多，于是就建立两个子网站——生物医学人才招聘、生物试剂耗材的电子商务平台"丁香通"。另一方面，主页医药生命科学资讯和子网站中植入领域专家调研、学术会议直播等学术推广形式的广告。为保持论坛学术探讨的中立性，丁香园建立了一套用户发表内容的规范性管理制度，还特别制定了针对避免学术与商业行为相冲突的论坛管理方式：由论坛内部推举选出 7 个人组成独立管理机构，任何需要论坛配合的商业性项目、推广及广告，都要向机构提出申请并备案，经鉴定通过的方案才能最终落地实施。很快，丁香园的生意就来了。不过从 2006 年起的三年中，一直处于间断性盈利。又持续投入，直到 2009 年 1 月才开始持续盈利，年底收入超过 500 万元并获得第一轮 200 万美元融资。

但面对移动互联网带来的机会，张进一开始并没有想清楚到底要什么类型的产品。直到 2011 年年初，李、张二人在美国参加了一次以移动互联网、社会化媒体为主题的医药行业会议。"当时，有一家名为 Epocrates 的公司做了演讲，他们介绍说正准备在纳斯达克上市，并且他们只有一款医疗类 App。这太让我们惊讶了！"张进回忆说。于是，他们很快成立无线产品小组，并在公司提出"用药助手"这款应用产品的设计方案。从 3 月份开始筹备，到 8 月就在 App Store 顺利上线。"丁香园网站会员大部分是医生，所以还是希望给医生提供一款更方便的产品，随时随地帮他们解决实际工作中找药、查药遇到的问题。"张进认为，药品是医生工作最重要的一个环节，从这个方向入手，容易找到盈利点。事实上，至 2010 年年底用药助手已经有超过 100 万下载量，除了专业版 99 元的收费，还有药企广告、学术推广方面的收入来源，基本已经达到盈利。接下来，团队还会对该产品进行深度升级，比如基于地理位置的药品价格查询、个人用药管理以及交互界面设计。

随后，丁香园又推出了针对医生与医生之间互动社交移动产品丁香客，以提升丁香园的医生社会化媒体属性，未来还会把开发重点放在以疾病为中心的大众用户移动应用上。丁香园前 CTO 冯大辉说："其实移动医疗领域机会非常多，几乎现在看到的模式我们都想过，但有很多环境、政策方面的条件还不成熟，医生是核心，我们更想从这些核心用户、资源出发，利用核心环节为更多环节创造价值。"

目前，丁香园已经几乎覆盖了所有医学专业领域，并拥有超过 550 万的专业用户（其中包括中国近 70% 的职业医师），可以说丁香园的最大优势就在于专业、高端。未来，丁香园的发展将主要集中于大众版的家庭医生、医师的用药助手等。

案例 4　蚂蚁金服：普惠金融＋区块链技术

蚂蚁金融服务集团起步于 2004 年成立的支付宝。2013 年 3 月，支付宝的母公司——浙江阿里巴巴电子商务有限公司，宣布将以其为主体筹建小微金融服务集团，小微金融（筹）成为蚂蚁金服的前身。2014 年 10 月，蚂蚁金服正式成立。它致力于打造开放的生态系统,为小微企业和个人消费者提供普惠金融服务。蚂蚁金服旗下有支付宝、余额宝、招财宝、蚂蚁聚宝、网商银行、蚂蚁花呗、芝麻信用、蚂蚁金融云、蚂蚁达客等子业务板块。

2015 年 4 月,"淘金 100"作为首个电商行业数据推出的金融指数,也是第一个指数产品,由蚂蚁金服发布,并联合了博时基金、恒生聚源及中证指数。6 月,蚂蚁金服完成一轮估值超过 400 亿美元的私人配售。全国社保基金的第一单直接投资占股蚂蚁金服的 5%。同月,浙江网商银行正式开业,蚂蚁的部分小贷业务和产品将转到网商银行来运作。在现金管理、投资理财等方面也会进行业务拓展。7 月份,以全国社保基金为榜首的 8 家战略投资者被引入蚂蚁金服。此后,蚂蚁金服宣布已经完成 A 轮融资,其市场估值超过了 450 亿美元。同年 9 月份到 10 月份,蚂蚁金服连续布局投资,先后入股了国泰产检、"36 氪",成了国泰产检的控股股东和"36 氪"的战略股东。除此之外,蚂蚁金服还分别入股了中国邮政储蓄银行、趣分期、印度在线支付公司 One97 等。直至 2016 年 1 月 5 日,蚂蚁金服已确认启动 15 亿美元以上的 B 轮融资。蚂蚁小贷和网商银行负责真正的类银行融资业务。芝麻信用数据负责运用累积了多年的用户大数据及云计算客观呈现个人的信用状况,是普惠金融服务的信用基础和民间征信领域的补充。

蚂蚁金服在其迅速扩张的过程中形成了自己独特的商业模式,在整个蚂蚁金服的业务体系中,支付、理财、融资、保险等业务板块仅是浮出水面的一小部分,真正支撑这些业务的则是水面之下的云计算、大数据和信用体系等底层平台。"蚂蚁模式"的关键词有"普惠金融""绿色和可持续发展"以及"安全和技术创新"。

1. 普惠金融

金融和普惠金融的差别在于包容性。实际上,联合国 2006 年给普惠金融的定义就是包容性金融(Inclusive Finance)。有金融并不等于有包容性金融。所谓包容性金融,就是所有的群体和个人都能获得的金融。好的普惠金融应该具备四个特点:首先,普惠金融应该"普",可触达(Accessible)。不但是所有的人群,而且在所有需要金融的时间和地点,都应该能够得到覆盖;好的金融,应该无微不至。其次,普惠金融应该"惠",可负担(Affordable)。这个要求恰恰是普惠金融的一个核心挑战,也揭示了普惠金融的未来方向:用以触达用户和覆盖风险成本一旦过高,则与"惠"相抵触;如果没有技术创新带来的成本降低和效率提升,普惠金融是没有办法广泛发展的。再次,普惠金融应该丰富全面(Comprehensive)。不只是支付、融资,还应该包括储蓄(理财)、保险、信用等全方位的金融服务。金融服务越充分,其生产要素的潜能越能够得到释放。最后,普惠金融应该可持续(Sustainable)。从商业角度应具备可持续、规模地发展并可复制的特点,而非仅仅作为短期公益行为;从金融消费者的角度,则应有效保障消费者权益,忽视甚至伤害消费者权益的金融不可持续。

在蚂蚁金服看来,普惠金融的题中之意,在于给所有具有真实金融服务需求的个人或者企业,提供平等无差异的金融服务。这源于蚂蚁金服自支付宝成立以来十多年的实践,也源自发展中国家尤其是中国普惠金融的现实。

时至今日,余额宝为代表的理财产品把中国老百姓的理财门槛从几万元直降到 1 元,而且购赎免费。

2. 绿色和可持续发展

蚂蚁金服"绿色金融战略"包括两个层次：一是用绿色方式发展新金融，调动普通民众参与低碳生活方式。二是用金融工具推动绿色经济发展，推动绿色意识普及。具体表现如下：

（1）蚂蚁金服主导的网商银行通过对绿色信用标签用户提供优惠信贷支持，包括向农村提供节能型车辆购置融资，为"菜鸟"物流合作伙伴提供优惠信贷，支持更换环保电动车，未来还将持续支持绿色企业的生产经营活动。

（2）在绿色基金领域，蚂蚁聚宝已与超过 90 多家基金公司进行了合作，目前平台上绿色环保主题基金超过 80 支。基于此，在中国金融学会成立的绿色金融专业委员会中，蚂蚁金服成为迄今唯一当选的互联网金融企业。

（3）在泛绿色金融领域，蚂蚁金服也开始了积极布局和探索。例如，永安公共自行车结合支付宝、芝麻信用推出"免押金扫码租车"服务。自 2015 年 9 月上线到 2016 年 4 月底，累计提供了 3 000 万人次便捷的绿色交通服务，减少了碳排放 20 000 吨。目前每天免押骑行永安公共自行车的人次峰值时段近 40 万，相当于在城市里植了 40 000 棵大树。

（4）2015 年，蚂蚁金服通过支付宝的单据电子化消灭了纸质单据，一年减少碳排 20 万吨，相当于多种了 200 万棵大树，通过便民缴费，让全国人民免于奔波，减少碳排 35.4 万吨，相当于多种了 354 万棵大树。

3. 安全和技术创新

蚂蚁金服致力于通过互联网技术为用户与合作伙伴带来价值，从 2004 年支付宝成立伊始，蚂蚁金服就秉承用技术创新提升用户体验的原则，不断磨砺技术，将大数据技术、人脸识别技术、云计算技术和区块链技术融入产品中，为企业和用户创造更多的价值。

1）大数据技术

大数据技术经过一系列应用和发展，现今已经日趋成熟。蚂蚁金服主导的网商银行，及其前身"阿里小贷"，多年来通过大数据模型来发放贷款。蚂蚁金服通过对客户相关数据的分析，依照相关的模型，综合判断风险，形成了网络贷款的"310"模式，即"3 分钟申请、1 秒钟到账、0 人工干预"的服务标准。5 年多来，为 400 多万小微企业提供了累计超过 7 000 亿元的贷款，帮助他们解决了资金难题，促进了这些小微企业生存和发展，并创造了更多的就业机会。

类似地，大数据的应用也充分体现在蚂蚁金服生态中的第三方征信公司芝麻信用上。"芝麻信用分"是芝麻信用对海量信息数据的综合处理和评估，主要包含用户信用历史、行为偏好、履约能力、身份特质、人脉关系五个维度。芝麻信用基于阿里巴巴的电商交易数据和蚂蚁金服的互联网金融数据，并与公安网等公共机构以及合作伙伴建立数据合作。与传统征信数据不同，芝麻信用数据涵盖了信用卡还款、网购、转账、理财、水电煤缴费、租房信息、住址搬迁历史、社交关系，等等。

"芝麻信用"通过分析大量的网络交易及行为数据，可对用户进行信用评估，这些信用评估可以帮助互联网金融企业对用户的还款意愿及还款能力得出结论，继而为用户提供快速授信及现金分期服务。

2）人脸识别技术

蚂蚁金服以领先的人脸比对算法为基础，研发了交互式人脸活体检测技术和图像脱敏技术，并设计了满足高并发和高可靠性的系统安全架构。以此为依托的人脸验证核身产品提供服务化接口，已经成功实现产品化并在网商银行和支付宝身份认证等场景应用。这其中的几项核心算法分别是活体检测算法、图像脱敏算法以及人脸比对算法。

根据 2014 年香港中文大学做的一项研究结果表明，在国际公开人脸数据库 LFW上，当时人脸识别算法的准确率（99%）已经超过了肉眼识别（97.2%），而目前蚂蚁金服运用的人脸识别算法在这个数据库上的准确率已经达到 99.6%。除此之外，蚂蚁金服在2015 年年初向公安部提交了人脸识别算法和技术的测试申请，进一步验证人脸活体检测防攻击和人脸比对两方面在实际真实场景中的性能。

3）区块链技术

区块链作为近几年的新兴技术，是金融领域十分重视的一项新技术。区块链是支撑比特币发展的底层技术，它的出现预示着互联网的用途可能从传统信息传递逐步转变成为价值传递，对传统金融行业而言是一场前所未有的革命和挑战。区块链可以定义为一种基于密码学技术生成的分布式共享数据库，或者理解为互联网上基于共识机制建立起来的集体维护的公开大账簿。区块链技术具有以下特点：

（1）去中心化。区块链系统是由大量节点共同组成的一个点对点网络，不存在中心化的硬件或管理机构，任一节点的权利和义务都是均等的，系统中的数据块由整个系统中所有具有维护功能的节点共同维护，且任一节点的损坏或者丢失都不会影响整个系统的运作。

（2）共识信任机制。区块链技术从根本上改变了中心化的信用创造方式，运用一套基于共识的数学算法，在机器之间建立"信任"网络，从而通过技术背书而非中心化信用机构来进行信用创造。借助区块链的算法证明机制，参与整个系统中的每个节点之间进行数据交换，无须建立信任过程。在系统指定的规则范围和时间范围内，节点之间不能也无法欺骗其他节点，即少量节点无法完成造假。

（3）信息不可篡改。区块链系统将通过分布式数据库的形式，让每个参与节点都能获得一份完整数据库的拷贝。一旦信息经过验证添加到区块链上，就会永久存储起来，除非能够同时控制整个系统中超过 51% 的节点，否则单个节点上对数据库的修改是无效的，因此区块链的数据可靠性很高，且参与系统中的节点越多和计算能力越强，该系统中的数据安全性越高。

（4）开放性。区块链系统是开放的，除了交易各方的私有信息被加密外，区块链的数据对所有人公开，任何人都可以通过公开的接口查询区块链数据和开发相关应用，因此整个系统信息高度透明。

（5）匿名性。由于节点间无须互相信任，因此节点间无须公开身份，系统中的每个参与节点都是匿名的。参与交易的双方通过地址传递信息，即便获取了全部的区块信息也无法知道参与交易的双方到底是谁，只有掌握了私钥的人才能开启自己的"钱包"。此外，在诸如比特币的交易中,提倡为每一笔交易申请不同的地址,从而进一步保障了交易方的隐私。

区块链技术的上述特征能够解决目前绝大多数领域存在已久的三大痛点:中心化、安全和信任问题。

区块链本质上是交易各方建立信任机制的一个数学解决方案,是采用分布式网络来存储、传输和证明数据的技术方案,通过分布式的数据区块存储形成分布式记账系统,取代目前对中心服务器的依赖,使得所有数据变更或者交易项目都记录在网络系统中的各个节点上。

目前区块链技术被认为可以颠覆传统的银行业和支付领域,在国外已经运用到多个场景中,如 Ripple Labs 正在使用区块链重塑银行业生态系统,让传统金融机构更好地开展业务。Ripple 网络可以让多国银行直接进行转账和外汇交易而不需要第三方中介;地区性银行可直接双向在两个或多个地区性银行传输资金而无须第三方中介。德勤应用区块链在反洗钱(AML)和了解客户(KYC)领域颠覆了金融业现存的合规模式。Overstock 创立了一个基于区块链的去中心化的证券交易市场 Medici。

相较于国外,国内应用区块链技术的公司屈指可数,蚂蚁金服在 2016 年 7 月 31 日宣布会将区块链技术应用于公益场景。"我们重视区块链,是重视它的信任机制。"蚂蚁金服首席技术官程立表示,在公益行动中,中国公众并不缺少善心,但他们还缺少一个基于新技术的,信任、开放、透明的平台和操作机制。区块链从本质上来说,是利用分布式技术和共识算法重新构造的一种信任机制,是"共信力助力公信力"。

以前,公众可以选择捐款,但并不完全知道捐款将在何时给到受捐者,在区块链技术支撑的公益项目中捐款,项目完成后,就能查看"爱心传递记录",能看见项目捐赠情况,善款如何拨付发放。

从外观看,区块链公益项目并没有太多不同,但后台运转的情况是不一样的。之前,公众捐款进入公益项目的账户,项目方执行后,由运营人员把账单、拨付、相关图片和情况上传录入。现在,善款进入系统后,整个生命周期都将记录在区块链上,没有人工拨付等环节,每一笔款项的去向很难人工更改。

综合以上,蚂蚁金服将新兴技术与创新的金融模式结合,不断拓展业务范围,形成独具个性的商务模式,将来可能形成一个开放、创新的互联网金融生态圈。

案例 5　网络直播:零距离互动的新型商务模式

有这样一个场景,当你在餐厅吃饭时,你的邻桌正对着手机自言自语,又或者把摄像头对准桌上美味的食物乃至餐厅的精致装潢。如果是在几年前,你可能觉得这个人有些神经质,而在今天,她只是利用一顿饭的时间进行网络直播赚个外快罢了。

实际上,网络直播平台兴起的时间并不长,从传统电视直播到互联网直播中间走过了近 20 年。国内网络直播大致经历了三次迭代:2005 年,"9158"从网络视频聊天室逐渐发展为 PC 秀场直播,同时"YY"进军直播领域,"六间房"也转型为秀场模式。2014年,"YY"成立"虎牙"专注游戏直播,"斗鱼""龙珠""熊猫"等平台也相继上线,游戏直播也成为继秀场直播后直播的主要形式。随着智能手机和移动网络技术的进一步发展，2015 年移动直播 App（如"映客""花椒""一直播"）大量涌现，直播形式也向"泛生活"化发展。

2016 年 8 月 CNNIC 发布的《第 38 次中国互联网发展状况统计报告》显示，截至 2016 年 6 月，网络直播用户规模已达 3.25 亿，占网民总体的 45.8%。可谓是"中国网络直播元年"。各类网络直播使用率最高的是体育直播（20.1%），其次分别是真人聊天秀直播（19.2%）、游戏直播（16.5%）、演唱会直播（13.3%）。各大直播平台也纷纷获得巨资加持。2015 年，六间房以 26 亿元被宋城演艺收购，龙珠直播获游久游戏、腾讯等近亿美元 B 轮融资。2016 年腾讯、红杉资本领投斗鱼 TV1 亿美元。

1. "直播＋真人聊天秀"模式

"直播＋真人聊天秀"模式，就是网络主播通过电脑在固定的直播地点或者用手机移动直播自己的日常生活、进行娱乐表演、和粉丝聊天的网络直播形式。直播过程中，粉丝可以购买虚拟礼物打赏主播，主播在休息时可以插播流量广告。一般来说，主播的粉丝数量越大，直播的收益就可能越高。当主播累积了一定的粉丝影响力时，直播平台可以选择与主播签约开展更多线上和线下代言活动，主播也可凭借个人影响力在直播中植入广告赚取自营业务收入。除了主播和直播平台对虚拟礼物进行分成，第三方公司可以借助平台和主播影响力为商品带来流量。2016 年 7 月，凭借自制小视频被誉为"微博第一网红"的 papi 酱进行了直播首秀，在 1 小时 25 分的直播中，papi 酱在 8 个平台收获了 2 000 万人同时在线的峰值记录。在此之后，papi 酱的原创视频和直播中纷纷出现广告植入，然而这并不影响她吸引更多的粉丝。

"直播＋真人聊天秀"弥补了现有社交媒体的缺陷，使观众有更加直观的真实感和更加强烈的互动感。目前，这种模式仍然是网络直播的主流，并不断创造直播神话。2016 年 3 月 8 日晚一位名叫 Yang Hanna 的韩国女主播一夜就被打赏超过 40 万人民币。然而，在火爆的直播背后，必须看到，低俗和低劣的直播内容充斥其中。当热潮退去，高质量和有价值的直播内容才能继续前进，内容决定一切，"直播＋真人聊天秀"模式也将走向专业化和精准化。

2. "直播＋游戏"模式

"直播＋游戏"模式主要包括两种形式：一种是游戏主播直播自己打游戏的画面，与"秀场"直播类似，主播的盈利主要来自虚拟礼物打赏、广告费、签约费和工资，直播平台的盈利则来自打赏分成、会员费、广告费等传统盈利模式；另一种是平台在获取许可后直播游戏赛事，观众购买虚拟门票后即可观看高清游戏赛事直播并参与直播互动，直播过程中观众还可以参与赛事竞猜（对赛事进行投注，类似于体育彩票）。此外，游戏厂商可以和直播平台联合运营游戏产品，利益共享、风险共担，实现双方利益最大化。

据 CCTV 美洲台报道，2016 年某知名游戏总决赛当天全球共有 3 000 万人观看了这场比赛，其中斗鱼公布的同时在线人数为 450 万，战旗为 300 多万。游戏直播的火爆也给直播平台带来较大的成本。一个同时在线百万的直播平台，每个月仅带宽费用就高达

3 000 万到 4 000 万元。主播巨额签约成本、赛事转播授权费和运营成本也是巨大的成本来源。尽管烧钱,但是由于游戏玩家对游戏直播的需求日益增加,游戏直播拥有较高的"日活量",游戏直播仍然有较大的商业发展空间。

3. "直播十体育"模式

里约奥运会结束后,体育明星直播却仍高居微博话题榜。乒乓球运动员张继科回国后在微博宣布要做直播,花椒直播平台却因为观看人数过高而宕机。游泳运动员傅园慧在映客直播,收获了 1 085 万人的观看,在 1 小时内,她还收获了 318 万"映票",折合人民币约 32 万元。运动明星的强大号召力让人们看到体育直播更大的商业潜力。

当前,体育直播主要包括版权赛事直播模式和业余体育网络直播模式。区别于传统电视转播,版权赛事的网络直播更能提高用户的参与度和互动性,解说方式更加自由,增加了体育节目的趣味性。业余体育网络直播受众以体育爱好者为主,通过业余体育比赛的转播,使参与者及其朋友、家人、同学等群体自发成为观众。随着民间赛事的增多,体育直播平台以低成本的方式满足了业余赛事的直播需求。乐视旗下的章鱼 TV 和虎扑的智慧运动场是相对而言较为成熟的业余赛事体育直播媒体,但由于受关注度相对较低,其直播成本和盈利的不平衡成为常态。

除了增值服务(虚拟礼物、会员费)、内容订阅等常规盈利模式外,体育直播还通过线上方式对赛事周边产品进行销售,围绕用户实现盈利。随着明星解说粉丝的增加和体育明星的参与,体育直播类似秀场直播的"网红"商业模式也会形成虚拟礼物收入、签约费、广告费、自营业务收入四合一的商业模式。

4. "直播十电商"模式

传统电商方式下,消费者无法亲临购物现场获得充分的决策信息,单一的人机交互过程也缺乏社交属性。"直播十电商"模式在一定程度上弥补了传统电商的缺陷,即网络主播通过直播讲解示范产品、回答观众问题,给观众带来"真实"的产品体验和全面的产品信息,从而实现促销和导购的作用,使观众"边看边买"。

常规的模式是网红和明星在直播平台上直播营销,如"咸蛋家",直播内容涉及美妆教学、健身指导、美食等主题,用户可以在直播结束前直接下单购买主播销售的商品。2016年上半年,电商平台聚美优品、淘宝、蘑菇街等也都上线了直播功能。2016 年 5 月,手机淘宝直播频道上线,用户可以在不退出直播的情况下边看边买主播推荐的商品。除此之外,亚马逊推出了首部直播电视节目《时尚密码现场》,对所有亚马逊用户免费开放,由主持人和流动嘉宾一起为观众提供美妆和时尚建议,观众则可以从视频播放器下的滚动条上购买相应产品。对于跨境电商来说,直播更是一种拉近消费者与海外购物距离的策略。2015 年,跨境电商平台"菠萝蜜"上线并主打海淘直播,直播内容涉及海外员工在当地拍摄商品的店头价格标签、前往品牌方采访、展示海外仓库工作流程等各种形式,使用户产生信赖感和参与感。可以看出,直播对于电商来说是一种辅助销售的工具,能为平台带来更多流量,提高打开率和销售量。

5. "直播＋旅游"模式

旅游产品虽然也可以线上销售,但它和实物电商仍有很大区别。旅游产品带给消费者的体验感是图片和文字无法充分描述的,传统的旅游电视节目在一定程度上满足了观众的需求,但缺乏互动。"直播＋旅游"的出现弥补了这一缺憾,主播直播自己旅行的场景,突破时空的限制,使客户足不出户就有身临其境的感觉,对旅游地点有更加全面的感受,从而拉动用户消费旅游产品。

"直播＋旅游"以旅游电商和直播平台合作为主要模式,利用明星和网红的影响力吸引观众观看,观众在观看过程中可以直接下单景点门票、酒店等旅游商品。为了提供更高质量的直播内容,旅游直播节目应运而生,达人旅游直播也日益发展壮大。对于旅游公司而言,直播内容是直播流量能否变现的关键,如果没有很好的策划,直播的效果可能适得其反。

6. "直播＋教育"模式

在线教育的普及以及智能手机和移动互联网络技术的发展,为教育直播的成长提供了适宜环境。2016 年 3 月,2 000 多名学生购买了教师王羽单价 9 元的物理直播课,扣除平台分成后,他的时薪高达 18 000 多元。教育直播的火爆引起了业界广泛关注。互联网教育机构、传统线下教育机构、互联网巨头以及直播平台争相加大对教育直播的投入。除了现有的盈利模式,教育直播也可融入"直播＋电商"的模式,并与线下教育和线上视频录播课程相结合,进一步完善其商业模式。例如,家教 O2O 平台"疯狂教师"在 C 轮融资后,利用其在线直播平台"叮当课堂"实现线上和线下双渠道共赢:线上打造网红教师,线下则放大名师价值提升盈利。由于教育直播输出的是差异化内容,并且具有较强的变现能力,其前景不容小觑。

7. 小结

网络直播在近两年发展迅速,凭借真实的场景、事实的互动以及草根网友源源不断的创造力,其优势不言而喻。在创造了一批批网红的同时,不断形成新的商业模式,成为引导资本走向的风口。随着科技的进一步发展,如 VR 技术,网络直播将不断迎来新的机遇和挑战。但也应注意到,网络直播行业违法违规行为、数据造假等扰乱市场秩序的现象时有发生,亟待整顿和持续监管,在全社会营造诚信、健康的行业发展环境。另外,新的直播平台仍不断涌现并开始激烈竞争,其提供的服务却大同小异。直播平台也需探索更多垂直领域,为用户提供高质量的差异化内容。

案例 6　互联网金融:传统金融模式的变革与创新

互联网金融是指传统金融机构与互联网企业利用互联网技术和信息通信技术实现资金融通、支付、投资和信息中介服务的新型金融业务模式。互联网金融在中国的发展面临着巨大的机遇。一方面,互联网技术从 21 世纪初开始获得了长足的发展,网民数量和智能手机用户数量都位居世界前列,信息技术和金融业的发展日益融合;另一方面,我国金融体系的改革不断深入,多层次资本市场的建设加速推进,存款保险制度和利率市场化稳步推进,金融监管对"互联网+"的态度乐观开放。更重要的是,中国经济经过改革开放40 多年的持续发展,居民可支配收入和财富积累不断增加,家庭的资产负债表极大丰富,家庭资产负债表的管理为互联网金融的发展提供了广阔的市场空间。与此同时,经济结构的转型、创业型经济的确立等制度变迁所催生的大量中小微企业也成为互联网金融重要的目标市场。在中国,互联网金融在经过了早期的酝酿和缓慢发展之后,开始进入加速发展的新阶段,各种商业模式层出不穷,并快速发展演进。

1. 互联网金融商业模式的分类

在第二届世界互联网大会上,清华大学五道口金融学院常务副院长廖理教授在"互联网金融创新与发展"的分议题上发布了《全球互联网金融商业模式报告(2015)》,依据互联网金融在世界各国的发展,将业务模式分为四大类:传统金融的互联网化、基于互联网平台开展金融业务、全新的互联网金融模式以及互联网金融信息服务。该报告基于廖理教授的分类,对全球互联网金融商业模式进行深度剖析,如表 11.1 所示。

表 11.1 《全球互联网金融商业模式报告(2015)》对互联网金融商业模式的划分

类　型	举　例
传统金融的互联网化	互联网银行
	互联网券商
	互联网保险
基于互联网平台开展金融服务	互联网基金销售
	互联网资产管理
	互联网小额商业贷款
	互联网消费金融
全新的互联网金融模式	P2P
	众筹
互联网金融信息服务	在线投资社交
	金融产品搜索
	个人财务管理
	在线金融教育
	个人信用管理

2. 由传统金融机构升级产生的模式

所谓信息化金融机构,是指通过采用信息技术对传统运营流程进行改造或重构,实现经营、管理全面电子化的银行、证券和保险等金融机构。金融信息化是金融业发展趋势之一,而信息化金融机构则是金融创新的产物。从整个金融行业来看,银行的信息化建设一直处于业内领先水平,不仅具有国际领先的金融信息技术平台,建成了由自助银行、电话银行、手机银行和网上银行构成的电子银行立体服务体系,而且以信息化的大手笔——数据集中工程,在业内独领风骚。我国传统银行发力电商平台,增加用户黏性,累积用户数据,利用大数据金融战略构建基础设施工程,以建行、交行、招行和农行为典型代表。金融机构信息化在经营模式上是流程自动化,是提高金融服务客户体验、降低经营成本、加强风险管理和控制的全面解决方案。

3. 互联网企业切入金融服务领域的模式

1)支付结算

(1)第三方支付模式。

从广义上讲,第三方支付是指非金融机构作为收、付款人的支付中介所提供的网络支付、预付卡、银行卡收单以及中国人民银行确定的其他支付服务。现在,第三方支付已不仅仅局限于最初的互联网支付,而是成为线上线下全面覆盖、应用场景更为丰富的综合支付工具。

目前市场上第三方支付公司的运营模式可以归为独立第三方支付和依托平台的第三方支付两类。独立第三方支付模式是指第三方支付平台完全独立于电子商务网站,不具有担保功能,仅仅为用户提供支付产品和支付系统解决方案,以快钱、易宝支付、汇付天下、拉卡拉等为典型代表。另一类是以支付宝、财付通为首的依托于自有电子商务网站提供担保功能的第三方支付模式,货款暂由平台托管并由平台通知卖家货款到达、进行发货。在此类支付模式中,买方在电商网站选购商品后,使用第三方平台提供的账户进行货款支付,待买方检验物品进行确认后就可以通知平台付款给卖家,这时第三方支付平台再将款项转至卖方账户。

(2)P2P 支付模式。

个人对个人(P2P)之间的在线支付结算服务是互联网金融的一项基础服务。传统金融体系提供的 P2P 支付服务通常收费较高并且使用不便,邮政汇款体系和专门的汇款网络也存在这个问题。互联网(特别是移动互联网)建立了新的 P2P 支付服务系统,不仅降低了服务费用,减少了交易成本,更重要的是将以前被排斥在金融服务之外的人群(在发展中国家这个问题尤为突出)纳入金融体系。目标客户主要是没有金融账户的低收入人群以及小微企业,客户可以通过该系统方便地、低成本地进行中小额资金的转账和支付,从而提高整个经济系统的运行效率。

2）投资理财

互联网金融门户是利用互联网进行金融产品的销售及为金融产品销售提供第三方服务的平台。核心是"搜索＋比价"模式，采用金融产品垂直比价的方式，将各家金融机构的理财产品放在平台上，用户通过对比挑选合适的金融产品。

互联网金融门户多元化创新发展，形成了提供高端理财投资服务和理财产品的第三方理财平台，可进一步细分为理财资讯平台、行情交易平台、理财产品代销平台三大类，其中理财产品代销平台是互联网金融的主要发展对象。

理财产品代销平台是将不同基金或保险公司管理的不同风格的理财产品纳入统一网上销售平台上，使投资者可以一站式购买几乎所有公司的产品，从而带来理财产品投资方式的颠覆式革新。随着越来越多的第三方基金销售机构获得基金销售牌照，第三方基金销售网站网上基金销售平台纷纷上线，实现了基金销售的渠道多元化，打破了长期以来银行垄断的局面，如天天基金网利用东方财富网的海量用户成功地打造了基金的网销平台。

理财资讯平台旨在为投资者提供丰富的理财产品信息、投资组合建议以及其他专业指导，如东方财富网、和讯、新浪财经等资讯网站，以及万德、同花顺等金融数据服务商。

行情交易平台为证券、基金、期货等公司提供证券行情委托交易、资讯发送、网络安全应用等系统，并提供日常的维护（如大智慧、通达信、钱龙等）软件。

3）融资信用

（1）P2P 网贷模式。

P2P 贷款（Peer-to-Peer Lending），指人与人之间通过互联网媒介直接建立信贷关系。资金的供需双方通过互联网平台进行信息沟通，对金额、利率、期限与风险等因素进行需求匹配，签署具有法律效力的电子合同。与银行借贷相比，P2P 贷款降低了借款人的借款门槛，P2P 贷款实质上参与的是银行并不进入的市场，体现了"金融脱媒"特征。与传统的民间借贷相比，P2P 贷款借助互联网的技术优势实现了大范围的陌生人直接借贷。P2P 贷款具有以信用为基础、发起灵活、金额较小、利率较高等特点。P2P 平台的盈利主要是向借款人收取一次性费用以及向投资人收取评估和管理费用。P2P 贷款的利率确定是由放贷人竞标确定，或者是由平台根据借款人的信誉情况和银行的利率水平提供参考利率。

由于无准入门槛、无行业标准、无机构监管，P2P 贷款的运营模式尚未完全定型，目前已经出现了传统、债权转让、担保、平台等四种典型的运营模式。其中，传统模式又可分为纯线上模式和线上线下结合的模式。纯线上模式典型的平台有拍拍贷、合力贷、人人贷部分业务等，其特点是资金借贷活动都通过线上进行而不结合线下的审核。通常这些企业采取的审核借款人资质的措施有通过视频认证、查看银行流水账单、身份认证等。线上线下结合的模式以翼龙贷为代表。借款人在线上提交借款申请后平台通过所在城市的代理商采取入户调查的方式审核借款人的资信、还款能力等情况。

（2）众筹平台模式。

众筹（Crowdfunding），通过互联网平台聚集众人，每人均贡献较小的数额来为商业项目或企业融资。与传统融资方式相比，众筹充分利用了互联网良好的传播特性，将投资者、融资者拉到同一平台，直接匹配双方的投、融资需求。众筹的参与者包括融资者、投资者和众筹网站，其中，融资者的构成大多是具有创意想法和创造能力但缺乏资金的小企业或个人，投资者主要是具有闲置资金并且对融资者的创意和回报感兴趣的机构和个人，众筹网站则充当融资中介。阳光化、公开化、互联网化，是众筹不同于私募、公募以及天使基金等形式的根本区别。目前，众筹平台的模式主要有四种：股权众筹、债权众筹、回报众筹和捐赠众筹。股权众筹以公司股权作为交换，融资金额相对较大；债权众筹则承诺还本付息，筹资金额与股权众筹相当；回报众筹中，融资者以产品或服务的方式回报投资者；捐赠众筹是无偿的，资金筹集相对较少。

（3）大数据金融模式。

大数据金融目前有平台金融和供应链金融两种模式。建立在传统产业链上下游的企业通过资金流、物流、信息流组成了以大数据为基础的供应链金融，建立在 B2B、B2C 或 C2C 基础上的现代产业通过在平台上凝聚的资金流、物流、信息流组成了以大数据为基础的平台金融。

平台金融模式是基于电商平台基础上形成的网上交易信息与网上支付形成的大数据金融，通过云计算和模型数据处理能力而形成信用或订单融资模式。与传统金融依靠抵押或担保的金融模式不同，阿里小贷等平台金融模式主要基于对电商平台的交易数据、社交网络的用户交易与交互信息和购物行为习惯等的大数据，进行云计算，来实时计算得分和分析处理，形成网络商户在电商平台中的累积信用数据，通过电商所构建的网络信用评级体系和金融风险计算模型及风险控制体系，来实时向网络商户发放订单贷款或者信用贷款，批量快速高效，如阿里小贷可实现数分钟之内发放贷款。

供应链金融模式是企业利用自身所处的产业链上下游，充分整合供应链资源和客户资源而形成的金融模式。京东商城是供应链金融模式的典型代表，其作为电商企业并不直接开展贷款的发放工作，而是与其他金融机构合作，通过京东商城所累积和掌握的供应链上下游的大数据金融库，来为其他金融机构提供融资信息与技术服务，使京东商城的供应链业务模式与其他金融机构实现无缝连接，共同服务于京东商城的电商平台客户。在供应链金融模式当中，电商平台只是作为信息中介提供大数据金融，并不承担融资风险及防范风险等。

4. 发展有限的虚拟货币模式

美国 eBay、Facebook、Google 等都在提供虚拟货币，而且网络虚拟货币存在与真实货币的转换可能性。此外，一种新型电子货币——比特币（Bitcoin）脱离了中央银行，甚至都不需要银行系统参与，成为互联网虚拟货币的典型。但是，由于国内对虚拟货币控制严格，此类业务在国内发展极其有限。

5. 小结

将互联网金融商业模式总结如表 11.2 所示。

表 11.2　互联网金融商业模式

类　型	模　式		举　例
传统金融机构升级	互联网银行		
	互联网券商		
	互联网保险		
互联网企业切入 — 支付结算	第三方支付平台	独立第三方支付	快钱、易宝支付
		依托平台	支付宝
	P2P 支付		支付宝
互联网企业切入 — 投资理财	理财资讯平台		东方财富网、新浪财经
	行情交易平台		通达信、钱龙
	理财产品代销平台		天天基金网、余额宝
互联网企业切入 — 融资信用	P2P 网贷	传统模式	人人贷、翼龙贷
		债权转让模式	宜信
		担保模式	陆金所、有利网
		平台模式	
	众筹	股权众筹	人人投、天使街
		债权众筹	人人贷
		回报众筹	淘宝众筹
		捐赠众筹	NGO 在线捐赠平台
	大数据金融	平台金融	阿里小贷
		供应链金融	京东、苏宁

案例 7　网络安全智能化：自适应安全架构

1. 国内安全行业背景

2016 年上半年，国内发生了三起严重信息安全事件。保监会发函通报信诚人寿存在内控缺陷，要求进行整改；小米 MIUI 合作版 ROM 存篡权漏洞，可任意获取重要数据；新型安全漏洞水牢漏洞威胁我国十余万家网站。

国内信息安全环境问题严峻，造成这一局面的主要问题有四点：国家投入资金不足，国内技术缺乏竞争力，相关法律法规不完善，全社会信息安全意识不强。政府层面的问题随着 2014 年网络安全和信息化领导小组的成立以及 2016 年 10 月《网络安全法》三审稿的提交正在逐步解决,全社会的信息安全意识随着一次次信息安全事件的发生也在逐步提高。

2. 成立与定位

在创立青藤云安全之前,张福一直在互联网企业负责安全,还负责过运维、开发,以及偏业务的技术支撑,再之后就越来越偏向研发管理。在张福十几年的职业生涯中,他逐渐发现在任何一家公司,做安全都是一件极其不容易的事情。而安全的最大困难在于落地,一是安全基础体系的缺失,二是专业安全人才严重缺乏。在云时代,企业的信息安全更是受到了 IT 环境动态变化和日益隐蔽、专业的黑客攻击的威胁。政府政策逐步完善、社会意识渐渐形成,有着从业多年的技术经验积累的张福敏锐地感觉到了行业风口即将到来,于是找了身边志同道合的 9 位伙伴一起创业,成立了青藤云安全。

对安全产品有迫切需求的客户主要有两类,第一类是一些扩展了互联网服务的传统企业,这些企业之前对安全的需求大都是合规需求。而传统安全公司长期在这种需求导向下,产品做得好不好不重要,满足企业对国家的合规要求标准即可,缺乏较强的竞争关系,技术越来越落后,已经无法满足企业在新信息政策下的需求了。第二类是那些发展迅猛的创业公司,他们是最具有良性安全需求的群体,业务快速扩展,安全需求完全跟不上业务的发展,随着黑客攻击事件的频繁发生,这类公司对于第三方服务的认可度也是极高的。

张福认为,就像智能机器人正在替代人工一样,企业在安全工程师稀缺、投入有限的情况下,需要智能安全平台的支持来解放内部安全/运维人员,从单纯防御升级到全周期安全管理才能根本解决安全问题。起初他按照自己对行业的理解进行产品设计。后来张福看到了 Gartner 关于自适应安全的报告,发现自己与报告的想法几乎完全一致。Gartner 的归纳和总结更加完整,并且已经提炼得很好。于是张福决定以后就以此作为整个产品和技术的指导框架,结合国内的实际情况,开发一款自适应安全产品。

3. 什么是自适应安全

自适应安全(Adaptive Security)是 Gartner 于 2014 年提出的面向下一代的安全体系,该理念认为:云时代的安全服务应该以持续监控和分析为核心引擎,覆盖预测、防御、监控、回溯四个周期,可自适应于不同基础架构和业务变化并形成统一安全策略,才能应对未来更加隐秘、专业的高级攻击。

自适应安全框架几乎包含了安全产品所能提供的所有功能:加固和隔离系统、误导攻击、攻击拦截、监测事故、确认及定性危险、处理事故、事故鉴定、设计/更改、系统修复、基准化安全系统、预测攻击、主动探索分析(见图 11.6)。在已有安全产品中能轻松找到可以实现这些功能中的一种或是几种的产品,但是自适应安全框架不是简单地将这些功能加在一起得到一个分离的系统,而是实现一个更具适应性的智能安全防护体系,它整合了不同的功能,共享信息,共同作用。

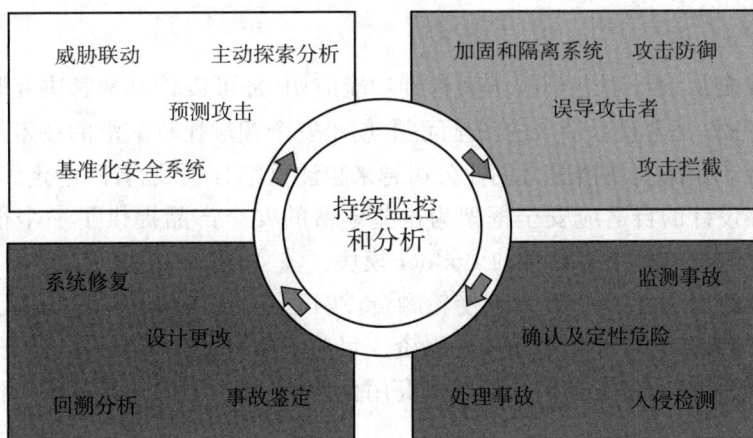

威胁联动　主动探索分析
预测攻击
基准化安全系统

持续监控
和分析

加固和隔离系统　攻击防御
误导攻击者
攻击拦截

系统修复
设计更改
回溯分析　事故鉴定

监测事故
确认及定性危险
处理事故　入侵检测

图 11.6　自适应安全架构功能图

4. 青藤的自适应安全

青藤提供的安全服务可以简单概括为：自适应的安全分析，快速便捷的安全体系搭建，持续可视化的监控分析。这三点对应着组成青藤自适应安全系统的三个模块：分析模块(Analyzer)、加固模块(Builder)和监控模块(Monitor)。

分析模块的作用是自动化地进行资产清点。对主机、关联的云平台、安装的操作系统、主机上的软件应用和不同权限的账号等主机资产，以及 Web 站点、后台、URL、应用等 Web 资产进行细粒度的清点。通过建立在这些细致的信息基础上的资产风险分析，用户就能够非常清晰地了解自己的风险所在。而且这种分析能在业务快速变化的过程中自动跟随资产变化，使用户及时发现新的风险，有效减少黑客利用时间差进行的攻击。

加固模块的作用是根据资产和业务情况，为每家公司生成量身定制的安全防护体系。在一个业务系统中，不同主机担任着不同的业务角色，青藤帮助用户对主机进行业务分组，并且根据实际运行的进程服务将其定义成负载均衡、Web 服务器、业务逻辑服务器、数据库等业务角色，并将结果可视化地呈现出来。青藤将 DDoS 防护、防暴力破解、分布式 WAF、防撞库系统、双因素认证系统(OTP)、黑客诱捕系统等安全功能抽象成独立的安全组件。青藤共提供了 40 多种安全能力插件，且会根据企业系统内不同的业务角色属性来智能配置安全能力，使之能够按需为企业服务。比如为 Web 服务器添加 WAF 防护能力，给登录系统的主机添加 OTP 验证，给数据库制定备份恢复策略等。这些安全组件可以在全球范围内随时部署，随时撤销，灵活易用。

监控模块与传统安全产品的区别是从入侵检测方面入手监测黑客攻击，且提高报警准确率。Monitor 使用特征锚点、行为模式、关系模型等方法，从进程、主机、网络三个维度全方位监测黑客行为，第一时间发现黑客有效入侵并做出响应。青藤入侵检测系统会对行为数据进行多维度学习，一段时间后就可以建立起"正常"的行为模型，随着时间推移，系统会持续学习，自动评估模型的准确度并改进，识别发现真正的异常行为情况，从而在最大限度自动化的同时，做到最低的误报率。

5. 小结

自适应安全从设计理念到技术架构到功能应用,都可以较好地解决互联网企业大量资产、复杂业务和变化频繁带来的安全问题,属于安全领域比较前沿的技术解决方案。而国内目前安全产业的发展情况是创业公司越来越注重细分领域,青睐于走纵深路线,精准定位。而青藤设计的自适应安全框架为这些丰富的安全产品提供了一个很好的整合平台,青藤可以寻求合作,丰富自身的 Builder 模块。

青藤成立时获得了 650 万元天使轮融资,2015 年年底对外宣布,获得了来自宽带资本、红点创投的 6 000 万元人民币 A 轮融资。目前青藤自适应安全平台已与互联网金融、医疗、企业服务领域的多家知名企业达成商用合作,联想、小米、映客等都是青藤的用户。

案例 8　共享经济下的 Uber(优步)

1. Uber 的出现

Uber(优步)是全球打车 O2O 应用鼻祖,也是启蒙和引领全球共享型经济的代表企业。2009 年诞生于美国硅谷旧金山,目前在全球 58 个国家和地区的 311 座城市改变着用户的出行方式。回望 2010 年夏天,Uber 创始人特拉维斯·卡兰尼克(Travis Kalanick)跟加特·坎普(Garrett Camp)推出了实时叫车服务 Uber,最初平台上只有两辆车,仅向旧金山大约 100 个用户开放。如今,Uber 已经蔓延到 58 个国家的 311 个城市,网罗了 100 余万名司机,每天提供数百万次接载服务。Uber 已经成为继 Facebook 之后,第二家还未上市就获得 500 亿美元以上估值的科技公司。

2. 诞生背景

1) 共享经济的繁荣

近年来,随着信息技术尤其是移动互联网的成熟,"互联网＋"在各行各业产生了革命性的影响。共享经济正是在这样的背景下产生并蓬勃发展起来,点对点租车租房、基于社交网络的商品共享和服务交易等新型业务模式层出不穷。

共享经济是指民众公平、有偿地共享一切社会资源,彼此以不同的方式付出和受益,共同享受经济红利。此种共享在发展中会更多地使用移动互联网作为媒介。

到底什么是共享式经济,不妨来打个比喻,假设你是一盏太阳能灯泡,当你把自己点亮了,照亮别的太阳能灯泡时,更多的灯泡也会随之亮起来。共享经济通过按需分配,既合理调配了资源,又在一定程度上控制了风险,使市场上的经济行为变得更加合理有效。而这种经济模式,大多以互联网为载体,尤其是移动互联网,直接产生个体间的经济行为,免去了多余的中间环节。共享经济的出现极大地促进了对于闲置资源剩余价值的再利用,并且产生了经济行为中个体间的共赢,大家各取所需,同时也减轻了原本就稀缺的社会资源所面临的压力,譬如 Uber 对高峰期公共交通的压力就起到了缓解作用。

2）经济的危机

2008 年全球金融危机发生之前,分期付款打消了人们量入为出的顾虑,它最早大规模出现在美国的汽车消费领域,通过分期付款提前享受到开车的乐趣,成为美国主要消费形式。然而 2007 年,美国房价暴跌、房地产泡沫破灭。2009 年年底美国失业率达到 10%,这是自 20 世纪 30 年代大萧条以来失业率的最高水平。在经济的寒冬里,人们清点自己家里闲置的房间、汽车、物品,放到互联网的平台上换钱贴补家用,或者以物易物省钱。这为 Uber(优步)启蒙和引领全球共享经济发展,提供了现实可能。

3）物权观的转变

近年来,年轻一代的物权观念发生了变化,刷新了我们对"所有权"的认识。他们更重视物品的使用权,通过他人共享一项商品或服务,节省资源、金钱、空间和时间,甚至获取额外的收益。

4）互联网打破行业信息不对称

"信息不对称"理论认为,在市场经济活动中,各类人员对有关信息的了解是有差异的,掌握更多信息的一方,可以通过向信息贫乏的一方传递可靠信息而在市场中获益。互联网使信息的传播从单向到多向,突破了许多行业的传统限制。Uber 等 App 软件,打破了出租车行业信息的隔阂,促使供需信息透明化,大大降低了供车者和出行者的沟通成本,其对城市交通的影响可谓是颠覆性的。

3. Uber 的发展

表 11.3 列出了 Uber 发展历程中的重要事件。

表 11.3　Uber 发展历程

事件编号	时　间	事　件
1	2009 年 3 月	特拉维斯·卡兰尼克和格瑞特·坎普创立 UberCab
2	2009 年	UberCab 公司获得 20 万美元的种子投资
3	2010 年	UberCab 公司筹集 125 万美元的资金
4	2010 年 7 月	UberCab 公司正式在美国旧金山推出高端车网预约服务
5	2011 年 2 月	UberCab 公司完成 A 轮融资 110 万美元的资金
6	2011 年	UberCab 公司的官方智能终端 App 正式上线
7	2011 年 5 月	UberCab 公司开始在纽约/华盛顿特区推出服务
8	2011 年 7 月	UberCab 公司完成 B 轮融资 370 万美元资金
9	2011 年	UberCab 公司正式更名为 Uber
10	2011 年 11 月	Uber 公司开始在第一个海外城市巴黎推出服务,紧接着扩展到多伦多、伦敦等城市
11	2012 年 7 月	Uber 公司宣布推出 UberX,一种使用经济型汽车提供服务的业务

事件编号	时　间	事　件
12	2012 年 12 月	Uber 公司开始在第一个亚太地区城市悉尼推出服务
13	2013 年 8 月	Uber 公司开始在第一个非洲地区城市约翰内斯堡推出服务
14	2013 年 8 月	Uber 公司完成了 C 轮 2 580 万美元融资,并宣布公司估值超过 35 亿美元
15	2014 年 3 月	Uber 公司正式在中国北京推出服务
16	2014 年 4 月	Uber 在美国纽约推出 UberRuch,一项利用自行车提供包裹运输的服务,这标志着 Uber 开始向通勤公司转型
17	2014 年 6 月	Uber 公司完成 D 轮融资 12 亿美元资金
18	2014 年 7 月	Uber 公司宣布公司估值超过 182 亿美元
19	2014 年 7 月	Uber 公司在印度推出 UberX 服务
20	2014 年 8 月	Uber 宣布推出 UberPool,一种基于距离远近共乘的服务
21	2014 年 10 月	Uber 公司宣布完成 E 轮融资 12 亿美元,估值超过 400 亿美元
22	2014 年 11 月	百度宣布向 Uber 战略投资 6 亿美元,这使得 Uber 的 E 轮融资达 18 亿美元
23	2014 年 12 月	Uber 公司的愿景和宣传口号也由"Everyone's private"改为"Where lifestyle meets logistics"
24	2015 年 2 月	Uber 公司美国匹兹堡开始研制自动驾驶汽车和机器人
25	2015 年 2 月	滴滴与快的合并,成为 Uber 在中国最大的经济型车竞争对手
26	2015 年 3 月	Uber 并购地图服务公司 DeCarta
27	2015 年 4 月	Uber 在印度出现最大竞争对手 Ola Cabs
28	2015 年 6 月	美国劳工委员会认定 Uber 司机是合法雇工
29	2015 年 7 月	美国加州行政法官裁定 Uber 缴纳罚款 730 万美元并暂停其在加州的业务
30	2015 年 7 月	Uber 宣布完成 F 轮融资 10 亿美元,公司估值超过 500 亿美元
31	2015 年 8 月	Uber 公司在香港推出 Cargo 服务,允许顾客通过 Uber 司机传递包裹
32	2015 年 9 月	百度再次向 Uber 投资 12 亿美元,至此,百度总共投资 18 亿美元
33	2015 年 9 月	滴滴快车宣布向 Lyft 投资 1 亿美元,并与之形成对抗 Uber 的战略联盟
34	2015 年 10 月	印度政府草拟了一部规范国内网约车的法律框架,其国内的 Ola Cabs 和 Uber 公司表示欢迎

4. Uber 的盈利模式

如图 11.7 所示,首先,将线下闲置车辆资源聚合到平台上,Uber 公司不拥有车辆资源等固定资产,针对的是闲置车辆资源,即为供给者提供灵活工作方式以及提高车辆利用效率,并获取一定额外收入。

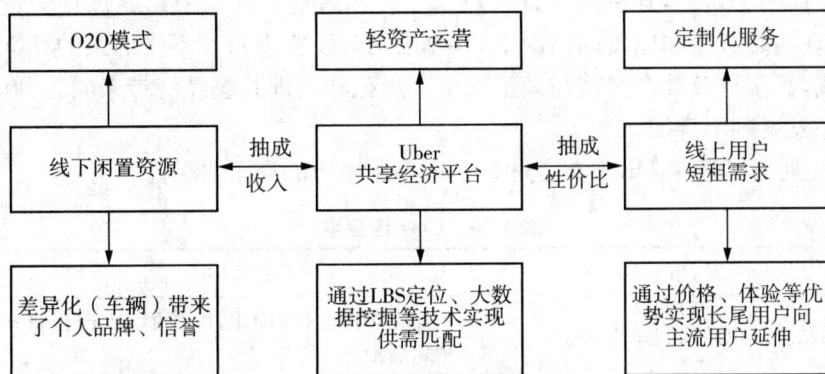

图 11.7　Uber 的盈利模式

其次,Uber 公司对闲置车辆进行了差异化定位,包括了 Uber SUV 高端、UberX 与 Uber Black 中端、Uber Taxi 低端,为每个人提供不同层次的出租车服务,其业务对象拓展到出租车之外的其他通勤服务,如轮渡、摩托车、直升机、快递等。在价格方面,Uber 公司为避免最需要服务的高峰时段司机供给反而偏少的情况,设计了高峰定价技术,根据不同时段制定不同价格水平。

再次,Uber 公司客户群的主体比较广泛,涉及自身没车、想要体验高质量通勤服务、不想自己驾车参与某项活动、需要低价出租车服务等客户,主体主要为城市上班族。

最后,Uber 公司通过 LBS 定位技术、大数据挖掘和云计算,将平台上需要用车的乘客和距离最近的司机进行匹配,避免传统出租行业拒载现象。司机接受订单之后,司机的详细个人信息和预计到达时间会一同发送给订车人,订车人可以实时查看司机当前位置,订车人接受服务之后可以对司机的服务进行评价。

5. Uber 遇到的阻碍

1）给传统市场所带来的冲击

从发展得比较有规模的以 Uber 为代表的共享经济来看,共享经济的特点是不求拥有,但求使用,它将传统意义上的所有权分离为支配权和使用权,车主对车辆拥有支配权,成千上万的消费者通过互联网可以获得使用权,这就改变了传统意义上的所有权概念。最终,它将颠覆传统意义上的出租车经营权体制。

2）对市场竞争行为外部性认识不足

传统市场的租车服务多是以出租车为主,出租车是由政府监管的,具有一整套相对完善的运作与管理体系。而在这样的体系中,出租车司机、出租车公司、政府相关部门已经形成了一个利益共同体,尽管在这三者之间有着许多利益纠纷,但毕竟已达成了一定程度上的共识,维持着微妙的平衡关系,使各自都能获得预期内可接受的利益。然而,Uber这一类"专车"的搅局将迫使原有的出租车公司加入竞争行业。但是,现行法律法规没有要求"专车"司机承担和出租车相同的税费和负担,客观上形成了不公平竞争。

3)缺乏制度保障

任由共享公司野蛮生长,很可能危及经济安全和社会稳定。共享公司建立在以互联网技术作支撑的平台上,其供需双方人数众多。如果不对共享公司施加社会责任和确立法律底线,在缺乏自律和监管的情况下,共享公司为了实现自身不受约束的私欲很可能背离法律底线,甚至危及社会经济与政治安全。规范和治理共享经济带来的各种问题,保障其健康有序发展刻不容缓。

表11.4列出了近年Uber在全球各个市场所经历的遇阻事件。

表11.4 Uber遇阻事件

地 点	事 件	原 因
韩国	首尔市政府封杀Uber	违反韩国法律,即未注册的私人或租赁车辆不得用于付费业务
日本	福冈市封杀Uber	拼车服务违反法律法规
荷兰	法院处罚10万欧元	Uber公司需要获得出租车执照,无照经营罚款
泰国	曼谷交通部门封杀Uber	责令Uber公司解决司机缺乏登记管理和商业保险
美国	波特兰禁止Uber上路	违反出租车服务相关法令
加拿大	温哥华暂停Uber出租车牌照	对Uber模式进行研究
巴西	里约热内卢起诉Uber	未获得运营出租车所需的牌照
德国	德国政府封杀Uber	Uber涉嫌不正当竞争
中国	广州工商部门查封Uber	涉嫌"未办理工商登记手续""组织不具备营业资质的私人车辆从事经营活动"
中国	香港警察扣查Uber车辆	控告Uber非法载客及没有第三者保险

6. Uber为代表的共享经济的优势

1)提高了闲置资源利用效率

我们的生活中,闲置的资源随处可见。对每个个体消费者而言,所拥有的大多数商品,使用的次数并不多或者只能在一部分时间使用,如汽车、房间、物品等,但这些商品在其他时间,对他人来说可能是很有用的。共享经济通过存量调整,将社会资产和资源进行最大限度地利用,减少了对资产所有性的需求。

2)带动了"互联网+"经济的发展

在过去几年中,共享经济推动了"互联网+"经济的发展,全球各地上千家公司和组织,利用互联网为人们提供了共享或者租用商品、服务、技术和信息的条件。共享经济将闲置的资源重新分配及应用,让资源可以充分被利用并产生经济效应。这个新颖的商业模式也会是未来的新浪潮。

3）推进了生态文明建设

《中共中央国务院关于加快推进生态文明建设的意见》指出，要坚持节约资源和保护环境的基本国策，把生态文明建设放在突出的战略位置。目前发达国家家庭拥有物品的实际使用率不到 60%。耗费大量能源、污染生存环境生产出的大量产品，却有一半几乎是闲置的，这显然是对资源的极大浪费。"如今人们认为必须拥有一辆汽车，但未来的观念将转变，有车坐就行。"特拉维斯·兰格尼表示，以后打车费用会越来越低，人们将不再需要私家车，Uber 将会成为每个人的私人司机。

4）促进了大众创业，万众创新

2015 年上半年，国务院连续发布了《关于大力推进大众创业万众创新若干政策措施的意见》和《关于发展众创空间推进大众创新创业的指导意见》。这给中国社会迎来了"大众创业、万众创新"的最好时机。Uber 式共享经济这种新的经济模式，给我们带来了"大众创业、万众创新"的新途径，现在已经不只在出租车行业发挥作用，许多创业者利用人们拥有业余时间和空间的特点，已经渗透到各个行业去创新、创业。面对充满不确定性的未来，共享经济还能够提供多元化的职业道路，抵御潜在的失业风险。

7. 未来的路

在 Uber 的启蒙和引领下，共享经济理念在全球得到普及，共享经济已经渗透到家政服务、美容休闲服务、住宅楼宇、餐桌、新闻、广告、医疗、教育培训等各行各业，相关的共享型经济公司在全球遍地开花。

不可否认，共享经济作为市场经济发展中技术推动形成的新经济模式，它有许多优势，发展趋势不可阻挡，然而其缺陷也不能忽视，必须选择适当的规制路径扬长避短，促进其健康有序发展。当前发展共享经济的最大障碍是政策的不确定性，空白区较多，从而导致诸如 Uber 或 Airbnb（民宿出租）虽然在城市间快速拓展，但它们仅在美国境内就因各州法令不同而遭受许多阻碍，台湾也已经对 Uber 开罚。因此，在承认共享经济这种现象带来经济"创造性颠覆"的同时，也需要我们要完善政策法规，以顺应共享经济的发展。

案例 9　"Buy＋"计划：阿里巴巴的 VR＋AR 新模式

1. 虚拟现实技术

VR（Virtual Reality，虚拟现实技术）设备掀起的 VR 技术，将商务模式带入三维信息视角，通过 VR 技术，我们全角度观看这个世界的数字记录，看新闻、看比赛、看电影，甚至还有购物（见图 11.8）。用户可以沉浸式地进入虚拟世界消费内容，得到身临其境的感觉。这些内容可以是电影、比赛、风景、新闻等，一些内容还能进行交互，如 VR 游戏可以追踪你的移动、步态、眼球、下蹲等。这些如果应用

图 11.8　VR 设备的使用

到网上购物中,很有可能撼动甚至取代线下购物的商务模式。

2. 增强现实技术

AR(Augmented Reality,增强现实技术)是在虚拟现实的基础上发展起来的新技术,也被称为混合现实。它是一种全新的人机交互技术,利用摄像头,传感器,实时计算和匹配技术,将真实的环境和虚拟的物体实时地叠加到同一个画面或空间而同时存在。VR技术通过佩戴硬件使体验者完全沉浸在虚拟构造的世界中,AR则是将一些虚拟的元素添加到现实环境中,以增强虚拟元素的真实感。

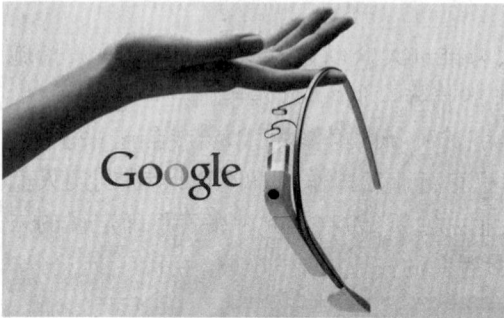

图 11.9　Google Glass

如果说 VR 给消费者的是一个 100％的虚拟世界,那么 AR 就是以现实世界的实体为主体,借助于数字技术帮助消费者更好地探索现实世界。最典型的 AR 设备是 Google Glass(见图 11.9):你盯着某个餐厅,它就帮你检索相关信息并显示;你看向货架上的某个商品,就在眼镜上显示价格、材质等相关信息。

3. 阿里巴巴"buy＋"计划

3 月 17 日,阿里巴巴宣布成立 VR 实验室,并首次对外透露集团 VR 战略。据介绍,阿里将发挥平台优势,同步推动 VR 内容培育和硬件孵化。在内容方面,阿里已经全面启动"Buy＋"计划(见图 11.10)引领未来购物体验,并将协同旗下的影业、音乐、视频网站等,推动优质 VR 内容产出。在硬件方面,阿里将依托全球最大电商平台,搭建 VR 商业生态,加速 VR 设备普及,助力硬件厂商发展。

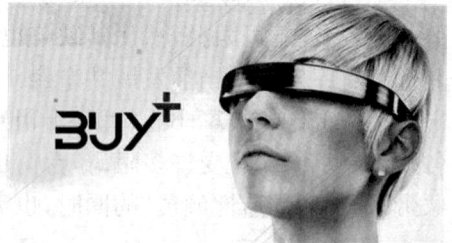

图 11.10　阿里巴巴"Buy＋"计划宣传图

1) 阿里"造物神"计划建立全球最大 3D 商品库

阿里 VR 实验室的内部代号为 GM Lab,其全名为 Gnome Magic Lab,灵感源于魔兽世界中擅长发明创造的地精一族。实验室由阿里无线、内核、性能架构等多个领域的技术领军人物主持,致力于前沿科技产品的研究和场景探索。在 VR 领域,实验室将专注打磨未来购物体验,并联合阿里影业、阿里音乐、优酷土豆等建立 VR 内容输出标准,推动高品质 VR 内容产出。

阿里 VR 实验室成立后的第一个项目就是"造物神"计划,目标是联合商家建立世界上最大的 3D 商品库,加速实现虚拟世界的购物体验。阿里工程师目前已完成数百件高度精细的商品模型,下一步将为商家开发标准化工具,实现快速批量化 3D 建模,敢于尝新的商家很快就能为用户提供 VR 购物选择。

"VR 技术能为用户创造沉浸式购物体验,也许在不久的将来,坐在家里就能去纽约第五大道逛街,"实验室核心成员之一赵海平表示,"阿里将持续投入搭建 VR 基础平台和软件工具,让品牌和商家能够轻松建设个性化的 VR 商店。"赵海平是 Facebook 的第一位华人工程师,2015 年年初加入阿里后主攻软件性能和 VR 技术底层构建。

2)淘宝助力 VR 厂商抢滩千亿市场

2016 年 1 月 14 日,高盛发布 58 页报告展望 VR 产业前景,认为 VR 设备将成为继电脑、手机之后的下一个计算平台。高盛预测到 2025 年 VR 和 AR 的硬件营收将高达1 100 亿美元,VR 设备会像电视一样普及。Oculus 也曾表示它的长远目标是让 10 亿人使用 VR 设备。

阿里巴巴拥有全球最大的电商平台,2015 年活跃用户数已超过 4 亿人,电商交易额达 2.95 万亿,占中国网络零售市场近 9 成份额。在新的 VR 战略中,阿里巴巴将集中平台优势,搭建 VR 商业生态,完善服务标准,并投入更多市场资源,通过淘宝众筹和专业频道等加速 VR 设备的普及,帮助更多硬件厂商健康发展。

截至目前,已有多款 VR 硬件通过淘宝众筹平台获得广泛关注。灵镜小白 VR 头盔获得 11 358 位粉丝支持,筹集资金达 277 万元。暴风魔镜 3 代获得 3 万多名粉丝支持,筹集资金逾 300 万元。大朋看看 VR 头盔获得 4.6 万粉丝支持,募集资金 535 万元。未来,阿里有望成为全球最大的 VR 设备销售平台和硬件孵化器,并帮助行业建立智能硬件标准。

3)从 VR 到 AR,阿里全面布局

2016 年被称为 VR 元年,各大互联网公司动作频频。扎克伯格现身世界移动大会为 Facebook 和三星联合发布的 Gear VR 头盔站台,并宣布成立 VR 社交团队。谷歌与《纽约时报》合作,向超过 100 万订阅用户赠送纸板 VR 眼镜。而早先英国《金融时报》也曝出苹果正秘密组建 VR 研究团队。继 Oculus Rift 和 HTC Vive 公布售价后,索尼也在 3 月 16 号正式发布 PlayStation VR,定价仅 399 美元。

有业内人士分析,阿里巴巴虽然首次对外公开 VR 计划,但多种迹象表明其内部酝酿已久。2016 年 1 月,优酷土豆低调上线 360 度全景视频,并于刚刚结束的"两会"期间推出了 VR 版两会节目点播。阿里研究院最新发布的《物联网研究报告》中,也以大篇幅对 VR/AR 产业做了深度分析。

阿里巴巴于 2016 年 2 月领投了 Magic Leap 的 7.94 亿融资,阿里集团董事局执行副主席蔡崇信加入 Magic Leap 董事会。这家公司是目前 AR(增强现实)领域最具想象力的公司之一,据介绍其产品能够让用户从现实场景中生成视觉图像,并且和真实世界无缝融合。Magic Leap 创始人 Rony Abovitz 表示:"我们非常激动有阿里巴巴作为战略合作伙伴,把 Magic Leap 开创性的产品介绍给阿里巴巴的 4 亿用户。"

与 VR 打造封闭式虚拟现实不同,AR 是将计算机生成的虚拟物体或提示信息叠加到真实场景中,从而增强用户对现实世界的感知,对计算能力的要求比 VR 高一个数量级,技术实现难度更大。业内普遍预计 AR 产业爆发时间至少比 VR 晚 5 年左右,而阿里的加入,或将加速这一进程。

正如阿里巴巴高管所说:"我们在经历的这一技术革命,是在释放人的大脑。未来三十年,整个变革会远远超出大家的想象。"阿里巴巴近期的频频动作表明了其对 VR、AR 等前沿科技的长远信心和前瞻性布局。

案例 10 拼多多：颠覆式创新，实现弯道超车

所谓颠覆式创新主要是指在传统创新、破坏式创新和微创新的基础之上，由量变导致质变，从逐渐改变到最终实现颠覆，通过创新，实现从原有的模式完全蜕变为一种全新的模式和全新的价值链。颠覆式创新在经济学上也有着不同的定位，而在现如今的电商环境下，有许许多多的电商平台正在借此发展，拼多多就是"颠覆式创新"的典型案例。截至 2020 年年底，拼多多市值突破 2 000 亿美元，年活跃买家数达 7.884 亿，成为中国用户规模最大的电商平台，全球增速最快的零售品牌。拼多多的颠覆式创新商业模式可以分为三个阶段：探索阶段的产品型商业模式、重塑阶段的产业型商业模式和强化阶段生态型商业模式。

1. 拼多多颠覆式创新的商业模式

1）探索阶段：产品型商业模式

（1）市场定位。经过多年的发展，淘宝和京东等老电商已经把市场瓜分得差不多了，其地位无法撼动的地位，对于新电商来说，市场进入壁垒非常高，但是这些商业巨头主要聚焦于高端商品，低端商品已经被淘汰，消费者等级分化严重，低端市场的消费者对价格非常敏感。拼多多通过市场细分，探索蓝海市场，将目标市场定位于三四线及以下低端市场。在顾客定位方面，拼多多关注逆消费等级现象以及价格敏感型消费者，以低价产品和拼团模式服务于该阶层消费者。

（2）产品服务创新。拼多多以生鲜水果作为主营业务，拿着订单去找果农，降低运营复杂性的同时避免与在位企业直接竞争。在价值网络构建方面，拼多多依靠微信的流量支持实现低成本裂变，初步构建货源、仓储、物流等环节一体化供应链。

（3）竞争战略和盈利模式。在竞争战略选择方面，拼多多以生鲜水果作为主营业务，关注低端消费者特殊消费需求从而获取市场立足点。在盈利模式方面，借拼单和团购模式降低获客成本，采取 B2C 自营商模式，收入结构主要源于生鲜水果的交易收入。

2）构建产业型商业模式

（1）市场定位。底线城市和基层农村人口规模庞大，移动互联网的发展使得这些群体的市场价值凸显。拼多多采取"农村包围城市"战略，借助拼单模式打造低价爆款，同时通过简化购物流程模糊市场边界。在顾客定位方面，拼多多采取分布式算法体系，针对用户间的互动捕捉个性化需求，实现传统搜索式购物模式向推荐式购物模式的转变。

（2）产品服务创新。拼多多上线了公众号，开始经营全品类商品，创造性地结合运营思维和游戏思维，顾客由传统价值接受者转变为价值创造者。在价值网络方面，拼多多聚焦外溢低端供应链，提供零入驻门槛和低佣金，推出团长免单券、砍价免费拿、助力享免单等，C2M 模式消费者直接对接工厂，以需定产。促进低线市场与低端供应链的双向匹配，将消费者与供应商直接联结，有效实现计划生产与按需生产。

（3）竞争战略。拼多多凭借拼单和团购模式获取用户，利用微信流量降低获客成本。拼多多致力于打造高性价比产品，上架于拼多多的商品集中在生活用品、服饰等品类，价

格低廉。在竞争战略方面,拼多多还利用算法挖掘用户需求和消费者愿意支付的价格,有效实现数字化反向定制和成本把控。

3) 强化阶段:生态型商业模式

(1) 市场定位。近年来,国家大力推行扶贫政策,而传统电商忽略了农业领域,拼多多紧贴国家政策,积极开展精准扶贫活动。拼多多贴近扶贫政策大力发展农产品电商,通过打假行动、拼小圈、引进高端品牌改变固有低端产品形象。在顾客定位方面,拼多多推出"百亿补贴"模块,提升现有用户忠诚度的同时打破各线城市间的壁垒。

(2) 产品服务创新。拼多多推出独立 App,降低对微信生态的依赖,试水金融服务领域,推出先用后付功能,加大在农业领域的布局和投资,先后进入农产品研发、生产、运输和终端配送全领域。在价值网络方面,拼多多与央视、微信、供应商等建立了多主体协同参与的生态网络系统,比如央视 2021 年春晚独家红包互动伙伴,微信为拼多多提供庞大且强黏性的用户基础扶贫助农合作伙伴,打造动态、多元的"用户—平台—生产者"的价值创造范式。

(3) 竞争战略。拼多多与农业、制造业深度融合,发展农村经济从而带动数字经济,借助于大数据将制造业、农业与电商深度融合,凭借微信平台将用户联系起来,借助分布式算法进行"一人千面"的用户画像,为消费者提供差异化的产品和服务。在盈利模式方面,拼多多与微信、供应商、用户和政府等各利益相关方建立合作共赢关系,注重激活用户网络效应,实现收入多渠道获取和盈利来源倍增。

2. 小结

面临高的市场进入壁垒,后发企业应注重审时度势,敏锐感知内部与外部环境变化,及时把握战略环境及顾客体验变化,挖掘市场潜力与顾客需求,避免囿于现有技术、资源短板,不断创新商业模式以保持自身核心竞争力。其次,后发企业应权衡外部市场环境、社会与文化因素和政策因素以及内部自身发展程度进行商业模式创新。在颠覆性创新探索阶段,应注重进行市场细分,重新定位目标市场,避开市场进入壁垒从而实现错位竞争,调整市场、客户、产品、价值链和盈利模式等要素;在颠覆性创新重塑阶段,应注重挖掘市场潜力,可采取产品服务创新、在稳定原有市场基础上扩张、产业链网状扩散等方式进一步提升后发企业市场地位;在颠覆性创新强化阶段,后发企业应采取优化延伸企业价值链、构建多主体协同参与的商业模式创新生态系统以实现后发企业颠覆。

参考文献

1. [美]阿兰·奥佛尔,克里斯托福·得希.互联网商务模式与战略[M].李明志,译.北京:清华大学出版社,2002.

2. 王名.非营利组织管理概论[M].北京:中国人民大学出版社,2002.

3. 姚福喜.非政府组织(NGO)与政府、企业[J].内蒙古财经学院学报,2003(04):14-17.

4. 唐东生.近年来国内NGO研究述评[J].改革,2003(02):101-104+127.

5. 齐炳文.民间组织[M].济南:山东大学出版社,2000.

6. Efraim Turban. Electronic Commerce 2010:A Managerial Perspective[M].San Antonio:Pearson Education,2010.

7. 葛笑春.企业与非营利组织的合作动因、互动形式及比较[J].科技进步与对策,2008,25(7):43-46.

8. 顾谦凯.企业与非营利组织合作中存在的问题与对策[J].江苏经贸职业技术学院学报,2013(1):22-24.

9. 菅得荣.电子商务概论[M].北京:科学出版社,2006.

10. 李琪.电子商务概论[M].北京:高等教育出版社,2004.

11. 黄敏学.电子商务[M].北京:高等教育出版社,2006.

12. 马化腾,黄磊.电子商务在中国[N].中国财经报,2008(7).

13. 新华网.政府职能转变、机构改革激发就业市场新活力[EB/OL].http://news.xinhuanet.com/politics/2013-11/08/c_125669594.html,2016-10-15.

14. 刘朋君.非营利组织与企业跨部门合作的模式选择与风险控制[D].南京:南京理工大学,2014.

15. 张杰.我国公益性非营利组织筹资问题研究[D].西安:西北大学,2010.

16. 庄桉.基于PKI平台加固电子政务信息安全建设[D].成都:电子科技大学,2009.

17. Wimmer M., Traunmuller R.. Trends in Electronic Government:Managing Distributed Knowledge[R], in Proceedings from 11th International Workshop on Database and Expert Systems Applications, New York:Springer, 2000:340-345.

18. 虞益诚.电子商务概论[M].北京:中国铁道出版社,2013.

19. 国联资源网.电子政务与电子商务的关系[EB/OL].http://www.ibicn.com/news/d1058158.html,2016-10-16.

20. 魏加晓.互动型网络公益广告研究[J].新闻知识,2012(11):61-63.

21. 刘子阳.商讨移动互联网发展前景[N].互联网周刊,2000,19(5).

22. 裴迅,张军,姜左.应用信息技术提升非营利组织的持续经营能力[J].华东经济管理,2005,19(9):89-92.

23. 陈亚伟.政府组织互联网思维的建构途径——以深圳市宝安区为例[J].东南传播,2015(3):79-81.

24. 李洪心.电子商务案例分析[M].大连:东北财经大学出版社,2013.

25. 维基百科. 亚马逊公司[EB/OL]. https：//en. wikipedia. org/wiki/Amazon，2016 -10 - 22.

26. 电商典型案例分析：亚马逊（Amazon）[EB/OL]. http：//blog. sina. com. cn/s/blog_6d58024c0100zrum.html. 2016 - 10 - 23.

27. 曹彩杰. 电子商务案例分析[M]. 北京：北京大学出版社，2010.

28. 崔向华，张婷. 非营利组织管理导引与案例[M]. 北京：中国人民大学出版社，2013.

29. 中华人民共和国财政部. 企业会计准则[Z]. 2014 - 07 - 23.

30. 谷祺，邓德强，路倩. 现金流权与控制权分离下的公司价值[J]. 会计研究，2006(4)：30 - 36.

31. 兰晓华. 销售 88 定律：掌握销售"读心术"[M]. 北京：印刷工业出版社，2013.

32. 姜国华. 财务报表分析与证券投资[M]. 北京：北京大学出版社，2008.

33. 赖磊，张爽. 企业持续竞争优势的经济租金理论解释[J]. 企业理论研究，2005(8)：52 - 54.

34. 李帅. 会计利润现金利润及 EVA 的应用比较研究[D]. 保定：华北电力大学. 2012.

35. 徐迪. 商务模式及其创新研究[J]. 商业时代，2004(29)：43 - 44.

36. 邱嘉铭. 企业商务模式匹配及其创新研究[J]. 科学学与科学技术管理，2007(5)：72 - 77.

37. 王宁. 企业的内部环境分析[J]. 内蒙古科技与经济，2009(17)：33 - 34.

38. 刘爱民. 管理学原理[M]. 北京：北京理工大学出版社，2012.

39. 周三多. 管理学原理与方法[M]. 上海：复旦大学出版社，2008.

40. 王昊，袁磊. 企业架构描绘信息化蓝图[J]. 财经界（管理学家），2007(5).

41. 裴雷. 政府信息资源整体规划理论与方法[M]. 南京：南京大学出版社，2013.

42. Wikipedia. PEST analysis[EB/OL]. https：//en. wikipedia. org/wiki/PEST_analysis，2016 - 10 - 11.

43. 2014 年第一季度《中国手机行业运行状况》报告[R]. 北京：工信部，2014.

44. Wikipedia. SWOT[EB/OL]. https：//en. wikipedia. org/wiki/SWOT，2016 - 10 - 21.

45. 刘畅. "网人合一"：从 Web1.0 到 Web3.0 之路[J]. 河南社会科学，2008(02)：137 - 140.

46. 百度百科. 互联网泡沫[EB/OL]. http：//baike. baidu. com/link？2016 - 11 - 03.

47. Tim O'Reilly. What Is Web 2.0[EB/OL]. http：//oreilly. com/web2/archive/what-is-web-20. html，2016 - 11 - 12.

48. 王格. Web 2.0 在电子商务中的应用[J]. 情报探索，2008(2)：113 - 115.

49. 毛新生. Web 2.0 与 SOA：Web 2.0 介绍[EB/OL]. http：//www. ibm. com/developerworks/cn/web/wa-web20soa1/，2016 - 12 - 02.

50. Ross Dawson. Launching the Web 2.0 Framework[EB/OL]. http：//rossdawsonblog. com/weblog/archives/2007/05/launching_the_w. html，2016 - 11 - 23.

51. 孙茜. Web 2.0 的含义、特征与应用研究[J]. 现代情报，2006(02)：69 - 74.

52. Wikipedia. Semantic Web[EB/OL]. https：//en. wikipedia. org/wiki/Semantic_Web♯Web_3.0，2016 - 11 - 30.

53. 周珍妮，陈碧荣. Web 3.0——全新的互联网时代[J]. 科技广场，2008(07)：235 - 237.

54. Web 3.0. 百度百科[EB/OL]. http：//baike. baidu. com/subview/851883/13220838. htm，2016 - 12 - 02.

55. 李湘媛. Web 3.0 时代互联网发展研究[J]. 中国传媒大学学报：自然科学版，2010(17)：54 - 56.

56. 罗泰晔. Web 3.0 初探[J]. 情报探索，2009(2)：101 - 103.

57. 黄建军，郭绍青. Web X.0 时代的媒体变化与非正式学习环境创建[J]. 中国电化教育，2010(4)：11 - 15.

58. 门户网站重要性日益凸显. http：//www.zgcxjrb.com/n1519887/n1520314/1687883.html，2016 -

12 - 04.

59. 高丽华. 新媒体经营[M]. 北京:机械工业出版社,2009.

60. 仲岩,芦阳主,王晓雪,秦秋霞. 电子商务概论[M]. 上海:上海交通大学出版社,2013.

61. 洪涛. 中国改革开放与贸易发展道路[M]. 北京:经济管理出版社,2013.

62. 社交媒体的中国道路:现状、特色与未来[EB/OL]. http://media.china.com.cn/cmyj/2015 - 01 - 15/368642.html,2016 - 12 - 06.

63. 尹韵公. 中国新媒体发展报告 2011[M]. 北京:社会科学文献出版社,2011.

64. 陈明奇. 大数据国家发展战略呼之欲出——中美两国大数据发展战略对比分析[J]. 人民论坛,2013(05):28 - 29.

65. 百度百科. 网景 [EB/OL], http://baike.baidu.com/subview/478896/10453140.htm? fromtitle= netscape&fromid=2778944&type=syn,2016 - 12 - 12.

66. 曹小林. Google AdSense 十年迈步从头越[J]. 互联网周刊,2013(13):54 - 55.

67. 卓晓日. 互联网商务模式创新研究[D]. 厦门:厦门大学,2006.

68. Konczal, E.F. Models Are For Managers, Not Mathematicians[J]. Journal of Systems Management,1975,26(1).

69. Dottore, F.A. Data Base Provides Business Model[J]. Computer World,1977,11(4).

70. 邱嘉铭,陈劲. 企业商务模式匹配及其创新研究[J]. 科学学与科学技术管理,2007(5):72 - 77.

71. Senge, P.M. The Fifth Discipline[M]. London:Random House ,1992.

72. Afuah, A. and Tucci,CL. A Model of the Internet as Creative Destroyer[J]. IEEE Transactions on Engineering Management,2003,50(4):395 - 402.

73. Mitchell, D.W. and Coles, C.B.E. Stablishing a Continuing Business Model Innovation Process [J]. The Journal of Business Strategy,2004,25(3):39 - 50.

74. Weathersby, G.B. The Future Enterprise[J]. Management Review,2000,89(3):5 - 6.

75. Slywotzky, A.J. and Wise Richard. The Growth Crisis—and How to Escape It[J]. Harvard Business Review,2002,80(7):72 - 83.

76. 中国企业管理百科全书编辑委员会中国企业管理百科全书[M]. 北京:企业管理出版社,1990.

77. Joseph Alois Schumpeter. Theory of Economic Development[M]. New Jersey:Transaction Publishers,1982.

78. C.K. Prahalad and G.M.Hamel. The Core Competence of the Corporation[J]. Harvard Business Review,2006,68(3):75 - 292.

79. 张贺梅. 企业资源能力组合与竞争优势关系的实证研究[D]. 重庆:重庆大学,2011.

80. 陈锡康. 投入产出技术[M]. 北京:科学出版社,2011.

81. 张贺梅. 企业资源能力组合与竞争优势关系的实证研究[D]. 重庆:重庆大学,2011.

82. 马晓苗. 基于价值链的电子商务模式研究[D]. 长春:吉林大学,2005.

83. 彭晓燕. 互联网商务模式的分类体系评述[J]. 当代经济管理,2007,29(5):46 - 50.

84. 姜丽,丁厚春. O2O 商业模式透视及其移动营销应用策略[J]. 商业经济研究,2014(15):58 - 59.

85. 北城剑客. 什么是真正的互联网思维? [EB/OL]. http://www.yixieshi.com/it/15387.html,2016 - 12 - 14.

86. 新浪科技. 2013 年中国互联网产业发展综述:跨界融合成趋势. [EB/OL]. http://tech.sina.com. cn/t/2014 - 01 - 08/14349078718_2.shtml,2016 - 12 - 16.

87. 曹磊,陈灿,郭勤贵. 互联网+跨界与融合[M]. 北京:机械工业出版社,2015.

88. 沈拓. O2O 商业模式的系统性分析[EB/OL]. http://blog.sina.com.cn/s/blog_54b01cce0101ea9s.

html,2016 - 12 - 19.

89. 赵大伟.互联网思维独孤九剑[M].北京:机械工业出版社,2014.

90. 张睿.封闭 VS 开放:策略影响下的智能移动终端界面设计[D].北京:中央美术学院设计学院,2014.

91. 范哲,朱庆华,赵宇翔. Web 2.0 环境下 UGC 研究述评[J].情报研究,2009(22):60 - 63.

92. 李子丰. LBS 用户价值主张研究[D].北京:北京邮电大学,2012.

93. Google 开放流量监测,百度盈利模式受到威胁[EB/OL]. http://www. williamlong. info/ archives/350.html,2016 - 12 - 21.

94. 吴晶妹.网络信用服务时代已经到来.阿里商业评[EB/OL],http://www. aliresearch.com/blog/ article/detail/id/20053.html ,2016 - 12 - 21.

95. 汤敏.慕课革命:互联网如何变革教育?[M].北京:中信出版社,2015.

96. 阿里研究院,高红冰.互联网+:从 IT 到 DT[M].北京:机械工业出版社,2015.

97. 赵卫东,黄丽华. 电子商务模式[M].上海:复旦大学出版社,2006.

98. 曹磊,莫岱青.互联网+海外案例[M].北京:机械工业出版社,2015.

99. [美]克莱·舍基.未来是湿的[M].胡泳,沈满琳,译.北京:中国人民大学出版社,2009.

100. 陈晓田. 管理科学发展战略与"十一五"优先资助领域遴选研究[J]. 管理科学学报,2005, 8(2):85 - 94.

101. 李雷霆. 深度解析:社交电商的几种模式[EB/OL]. http://www. pintu360. com/article/57225. html? utm_source=tuicool&utm_medium=referral,2016 - 11 - 17.

102. 左光梅.从苏宁电器到苏宁云商:苏宁转型之痛[J].财会通讯,2015(11):99 - 101.

103. 高立飞,李连柱,刘珊珊.苏宁转型 O2O 模式的若干思考[J].商,2015(18):109.

104. 张帆. 浅析由"苏宁电器"到"苏宁云商"的转型影响[J].商,2013(10):40.

105. 吴兴杰. 苏宁:改名背后的业务转型[J].企业管理,2013(5):99 - 101.

106. 张兰芳. 传统零售企业转型电子商务发展研究——以苏宁为例[J]. 现代商贸工业,2014(21): 183 - 184.

107. 李书领,柳云. 企业转型过程中企业家思想的作用途径研究——基于苏宁互联网零售转型的案例分析[J]. 中国人力资源开发,2016(16):99 - 10.

108. Rebacca M. Henderson and Kim B. Clark. Architecture Innovation: The Reconfiguration of Existing Product Technologies and Failure of Established Firms[J]. Administrative Science Quarterly, 1990(35):9 - 30.

109. [美]克莱顿·克里斯坦森.创新者的窘境[M].胡建桥,译.北京:中信出版社,2010.

110. 曹平.技术创新理论模型的多维解读[J].技术经济与管理研究,2010(4):33 - 36.

111. Michael E. Porter. Competitive Advantage[M]. New York:Free Press,1985.

112. Adrian Slywotzky. Profit Zone[M]. New York:Times Business,1997.

113. [美]大卫·波维特,等.价值网:打破供应链、挖掘隐利润[M].北京:人民邮电出版社,2001.

114. 宋园林.国内 B2C 电子商务盈利模式分析[D].大连:东北财经大学,2012.

115. 栾玲.苹果品牌的设计之道[M].北京:机械工业出版社,2014.

116. 黄放.浅谈"App store"商业模式[J].价值工程,2011(14):144 - 145.

117. [美]詹姆斯·汤普森.行动中的组织——行政理论的社会科学基础[M].敬又嘉,译.上海:上海人民出版社,2007.

118. Adam M. Brandenburger and Barry J. Nalebuff. Co-Opetition [M]. New York: Doubleday,1996.

119. 龚炳铮.关于电子商务模式的评价指标和方法[A].信息经济学与电子商务:第十三届中国信息经济学会学术年会论文集[C].2008.

120. 欧阳锋,赵丹红.电子商务模式可行性评价研究[J].汕头大学学报,2009:73-76.

121. 郭锐.企业商务模式创新绩效评价研究[D].西安:西安电子科技大学,2012.

122. 杨子健.O to O 电子商务模式及评价研究[D].北京:首都经济贸易大学,2015.

123. 姚颖.私募股权投资中的企业估值方法研究[D].南京:南京大学,2013.

124. 吴辉,魏月红.初创企业的估值与融资问题探讨[J].财务与会计,2016(6):53-55.

125. 朱小川.初创企业估值方法比较选择[J].商业时代,2019(4):88-89.

126. 孟义.基于案例研究的中国互联网公司上市融资分析[D].北京:对外经济贸易大学,2014.

127. 初创企业估值方法[EB/OL]. http://blog.sina.com.cn/s/blog_5ace45870102uzli.html,2016-12-24.

128. [美]布拉德福德·D.乔丹,托马斯·W.米勒.投资学原理:估价与管理[M].徐晟,译.北京:机械工业出版社,2016.

129. [美]伊查克·爱迪思.企业生命周期[M].北京:中国社会科学出版社,1997.

130. Tyebjee T.T. and A. V. Bruno. A model of Venture Capitalist Investment Activity[J].Management Science,1984,30(9):1051-1066.

131. 易法敏,马亚男.电子商务平台形态演进与互联网商务模式转换[J].中国流通经济,2009(10):42-45.

132. 郭勤贵.互联网商业模式[M].北京:机械工业出版社,2016.

133. 洪勇,张永美,解淑青.电子商务模式理论与实践[M].北京:经济管理出版社,2012.

134. 吴江.基于互联网信息的国内移动商务战略联盟网络分析[J].情报杂志,2012(09):175-179.

135. 陈耀刚.互联网商务主体的参与决策和竞争行为研究[D].北京:清华大学,2003.

136. 姚国章.从沃尔玛看传统零售商的电子商务发展转型[J].南京邮电大学学报(社会科学版),2011(01):27-33.

137. 潘艳.电子商务环境下沃尔玛营销模式变革的实证研究[D].重庆:西南大学,2013.

138. 李冰贤.沃尔玛供应链的成功与中国零售业发展的战略研究[D].北京:对外经济贸易大学,2006.

139. 丁涛,杨宜苗.沃尔玛在中国市场的扩张:模式、进程及战略演变[J].中国零售研究,2010(01):51-64.

140. 维基百科.企业战略[EB/OL].http//wiki.mbalib.com/wiki/％E4％BC％81％E4％B8％9A％E6％88％98％E7％95％A5,2017-01-03.

141. 中国注册会计师协会.公司战略与风险管理[M].北京:经济科学出版社,2016.

142. [英]约翰逊,斯科尔斯.战略管理[M].王军,等,译.第六版.北京:人民邮电出版社,2004.

143. 仲伟俊.合作型企业间电子商务[M].北京:科学出版社,2009.

144. 维基百科.新 7s 原则[EB/OL].http //wiki.mbalib.com/wiki/％E6％96％B07S％E5％8E％9F％E5％88％99,2017-01-04.

145. 王知津,孙立立.竞争情报战争游戏法研究[J].情报科学,2006(03):342-346.

146. [美]H.伊戈尔·安索夫.战略管理[M].邵冲,译.北京:机械工业出版社,2010.

147. E.B.Roberts and C.A.Berry. Entering New Business：Selecting Strategies for Success[J].Sloan Management Review,1985,26(3).

148. D.Faulkner and C.Bowman. The Essence of Competitive Strategy[J].Competition,1995,23(60).

149. Robert S. Kaplan and David P. Norton. Putting the Balanced Scorecard to Work[J]. Harvard

Business Review,1993,71(5):134-140.

150. 杨金龙,胡广伟,王浩宇. 大数据驱动的 B2C 原创品牌价值链塑造路径分析——以裂帛为例[J].电子商务评论,2016(2):11-21.

151. 刘宇鑫."菜鸟"物流网蹒跚起步[N]. 北京日报,2013-05-31.

152. 万长云. 菜鸟大物流发展问题及其对我国电商物流格局影响[J]. 商业时代,2014(36):21-22.

153. 黄作金. 菜鸟物流"双十一"正式登场 电商争雄捧热相关概念股[N]. 证券日报,2013-11-08.

154. 闪乐乐. 菜鸟物流的发展及对中国物流业的影响[J]. 中国市场,2014(38):25-26.

155. 赵艳俐,李永荣. 从菜鸟物流看我国物流业的发展[J]. 企业改革与管理,2014(12):151.

156. 胡文波. 互联网思维下的物流新模式——菜鸟物流[J]. 东方企业文化,2015(13):239+242.

157. 陈婧. 基于供应链管理思维的第四方物流发展必要性研究——以菜鸟物流为例[J]. 鸡西大学学报,2016(4):75-77.

158. 文丹枫,杨晶晶,肖森舟.决战互联网+互联网与传统行业的融合与创新[M].北京:人民邮电出版社,2015.

159. 蔡钊.区块链技术及其在金融行业的应用初探[J]. 中国金融电脑,2016(2):30-34.

160. 夏杉珊,王明宇,李晓.蚂蚁金服的发展现状与趋势研究[J]. 中国商论,2015(36):94-97.

161. 陈龙.什么是好的普惠金融[EB/OL]. http://business.sohu.com/20160903/n467524716.shtml,2017-01-05.

162. 蚂蚁金服[EB/OL].https://www.antgroup.com/brand.htm,2017-01-05.

163. 张兴军. 蚂蚁金服:金融生态集大成者[J]. 中国经济信息,2015(5):48-50.

164. 王安平,范金刚,郭艳来. 区块链在能源互联网中的应用[J]. 电力信息与通信技术,2016(9):1-6.

165. 腾讯研究院.视频直播报告:全面爆发、分享红利与未来的机会[EB/OL]. https://www.huxiu.com/article/149224/1.html? f=member_article,2016-12-29.

166. 艾媒咨询集团.2016 年中国在线直播行业专题研究 暖春遭遇寒流[EB/OL]. http://www.docin.com/p-1665979418.html,2016-12-29.

167. 中国互联网络信息中心.第 38 次中国互联网络发展状况统计报告[EB/OL]. http://www.cnnic.cn/hlwfzyj/hlwxzbg/hlwtjbg/201608/P020160803367337470363.pdf,2016-12-29.

168. 腾讯游戏.游戏直播产业全方位解析[EB/OL]. http://www.cgigc.com.cn/subject/3850.html,2016-12-29.

169. 市场人.教育直播能否打破在线教育亏钱魔咒[EB/OL]. http://business.sohu.com/20160824/n465823960.shtml.,2016-12-29.

170. 赵梦媛.网络直播在我国的传播现状及其特征分析[J].西部学刊,2016(8):29-32.

171. 刘阳.谁来戳破在线直播的泡沫[N].人民日报,2016-08-04.

172. 曾耿明.互联网金融的商业模式及对传统金融的冲击[J].金融与经济,2015(5):52-56.

173. 陈明昭.互联网金融的主要模式及对商业银行发展的影响分析[J].经济研究导刊,2013(31):119-120.

174. 刘英,罗明雄.互联网金融模式及风险监管思考[J].中国市场,2013(43):29-36.

175. 孙浩.互联网金融的新兴商业模式[J].中国信用卡,2013(9):50-54.

176. 梁正虎,吴丽琼,余来文.互联网金融商业模式[J]. 经济研究导刊,2014(13):131-132.

177. 张晓民.互联网金融四大商业模式分析[J].金融经济:理论版,2014(18):59-60.

178. 彭乐玥. 中国互联网金融的现状及其发展研究[J]. 商业故事,2015(2):14-15.

179. 赵旭升.互联网金融商业模式演进及商业银行的应对策略[J].金融论坛,2014(10):11-20.

180. 郑联盛. 中国互联网金融:模式、影响、本质与风险[J].国际经济评论,2014(5).

181. 任翘楚. 我国互联网金融的商业模式分析[J]. 金融经济:理论版,2015(6):134 - 136.

182. 粤商贷. 全球互联网金融商业模式报告(2015)全文[EB/OL]. https://www.yesvion.com// search/detail/id/4493.html,2015 - 12 - 18/,2017 - 01 - 02.

183. 2016 上半年网络安全大事件[EB/OL].www.webxmf.com/news/news_show177.html,2017 - 01 - 05.

184. 王小瑞.这家初创公司做自适应安全,安全牛[EB/OL].www.aqniu.com/tools-tech/14262. html? utm_source=tuicool& utm_medium = referral,2017 - 01 - 05.

185. Neil Mac Donald and Peter Firstbrook. Designing an Adaptive Security Architecture for Protection from Advanced Attacks, Gartner,February 12,2014.

186. 青藤云自适应安全[EB/OL].www.qingteng.cn,2017 - 01 - 05.

187. 郑志来.经济的成因、内涵与商业模式研究[J].现代经济探讨,2016(3):32 - 36.

188. 汤天波,吴晓隽.共享经济:"互联网+"下的颠覆性经济模式[J].科学发展,2015(12):78 - 84.

189. 颜婧宇.Uber(优步)启蒙和引领全球共享经济发展的思考[J].商业研究,2015(19):13 - 17.

190. 丁元竹.推动共享经济发展的几点思考——基于对国内外互联网"专车"的调研与反思[J].国家行政学院学报,2016(2):106 - 111.

191. 唐清利."专车"类共享经济的规制路径[J].中国法学,2015(4):286 - 302.

192. 吴光菊.基于共享经济与社交网络的 Airbnb 与 Uber 模式研究综述[J].产业经济评论,2016 (3):103 - 112.

193. 周丽霞.规范国内打车软件市场的思考——基于美国对 Uber 商业模式监管实践经验借鉴[J]. 价格理论与实践,2015(7):21 - 24.

194. 阿里巴巴. 阿里巴巴将全面布局 VR 发布 Buy+计划[EB/OL].http://it.sohu.com/20160317/ n440790060.shtml,2017 - 01 - 05.

195. 科技黑. VR、AR、MR 和 CR 分别是什么? [EB/OL].http://ee.ofweek.com/2016 - 11/ART - 11000 - 2803 - 30061844_2.html,2017 - 01 - 05.

196. 胡泳,李雪娇.反思"流量至上":互联网内容产业的变化、悖论与风险[J].中国编辑,2021(11): 29 - 34.

197. 许鸿艳,金毅.互联网:技术赋权与景观控制[J].华南师范大学学报(社会科学版),2021(5): 165 - 176,208.

198. 倪澄澄.基于 SCP 视角的数字音乐平台竞争策略比较分析——以网易云音乐、酷狗音乐为例 [J].现代商业,2020(26):9 - 10.

199. Niessink F, Clerc V & Vliet H V. The IT Service Capability Maturity Model. [2008 - 02 - 21]. http://www.itservicecmm.org/doc/itscmm-1.0rc1.pdf.

后　记

　　本书历经十多年的思考、准备与精心梳理，期间经历了互联网商务模式"门户网站阶段—电子商务阶段—社交媒体阶段—智能商务阶段（大数据＋人工智能）"的发展演变。在科研与教学实践的过程中，我和我的团队也在细致观察与体会每一次技术变革引起的商务模式演化。正如 Gartner 的"技术成熟度曲线"（The Hype Cycle）所揭示的，商务模式的每一次变革也都有"萌芽期—膨胀期—幻灭期—成熟期"的演变过程。当我们观察到这些变化，也在扪心自问：下一次的变革将如何发生？ 发生在什么时候？ 将出现何种商务模式？ 该如何应对？

　　书中有关每阶段出现的商务模式都是在细致观察后的总结，万变不离其宗，这些新萌生的商务模式也都可以归类为基于利润点、客户价值、收入方式、参与主体、定价方法为核心的不同模式，体现在不同的技术变革过程中新的应用场景上。在互联网发展的初级阶段，以基础设施的研发、创新、建设为主，同轴线缆、双绞线、光纤快速更新铺设，集线器、交换机、路由器不断创新换代。时至今日，全球互联网已成为基本消费品，IT 的技术特征日益消弭，利润点的热点也从 ISP（互联网服务提供商），向 ASP（应用服务提供商）、OSP（在线服务提供商）转移。美国的 AT&T、Verizon、T-Mobile，英国的 O2、Vondafone，中国的移动、联通都因与互联网的距离而受到影响，曾经名噪一时的 Motorola、Nokia 手机已被 Apple、Huawei、SAMSUNG 等互联网手机（智能手机）所取代，即使在骨干网络上不可或缺的 Cisco、Juniper、3Com 也因为远离用户而日居幕后。这些都是 IT 技术日益基础设施化、消费品化、服务化的清晰信号。

　　客户价值上，日益多元化是其发展趋势，从信息传输突破时空的局限、消除信息不对称性、降低商务询价成本等，到信息经济、社交经济、众包经济、共享经济、共创经济等不同的经济生态，客户价值的创造由生产者主导转变为生产者与消费者共同创造等新的价值创造逻辑。互联网的发展在消除信息不对称方面可以说是力大无穷、功高盖世，在促进知识、信息、数据的传输与传播上具有无可比拟的优势。社会中信息不对称现象的存在，会产生诸多问题，潜藏许多危机，经济学上诸如"败德行为""柠檬市场""不利选择""劣币驱逐良币"等，都与之密切相关，互联网的普及应用使这些问题找到迎刃而解的钥匙。因此，经典的经济学理论也可能因此而需要全面修订。另外，社会、政治、环境、生态等方方面面也都在发生着变化。互联网的应用让世界成为平的、成为地球村，让自行车（共享单车）、汽车（Uber）、房产（Airbnb）、家具（Dorm）、电器（海尔洗衣机）乃至智力（猪八戒）成为共享物品与服务；用户可以成为发现者（Explorer）、建议者（Ideator）、设计者（Designer）、改造者（Innovator），使制造业重新焕发生机，自动化、个性化、小批量、多品种、定制式生产成为可能。这些新的逻辑、模式、场景让这些以互联网为平台的经济生态爆发出巨大的活力,依然可以断言:随着智能时代的到来,以互联网为平台的经济潜能将进一步爆发。

在编撰本书的过程中一直在想,如果通过本书说明白了什么是互联网商务模式,读者通过这本书理解了互联网商务的利润点、客户价值,掌握了互联网商务模式的分析方法、构建方法、评价方法,能洞察当今互联网平台上各种商务模式的本质,那将是我们团队的荣幸。如果能在互联网发展的下半场,能在自己的主场找到创新创业的方向,那将是我们团队的期待。

我们也期待越来越多的人能够理解互联网、认识互联网商务模式,并参与互联网平台的建设中,创造出更多、更新鲜、更有活力与生命力的商务模式。

编撰书籍是一个学习、思考、总结的过程,由于知识体系、精力阅历、学术视野等局限,难免存在疏漏与偏误,恳请读者不吝指正,帮助我们改进、完善与提升,谢谢!

于南京

2021 年 3 月